6116.

COMMENTAIRE
SUR
LE CODE CRIMINEL
D'ANGLETERRE,
TRADUIT DE L'ANGLAIS,

De GUILLAUME BLACKSTONE, Ecuyer, Solliciteur général de Sa Majesté Britannique ;

Par M. l'Abbé COYER,

Des Académies de Nancy, de Rome & de Londres.

TOME PREMIER.

A PARIS,
Chez KNAPEN, Libraire-Imprimeur de la Cour des Aides, Pont Saint Michel.

M. DCC. LXXVI.
Avec Approbation & Privilège du Roi.

AVANT-PROPOS.

S'IL existait quelque part un Code Criminel où les Délits seraient exactement définis; où l'accusation & la défense seraient publiques; où l'accusé aurait tous les moyens raisonnables de se justifier; où il serait jugé par ses Pairs à la face du Peuple : ce n'est pas tout, où les peines seraient graduées sur les délits, sans rien laisser à l'arbitraire; où l'on appercevrait clairement que l'objet des peines n'est pas tant de faire expier que de prévenir le crime; où l'on ne traiterait pas légèrement la fortune, l'honneur & la vie du Citoyen; où l'on aurait pour principe qu'il vaut mieux laisser échapper dix coupables, que de condamner un innocent ; où les peines légères feraient préférées aux peines rigoureuses, comme plus propres à corriger ; où l'on établirait que les Loix modérées sont ordinairement mieux observées que les Loix de sang ; où l'on éloignerait l'appareil révoltant de tortures, de tourmens atroces, de morts cruelles & recherchées dont est construit le Code Criminel de tant de Nations qu'on appelle civilisées ; où enfin la pitié, ce premier sentiment de l'homme, tempérerait la rigueur nécessaire de la Loi par des remèdes que la Loi même autoriserait ; est-il une Nation éclairée & sensible qui ne dût l'adopter ?

Nous n'osons pas décider si le Code que nous traduisons répond exactement à ces idées primitives de justice ; le Lecteur en jugera : ce qu'on peut assurer, sans hésiter, c'est que l'avenir n'aménera

AVANT-PROPOS.

peut-être jamais des conjonctures plus favorables pour réformer le mal & espérer le bien que celles où nous place une bonté spéciale de la Providence : des Parlemens qui éprouvés par la disgrace, employant la durée de leur exil à méditer sur les Loix, au milieu des souffrances, ont encore mieux appris à compâtir aux malheureux qu'on traduit devant les Tribunaux : des Ministres qui, dans leurs fonctions respectives, s'appliquent à redresser tout ce qui s'est écarté de la règle : un Roi à qui la nature a donné le tact du bon, du juste & de l'honnête, & qui se fait bénir par son Peuple dans un âge dont on n'attend encore rien : pensons-nous que si l'Ouvrage que nous publions, leur présente le modèle approché d'une véritable Législation criminelle, ils se refuseront à l'approprier à la Nation ?

Non, il n'en sera pas ainsi. L'abrogation récente de la barbare Loi de mort contre les Déserteurs, nous en est un garant assuré. Ces hommes qui ont prodigué leur sang sur un champ de bataille, ou sur une brèche, coupables sans doute d'avoir abandonné leurs drapeaux, serviront encore la Patrie dans d'autres risques & d'autres travaux utiles, & deviendront, sous les yeux de ceux qui seraient tentés de commettre la même faute, une menace durable.

Ce n'est pas notre intention de prévenir en faveur de l'Ouvrage, par un éloge apprêté de l'Auteur. Mais la louange est une justice qu'on doit au mérite. M. Blackstone, d'un esprit juste & profond, avait donné des leçons publiques des Loix de son Pays, dans la célèbre Université d'Oxfort, lorsque le Gouvernement pensa que celui qui possédait si

AVANT-PROPOS. vij

bien la théorie & les principes, excellerait dans leur application; & on l'éleva à la place de Solliciteur général (*) qu'il remplit avec applaudissement.

Le Code Criminel que nous traduisons, n'est qu'une partie de ses Commentaires sur les Loix Anglaises. Le Code Civil est beaucoup plus étendu. Mais nous avons pensé que la Nation Française & la Nation Anglaise dont la chicane a également corrompu le Code Civil, n'étaient guères d'ailleurs, sur cet objet important, ou supérieures ou inférieures l'une à l'autre. Quant à leurs Codes Criminels, on peut élever des doutes bien fondés sur la conformité du nôtre aux grands principes de législation

---

(*) C'est la seconde personne dans toutes les Cours de Justice, il remplit pour le Procureur Général en son absence, c'est un Avocat Général.

& d'humanité. C'est à l'Ouvrage que nous publions à décider si nos Rivaux sont plus avancés que nous.

Nous n'ignorons pas qu'une partie de la traduction de l'Ouvrage, qui nous avait été promise entière, depuis plusieurs années, vient enfin de paraître. Mais s'achevera-t-elle : ne s'achevera-t-elle pas ? Et n'est-il point à craindre que les incidens qui font languir les grandes entreprises, & qui ont retardé celle-ci, ne se renouvellent ? Cependant les circonstances sont instantes ; le moment du bien à faire est arrivé ; & c'est ce qui nous a déterminé à prendre la plume, & à publier le Droit Criminel dont nous n'avons pas la première ligne, & que nous connaîtrons toujours trop tard, s'il peut nous être de quelque utilité.

AVANT-PROPOS.

Mais, quand même la traduction complette verrait déja le jour, pourquoi ne publierions-nous pas la nôtre ? Chacun fait que c'est l'opinion publique qui amène tôt ou tard les Gouvernemens au bien : pour former l'opinion publique, il faut qu'un Ouvrage soit beaucoup lu. Pour être beaucoup lu, il faut que le prix en soit proportionné aux facultés médiocres des Citoyens : avantage d'un traité détaché que l'Ouvrage entier ne saurait avoir.

On trouvera sur les Loix pénales contre les Catholiques certains Chapitres qui paraîtront peut-être trop rigoureux. Celui qui, dans l'exposition des motifs qui ont amené ces Loix, ne s'attendrait pas à quelques réflexions hétérodoxes, & à des injures, ne connaîtrait non plus l'esprit de parti, que les Auteurs de ces chocs religieux ne connaissent l'esprit de l'Evangile & de leur siècle. Il est temps de leur dire : mes frères, cessez de vous invectiver les uns les autres, car personne ne vous écoute ; mais dites de bonnes choses qui soient avantageuses à tous les hommes, ce qui vaudra beaucoup mieux pour vous & pour nous.

Parmi les Notes semées dans l'Ouvrage, celles du Traducteur seront marquées de la lettre T, pour les distinguer de celles de l'Auteur. Rien n'appartiendra au Traducteur que ses Notes, & ses fautes, peut-être trop nombreuses. Quant aux fautes, lorsqu'elles vous frapperont, dites hardiment : elles ne sont pas de l'Auteur, puisque son Ouvrage a tant de célébrité dans sa Patrie, & chez l'Étranger ; il a sans doute plus d'énergie, plus d'élévation, plus de perspicuité ; & vous ne vous tromperez pas.

TABLE
DES CHAPITRES
Contenus dans cet Ouvrage.

TOME Ier.

Chap. I. *De la nature des Délits, & des peines qui y sont attachées.* pag. 1

Chap. II. *Des Personnes capables de Délit.* 17

Chap. III. *Des principaux Délinquans & des Accessoires.* 28

Chap. IV. *Des délits contre Dieu & la Religion.* 33

Chap. V. *Des délits contre la Loi des Nations.* 61

Chap. VI. *De la haute trahison.* 68

Chap. VII. *Des Félonies injurieuses à la prérogative du Roi.* 91

Chap. VIII. *Du Præmunire.* 96

Chap. IX. *Du Mépris qui affecte le Roi & son Gouvernement.* 115

Chap. X. *Des délits contre l'ordre public.* pag. 123

Chap. XI. *Des délits contre la tranquillité publique.* 141

Chap. XII. *Des délits contre le Commerce public.* 151

Chap. XIII. *Des délits contre la santé publique, & contre la police ou l'économie publique.* 156

Chap. XIV. *De l'Homicide.* 174

Chap. XV. *Des délits contre la sûreté personnelle de chaque individu, au-dessous de l'homicide.* 211

Chap. XVI. *Des délits contre les habitations des particuliers.* 230

Chap. XVII. *Des délits contre la propriété privée.* 241

TOME II.

Chap. XVIII. *Des Moyens de prévenir les Délits.* pag. 1

Chap. XIX. *Des Cours de Jurisdiction Criminelle.* 10

DES CHAPITRES. xiij

Chap. XX. *De la Procédure Criminelle.* pag. 33

Chap. XXI. *De la Procédure régulière.* 42

Chap. XXII. *De l'emprisonnement & du cautionnement.* 50

Chap. XXIII. *De la Méthode qu'on observe dans la poursuite.* 57

Chap. XXIV. *De l'Accusation strictement régulière.* 77

Chap. XXV. *De l'appel du Prisonnier à la Barre de la Cour, & de ses incidens.* 81

Chap. XXVI. *De la Défense particulière & générale.* 94

Chap. XXVII. *Du Critère & de la Conviction.* 108

Chap. XXVIII. *Du Privilège Clérical.* 141

Chap. XXIX. *De la Sentence & de ses suites.* 156

Chap. XXX. *De la Cassation du Jugement.* 178

CHAP. XXXI. *Du Surſis & du Pardon.* pag. 181

CHAP. XXXII. *De l'Exécution.* 195

CHAP. XXXIII. *De la naiſſance, des progrès, & des améliorations graduelles des Loix Anglaiſes.* 201

Fin de la Table.

COMMENTAIRE

COMMENTAIRE
SUR
LE CODE CRIMINEL
D'ANGLETERRE.

CHAPITRE PREMIER.

Nous confidérerons premièrement, la nature en général des délits & des peines; fecondement, les perfonnes capables de délit; troifièmement, le dégré du délit dans le principal délinquant ou dans l'acceffoire; quatrièmement, les diverfes efpèces de délits avec les peines que les loix y ont attachées; cinquièmement, les moyens de prévenir les délits; fixièmement, la manière d'infliger les peines.

Voila ce qui forme dans tous les Pays le Code criminel, que nous nommons plus communément en Angleterre, la Doctrine sur les *plaidoyers*, ou les causes, *de la Couronne* (a) : parce que la loi suppose que le Roi qui concentre dans sa personne la majesté de la Nation, est injurié par les infractions quelconques des droits publics qui appartiennent à toute la Communauté, & c'est pour cela que toutes les poursuites criminelles se font au nom du Roi, qui est la partie publique.

La connaissance de cette grande branche de la législation est de la plus haute importance pour chaque membre de l'État. Il n'y a ni rang, ni naissance, ni droiture de cœur, ni prudence, ni circonspection, qui puissent faire dire à quelqu'un : je suis sans intérêt dans cette recherche. La fragilité trop naturelle au meilleur de nous, les vices & les passions effrénées des autres, l'instabilité des choses humaines, le nombre infini & imprévu des événemens que chaque jour amène, démontrent à tout esprit un peu attentif, que la connaissance approfondie des loix prohibitives, & des peines auxquelles on s'expose, en les violant, est une étude d'un intérêt général.

Plus cet intérêt est grand, plus la législation doit être éclairée ; mesurée sur chaque article du Code criminel, elle doit s'appuyer sur des principes invariables, uniformes, universels,

---

(a) *Pleas of the Crown.*

toujours dictés par la vérité, la justice, la pitié, & les droits imprescriptibles du genre humain. Elle peut quelquefois modifier le Code criminel, le restraindre ou l'étendre selon les lieux, les temps, & les nécessités de l'État ; mais sans renverser les bornes sacrées que le contrat social a posées. C'est en s'éloignant de ces grands principes dans la confection des loix criminelles ; c'est en leur substituant les mouvemens impétueux de la cupidité, de l'ambition, de la vengeance ; c'est en mettant à leur place des règles impolitiques, discordantes, établies par une succession de conquérans ou de factieux dans les révolutions des Gouvernemens ; c'est en éternisant des ordonnances qui ne devaient être que pour un temps, & qui, selon l'expression du Chancelier Bacon, étaient nées de la piquûre du moment ; c'est enfin en employant avec précipitation des moyens disproportionnés, pour arrêter les progrès de quelques délits ; c'est le concours de toutes ces causes, qui a laissé presque dans toute l'Europe le Code criminel plus imparfait, plus barbare que le Code civil. Nous n'entrerons pas dans le détail des institutions pénales des autres Nations ; nous ne releverons point les erreurs politiques & inhumaines qui ont été relevées par leurs propres Ecrivains.

Mais chez nous mêmes, en Angleterre, où la Jurisprudence criminelle approche le plus de sa perfection, où les crimes sont exactement définis, où les peines ont le moins d'incertitude & d'arbitraire, où toutes les accusations sont publiques, où le procès s'instruit à la face du monde, où la torture est inconnue, où l'accusé est jugé par ses Pairs, qu'il peut récuser sur le seul prétexte d'aversion pour un tel & un tel; oui, chez nous mêmes, nous trouvons quelques loix pénales qui ont besoin de révision & de correction. Elles sont nées d'un attachement trop scrupuleux à l'ancienne commune loi (*a*); on n'a pas voulu voir que les raisons de ces loix ayant cessé, les loix devaient cesser aussi. La constitution des loix pénales qui obligent toute une Nation, n'est pas une œuvre qu'il faille abandonner aux passions ou aux intérêts d'un petit nombre de personnes; c'est dans le calme & la maturité des conseils Nationaux qu'il faut proportionner la peine au délit. Dans la Chambre des Pairs on ne propose jamais un *Bill* (*b*) concernant seulement la propriété d'un particulier, sans l'avoir auparavant communiqué à quelqu'habile Jurisconsulte, qui en fait son rapport. Si cette précaution eût été prise pour le Code criminel, si on eût établi un comité pour en faire la révision, une fois seulement chaque siècle; on n'auroit pas laissé sub-

---

(*a*) T. Ou droit Coutumier. Elle fut rédigée par les ordres du grand Alfred, le premier Roi qui ait donné à l'Angleterre de bonnes règles de justice, bonnes pour le temps.

(*b*) T. On laisse ce terme Anglais, parce que nous nous sommes familiarisés avec lui.

fister jusqu'à nos jours une peine capitale, pour avoir rompu la digue d'un étang, ou pour s'être associé à des diseurs de bonne fortune.

Il est vrai qu'on n'inflige presque jamais ces punitions outrées, & que ces deux loix sont à peine connues du public ; mais l'ignorance même d'une mauvaise loi, en aggrave le mal en laissant un piège tendu à celui qui l'ignore. Il est donc de notre devoir dans cet examen des loix Anglaises, & dans les recherches de leurs principes, de montrer les vices qui ternissent encore quelques parties de notre législation ; sur-tout à ceux qui, par leurs places peuvent les corriger. Traitons d'abord de la nature en général des crimes.

I. Le crime est un acte commis ou omis en violant une loi publique, soit qu'elle défende, soit qu'elle commande.

Dans tous les cas le crime est injurieux à un ou à plusieurs individus. Il blesse en même temps la Société entière ; par exemple, le meurtre est un attentat à la vie d'un particulier ; mais la loi sociale considère principalement la perte que l'Etat souffre par la privation d'un de ses membres, & le pernicieux exemple que le meurtre laisse après lui. Le vol est une injure à la propriété privée : si c'était tout, la réparation du dommage l'expierait ; mais il faut assurer la propriété générale : voilà pourquoi le vol est puni de mort ; il est des crimes d'une nature moins malfaisante, auxquels sont attachées des peines moins sévères ; par exemple, dans une batterie, l'agresseur est puni par une amende, ou par la prison, pour avoir troublé la tranquillité publique ; & la partie battue reçoit la réparation des dommages qu'elle a soufferts. De même, si quelqu'un s'avisait de couper un grand chemin par un fossé ; non-seulement il offenseroit tout le public, & seroit punissable comme tel ; mais encore on l'obligeroit à dédommager le particulier qui en auroit souffert dans sa voiture, ou ses chevaux.

II. Après ce coup-d'œil général sur la nature des délits, jettons-en un autre sur les peines, & voyons de quel droit un homme peut infliger des peines à un autre homme ; pour quelle fin, & en quelle mesure.

1. Quant au droit, il est clair que dans l'état de pure nature, avant l'établissement des Corps politiques, chaque individu en étoit revêtu pour punir les crimes contre la loi de nature ; le meurtre par exemple, car il fallait bien que ce droit résidât quelque part : autrement les loix de la nature auraient été vaines & sans fruit, personne n'étant autorisé à les faire observer. Or, si ce droit résidait quelque part, tous les individus de l'espèce le partageaient,

puisque tous étaient égaux. Aussi le premier meurtrier *Caïn* disait-il dans sa frayeur : *quiconque me rencontrera, me tuera.* Dans l'état de Société ce droit a été transféré des individus à la souveraineté. Alors les hommes n'ont plus été juges dans leur propre cause, eu égard aux grands maux qui en auraient résulté dans l'état social.

Pour les délits qui ne violent pas les loix de la nature, mais seulement celles de la Société, on demande si on peut y attacher la peine de mort : oui, s'ils mettent la Société dans un grand danger ; *grand*, car l'effusion du sang humain n'est pas une chose à traiter légèrement. De ce que la peine a pour but, de détourner du crime, il ne s'ensuit pas qu'on doive le réprimer à quelque prix que ce soit, & par toutes sortes de moyens. Il peut y avoir bien des façons illégales de forcer l'obéissance aux plus justes loix ; c'est pourquoi le Législateur doit être extrêmement retenu à décerner la peine de mort. Il doit s'assurer par une longue expérience, que des peines plus légères ont été inutiles, & que des peines capitales seraient plus efficaces. Le vaste Empire de Russie était-il plus souillé de crimes sous la dernière & douce Impératrice Elisabeth, que sous ses sanguinaires Prédécesseurs ; & aujourd'hui est-il moins civilisé, moins social, moins assuré contre les malfaiteurs sous Catherine II ? L'une & l'autre ont aboli la peine de mort, excepté dans des cas fort extraordinaires. Il y a plus, la longue expérience des moyens doux n'est pas toujours une raison suffisante d'employer les peines cruelles ; par exemple, tout le monde convient du dommage considérable que les voitures chargées jusqu'à un certain point font à nos grands chemins ; & plusieurs statuts ont été faits pour le prévenir ; aucun n'a réussi. Serait-il juste de punir de mort un roulier obstiné qui viole ou élude les statuts ? Lorsque le délit qu'on veut prévenir n'égale pas la grandeur de la peine, le Souverain ne saurait justifier une telle loi au tribunal de la conscience & de l'humanité. Répandre le sang de nos frères est une entreprise qui demande la plus sérieuse délibération & la plus forte conviction de la légitimité du pouvoir. La vie est un présent que Dieu a fait à l'homme, & on ne peut la lui enlever que par son ordre ou sa permission ; or, pour connaître cet ordre ou cette permission, il ne faut rien moins que la révélation, ou bien une démonstration claire, indisputable, que les loix de nature & de société demandent la mort du coupable.

2. L'objet des peines n'est pas l'expiation du crime, dont il faut laisser la détermination à l'Être Suprême ; mais de prévenir les délits de la même espèce ; ce qui peut s'exécuter de trois manières, soit par l'amendement du coupable, en y employant des peines pécuniaires, l'exil,

la prison à temps, ou quelque flétrissure ignominieuse ; soit en le condamnant au bannissement pour sa vie, à une prison perpétuelle, à l'esclavage, soit enfin à la mort, si on le juge incorrigible par l'habitude à mal-faire, ou par l'atrocité du crime.

3. Quant à la mesure des peines, il est aisé de pressentir qu'elle ne peut être déterminée par une règle invariable : la législation doit consulter les loix de la nature & de la société, en ne perdant jamais de vue la seule & véritable fin des peines, qui est d'élever un rempart contre le crime.

Il suit delà que la loi du *Talion*, si vantée par quelques Jurisconsultes, ne peut pas servir de règle dans tous les cas ; quoique dans quelques-uns elle paraisse dictée par la raison ; par exemple, dans la fausse accusation d'un innocent ; à quoi nous pouvons ajouter cette loi des Juifs & des Egyptiens, dont Joseph & Diodore de Sicile font mention ; elle portait que quiconque se trouverait saisi de poison, sans raison suffisante, serait obligé de le prendre lui-même. Mais en général la différence des personnes, le rang, le temps, la provocation & d'autres circonstances peuvent augmenter ou diminuer le délit ; & dans ces cas la loi du *Talion* ne serait pas une mesure juste : si un homme de qualité frappe un paysan, le Juge le condamnera-t-il à être frappé à son tour par l'offensé ? La compensation seroit trop forte. D'un autre côté, si quelqu'un arrachait un œil à un borgne, le Juge condamnera-t-il le mutilateur qui a deux yeux à n'en perdre qu'un ? La compensation ferait trop faible. Voilà pourquoi la loi des Locriens qui demandait œil pour œil fut judicieusement corrigée, en demandant dans le cas en question deux yeux pour un. D'ailleurs, il est une infinité de délits qu'on ne saurait soumettre à la loi du Talion : le vol ne peut être puni par le vol, la diffamation par la diffamation, le faux par le faux, l'adultère par l'adultère. Il faut donc remonter à quelqu'autre principe pour proportionner la peine au délit. Si le meurtre est puni de mort, ce n'est pas que la mort soit toujours un équivalent pour la mort ; en effet, l'exécution d'un misérable & décrépit assassin est une bien mince satisfaction pour la mort d'un citoyen distingué dans la fleur de la jeunesse, & au milieu des plus belles jouissances. Mais la raison de ce jugement est qu'il n'y a point de plus grande peine au pouvoir de l'homme que la mort. Une autre raison est qu'elle tend à la sûreté publique en détruisant l'assassin, & en prévenant d'autres assassinats par un exemple de terreur. La mort de l'assassin part donc d'un autre principe que celui de la compensation. Pour les crimes seulement projettés & non exécutés, comme les conspirations & d'autres semblables, il semble que la loi du Talion peut leur être appliquée; & c'est le sentiment de plusieurs grands Criminalistes (*a*); un parjure accusateur, disent-ils, doit souffrir la même peine qu'il devait faire tomber sur un innocent; & c'est pour ce cas que la loi du Talion fut introduite en Angleterre par le Statut 37 d'Edouard III, ch. 18 (*b*); mais après un an d'expérience sous le même Prince, la loi fut rejettée, & l'emprisonnement prit la place (*c*).

MAIS enfin quelque difficulté qu'il y ait à trouver la proportion juste entre les délits & les peines; il est des principes généraux tirés de la nature & des circonstances du crime, qui peuvent guider la législation.

SI on considère la nature du crime, plus le crime est grand, plus on doit le prévenir en y attachant une peine plus sévère, par conséquent une simple conspiration contre la vie du Roi est punie par la loi Anglaise avec plus de rigueur que le meurtre réel d'un sujet quel

_____

(*a*) Beccaria, ch. 15.

(*b*) T. Le mot *Statut* ne signifie en France qu'une règle établie pour une Compagnie; mais en Angleterre il est synonime de *Loi*; & quoiqu'on dise le Statut d'Edouard, de Charles, ce n'est pas pour signifier qu'Edouard ou Charles ont fait cette loi; car les Rois d'Angleterre n'ont pas le pouvoir législatif. Les Statuts ou les loix se font en Parlement par le concours du Roi, de la Chambre des Pairs & de la Chambre des Communes; mais par honneur pour la dignité Royale, on dit le Statut d'Edouard; c'est-à-dire, fait sous le règne d'Edouard.

(*c*) Stat. 38, Edouard III, ch. 9.

qu'il soit ; quoiqu'en général le projet du crime ne soit jamais aussi punissable que la consommation. En effet, plus l'homme approche du crime, plus il lui paraît révoltant ; & le remors aussi-bien que la crainte peuvent l'arrêter. Il y a donc plus de perversité dans la consommation que dans l'intention. Ainsi des mesures prises pour le vol, le rapt ou le meurtre, sont bien moins punissables que le vol, le rapt ou le meurtre même ; & si la conspiration pour le régicide mérite un aussi grand châtiment que le régicide même, c'est à cause de l'énormité du crime, & du dommage excessif qui en résulterait pour l'ordre public.

Les circonstances du crime, la violence de la passion, la force de la tentation peuvent diminuer le délit & la peine : par exemple, un voleur pressé par la faim, mérite plus de compassion, que celui qui vole par cupidité, ou pour satisfaire à son luxe ; de même tuer dans un premier mouvement d'un ressentiment très vif, est moins punissable que de tuer de sang froid, & de dessein prémédité. L'âge aussi, l'éducation, le caractere de l'offenseur, l'impossibilité morale de se faire rendre justice, le temps, le lieu, la compagnie où le délit s'est commis, toutes ces circonstances & une foule d'autres peuvent l'aggraver ou le diminuer (a).

(a) C'est ainsi que Démosthènes, dans son plaidoyer contre Midias, aggrave l'insulte qu'il en a reçue : « J'ai été, dit-il, in-

D'AILLEURS, comme les peines ont pour but principal d'empêcher les crimes à venir, la raison veut qu'on punisse plus sévèrement, ceux qui sont plus opposés à la sûreté publique (a); & encore parmi les crimes d'une égale malignité, ceux qui sont plus fréquents, qu'il est plus aisé de commettre, & contre lesquels il est plus difficile de se mettre en garde selon la remarque de Ciceron, *ea sunt animadvertenda maximè, qæ difficillimè præcaventur*: de-là, le voleur domestique est puni plus rigoureusement que le voleur étranger; & si un domestique tue son maître, il est coupable de trahison : pour un autre ce serait seulement un meurtre. De-là encore prendre un mouchoir, ou autre chose de peu de valeur, est un délit plus punissable que l'enlévement d'un sac de bled dans un champ ouvert; & dans l'Isle du Man cette règle avait une si grande étendue, que le vol d'un cheval ou d'un bœuf n'était point puni de mort à cause de la difficulté qu'il y avait à cacher le vol dans ce petit territoire, ou à le soustraire hors de l'Isle : mais le vol d'un cochon ou d'une volaille était un délit capital à cause de la facilité à cacher le vol.

» jurié par mon ennemi de sang froid, nullement provoqué; il
» n'était pas dans la chaleur du vin, c'était le matin, c'était pu-
» bliquement, à la face des Etrangers, aussi bien que des Ci-
» toyens, à la face même des Dieux, dans le temple où mon de-
» voir m'appellait. »

(a) Beccaria, ch. 6.

Enfin, pour conclusion sommaire, nous observerons que les peines sévères, sur-tout quand elles sont infligées sans un juste discernement, ont beaucoup moins d'efficacité pour prévenir le crime, & corriger les mœurs d'un peuple, que les peines miséricordieuses où la pitié tempère la sévérité. Un ingénieux Auteur qui semble avoir bien étudié les ressorts des mœurs, dit à ce sujet qu'on prévient mieux par la certitude que par l'extrême sévérité des punitions (*a*). Il faut graver dans la législation ces paroles du grand Montesquieu : l'atrocité des loix empêche l'exécution; lorsque la peine est sans mesure, on est souvent obligé de lui préférer l'impunité (*b*). La Reine Marie d'Angleterre (*c*) s'expliquait de même dans le préambule de ses Statuts : « la Royauté, disait-elle, » trouve bien plus de sûreté dans l'amour des » Sujets que dans la terreur, & les loix modé- » rées sont souvent mieux observées pour le » bien public, que les loix de sang » : heureuse la Nation si cette Princesse eût toujours suivi ses propres principes, & ceux du Parlement (*d*) !

(*a*) Beccaria, ch. 7.

(*b*) Esprit des Loix, liv. 6, ch. 13.

(*c*) C'est Marie I, fille de Henri VIII & de Catherine d'Arragon.

(*d*) T. On sait qu'elle fit brûler plus de huit cens Protestans, sans parler de tous les autres genres de persécution, & que le Cardinal *Polus*, envoyé par le Pape Jules III, désapprouva fort ces cruautés inutiles; mais elle écoutait bien plus les conseils violens de Philippe II, Roi d'Espagne, son époux.

Obfervons encore que les loix fanguinaires font autant de triftes fymptômes de maladie dans le corps de l'Etat, ou au moins de fa faible conftitution. Les loix royales de Rome & celles des douze tables, établies par les Décemvirs, étaient pleines de cruauté. La loi *Porcia* (a) qui exemptait de la peine de mort tout Citoyen Romain, les fit difparaître fans bruit: dans ce période la République fut floriffante; mais fous les Empereurs les peines énormes reparurent, & alors l'Empire tomba.

Un plus grand mal encore, une plus grande abfurdité impolitique, c'eft d'appliquer la même peine à des crimes de différente malignité. Une multitude de loix de mort qui laiffent du doute fur le pouvoir de les établir, montre un manque de fageffe dans la puiffance légiflatrice, ou d'énergie dans la puiffance exécutrice: oui, c'eft une efpèce de charlatanerie dans le Gouvernement, d'appliquer, faute de lumieres, le même remède, *le dernier fupplice* à tous les délits dont la guérifon embarraffe. Il eft fans doute bien plus facile d'extirper que de corriger le genre humain: le Magiftrat qui prend ce parti, ne reffemble-t-il pas à un mal habile & cruel Chirurgien qui coupe bras & jambes, parce que fon ignorance ou fon indolence ne

---

(*a*) Elle fut faite par Valerius Publicola, bientôt après l'expulfion des Rois, & renouvellée deux fois, toujours par les Magiftrats de la même Famille.

lui permettent pas de les guérir? Un Ecrivain (a) dont la sagacité est connue, a proposé de former dans chaque Etat, une échelle des délits & des peines correspondantes, en descendant du fort au faible. Si cette idée a quelque chose de romanesque, un sage Législateur doit du moins marquer les divisions principales, & ne pas attacher les peines du suprême dégré aux délits du dernier (b): lorsque le peuple ne voit point de gradation dans les peines, il est porté à croire qu'il n'y en a point dans les crimes; c'est ainsi qu'en France le vol sur un grand chemin avec assassinat, ou sans assassinat, est puni du même supplice, malgré l'énorme différence qui se trouve entre les deux crimes: il y a peut-être un peu moins de vols qu'en Angleterre, mais les voleurs y sont intéressés à toujours assassiner. En Chine les assassins sont coupés par morceaux, les voleurs, non; aussi n'assassinent-ils jamais, & en Angleterre de même, parce que les voleurs peuvent espérer d'être transportés (c), & non les assassins.

(a) Beccaria, ch. 7.

(b) Esprit des Loix, liv. 6. ch. 19.

(c) T. C'est-à-dire, d'être envoyés dans les Colonies, où ils sont encore utiles, en expiant leurs crimes dans des travaux continuels, & dans l'opprobre; exemples vivans & plus efficaces que la mort même pour arrêter les crimes.

CHAPITRE II.

CHAPITRE II.

Des Personnes capables de Délit.

APRÈS avoir considéré, en général, la nature des délits, dans le chapitre précédent, nous destinons celui-ci à distinguer les personnes qui sont, ou ne sont pas capables de délit, ou, ce qui est la même chose, les personnes qui commettent impunément les délits qu'on punit dans les autres. Nous devons, dans cette recherche, assigner les exceptions; car la loi générale est que personne ne doit être à couvert des peines, après avoir transgressé les loix de la patrie, excepté ceux que ces mêmes loix exemptent expressément, à raison d'incapacité.

TOUTES les raisons qui peuvent exempter de la peine attachée à quelque délit, se réduisent à celle-ci, le défaut de *volonté*. Un acte involontaire ne renferme ni mérite, ni démérite. La loi ne connaît pas de l'acte, sans la volonté; ni de la volonté, sans l'acte : pour encourir la peine, il faut donc le concours de l'acte prohibé par la loi, & de la volonté de le commettre.

OR il y a trois cas où la volonté ne se joint pas à l'acte : 1°. dans la privation de la raison; car, où il n'y a point de discernement, il n'y

Tome I. B

a point de choix; & où il n'y a point de choix, il n'y a point de volonté. L'enfance, l'imbécillité, l'aliénation d'esprit tombent dans cette espèce. 2°. Lorsque la raison ne peut pas gouverner l'action, c'est le cas du malheur ou de l'ignorance. 3°. Lorsque l'action est formée par une violence extérieure; car où la nécessité commande, il n'y a point de volonté.

I. Dans le premier cas il est hors de doute qu'au dessous de l'âge de raison, il n'y a ni crime, ni peine; mais on demande quel est l'âge de raison? La loi civile, en étendant la minorité jusqu'à vingt-cinq ans, la divise en trois périodes; d'abord depuis la naissance jusqu'à sept ans; ensuite depuis sept jusqu'à quatorze; troisiémement depuis quatorze jusqu'à vingt-cinq; durant le premier période, & la moitié du suivant, c'est-à-dire, depuis dix ans & demi jusqu'à quatorze, si le discernement & la malice se manifestent, la punition peut avoir lieu, mais non dans toute la rigueur de la loi; dans le dernier période qui commence à l'âge de puberté, un mineur peut encourir les peines, même capitales.

La loi de l'Angleterre exempte un mineur au-dessous de vingt-un ans, de certaines peines attachées à des transgressions communes, surtout si c'est par omission; par exemple, elle condamne à une amende, & au défaut de paiement, à la prison, celui qui s'est refusé à la réparation d'un pont, d'un grand chemin ou autre devoir de cette espèce ; le mineur, au-dessous de vingt-un ans, n'est pas soumis à ces peines, parce que n'ayant pas encore la disposition de son bien, il ne peut satisfaire à l'amende ; mais s'il fait quelque brèche notable à la tranquillité publique, s'il cause des émeutes, des batteries, ne fût-il guères au-dessus de quatorze ans, il est susceptible des punitions légales, comme s'il en avait vingt-un.

Pour ce qui regarde les crimes capitaux, la loi est extrêmement circonspecte ; elle distingue, avec le plus grand scrupule, tous les degrés de l'âge de raison. Notre ancienne Loi Saxone n'accordait tout au plus la raison qu'à l'âge de douze ans ; si bien que de cette époque jusqu'à quatorze, elle n'osait décider si l'homme était capable de crime & de punition ; mais au-dessous de douze, elle décidait tranchément l'incapacité. Depuis cet ancien temps, la loi ne mesure pas si exactement la capacité de mal faire, sur l'âge, qu'elle ne la mesure aussi sur un discernement précoce ; & c'est à ce cas qu'on applique cette maxime : *la malice supplée à l'âge.* Au-dessous de sept ans un enfant est incapable de crime ; le crime suppose une méchanceté réfléchie qui ne se trouve presque jamais dans la nature à cet âge ; mais à huit, il serait possible qu'il fût coupable : aussi quoiqu'un enfant au-

B ij

dessous de quatorze ne paraisse pas, au premier coup d'œil, avoir un discernement suffisant du bien & du mal, cependant si les Jurés (*a*), dans un examen approfondi, découvrent que sa raison a été assez avancée pour se rendre coupable, il est sujet à la peine, même capitale. C'est ainsi qu'un garçon de dix ans, & un autre de neuf, souffrirent la mort, pour avoir tué leur camarade, parce qu'il fut prouvé dans la procédure qu'après le meurtre l'un s'était caché, pour n'être pas arrêté, & l'autre avait caché le corps; signe qu'ils avoient eu la conscience du crime, avec le discernement du bien & du mal. Une autre raison détermina les Juges à la Sentence de mort; ils craignirent d'accréditer une idée dangéreuse pour le public, que les enfans peuvent commettre impunément les crimes les plus atroces; mais enfin, en pareil cas, la loi veut que l'évidence de la malice qui supplée à l'âge, soit claire comme le jour, & hors de toute contestation.

II. Le second cas qui sort du défaut de volonté & qui sert d'excuse au crime, suppose les organes de l'entendement originellement défectueux ou viciés dans la suite : tel est un

_____

(*a*) T. En Angleterre tout accusé est jugé par ses Pairs. Ce ne sont pas des gens de loi ; aussi ne jugent-ils pas des points de la loi, mais du fait : l'accusé est-il coupable, ou ne l'est-il pas ? Voilà toute leur charge. On les appelle *Jurés*, parce qu'on les oblige au serment.

idiot ou lunatique (*a*). Le principe de ces deux cas, est que le fou est puni par sa propre folie, *furiosus proprio furore punitur*; nulle peine pour l'un ou l'autre, pas même pour crime de trahison; de même, si un homme dans son bon sens commet un délit capital, & qu'avant d'être cité, il tombe en démence, la citation ne peut plus avoir lieu, attendu qu'il est hors d'état de répondre; & encore si la démence ne vient qu'après qu'il a répondu, la procédure cesse; & enfin si la folie ne se montre qu'après la Sentence de mort, l'exécution doit être suspendue; car peut-être, dit la loi, s'il était dans son bon sens, alléguerait-il quelque nouveau moyen pour sa défense. Il est vrai pourtant que, sous le règne sanguinaire de Henri VIII il fut fait un Statut que quiconque se rendrait coupable de haute trahison, quand même la démence surviendrait au crime, subirait le supplice, comme s'il jouissait encore de sa raison; mais cette loi sauvage & inhumaine fut rejettée par les Statuts I & II de Philippe & Marie, ch. 10; « car, selon la remarque d'Edouard Coke (*b*), l'exécution d'un criminel est pour l'exemple, *ut pœna ad paucos, metus ad omnes perveniat*; or l'exécution d'un insensé peut-elle servir d'exemple? Pitoyable spectacle qui accuserait la loi d'inhumanité

(*a*) T. Maladie assez fréquente en Angleterre; c'est une folie à temps, une alternative de démence & de raison.

(*b*) Grand Jurisconsulte, au temps d'Elisabeth & de Jacques I.

» & de cruauté ». La loi se contente d'enfermer les fous, pour les mettre hors d'état de nuire.

III. LE défaut de volonté dans un homme ivre, au moment du crime, loin de servir d'excuse, aggrave le délit aux yeux de la loi, parce qu'il était bien le maître de ne pas s'enivrer. Un ivrogne, dit Edouard Coke, est un démon volontaire qui est responsable de tout le mal qu'il peut faire dans la chaleur du vin. On a observé que le danger des liqueurs fortes est relatif aux climats : la même quantité qui serait salutaire à un Habitant du Nord, peut rendre un Italien furieux. Un Allemand, dit le Président de Montesquieu, boit par coutume, un Espagnol par choix ; l'excès du vin doit donc être plus sévérement puni dans les pays où il rend les hommes furieux, que dans ceux où il les plonge seulement dans la stupidité : c'est sans doute la chaleur du climat de la Grèce, qui détermina Pittacus à attacher deux punitions au crime commis par un homme ivre ; l'une pour le crime même, l'autre pour l'ivresse qui l'a causé. La Loi Romaine, à la vérité, montra beaucoup d'indulgence pour ce vice ; elle remettait la peine de mort à celui qui aurait commis un crime capital dans l'ivresse ; mais la Loi Anglaise, considérant combien il est aisé de contrefaire cette excuse, & combien elle est faible, quand même elle serait réelle, ne consent point à excuser un délit par un autre.

IV. Il y a défaut de volonté dans un délit par accident & sans dessein ; & il ne serait pas punissable.

V. Un autre défaut de volonté, c'est l'ignorance ou la méprise : mais il faut que cette ignorance ou méprise se trouve dans le fait, & que ce ne soit pas une erreur dans un point de la loi : exemple, un particulier voulant tirer sur un voleur qu'il surprend dans sa maison, tue par méprise quelqu'un de sa famille ; il n'y a point là de crime : mais si ce particulier, sur la fausse persuasion qu'il a droit de tuer un excommunié, ou un *exloi* (a), le tuait en effet, il se rendrait coupable d'un meurtre volontaire ; car une erreur dans la loi, ou même l'ignorance de la loi que toute personne peut & doit connaître, ne peuvent justifier l'action. *Ignorantia juris quod quisque tenetur scire, neminem excusat.* C'était la maxime des Romains, & c'est aussi la nôtre. (b)

VI. Le défaut de volonté se montre encore plus à découvert, lorsqu'elle est forcée ; & comme les peines ne sont établies que contre les abus de la liberté, il est juste d'excuser les

---

(a) T. C'est à-dire, qui est mis hors de la protection des loix, par un bill de proscription.

(b) T. Pour que les Sujets ne puissent s'excuser sur l'ignorance ; & que la législation n'ait rien à se reprocher ; il faut que les loix soient simples, claires & précises.

délits qui ont pour cause une force irrésistible.

DE-LA 1. LE lien de la sujétion civile, en vertu duquel un inférieur reçoit un ordre de son supérieur, contraire à sa propre raison & à son cœur, contraire à la religion & à la saine morale, est compris dans cette espèce. Ce n'est pas notre affaire de décider jusqu'où doit s'étendre une pareille excuse *dans le for de la conscience* : mais, quoi qu'il en soit, l'obéissance à une loi qui presse, est *une grande atténuation du crime devant les Tribunaux*. Le Shériff (*a*) qui fit brûler Latimer & Ridley, sous le règne fanatique de la Reine Marie, ne pouvait pas être puni de cette affreuse Sentence, par Élisabeth qui lui succéda.

LA contrainte qui naît de l'autorité domestique, d'un mari sur sa femme, d'un père sur ses enfans, d'un maître sur ses serviteurs, excuse-t-elle le crime dans les inférieurs ? il faut distinguer les délits contre la loi de nature de ceux qui sont seulement contre les loix positives de la société. Un meurtre commandé par un chef de famille, & exécuté par sa femme, son fils, ou son domestique, est punissable dans les trois subordonnés, comme s'il n'avoit pas été commandé : à plus forte raison dans le crime

---

(*a*) T. Magistrat annuel qui embrasse le civil & le criminel dans chaque Comté ou Province, & qui met à exécution toutes les Sentences.

de trahifon, le plus grand de tous les crimes, puifqu'il attaque toute la fociété : rien ne pourrait les excufer. Autrefois dans le continent du Nord, fi un maître commettait un crime de concert avec fon efclave, la loi fuppliciait le maître, & abfolvait l'efclave : mais dans notre conftitution de liberté, il n'y a point d'efclaves. Quant aux délits qui ne font pas d'une grande conféquence, la contrainte dont le fupérieur ufe fur fon inférieur, le rend feul coupable; encore faut-il excepter les délits où la femme aurait naturellement plus de part que le mari. Par exemple, s'il étoit queftion d'une maifon de débauche, d'après la volonté du mari, la femme ferait puniffable autant que lui.

2. Il y a une autre efpèce de contrainte qui peut excufer le délit, & exempter de la peine; c'eft celle qui eft accompagnée de menaces fi redoutables, qu'elles pourraient ébranler l'homme courageux; ainfi en temps de guerre ou de rebellion, tel que la loi excuferait d'avoir commis plus d'une trahifon par l'impulfion irréfiftible de l'ennemi ou des rebelles, ferait inexcufable en temps de paix. Ce difcernement qui appartient aux Tribunaux, ne doit s'appliquer qu'aux délits contre les loix pofitives de la fociété, & non aux crimes contre la loi naturelle; de-là, fi quelqu'un était menacé de la mort, & qu'il n'eût d'autre moyen de l'éviter, que d'affaffiner un innocent, la violence qu'on

lui fait ne l'abfoudrait pas : mais dans cette pofition, il eft en droit de tuer celui qui menace, car la premiere loi de la nature eft la défenfe de foi-même.

3. On connaît, en certain cas, une néceffité qui ne laiffe que le choix entre deux maux inévitables ; alors on choifit le moindre : telle ferait la pofition d'un Officier public chargé par la loi d'arrêter un meurtrier ou d'appaifer une émeute : fi on réfifte à fon autorité, il peut, il doit frapper, bleffer, tuer, plutôt que de laiffer échapper l'affaffin, ou continuer l'émeute; c'eft la confervation de la tranquillité publique qui l'abfout.

4. Il eft encore un cas de néceffité qui a occafionné de grands débats parmi les écrivains qui ont traité des loix. Un homme dans l'extrême befoin de nourriture, ou de vêtement, en prend où il peut ; eft-il juftifié par la néceffité ? Grotius, Puffendorf, & un grand nombre de Juriftes, tiennent pour l'affirmative, en alléguant que dans ce cas la fociété fait revivre, par un confentement tacite, la communauté des biens qui exiftait avant l'établiffement des fociétés politiques ; la loi d'Angleterre rejette cette doctrine, en adoptant la décifion de plufieurs Sages de l'antiquité, & nommément de Cicéron, dont voici les paroles (*a*) : *fuum*

(*a*) *De Officiis*, Lib. 3. ch. 5.

cuique incommodum ferendum eſt potiùs quam de alterius commodis detrahendum : chacun doit ſupporter ſes incommodités plutôt que de diminuer les facultés des autres, & la loi ſe fonde ſur une raiſon de la premiere force : il n'y aurait point de ſureté dans les propriétés, ſi elles étaient ſubordonnées aux beſoins des autres ; & quel eſt le néceſſiteux qui ſerait juge compètent de l'extrêmité de ſes propres beſoins ? une telle doctrine ſerait encore plus déraiſonnable dans notre patrie où le Gouvernement pourvoit avec tant de zèle à la ſubſiſtance des pauvres. L'extrême beſoin peut ſe montrer peut-être dans le continent : mais dans notre Iſle où la charité eſt réduite en ſyſtème, & mêlée avec notre conſtitution, c'eſt une eſpèce d'impoſſibilité ; au ſurplus ſi ce malheur amenait un vol, le pouvoir de pardonner dont la Nation a revêtu le Roi, trouverait ſa place.

CHAPITRE III.

Des principaux Délinquans & des Accessoires.

APRÈS avoir distingué dans le Chapitre précédent, les personnes qui sont capables de crime, de celles qui ne le sont pas, il y a quelques observations à faire sur les dégrés du délit dans les principaux délinquans, & dans les accessoires.

I. ON met au rang des délinquans principaux, non-seulement l'Auteur & l'Acteur du délit, mais encore celui qui excite, qui aide, qui concourt par sa présence, de près ou de loin, par exemple, en faisant sentinelle pour favoriser un meurtre ou un vol. Cette règle s'applique encore, en fait d'empoisonnement, à celui qui préparerait le poison, pour l'employer par le ministère d'un autre : de même à celui qui aurait creusé un précipice, tendu un piège, lâché une bête féroce, mis en œuvre la main d'un fou, pour faire périr quelqu'un ; quand même il n'aurait pas été présent au moment de la catastrophe.

II. CELUI qui ne concourt pas au crime, comme principal agent, devient simplement accessoire, devant ou après le crime, & son crime est inférieur à celui du principal; examinons donc 1°. Quels sont les délits qui admettent des accessoires, ou qui n'en admettent point. 2°. Les accessoires avant le délit. 3°. Les accessoires après le délit. 4°. Quelles peines méritent les accessoires.

1. Dans la haute trahison, il n'y a point d'accessoire; tout est principal à cause de l'énormité du crime. Ainsi celui qui conspire contre la vie ou la couronne du Roi, est aussi coupable que celui qui exécute; il n'en est pas de même dans les espèces inférieures de haute trahison, qui n'intéressent ni la vie du Roi, ni sa couronne: alors la loi distingue les accessoires des agens principaux: elle les distingue aussi dans la petite trahison contre les particuliers.

2. L'accessoire, avant le délit, est celui qui le procure, le conseille ou le commande; mais pour n'être qu'accessoire, il ne doit pas être présent au délit: car, s'il y est présent, il est aussi coupable que celui qui exécute.

3. On est accessoire après le délit, en donnant asyle & secours au coupable, connu comme tel, ou en procurant son évasion, de quelque façon que ce soit; on est encore accessoire après le délit, en recélant ou en achetant des choses

dérobées que l'on connaît pour telles : en France on punit de mort les recéleurs comme les voleurs; en Angleterre, par les Statuts 5. de la Reine Anne, chap. 31, & 4. de Georges I, chap. 11, on les punit seulement par la transportation.

Au reste pour être accessoire au délit, en donnant assistance au délinquant, il faut que le délit soit consommé au moment qu'on l'assiste; par conséquent, si quelqu'un blessait un autre mortellement, celui qui prêterait secours au criminel avant que la mort suivît, ne serait pas accessoire au crime, parce que la félonie (*a*) n'est complète qu'au moment de la mort; mais dans le cas de la félonie consommée, la loi défend expressément, même aux plus proches parens, de prêter secours au délinquant; elle excepte seulement la femme à l'égard de son mari qu'elle peut cacher, sans être jamais obligée de le découvrir.

4. LE dernier point de cette recherche est de savoir comment on doit punir les accessoires, en les distinguant des principaux agens. La commune loi attache la même peine aux uns & aux autres : la mort, si le crime est capital ; telle

---

(*a*) La Loi Anglaise appelle Félonie tout délit qui emporte la confiscation des biens; mais elle n'attache pas la peine de mort à toutes les espèces de félonie; ce qui sera expliqué dans la suite.

était la loi d'Athènes. Pourquoi donc, dira quelqu'un, ces distinctions scrupuleuses entre les principaux agens & les accessoires, s'il n'y a point de distinction dans les peines ? Pourquoi ? pour les raisons suivantes. Premièrement, ces distinctions fournissent à l'accusé accessoire des moyens de se défendre, l'accusation de vol, par exemple, étant bien différente de celle d'avoir donné asyle au voleur. Secondement, quoique l'ancienne commune loi décerne la même peine contre les accessoires & les principaux, néanmoins les Statuts rélatifs au *privilège clerical* (a), établissent une distinction entr'eux ; les

---

(a) T. Il est important pour le Lecteur de prendre une idée nette du *Privilège Clérical* qui a une si grande influence dans la punition des crimes en Angleterre. Ce privilège presqu'aussi ancien que le Clergé même, chez plusieurs Nations, exemptait de la Jurisdiction séculière les Ecclésiastiques coupables de quelque crime ; & ordinairement ils n'étaient que légèrement punis, ou nullement punis, par les Tribunaux Ecclésiastiques ; cette indulgence des Princes Chrétiens, était un effet de leur respect pour l'Eglise dans son enfance ; mais il arriva en Angleterre que beaucoup de Délinquans prenaient l'habit Clérical, sans être Clercs, pour participer au privilège ; on établit donc un *critère* * pour obvier à la fraude ; il n'y avait guères alors que le Clergé qui sçût lire. Sur cette vérité de fait, quiconque ne savait pas lire, était exclus du privilège. Conséquemment à cette profonde ignorance, on fit un autre pas pour encourager l'instruction ; on étendit le privilège aux Laïcs, pourvu qu'ils sçussent lire. Le Gouvernement Anglais qui, en rompant tous ses liens avec Rome, proscrivit presque tous les privilèges dont jouissait le Clergé, a conservé celui-ci, mais indistinctement pour tous les Sujets du Royaume. C'est pour ouvrir une porte à la miséricorde, c'est un remède à la sévérité des loix. Ce privilège sera traité plus au long dans son lieu.

* Epreuve, signe à quoi on reconnaît quelque chose.

accessoires, après le délit, sont toujours reçus à profiter du privilège ; mais non les accessoires avant le délit, dans beaucoup de cas ; par exemple, dans la petite trahison, dans le meurtre, dans le vol, dans l'incendie prémédité ; & peut-être que, si les principaux agens du crime, c'est-à-dire, ceux qui l'exécutent, étaient constamment punis avec plus de rigueur que les accessoires, ce serait un moyen de plus pour prévenir le crime, en augmentant la difficulté de trouver des agens qui s'attendraient à être punis plus sévèrement que leurs complices. Troisièmement, la distinction des principaux délinquans & des accessoires, & encore nécessaire pour les cas suivans : un homme, après avoir été accusé, comme accessoire, & purgé de l'accusation, peut ensuite être poursuivi comme principal agent. Il y a lieu de douter si celui qui s'est justifié d'avoir trempé dans un crime, comme agent principal, peut être recherché comme accessoire, avant l'exécution du crime ; car ces deux façons de concourir au crime sont tellement mêlées, que la purgation de l'un paroît emporter la purgation de l'autre ; mais d'un autre côté il est clair que celui qui s'est purgé de l'accusation en chef peut être néanmoins poursuivi comme accessoire après le fait ; car ce délit est toujours une espèce différente du crime principal, qui tend à éluder la justice publique : telles sont les raisons qui fondent la distinction des principaux délinquans & des accessoires.

CHAPITRE IV.

CHAPITRE IV.

Des délits contre Dieu & la Religion.

Nous avons observé, en commençant cet ouvrage, qu'il est de la nature du crime, de violer les droits publics qui appartiennent à toute la société civile; il est clair aussi que les loix humaines ne peuvent avoir pour objet que de régler la conduite de l'homme dans l'ordre social : tous les délits doivent donc se mesurer sur les maux qu'ils causent à la société. De-là tous les vices privés, ou les infractions aux devoirs absolus, qui n'ont aucun rapport avec le bien général, ne sont point soumis à l'animadversion des loix; c'est à la Justice divine à les punir.

Parmi les délits contre Dieu & la Religion, soit naturelle, soit révélée, il est extrêmement important de distinguer ceux dont il faut laisser la punition à Dieu, de ceux que la Justice humaine doit punir.

I. A laquelle des deux espèces rapportera-t-on l'*apostasie* ? on entend par apostasie une renonciation totale au Christianisme, en embrassant une fausse Religion, ou en rejettant

Tome I. C

toute Religion. Ce crime ne peut avoir lieu, que dans celui qui aurait professé publiquement la vraie Religion. Le passage du Christianisme au Judaïsme, au Paganisme, ou à d'autres fausses Religions, était puni sous l'Empereur Constance par la confiscation des biens (*a*). Les Empereurs Théodose & Valentinien y ajoutèrent une peine capitale, dans le cas où l'Apostat se livrerait à l'esprit de prosélytisme (*b*); punition trop sévère, pour être juste; cependant le zèle de nos ancêtres l'introduisit dans notre patrie; car, en ce temps d'ignorance, au rapport de Bracton (*c*), les Apostats étaient condamnés au feu. Sans doute la conservation du Christianisme, indépendamment de sa vérité, est de la plus grande conséquence pour l'état civil; ce qu'on peut démontrer par un raisonnement bien simple. Le dogme des récompenses & des peines, dans l'autre vie, les idées justes des attributs moraux de l'Etre suprême, & la ferme persuasion que le scrutateur des cœurs rendra à chacun selon ses œuvres; tels sont les fondemens des sermens juridiques qui appellent Dieu en témoignage de certains faits qui ne peuvent être connus que de lui & de l'homme qui affirme. Il suit de-là que l'évidence morale qui

---

(*a*) Cod. 1. 7. 1.

(*b*) Ibid. 6.

(*c*) Lib. 3. ch. 9. Bracton, Jurisconsulte Anglais au treizième siècle, laissa un Traité *de Consuetudinibus Angliæ*, très-utile pour l'histoire de son temps.

se tire du serment, que la confiance à la véracité humaine, peuvent être affaiblies par l'irréligion, & c'est ce qui autorise la Justice humaine à la punir. Mais à examiner le délit dans l'ordre civil, la perte de la vie est une peine trop forte ; & si on le considère dans l'ordre spirituel, il n'est pas du ressort des loix humaines. C'est pourquoi la peine de mort pour l'apostasie & l'irréligion est tombée chez nous en désuétude depuis long-temps ; mais, parce qu'il est arrivé vers la fin du dernier siècle, que la liberté qui nous a été rendue, a servi de manteau à l'irréligion ; & que les plus affreuses Doctrines, les plus destructives de toute Religion, ont été avouées publiquement dans les discours & dans les écrits, le pouvoir législatif a jugé à propos d'y mettre des barrieres, en privant de certains avantages de la société, les mécréans qui tendent à détruire toute obligation morale. Pour cette fin il fut décerné par deux Statuts de Guillaume III, 9 & 10, ch. 32, que toute personne élevée dans la Religion chrétienne, ou qui en aurait fait une profession publique, viendrait ensuite à en nier la vérité, par des discours ou des écrits publics, serait déclaré pour la premiere fois incapable d'être tuteur, curateur, exécuteur testamentaire, légataire, acquéreur de terres, & condamné à trois ans de prison, sans pouvoir être admis à cautionnement (*a*); néanmoins,

___

(*a*) En Angleterre, tout homme arrêté pour affaire civile, & même criminelle, non capitale, n'a qu'à donner caution, &

pour donner lieu au repentir, si le mécréant, dans l'espace de quatre mois, se détermine à renoncer publiquement à ses erreurs, il est élargi, & relevé de toutes ses incapacités (*a*).

II. L'HÉRÉSIE est-elle punissable par la Justice humaine ? On entend par hérésie, le refus public & obstiné de croire, non à tous, mais seulement à quelques points fondamentaux de la Doctrine chrétienne. De cette définition il faut conclure, que les opinions qui ne tendent pas à renverser le Christianisme, & sapper les fondemens de la morale, ne sont en aucune manière l'objet de l'animadversion du Magistrat civil. Notre ancienne constitution avait laissé au Juge ecclésiastique le droit de déterminer ce qui était hérésie, ou non, mais avec trop d'étendue & d'arbitraire ; car le second Statut de Henri IV, ch. 13, taxe d'hérétique » quiconque soutient des opinions contraires » aux enseignemens de la Sainte Eglise ». Ce n'était pas là l'esprit des premiers Conciles généraux qui définissaient les points d'hérésie, non en masse, mais en détail, avec précision & exactitude. Qu'est-il arrivé ? l'incertitude du délit, qui aurait dû alléger la peine, l'aggravait dans ces jours de zèle aveugle & de

---

on lui rend sa liberté. Cet article sera traité plus amplement dans son lieu.

(*a*) T. Ce n'est pas dans ce point seul que le Lecteur s'appercevra de la sagesse & de l'humanité de la Législation Anglaise.

pieuse cruauté. En effet, les Juges ecclésiastiques qui s'en tinrent d'abord aux peines canoniques, pour crime d'hérésie, c'est-à-dire, aux privations des choses spirituelles, en vinrent hardiment à l'emprisonnement & à la confiscation des biens, pour des usages pieux, *in pios usus*; & enfin profitant de la faiblesse & du pouvoir des Princes trop crédules, ils firent de l'hérésie un crime capital; mais en déterminant, sans appel, tout ce qu'il leur plaisait d'appeller hérésie, ils rejetterent sur le bras séculier, l'odieuse & la basse barbarie des exécutions; car en livrant les Hérétiques à une mort certaine, ils intercédaient pour eux. De-là les peines capitales décernées contre les anciens Donatistes, & les Manichéens, par les Empereurs Théodose & Justinien (*a*): de-là encore la Constitution de l'Empereur Frédéric qui condamnait au feu tout homme convaincu d'hérésie par le Juge ecclésiastique: ce même Empereur, dans une autre Constitution, statua (*b*) que si un Seigneur temporel, averti par l'Eglise, négligeait de purger ses terres de Sujets hérétiques, dans l'espace d'un an, les bons Catholiques pourraient légitimement s'emparer de leurs biens, même en les exterminant; & c'est sur ces fondemens que fut élevé le pouvoir arbitraire si long-temps prétendu, & si cruellement exercé par les Papes,

―――――――――

(*a*) Cod. l. 1. tit. 3.
(*b*) Cod. 1, 5. 4.

de disposer même des couronnes des Princes réfractaires, en faveur des Princes fidèles à l'Eglise. L'effet immédiat de la Constitution de Frédéric, fut marqué à un coin de singularité qui montra tout à la fois la gratitude de l'Eglise Romaine, & la juste punition d'un Prince bigot; car sur l'autorité de sa propre Constitution le Pape le dépouilla du Royaume de Sicile, pour le donner à Charles d'Anjou (a).

Le Christianisme ayant été ainsi défiguré par le démon de la persécution sur le continent, notre Isle n'a pas dû se flatter d'être entièrement à couvert de ce fléau. Aussi trouvons-nous dans notre ancienne Législation un Statut *de hæretico comburendo*, la peine du feu pour les hérétiques. Mais il paraît que la conviction d'hérésie n'était pas du ressort des Tribunaux inférieurs de l'Eglise, mais de la grande Cour Métropolitaine dans un Synode Ecclésiastique; & que l'hérétique était ensuite livré au Roi, pour en disposer selon sa volonté. Ainsi le pouvoir royal tempérait la Jurisdiction Ecclésiastique.

Mais malheureusement, sous le règne de Henri IV, lorsque les yeux du monde chrétien commencèrent à s'ouvrir, & lorsque les semences de la Religion Protestante, cachées

---

(a) Baldus in Cod. 1, 5, 4.

dans la doctrine de *Lollard* (*a*) prirent racine dans ce Royaume; les Ecclésiastiques tirant avantage du titre douteux de Henri à la Couronne, pour augmenter leur pouvoir, obtinrent du Parlement un acte qui poussa la persécution à son comble (*b*); car, en vertu de cet acte, l'Evêque diocésain seul, sans l'intervention du Synode, jugeait de l'hérésie; & si l'hérétique n'abjurait pas ses opinions, ou si, après l'abjuration, il se montrait relaps, le Shériff était obligé d'office, à la réquisition de l'Evêque, de livrer la victime aux flammes, sans attendre le consentement de la Couronne.

LE règne de Henri VIII. amena d'autres dispositions sur cette matière. Il commença par modérer un peu le pouvoir de l'Eglise. Ce ne fut pas d'abord en définissant ce qui étoit hérésie, mais ce qui ne l'était pas. Il déclara que les offenses contre le Siège de Rome n'étaient point hérésie (*c*). Il statua que l'accusation d'hérésie serait portée, en premiere instance, à la Cour de la commune Loi. Par ces premieres

───────────────

(*a*) T. Hérésiarque Allemand qui troubla sa Patrie vers le commencement du quatorzième siècle; sa doctrine sur les cérémonies de l'Eglise, sur l'ordination des Prêtres & des Evêques, sur les Sacremens, sur l'invocation des Saints, a été en partie adoptée par la Religion Protestante. Il avait choisi parmi ses Disciples douze hommes qu'il appellait ses Apôtres, pour répandre sa Secte. Il fut brûlé à Cologne.

(*b*) Baldus in Cod. 1, 5, 4.

(*c*) Stat. 25. ch. 14.

dispositions, si l'esprit de persécution ne fut pas abbatu, il fut du moins contenu par un Tribunal laïque. Mais, six ans après, Henri VIII. donna la sanction aux six articles principalement contestés entre Rome & l'Eglise Protestante, savoir, la *transubstantiation*, la *communion sous une seule espèce*, le *célibat du Clergé*, les *vœux monastiques*, le *sacrifice de la Messe*, & la *confession auriculaire* (a). Tous ces points de doctrine, dit la suite du Statut, « ont été fixés
» & arrêtés par les lumières, la peine & le tra-
» vail de Sa Majesté ; en reconnoissance de quoi
» ses très-humbles & très-fidèles Sujets, les
» Lords spirituels & temporels, avec la Cham-
» bre des Communes, assemblés en Parlement,
» ne se sont pas contentés de lui rendre les plus
» hautes actions de graces ; mais encore ils ont
» déclaré hérétique digne du feu quiconque
» combattrait le premier des six articles ; &
» seulement félon celui qui contesteroit les
» cinq autres, en le condamnant à une mort
» plus douce «. La même Loi établit une nouvelle Jurisdiction mêlée d'Ecclésiastiques & de Laïques, pour faire le procès aux Hérétiques. C'est ainsi que ce Prince, sans avoir encore renoncé à la Communion Romaine, était alors également attentif à détruire la supériorité de l'Evêque de Rome, & à paraître vouloir maintenir les anciens dogmes & l'ancienne discipline.

(a) Stat. 31. ch. 14.

Je n'ennuierai pas le Lecteur de toutes les variations dans ces Loix fanguinaires, tantôt rejettées, tantôt rétablies, fous les deux règnes qui ont fuivi. Il faut paffer à celui d'Elifabeth, fous lequel la réforme fut enfin établie avec la modération & la décence convenables, fans efprit de parti, fans aigreur, fans caprice, ou reffentiment. Tous les actes ci-deffus mentionnés contre l'Héréfie furent abolis. On laiffa la punition de ce délit aux Cenfures purement canoniques de l'*Ordinaire*; & il fut ftatué que s'il étoit jamais queftion de brûler un Hérétique, ce ne pourrait être que dans un Synode provincial, avec le confentement du Souverain (*). Mais le point capital que l'on gagna dans ce premier pas, fut de jetter de la lumière fur ce qu'on devait taxer d'héréfie, en déclarant que déformais on n'appellerait héréfie que ce qui aurait été déterminé préalablement tel par les paroles formelles des faintes Ecritures, par les Conciles généraux ou tels autres qui ne fe feraient appuyés que fur elles, & par ce qui pourrait à l'avenir être jugé hérétique par le Parlement & le Clergé affemblés. C'eft ainfi que l'Héréfie fut réduite à une plus grande certitude qu'auparavant. Cependant tout n'étoit pas encore fait ; car il pouvait arriver que quelqu'un fût hérétique, fans le fçavoir, jufqu'à l'interprétation des Ecritures ; & l'acte de *brûler les Hérétiques* fubfiftait encore ; il fut

---

(*a*) Stat, 1, d'Elifabeth, ch, 1.

même mis à exécution sur deux Anabaptistes, sous le règne d'Élisabeth ; & sur deux Ariens sous celui de Jacques I ; mais cet acte fut enfin totalement aboli sous Charles II ; & l'Hérésie ne fut plus sujette qu'aux peines canoniques, *pro salute animæ*. C'est une chose digne d'être remarquée, que, sous le même règne, nos terres ont été délivrées des redevances féodales à raison du service militaire, nos corps de tout emprisonnement arbitraire, par la très-sainte Loi *habeas corpus* (*a*), & nos ames de la tyrannie religieuse.

───────────────

(*a*) T. Cette loi si chère aux Anglais, ce *palladium* de leur liberté, comme ils l'appellent, regarde la sûreté personnelle de chaque individu. En vertu de cette loi, nul ne peut être arrêté, emprisonné, ou détenu de quelque façon que ce soit, que par un jugement légal de ses Pairs. Tout ordre particulier irait se briser contre cette digue ; ni Ministre, ni Conseil privé, ni le Roi lui-même, par un ordre de sa main ou en personne, ne peuvent entreprendre sur la liberté d'un sujet ; & si le cas arrivait, le prisonnier, ou son conseil, porterait sa plainte à la Cour des Communs Plaidoyers, qui lui rendrait une prompte justice.

En vertu de cette loi, nul pouvoir, excepté le Parlement, ne peut exiler un sujet hors du Royaume, pas même un criminel ; car la transportation, peine infligée par les Tribunaux, est du choix du criminel qui la préfère à la peine capitale qu'il a méritée.

Cette Loi défend aussi à tout Officier public, sous des peines rigoureuses, d'envoyer un Habitant de l'Angleterre dans des prisons étrangères, par exemple, en Ecosse, en Irlande, dans les Isles de Jersey, de Guernesey, ou quelques places au-delà des mers ; elle veut que le prisonnier soit constamment près des Tribunaux, pour se défendre avec avantage, & ne pas courir les risques d'être oublié.

Cette loi très-ancienne, consacrée dans la grande Chartre, & renouvellée de temps à autre, a reçu plus d'un échec sous

DANS tout ce que je viens d'expofer, ce n'eſt pas mon intention de déroger aux juſtes droits de l'Egliſe nationale, ni d'ouvrir une large porte à la propagation des opinions monſtrueuſes & révoltantes, en matière de religion : je dis, à la *propagation* ; car de s'en entretenir ſimplement, par manière de converſation, ſans le projet formé de les répandre, ce mal ne paraît pas être du reſſort d'aucun Tribunal ſur la terre. Je n'ai voulu que montrer l'excellence de notre conſtitution préſente, en la comparant avec celle des temps paſſés ; chaque choſe ſemble arrangée comme elle doit l'être, ſauf un point peut-être ; c'eſt que l'héréſie devrait être encore plus clairement, plus rigoureuſement définie ; & on ne devrait permettre aucune pourſuite, même dans les Cours eccléſiaſtiques, avant que l'autorité légale ait déclaré nommément & nettement hérétiques, les opinions qui fondent l'accuſation. Avec ces reſtrictions, il eſt, ce ſem-

---

des règnes arbitraires : mais ſous Charles II elle a repris une vigueur qui ſemble lui promettre une ſtabilité inébranlable. La Nation en eſt ſi jalouſe, qu'elle préférerait de voir la propriété, la vie même, injuſtement attaquées, à la violation de la liberté perſonnelle ; & voici comme elle raiſonne : ravir ouvertement les biens ou la vie, ſans l'ordre des Loix, ſerait un acte de tyrannie ſi criant, qu'il allarmerait tout le Royaume, & l'avertirait de ſe tenir ſur ſes gardes ; au lieu que l'empriſonnement par un ordre particulier & ſecret pourrait reſter ignoré, ou tomber bientôt dans l'oubli ; inſtrument de deſpotiſme, par conſéquent, plus dangereux que la violence ouverte. Le Parlement ſeul, dans un cas de néceſſité urgente où le ſalut public ſerait en danger, peut autoriſer le Roi à ſuſpendre la loi *habeas corpus*, pour un temps court & limité.

ble, à propos pour le maintien de la Religion Nationale, d'accorder à ſes Miniſtres le pouvoir de cenſurer les Hérétiques, mais nullement celui de les exterminer. On a penſé auſſi que l'intervention des Magiſtrats était néceſſaire pour arrêter par des peines temporelles une eſpèce d'héréſie très groſſière qui s'eſt montrée dans ces derniers temps. Les Statuts 9 & 10, ſous le règne de Guillaume III, chap. 32, ont décerné que, ſi quelqu'un élevé dans la Religion chrétienne, ou l'ayant profeſſée, diſputait dans ſes écrits, ou par la preſſe, ou par l'enſeignement, la Divinité à une perſonne de la très Sainte-Trinité, ou ſoutenait qu'il y a pluſieurs Dieux, il encourrait alors les mêmes peines, les mêmes incapacités qui ont été décernées contre l'Apoſtaſie.

III. Il y a des offenſes d'une autre eſpèce contre la Religion, celles qui regardent l'Egliſe telle qu'elle eſt établie dans l'État. Elles ſont poſitives ou négatives : poſitives, lorſqu'on mépriſe injurieuſement ſes ordonnances : négatives, en ne ſe conformant pas au culte reçu.

1. Le mépris injurieux de ſes ordonnances, eſt un délit plus outrageant que la non-conformité, puiſqu'il renferme un excès d'indécence, d'arrogance & d'ingratitude ; d'indécence, en oppoſant ſon jugement particulier au jugement public ; d'arrogance, en traitant avec mépris

& brutalité, ce qui, pour le moins, a plus d'apparence d'être bien, que les idées particulières d'un individu; d'ingratitude, en refusant à l'Eglise nationale l'indulgence qu'elle accorde aux Conventicules même qui sont de bonne foi. Quoi qu'il en soit, il fut statué que, quiconque parlerait publiquement avec mépris & dérision de la sainte cène, serait puni par une amende, & même par la prison : (*a*) statué aussi qu'un Ministre qui jetterait du ridicule sur le livre de la commune prière, serait emprisonné pendant six mois, & privé du revenu de son Bénéfice pendant un an, pour la première fois ; & en cas de rechûte, qu'il perdrait le Bénéfice même (*b*). Quant aux Laïques qui se rendraient coupables de la même impiété, on décerna des amendes contr'eux selon le degré du délit. Toutes ces peines furent infligées dans l'enfance de notre Constitution présente, lorsque les Disciples de Rome & de Genève se réunissaient pour invectiver avec le fiel le plus amer contre la Liturgie Anglaise : & la terreur de ces loix qui furent rarement exécutées, fut un moyen suffisant pour conserver la décence & la pureté du culte national.

2. LA non-conformité au culte national est une autre offense, mais seulement négative,

---

(*a*) Stat. Edw. VI. ch. 1. & 1. Elis. ch. 21.
(*b*) Stat. 1. Elis. ch. 2.

contre la Religion; & sans doute elle est plus pardonnable que l'offense positive; c'est une affaire de conscience pour laquelle nos loix présentes montrent une indulgence vraiment juste & chrétienne; la persécution, l'oppression des consciences est injustifiable aux yeux de la raison, de la liberté civile, & de la religion bien entendue : il faut pourtant prendre garde à ne pas pousser cette indulgence à des extrémités qui puissent mettre en danger le culte national.

Parmi les non-conformistes, il faut donc distinguer ceux qui sont animés d'un zèle intolérant & dangereux : tels ont été jugés par nos Loix les Chrétiens de la Communion Romaine; leurs principes ayant été regardés comme destructifs du gouvernement civil, comme propres à introduire l'esclavage civil & religieux ; & ils ont tenté plus d'une fois de renverser notre constitution : mais en général, le Magistrat n'a rien à démêler avec les non-conformistes qui qui ne sont que schismatiques, ou sectaires tranquilles. Le schisme considéré précisément comme tel, n'est point l'objet de l'animadversion des Loix humaines ; c'est pourquoi nos ancêtres se sont trompés sans doute, dans leur plan de compulsion & d'intolérance. Tout ce que peut le Gouvernement qui est obligé de protéger la Religion Nationale, c'est de n'admettre aux emplois de confiance & d'importance, que les Disciples de cette Eglise ; car, si toute secte indifféremment partageait les Offices, les emplois civils, l'Eglise Anglicane s'altérerait, disparaîtrait bien-tôt : mais ce point capital étant une fois en sûreté, toute persécution pour des opinions religieuses, quelque ridicules, quelque absurdes qu'elles puissent être, est contraire aux vrais principes de la saine politique & de la liberté civile. Les dénominations, & la subordination des Ministres de l'Eglise, la matière & la couleur de leurs habits, les postures dans les exercices de dévotion, l'union des prières dans une forme connue, ou extraordinaire, il faut laisser toutes les choses de cette espèce au choix des différentes sociétés religieuses.

Pour ce qui regarde les *Dissidens protestans*, quoique l'expérience de leurs dispositions turbulentes, dans les temps passés, ait fait tomber sur eux une multitude de peines que je ne prétends pas justifier toutes, cependant enfin, notre Législation poussée par un esprit de magnanimité, a usé envers ces Sectaires d'une indulgence qu'ils refusaient à l'Eglise Anglicane, lorsqu'ils avaient le pouvoir en main. Toutes les peines auxquelles on les avait soumis ont été suspendues par les Statuts 1 & 2. ch. 18. sous les Règnes de Guillaume & de Marie (*a*) ; c'est

---

(*a*) Fille aînée de Jacques II, mariée à Guillaume, Prince d'Orange, devenu Roi d'Angleterre conjointement avec elle.

ce qu'on appelle l'*Acte de tolérance* : il exempte tous les Diſſidens (excepté ceux de la Communion Romaine, & les Anti-Trinitaires) de toutes les Loix pénales en matière de Religion, à condition pourtant de prêter le ſerment de fidélité & de ſuprématie (*a*), & de ſouſcrire à la Déclaration contre le Papiſme. Ainſi pourvu qu'on ne ſoit ni Papiſte, ni Anti-Trinitaire, on jouit de la liberté de conſcience dans le culte religieux. Cependant, par reſpect pour l'Egliſe nationale, il eſt défendu par le Statut 5. de Georges I. ch. 4., au Lord Maire & aux autres principaux Magiſtrats de ſe mêler avec les ornemens de la Magiſtrature, aux aſſemblées religieuſes des Diſſidens, ſous peine d'être privés de leurs Offices, & d'inhabilité à tout autre : car la Légiſlation, en accordant la liberté paiſible à un culte étranger, n'entend pas que ſes Magiſtrats paraiſſent l'autoriſer.

QUANT aux Papiſtes, ſi leur hétérodoxie ſe bornoit à des opinions religieuſes, ſi on pouvoit les amener à renoncer à la ſuprématie du Pape, on pourroit leur accorder la tolérance qu'on accorde aux Diſſidens proteſtans.

JETTONS à préſent un coup d'œil ſur les Loix en vigueur contre les Papiſtes. On peut

---

(*a*) C'eſt-à-dire, de reconnaître le Roi d'Angleterre pour Chef ſuprême de la Religion.

diviſer

diviser les Papistes en trois classes, savoir ceux qui professent le Papisme, sans en avoir été convaincus en Justice ; ceux qui après avoir été convaincus, y persistent ; & enfin les Prêtres Papistes. 1. Ceux qui professent le Papisme, sont inhabiles, après l'âge de dix-huit ans, à posséder les biens que la naissance leur a donnés, ou qu'ils ont acquis, jusqu'à ce qu'ils renoncent à leurs opinions. Ils sont également incapables d'exercer aucun droit de patronage, ou de le céder à qui que ce soit, au préjudice des deux Universités ; il leur est défendu de tenir école, sous peine de prison perpétuelle. Tout moyen qu'on pourrait employer, pour affermir une doctrine hétérodoxe, mérite aussi l'animadversion de la Loi ; par exemple, si un pere envoyait son enfant pour être élevé dans la Religion Romaine, il ne pourrait plus recevoir de legs, de donation, ni exercer aucun office dans le Royaume, & tous ses biens seraient confisqués. Il y a plus ; si quelqu'un, après avoir professé la Religion Anglicane, apostasiait en se réconciliant avec le Siège de Rome, ou en procurant aux autres cette réconciliation, cette offense deviendrait haute trahison ; & les Papistes réfractaires convaincus en Justice de ne point assister au Service de la Religion Anglicane, outre les peines ci-dessus mentionnées, sont encore mulctés par celles qui suivent. Ils contractent une incapacité pour tout office & emploi public ; ils ne peuvent avoir

Tome I. D

des armes dans leurs maiſons; ils ne peuvent s'approcher à dix milles de Londres, ſous peine de 100 liv. d'amende, ni s'éloigner de leur domicile au de-là de cinq milles, ſans une permiſſion, ni venir à la Cour, ſous peine de confiſcation de leurs biens. De plus ils ſont tenus à ſe ſervir des Miniſtres de la Religion Anglicane pour leurs mariages, leurs enterremens, & le baptême de leurs enfans. Pour ce qui regarde une femme mariée convaincue de Papiſme, elle perd les deux tiers de ſon douaire; elle ne peut être ni exécutrice du teſtament de ſon mari, ni adminiſtratrice de ſes biens, ni y avoir aucune part; & durant ſon mariage, on peut la punir de la priſon, à moins que ſon mari ne la rachete au prix de 10 liv. par mois. Enfin tout Papiſte avéré, & convaincu en Juſtice, eſt obligé, dans l'eſpace de trois mois, de ſortir du Royaume, s'il en eſt requis légalement; & au cas qu'il n'obéiſſe pas ou qu'il y revienne, ſans la permiſſion du Roi, il eſt puni de mort, comme coupable de félonie : tel eſt le ſort des Papiſtes laïques. Mais 3. celui des Papiſtes eccléſiaſtiques eſt plus rigoureux. Par les Statuts 11 & 12 de Guillaume III, ch. 4, les Prêtres ou Evêques Papiſtes qui célèbrent la Meſſe, ou qui exercent quelques parties de leurs fonctions, excepté dans les maiſons des Ambaſſadeurs, s'expoſent à la priſon perpétuelle; & par un autre Statut 27 d'Eliſabeth, ch. 2, tout Prêtre Papiſte né ſujet de l'Angleterre, qui y reviendrait ou qui y resterait trois jours, sans prêter le serment de conformité, serait coupable de haute trahison; & toute personne qui lui donnerait retraite, encourrait la peine de félonie, sans pouvoir réclamer le privilège clérical.

Voila le sommaire des Loix contre les Papistes des trois classes. Le Président de Montesquieu observe (a) que, sans être ouvertement sanguinaires, elles ont toute la rigueur qu'on a pu y mettre de sang froid. Mais, pour lui répondre, il faut observer un point que les étrangers ignorent. C'est que ces Loix sont très-rarement exécutées dans toute leur rigueur; & à dire vrai, si elles l'étaient, il serait très-difficile de les excuser. Ce fut l'iniquité des temps qui leur donna l'être; & après une revue de sang froid, on ne les regarde plus, comme un systême permanent de bonnes loix. Les machinations continuelles des Jésuites, sous le règne d'Elisabeth, les inquiétudes & la turbulence des Papistes à la vue de la nouvelle Religion qui s'établissait, & l'audace de leurs entreprises pour faire passer la Couronne sur la tête de la Reine d'Ecosse, obligèrent le Parlement à réprimer ce dangereux esprit par des Loix d'une grande & peut-être nécessaire sévérité. La conspiration des Poudres, sous le règne sui-

---

(a) Esprit des Loix, l. 19, ch. 27.

vant, frappa Jacques I. d'une terreur excessive qui opéra en sens contraires : elle le poussa à de nouvelles Loix contre les Papistes, sans lui donner assez de courage, pour les mettre à exécution. Les intrigues de la Reine Henriette sous Charles I, la vue d'un Successeur Papiste sous Charles II, la conspiration contre le Roi Guillaume, & la réclamation publique d'un Prétendant Papiste, tous ces attentats armèrent encore la Législation, & rendent raison de la sévère extension des peines dans ces différents périodes de notre histoire. Mais, si jamais le temps arrive, & peut-être n'est-il pas éloigné, où la peur du Prétendant s'évanouira, où l'influence du Pape s'affaiblira de plus en plus dans l'Europe ; c'est alors probablement qu'on reverra, qu'on adoucira ces rigoureux Edits ; à moins que les principes *civils* des Catholiques Romains ne forcent la Législation à les renouveller ; car enfin on est forcé à sévir contre des gens qui outrant les principes de leur religion se portent au fanatisme & à la fureur, & attirent la rigueur des Loix sur des Sujets innocens qu'ils égarent, & qui empêchent le Magistrat civil de suivre, à son gré, les principes de douceur, de tolérance, & de liberté religieuse.

Pour mieux assurer l'Eglise Anglicane contre les assauts des non-conformistes de toute dénomination, infidèles, turcs, juifs, hérétiques, papistes & sectaires, on a élevé deux boulevarts l'acte de *corporation* & l'acte du *Test* ; par le premier (*a*), personne ne peut être élu pour remplir un office dans le gouvernement d'une Cité ou Communauté quelconque, sans avoir participé, un an auparavant, à la Sainte Cène, conformément au Rit de l'Eglise Anglicane, & l'élu est obligé de prêter le serment de fidélité & de suprématie, en recevant les provisions de son office, faute de quoi l'élection est nulle. Le second, l'acte du *Test* (*b*) oblige tout Officier civil & militaire, à se déclarer, sous serment, contre le dogme de la transubstantiation, dans la cour du banc du Roi, ou dans celle de la Chancellerie ; à recevoir publiquement, dans l'espace de six mois, après son serment, la Sainte Cène, & en délivrer un certificat à la Cour, signé par le Marguillier de la Paroisse, & deux autres témoins irrécusables, sous peine d'une amende de 500 liv. & de privation de son office (*c*). C'est dans cet esprit que le Statut 7 de Jacques I. ne permettait de naturaliser, ou de rétablir dans les droits du sang, que ceux qui auraient prêté le serment du Test : on voulut y déroger en 1753 en faveur des Juifs ; mais la session prochaine du Parlement le rétablit avec une grande précipitation, dans toute sa vigueur.

(*a*) Stat. 2. de Charles II, ch. 1.
(*b*) *Test*, mot Anglais qui signifie *épreuve*.
(*c*) Stat. 2. de Charles II, ch. 2.

IV. La quatrième espèce d'offense plus immédiate contre la Religion, c'est le blasphème, en niant l'existence ou la providence de Dieu, ou en injuriant le Sauveur Jesus-Christ ; on peut aussi rapporter à cette espèce la profane dérision de la Sainte Ecriture, en l'exposant au mépris & au ridicule : ces sortes de délits se punissent par l'amende, l'emprisonnement, & même par des châtimens corporels ; car le Christianisme fait partie des Loix anglaises.

V. Une espèce qui avoisine celle-là, quoique dans un degré inférieur, c'est l'usage de ces juremens & malédictions profanes si fréquens dans la bouche du peuple. Le Statut 19 de Georges II, ch. 21, condamne le laboureur, le matelot, le soldat à un sou pour chaque délit ; le bourgeois à deux, l'homme vivant noblement & le gentilhomme à trois, le tout applicable aux pauvres des Paroisses respectives ; & si les coupables sont convaincus de rechûte, l'amende est triplée, outre les frais de la procédure ; & à défaut de paiement on envoie les délinquans à la maison de correction pour dix jours : un seul témoin suffit pour la conviction ; un Commissaire de quartier, un Officier de paix qui auraient entendu de leurs propres oreilles, sont en droit d'arrêter le coupable & de le mener devant le Juge ; & si le Juge manquait à son devoir, il serait condamné lui-même à une amende de 5 livres ; au reste la Sentence doit, être lue dans les Paroisses respectives, le premier Dimanche convenable, sous peine de 5 liv. d'amende. Outre ces peines infligées à ceux qui prennent le Nom de Dieu en vain, dans le courant de la société, il a été décerné par le Statut 3 de Jacques I, ch. 21, que si dans quelque pièce de théatre, dans une farce, dans un spectacle, on profanait le Nom de la Sainte Trinité, soit de la part des auteurs, des acteurs, ou des spectateurs, les délinquans paieraient 10 liv. d'amende, moitié au profit du Roi, moitié au dénonciateur.

VI. La sixième espèce d'offense contre Dieu & la Religion, dont nos anciens livres sont pleins, est un crime dont on ne sait quel compte rendre : des *charmes*, des *enchantemens*, des *sortilèges*, la *sorcellerie*, la *magie* ; en nier la possibilité, & même peut-être l'actuelle existence, c'est contredire tout net la parole de Dieu dans plusieurs passages de l'ancien & du nouveau Testament ; & la chose elle-même paraît une vérité dont chaque Nation, à son tour, a rendu témoignage, par des faits qui ont paru prouvés, & par des loix prohibitives qui supposent du moins la possibilité d'un commerce avec les démons. La loi civile a donc puni de mort, non-seulement les Sorciers même, mais encore ceux qui les consultaient, selon la loi expresse de Dieu pour le premier chef (*a*) : « tu

---

(*a*) Exod. 22, 18.

ne laisseras pas vivre un Sorcier », & nos propres Loix, tant avant qu'après la conquête, en mettant ce crime à côté de l'héréfie, ont puni l'un & l'autre de la peine du feu (*a*). Le Préfident de Montesquieu les associe aussi (*b*); mais d'une vue bien différente. Il avance cette importante maxime, qu'on doit être très-circonspect dans la poursuite de l'héréfie & de la sorcellerie, parce que, dit-il, la conduite la plus sage, la morale la plus pure, & la pratique constante de tous les devoirs de l'humanité ne donnent pas une sûreté suffisante contre les accusations de ces sortes de délits; & en vérité les contes ridicules qu'on a débités généralement, tant d'impostures, tant d'illusions, qu'on a démasquées de tout temps, devraient suffire pour ôter toute croyance à un crime si douteux, à moins que l'évidence ne se montre; c'est pourquoi il semble que le plus sûr parti est de conclure avec un beau génie de notre Nation (*c*), qu'en général il peut avoir existé quelque chose qui ressemblait à la sorcellerie, mais qu'en particulier on ne doit aucune foi aux exemples modernes que l'on cite.

Nos ancêtres étaient de robustes croyans, lorsque, par le Statut 33 de Henri VIII, ch. 8, & ensuite par le premier de Jacques I, ch. 12,

___

(*a*) Institut. 44.
(*b*) Esprit des Loix, l. 12. ch. 5.
(*c*) Addisson, Spect. n°. 117.

ils décernèrent la peine de mort contre ceux qui invoqueraient, consulteraient, emploieraient, nourriraient, récompenseraient les esprits malins, faisant des pactes avec eux; ou qui tireraient les cadavres des tombeaux, pour s'en servir dans les charmes, les enchantemens, la sorcellerie, la magie; ou enfin qui feraient périr les vivans par ces arts infernaux: de même contre ceux qui, par le secours de la magie, tenteraient de découvrir des trésors cachés, ou des effets volés, d'inspirer de l'amour, de nuire aux hommes ou aux bêtes; quand même ces damnables pratiques n'auraient pas eu d'effet. Ces loix ont été en vigueur jusqu'à ces derniers temps, pour le malheur des vieilles femmes du Royaume, dont plusieurs ont été sacrifiées aux préjugés de leurs voisins, & à leurs propres illusions; car il s'en est trouvé en assez grand nombre, qui, tantôt par un moyen, tantôt par un autre, se sont avouées Sorcieres à la potence. Mais toutes les exécutions pour ce crime douteux, ont enfin cessé par le Statut 9 de Georges II, ch. 5; notre Législation ayant suivi le sage exemple de Louis XIV en France, qui défendit aux Tribunaux de recevoir les accusations de sorcellerie (*a*): cependant, pour empêcher

---

(*a*) T. Nous avons été les maîtres des Anglais en plusieurs choses, ils en conviennent; pourquoi ne serions-nous pas leurs disciples, lorsque l'ordre public parle pour eux? Et s'il y a quelques bonnes Loix dans leur Code Criminel, hésiterons-nous à nous les approprier?

le peuple d'être trompé par ceux qui se prétendent Sorciers, les diseurs de bonne fortune, & d'autres semblables, on les punit du pilori, & d'un an de prison.

VII. On peut mettre dans cette classe les *imposteurs religieux*, qui se donnent pour avoir une mission du Ciel, pour des choses extraordinaires, fanatiques, ou charlatans tout propres à effrayer ou abuser le peuple par de fausses prédictions ; & comme au fond ils ne sont bons qu'à détruire la Religion, en jettant sur elle du ridicule & du mépris, on les châtie par des amendes, par la prison, & autres peines corporelles infamantes.

VIII. La simonie, c'est à-dire, la nomination d'un sujet à un Bénéfice Ecclésiastique pour de l'argent, ou un équivalent, est au rang des délits contre la Religion, tant à cause de la profanation par la vente & l'achat d'une chose sacrée, qu'à raison du parjure dans le sujet nommé. Le Statut 31 d'Elis. ch. 6, condamne le patron & le présenté à payer la valeur de deux ans du revenu du Bénéfice, moitié au profit de la Couronne, moitié pour celui qui intente le procès : même peine pour les résignations ou permutations infectées de simonie. Quant à celui qui ordonnerait ou mettrait en fonctions un Ministre Ecclésiastique à prix d'argent il encourrait une amende de 4 livres, & le Ministre ainsi

D'ANGLETERRE.

ordonné ou mis en fonctions, une amende de 10 livres (a), incapable outre cela d'un avancement quelconque durant sept ans : en vertu du même Statut, les élections & résignations corrompues dans les Hôpitaux & autres corporations de charité, sont aussi punies par des amendes pécuniaires, par la perte de l'office ; & le droit d'élection est dévolu pour cette fois à la Couronne.

IX LA profanation du Dimanche, autre offense contre Dieu & la Religion, est punie par les loix municipales d'Angleterre ; car, en faisant abstraction de l'indécence & du scandale, un seul jour de repos sur sept, autant pour se délasser du travail que pour le culte public, est d'une grande utilité pour l'Etat même ; & à ne considérer cet usage que dans l'ordre des institutions civiles, il adoucit par la conversation & la société les mœurs des classes inférieures du peuple, qui sans cela dégénéreraient en rudesse & férocité ; il dispose les hommes de travail à reprendre leurs occupations en santé & joie, pour la semaine suivante ; il imprime, en même temps, dans le cœur du peuple le sentiment de ses devoirs envers Dieu, chose si nécessaire pour en faire de bons Citoyens. C'est pourquoi les

---

(a) T. La livre numéraire Anglaise, ou la livre *sterling*, vaut vingt-quatre liv. de France. Par conséquent toutes les fois qu'on trouvera dans la suite de ce Code des peines pécuniaires qui reviendront souvent, par exemple, 20 livres, entendez vingt de nos *louis*.

loix du Roi Athleftant défendirent toute vente publique de marchandifes le Dimanche; & dans la fuite différens Bills, fous Henri VI, Charles I, Charles II, profcrivirent les marchés, les foires, les travaux mercénaires aux jours du Vendredi Saint & de Dimanche, excepté les quatre Dimanches qui tombent au temps de la moiffon (*a*); comme les contraventions n'arrivent guères que parmi le peuple, on les punit par des amendes pécuniaires qui, fans être affez fortes pour l'incommoder notablement, le font affez pour le réprimer.

―――――

(*a*) T. Cette exception dans un Pays où il n'y a prefque point d'autres Fêtes que le Dimanche, ne peut être fondée que fur la raifon du bien public, qui peut & doit fufpendre les inftitutions religieufes dans les cas où le Public en fouffrirait.

CHAPITRE V.

Des délits contre la loi des Nations.

LA loi des Nations, ou le droit des gens, est un syftême de règles, dicté par la raison, & établi par le confentement univerfel des peuples civilifés, dans la vue de décider toutes les conteftations, de régler le cérémonial, & d'affurer la juftice & la bonne foi dans les affaires que les Etats indépendans les uns des autres ont à traiter enfemble : cette loi univerfelle eft fondée fur ce principe, que les différentes Nations doivent fe faire, les unes aux autres, en temps de paix, le plus de bien qu'elles peuvent ; & en temps de guerre le moins de mal qu'il eft poffible, fans préjudicier à leurs propres intérêts (*a*).

DANS les Etats où règne l'arbitraire, lorfque cette loi eft conteftée dans l'application, & qu'il n'y a point de loi municipale pour décider, c'eft le pouvoir royal qui fe charge de la décifion & de l'exécution ; mais en Angleterre où le pouvoir royal ne peut introduire aucunes nouvelles loix, ni fufpendre l'exécution des anciennes, la loi des Nations, dans

---

(*a*) T. Le Politique philofophe adoptera fans doute ce principe ; mais le Politique de Cour & de Guerre en rira.

tous les cas qui s'y rapportent, est adoptée dans toute son étendue, par la commune loi, & on la regarde comme une partie essentielle des loix du pays; c'est pourquoi les Actes du Parlement qui ont renforcé cette loi universelle, & qui en ont facilité l'exécution, n'ont pas introduit de nouvelles règles; mais il faut les regarder comme simplement déclaratoires de l'ancienne fondamentale constitution de ce Royame, sans laquelle il cesserait d'être au rang des Nations civilisées. C'est ainsi que dans les questions mercantiles qui regardent les lettres de change, dans les différens maritimes qui se rapportent au fret, aux retardemens, aux assurances, à la grosse avanture, & autres choses de cette nature, la loi marchande qui est une branche de la loi des Nations, y est régulièrement & constamment adhérente; & conséquemment dans toutes les contestations sur les prises, les naufrages, les ôtages, les traités de rançon, il n'y a pas d'autre règle de décision, que cette grande universelle loi consignée dans l'histoire, la coutume, & les écrits des sages généralement approuvés dans toutes les langues.

Cette loi des Nations, telle qu'elle est reçue en Angleterre dans le civil & les questions de propriété, entre les Sujets des différens Etats, a une très-grande étendue; mais dans l'examen que nous faisons ici, nous rétrécissons le cercle. Il est rare que le violement de la loi des Nations devienne l'objet de la loi criminelle d'aucun Etat particulier : c'est l'affaire de tous les Etats en général ; & dans ce cas il faut avoir recours à la guerre qui est un appel au Dieu des armées, pour punir les infractions à la foi publique de la part d'un peuple indépendant de tout autre, & qui ne reconnaît aucun supérieur qui puisse le juger sur la terre. Mais lorsque dans un Etat, quelques particuliers violent la loi générale, il est de l'intérêt du Gouvernement de les punir convenablement, pour maintenir la paix sur la terre ; car, en vain les Nations voudraient-elles suivre la loi générale, si des particuliers pouvaient, à leur gré, l'enfreindre, & attirer la guerre entre deux Etats : dans ce cas, la Nation injuriée doit commencer par demander satisfaction & justice ; & si on néglige ou qu'on refuse, alors le Souverain devient complice & attire une juste guerre sur son peuple.

MAINTENANT, pour nous renfermer dans le cercle où nous nous sommes circonscrits, nous distinguons trois sortes de délits principaux, contre la Loi des Nations ; 1. la violation des sauf-conduits ; 2. l'infraction des droits des Ambassadeurs ; 3. la piraterie.

I. VIOLER des *sauf-conduits* ou *passe-ports* accordés par le Roi ou ses Ambassadeurs aux Sujets d'une Domination étrangere, en temps de guerre, ou faire des actes d'hostilité contre un peuple ami ou allié, ou durant une trève, c'est faire brèche à la foi publique, sans laquelle il ne peut y avoir ni communication, ni commerce entre les peuples. Ces délits sont un juste sujet de guerre ; puisqu'il n'est pas au pouvoir de la Nation injuriée de se faire rendre justice par tel ou tel individu délinquant, il faut bien qu'elle la demande à tout le corps de la Nation qui doit répondre de ses membres. Tout Etranger, dans un Etat, a un sauf-conduit ou formel ou implicite du Roi & de la Loi : il est sous la protection de l'un & de l'autre ; & c'est au nom du Roi, qu'on fait le procès au coupable qui a violé la propriété ou la personne de l'Etranger ; car l'honneur du Roi est engagé à soutenir les sauf-conduits qu'il a donnés d'accord avec la Loi. Et si ce délit n'est pas celui de quelques Particuliers seulement, s'il s'étend à des hostilités plus générales sur terre ou sur mer, le Statut 1 de Henri V, ch. 6, l'a déclaré crime de haute trahison. Dans les autres cas où le délit serait de la plus faible espèce, le Lord Chancelier, avec les Juges du banc du Roi, ou ceux des Plaidoyers communs, rendraient justice à la partie injuriée, en obligeant l'offenseur à restituer, & en le punissant par une forte amende.

II. POUR ce qui regarde le droit des Ambassadeurs établis par la Loi des Nations, il suffit ici de remarquer que la commune Loi d'Angleterre les reconnaît dans toute leur étendue, en arrêtant tout procès qui pourrait leur être fait, soit par ignorance, soit par une témérité réfléchie. Elle assure toutes les immunités qui concernent leur personne & leur maison. Et pour donner plus de force à la Loi des Nations à cet égard, le Statut 7 de la Reine Anne, ch. 12, a déclaré que, dans le cas où en vertu d'un procès un Ambassadeur ou quelqu'un de sa maison seraient arrêtés, ou leurs effets saisis, le procès serait nul de plein droit; & que les personnes qui auraient trempé dans ce procès, seroient déclarées violateurs de la Loi des Nations, & perturbateurs du repos public, & punies comme telles. Il y a plus: dans le cas d'un outrage énorme pour lequel la Loi n'a point décerné de peine spéciale, la Législation a donné aux trois principaux Juges du Royaume un pouvoir illimité de proportionner la peine à l'outrage.

III. La piraterie ou le brigandage sur mer est un délit contre la loi universelle des sociétés. Un Pirate est l'ennemi commun du genre humain; & comme il a renoncé à tous les avantages, aussi bien qu'au gouvernement de la société, s'étant remis dans l'état sauvage de nature, en déclarant la guerre à tout le genre humain, le genre humain doit la lui déclarer à son tour.

Tome I. E

Sans rappeller ici les anciens Statuts contre la piraterie, il en est deux de Guillaume III, 11 & 12, ch. 7, qui ont déclaré vraiment Pirate celui qui étant né sujet de la Grande Bretagne, commettrait quelqu'acte d'hostilité contre les autres sujets du Royaume, sous couleur d'une commission de la part d'une Puissance étrangère. De plus, tout Officier de mer qui, en trahissant sa foi, déserterait avec son vaisseau, ses munitions, ses effets, ou les livrerait volontairement à un Pirate ; & encore celui qui empêcherait par quelque violence que ce fût la défense du vaisseau, ou qui y causerait une révolte ; tous ces délinquans principaux ou accessoires sont condamnés à mort. Par un autre Statut de Georges I, 8, ch. 4, commercer avec des pirates, leur fournir des munitions de guerre ou de bouche, c'est faire le métier de pirate, & on est puni comme félon, sans pouvoir réclamer le privilège clérical. Par le même Statut, pour encourager la défense des vaisseaux marchands contre les Pirates, les Capitaines des Vaisseaux de guerre, ou les Matelots blessés dans le combat, ont un titre pour demander la cinquième partie de la cargaison, & la pension de l'hôpital de Greenwich (*a*), & s'ils ont été tués, leurs veuves jouissent du même droit.

(*a*) Vaste & magnifique Hôpital Militaire à peu de distance de Londres, sur la Tamise. Il fut fondé pour les gens de mer, par Guillaume III & la Reine Marie sa femme. On y entretient

D'ANGLETERRE.

MAIS si le Commandant s'est comporté lâchement ; s'il n'a pas défendu le vaisseau marchand, lorsqu'il le pouvait ; il perd ses appointemens, & il est puni de six mois de prison.

TELS sont les moyens principaux que la Loi d'Angleterre met en œuvre, pour fortifier la Loi des Nations. Nous considérerons dans la Chapitre suivant les délits qui affectent immédiatement le Roi & le Gouvernement. Les branches de ces espèces de délits s'étendent beaucoup plus loin que celles dont nous avons traité jusqu'ici.

---

huit mille matelots invalides, n'eussent-ils servi que trois mois sur la Flotte Royale, sans avoir besoin de la moindre protection pour y être reçus. Ils y jouissent de la plus grande liberté. Ils peuvent s'absenter des mois, des années entières, en recevant leur nourriture en argent ; ou s'ils résident dans la maison, ils peuvent emporter leur nourriture où bon leur semble ; & à leur mort leurs veuves ont une pension. On y voit aussi trois cens enfans de Matelots qu'on élève pour la mer.

CHAPITRE VI.
De la haute trahison.

ON nomme *petite trahison* la violation de la foi que tout inférieur doit à son supérieur dans la vie privée : par exemple, si une femme attente à la vie de son mari, un domestique à celle de son maître, un Ecclésiastique à celle de son Evêque, c'est petite trahison ; mais on qualifie de haute trahison les délits contre le souverain pouvoir exécutif, c'est-à-dire, contre le Roi & son Gouvernement, soit par une renonciation totale au serment de fidélité, soit par une négligence criminelle à remplir ce qui lui est dû. Les devoirs du Sujet envers le Roi sont fondés sur la protection continuelle qu'il en reçoit ; & cette protection l'oblige en retour à défendre sa personne, sa vie, son honneur, & à écarter de lui tout le mal dont il pourrait être menacé. Or cette fidélité se divise en deux espèces : l'une naturelle & perpétuelle qui est inhérente aux Sujets nés du Royaume ; l'autre locale & à temps regarde les Etrangers, à raison de leur demeure dans le Royaume. Tous les délits que les uns & les autres peuvent commettre contre la personne du Roi, se réduisent à quatre espèces ; 1. la trahison ; 2. la félonie qui est injurieuse à sa prérogative ; 3. l'espèce qu'on nomme *præmunire* ; 4. toute autre action qui renferme un mépris marqué.

Comme la haute trahison, ou le crime de *lèze-Majesté*, pour parler le langage des Romains, est le plus grand crime qu'un Sujet puisse commettre, il est de la plus grande importance de le bien définir ; car, pour peu qu'il restât indéterminé, dit le Président de Montesquieu, cette obscurité suffirait pour faire dégénérer un gouvernement légal en pouvoir arbitraire (*a*) ; & il faut avouer que l'ancienne commune Loi laissait une trop large carrière aux Juges, pour courir après le crime de haute trahison : vils instrumens de tyrannie, ils construisaient des crimes de lèze-Majesté dont on ne se doutait pas. C'est ainsi que par le Statut 21 d'Edouard III, un Chevalier de Hertford Shire qui avoit assailli & détenu en chartre privée un Sujet du Roi, pour se faire payer de la somme de 80 livres, fut condamné comme coupable de haute trahison, parce qu'il avait empiété sur le pouvoir royal : qualification bien vague. Son crime méritait sans doute punition ; mais il était d'une nature bien différente de la haute trahison. Mettre à mort le père ou le frère du Roi, & même son Messager, fut nommé aussi haute trahison : cette

---

(*a*) Esprit des Loix, l. 12, ch. 7.

E iij

qualification au moins pour le dernier de ces crimes, était auſſi tyrannique que les Conſtitutions impériales d'Honorius & Arcadius qui taxaient de lèze-Majeſté les attentats contre leurs Miniſtres (a) : mais pour prévenir les grands abus qui naiſſaient en Angleterre de cette multitude de trahiſons factices, le Statut 25 d'Edouard III, ch. 2, fixa les idées pour l'avenir ſur le crime de haute trahiſon ; comme la Loi *Julia Majeſtatis*, promulguée ſous Auguſte, l'avoit fait pour les Romains. Le Statut d'Edouard va nous ſervir de guide dans l'examen que nous allons faire des différentes eſpèces de haute trahiſon ; elles ſe réduiſent à ſept.

I. COMPLOTER, imaginer la mort du Roi, de la Reine, ou de leur fils aîné, héritier de la Couronne, c'eſt évidemment crime de haute trahiſon. Par le mot de *Reine* dans les termes du Statut, on entend une Reine régnante, inveſtie du pouvoir royal, ayant droit à la fidélité de ſes ſujets, telles qu'étaient la Reine Eliſabeth & la Reine Anne ; mais le mari d'une telle Reine n'eſt point compris dans les termes du Statut ; & le crime de haute trahiſon ne peut avoir lieu à ſon égard ; de plus le Roi qu'on

---

(à) *Qui de nece virorum illuſtrium qui Conſiliis & noſtro Conſilio interſunt, Senatorum etiam (nam & ipſi pars corporis noſtri ſunt) vel cujuſlibet poſtremo, qui militat nobis cùm cogitaverit, eâdem enim ſeveritate voluntatem ſceleris quâ effectum puniri jura voluerunt, ipſe quidem, utpotè majeſtatis reus, gladio feriatur, bonis ejus omnibus fiſco noſtro addictis. Cod. 9, 8, 5.*

entend ici, est le Roi en possession, sans aucun égard au titre ; car on tient pour certain qu'un Roi *de fait* & non *de droit*, ou en d'autres termes, qu'un usurpateur qui a pris possession du trône, est Roi dans l'esprit du Statut, & qu'on lui doit la fidélité à temps, pour l'administration du Gouvernement, & la protection qu'il accorde au Public. C'est pour cela que les trahisons commises contre Henri VI furent punies sous Edouard IV, quoique la ligne de Lancastre les eût fait déclarer usurpateurs par un acte du Parlement ; mais le plus légitime héritier de la Couronne qui serait Roi de droit & non de fait, dès qu'il n'a pas pris possession plénière du trône (c'était le cas de la Maison d'Yorck, durant les trois règnes de la ligne de Lancastre) n'est point Roi dans la force du Statut, & la haute trahison ne peut avoir lieu à son égard. Un savant Ecrivain sur la Loi de la Couronne donne tant de poids à la possession, qu'il soutient (*a*) qu'un Roi dépossédé, loin d'avoir droit à notre fidélité, doit s'attendre à notre résistance, à cause de la soumission que nous devons au Roi de fait. Il fonde cette doctrine sur le Statut 11 de Henri VII, ch. 1, qui, en interprétation de la commune Loi, prononce que tout Sujet, en obéissant au Roi de fait, n'encourt ni peine, ni confiscation ; mais en vérité il paraît confondre les notions du juste

---

(*a*) Hawk. p. c. 36.

& de l'injuste ; & on en pourrait conclure qu'après l'usurpation de Cromwel, par la mort de Charles I, le peuple Anglais était tenu d'empêcher la restauration du fils de Charles ; & si le Roi de Pologne ou le Roi de Maroc fussent venus envahir l'Angleterre, & en prendre possession en quelque sorte, les Sujets auraient dû combattre aujourd'hui pour leur Prince naturel, & demain contre lui. D'où l'on voit que le terme de *possession* peut être pris dans un sens trop vague & indéterminé. Le vrai sens du Statut de Henri VII, est qu'il ne commande aucune opposition au Roi de *droit*, mais qu'il excuse l'obéissance au Roi de *fait*. S'il arrive donc qu'un usurpateur soit en possession, les Sujets sont excusés en lui obéissant & en l'assistant : autrement personne ne serait en sûreté sous l'usurpation ; car, si le Prince légitime a droit de faire pendre ceux qui obéissent au Roi de *fait*, le Roi de *fait* ou l'usurpateur ferait pendre à son tour ceux qui obéiraient au Roi de *droit* ; & certes comme la masse du peuple ne sçaurait juger qu'imparfaitement du titre, & que la possession, au premier coup d'œil, est toujours favorable, la loi ne peut commander l'obéissance à un Prince dont le titre est en litige, jusqu'à ce que la Providence décide. C'est pourquoi, tant qu'il n'est pas en possession, on ne le trahit pas ; enfin un Roi qui abdique la couronne avec le consentement & la ratification du Parlement, n'a plus de droit à l'obéiſſance des Sujets ; & les Sujets ne peuvent plus tomber dans le crime de haute trahiſon à ſon égard. La même raiſon vaut dans le cas où un Roi abandonne le Gouvernement, ou lorſque, par une conduite ſubverſive de la Conſtitution, il renonce virtuellement à l'autorité que cette Conſtitution lui donne ; car, dès qu'une fois l'abdication eſt établie & déterminée par les Juges compétens, le trône eſt vacant, & il n'eſt plus Roi.

EXAMINONS maintenant ce qu'on doit entendre par *comploter* ou *imaginer* : deux termes ſynonimes qui ſignifient un deſſein formé & des meſures priſes. Delà un coup mortel porté au Roi par un pur accident, ſans aucun deſſein, ne tomberait pas ſous l'eſpèce de haute trahiſon. C'était le cas de Walter Tyrrel qui en tirant une flèche contre un cerf, tua le Roi Guillaume le Roux, par la déviation de la flèche occaſionnée par un arbre (*a*). Comploter ou imaginer eſt un acte de l'eſprit qui ne peut être matière judiciaire, à moins qu'il ne ſe manifeſte par quelque action au dehors, par quelques meſures priſes. Un Sujet de Denys le Tyran rêva qu'il l'avoit tué. Les Juges trouvèrent dans ce rêve une preuve ſuffiſante qu'il

---

(*a*) T. Si ces malheurs n'arrivaient pas aux bons comme aux méchans Princes, on ſerait tenté de croire que ce fut la main de Dieu qui dirigea la flèche, pour délivrer l'Angleterre d'un Tyran.

s'en était occupé pendant la veille ; ils le condamnèrent à mort. Tel n'est pas l'esprit de la Loi Anglaise ; elle veut expressément qu'on produise des actions, des mesures prises, qui témoignent ouvertement l'intention du crime ; elle veut que l'accusé soit convaincu & jugé par ses Pairs. Par exemple, fournir des armes, des munitions pour tuer le Roi, est un acte palpable de haute trahison : de même, conspirer pour emprisonner le Roi, dénote le projet pour le faire mourir ; car on a toujours remarqué que, pour les Rois, il y a peu de distance de la prison au tombeau.

Quant aux simples paroles qui ne sont appuyées d'aucun fait, peuvent-elles monter au degré de haute trahison ? Matiere à doute. Nous avons deux exemples d'exécution pour de telles paroles, sous le règne d'Edouard IV. L'un, d'un Bourgeois de Londres qui avait dit, je veux faire mon fils héritier de la *Couronne* (c'était l'enseigne de la maison qu'il habitait) ; l'autre, d'un Gentilhomme passionné pour un daim que le Roi tua à la chasse ; je voudrais, dit-il, dans le premier mouvement, qu'il en eût les cornes dans le ventre. Ces deux cas parurent extrêmement difficiles à juger ; & un Chef de Justice, Markham, aima mieux quitter sa place, que de signer l'Arrêt. Mais aujourd'hui on convient que par la commune Loi, & le Statut d'Edouard III, les simples paroles ne font qualifiées que de *haute inconduite* (a), & non de haute trahifon ; la raifon en eft qu'elles peuvent échapper dans le feu de la colère fans mauvaife intention, qu'elles peuvent être mal prifes, mal interprétées, mal racontées par ceux qui les entendent ; que leur fens dépend fouvent du rapport qu'elles ont avec d'autres mots, ou d'autres chofes, & même du ton dont elles font prononcées ; il arrive auffi quelquefois que le filence eft plus expreffif que la parole même. C'eft pourquoi les Juges qui examinèrent un certain *Pyne* fur des paroles vraiment atroces contre le Roi Charles I, prononcèrent que » malgré leur » atrocité pouffée au dernier degré, elles ne » pouvaient être taxées de haute trahifon ». Mais s'il eft queftion de paroles écrites, l'écriture femble annoncer une intention plus délibérée ; & on l'a regardée autrefois comme un acte manifefte de trahifon, fur ce principe qu'*écrire c'eft agir*. Sous des règnes arbitraires, des écrits non publiés ont fervi de preuve de haute trahifon : c'eft ce qui arriva à l'égard d'un Eccléfiaftique nommé *Peacham* pour certains paffages dans un fermon qu'il n'avait jamais prêché ; & à l'égard du célèbre *Algernon Sidney*, pour certains papiers qui furent faifis dans fon cabinet : ces papiers, s'ils euffent été liés à quelque deffein formé de détrôner ou de

---

(a) T. L'expreffion Anglaife *high misdemefnor* fignifie moins que haute trahifon, mais plus qu'un délit ordinaire.

faire mourir le Roi, auraient pu fans doute le convaincre de la haute trahifon dont on l'accufait; mais, comme ce n'étaient que des idées purement fpéculatives fans aucune intention de les publier, la conviction de haute trahifon, fur des preuves fi faibles, a été généralement défapprouvée. Peacham fut pardonné, & Sidney exécuté au grand mécontentement de la Nation; & dans la fuite fa Sentence fut abolie pat le Parlement. De ces deux faits on doit conclure fans doute que, felon l'efprit de la commune Loi, de tels écrits, s'ils étaient publiés, feraient une preuve fuffifante de haute trahifon; quoique, dans ces derniers temps, on a encore mis la chofe en queftion.

II. La feconde efpèce de haute trahifon ferait d'abufer de l'époufe du Roi ou de fa fille aînée non mariée, ou de la femme de fon fils aîné & héritier de la Couronne; & cela fans violence ou avec violence. Si c'eft d'un confentement mutuel, les deux parties font coupables de haute trahifon. Ainfi fut jugée une des femmes de Henri VIII (a). Le but de la Loi eft de préferver le Sang Royal de tout foupçon de bâtardife; ce qui rendrait douteufe la fucceffion au trône; & par con-

―――――――――――――――――――

(a) T. L'infortunée Anne de Boulen, à qui Henri VIII fit trancher la tête fur des foupçons, qui fe tournent toujours en preuves, lorfqu'un Defpote jaloux & redouté l'exige.

féquent cette raifon ceffant, la loi ceﬂerait auﬄ. Delà en abufant d'une Reine douairiere, on ne tomberait pas dans le cas de haute trahifon. C'eſt ainſi que fous le gouvernement féodal, un Vaſſal qui aurait abufé de la femme ou de la fille de ſon Seigneur, aurait fubi la condamnation de félonie & de forfaiture de fon fief, mais non, s'il eût feulement abufé de fa veuve.

III. Faire la guerre au Roi dans ſon propre Royaume, eſt une troiſième efpèce de haute trahiſon, ſoit qu'on prenne les armes, pour le détrôner, ſoit ſous le prétexte de réformer la Religion, les Loix, d'écarter des Miniſtres pervers, ou d'auttes maux réels ; car la loi ne doit ni ne peut permettre à aucun homme privé, ni à aucune aſſemblée de particuliers, de ſe mêler, à force ouverte, dans des affaires d'une ſi haute importance, fur-tout après avoir établi un pouvoir fuffifant pour ces grandes matières dans la Cour Souveraine du Parlement. La loi ne doit pas non plus juſtifier aucune réſiſtance particulière, à main armée, contre des griefs particuliers. Il n'en eſt pas de même de l'oppreſſion totale de la Nation ; car, d'après le contrat folemnel paſſé avec Guillaume III, loi facrée parmi nous, la Nation peut légitimement ſe ſoulever pour en maintenir l'exécution (a). Pourſuivons : réſiſter aux forces royales

_____

(a) Voyez la Note (A) du Traducteur, pag. 56.

pour défendre une forteresse contr'elles, c'est faire la guerre au Roi, c'est crime de haute trahison. Il en serait de même d'une insurrection concertée & avouée pour abbattre toutes les clôtures, les lieux de débauche & autres semblables : l'universalité des projets en ferait une rebellion contre l'Etat, une usurpation du Gouvernement, une insolente invasion de l'autorité royale ; mais un tumulte, pour abbattre seulement une maison ou une clôture particulière, n'est tout au plus qu'une émeute qui ne marquant aucun mauvais dessein contre le Gouvernement, n'a pas le caractère de haute trahison. De même, si deux Sujets puissans animés l'un contre l'autre, se font la guerre ; c'est à la vérité un grand désordre, injurieux au Gouvernement ; mais comme ils ne s'arment pas contre lui, ce n'est pas haute trahison : c'est ce qui arriva entre les Comtes de Hereford & de Glocester, sous Edouard I ; les armes à la main, ils se firent tout le mal qu'ils purent sur leurs terres respectives, domaines ravagés, maisons brûlées, sang répandu : cependant cette petite guerre ne fut point jugée haute trahison, mais seulement haute inconduite. Enfin, une simple conspiration pour faire la guerre n'est point réputée haute trahison, à moins qu'elle ne soit dirigée contre la personne du Roi & son Gouvernement ; parce qu'alors elle tendrait à la mort du Roi.

4. Un sujet qui adhère aux ennemis du Roi, en les aidant & secourant dans le Royaume, ou ailleurs, est déclaré coupable de haute trahison; mais cette adhérence doit être prouvée par des actions ouvertes, comme des intelligences formées, des vivres, des armes envoyées, la reddition proditoire d'une place, & choses semblables. On entend par *ennemis* les sujets d'une Puissance étrangère avec laquelle on est en guerre. Quant aux Pirates, aux Corsaires qui viendraient insulter nos côtes, sans qu'il y eût eu des hostilités ouvertes entre leur Nation & la nôtre, ou sans commission de la part d'un Prince, ou d'un Etat ennemi déclaré de la Grande-Bretagne, leur prêter secours ou assistance, ce serait haute trahison. A plus forte raison, secourir & assister des sujets rebelles dans notre propre Royaume, ce serait évidemment haute trahison. Mais secourir un rebelle qui a fui hors du Royaume, n'est pas de la même espèce; car le Statut doit être pris littéralement dans le sens le plus strict, & un rebelle n'est point un ennemi. En effet, un ennemi est toujours le sujet d'un Prince étranger, & qui ne doit aucune fidélité à la Couronne d'Angleterre; il y a plus, si quelqu'un par violence, par la crainte de la mort ou autre grand dommage, se joignait aux rebelles ou aux ennemis dans le sein du Royaume, cette crainte, cette contrainte l'excuseraient, pourvu qu'il se détachât à la première occasion favorable.

5. CONTREFAIRE le grand sceau, ou le sceau privé du Roi, c'est haute trahison; mais si quelqu'un se contentait d'en transporter l'impression en cire, d'une patente à une autre, ce ne serait qu'un abus du sceau, & non une contrefaction; c'était le cas d'un certain Chapelain qui se donna par cette fourberie une dispense de résidence. Mais un pareil artifice de la part d'un homme de loi parut plus criminel. Un Greffier de la Chancellerie colla ensemble deux feuilles de parchemin, sur l'une desquelles il écrivit une patente pour laquelle il obtint le grand sceau appliqué à la queue qui courait entre les deux membranes; ensuite il les décolla, & prenant la feuille blanche il y écrivit une autre patente toute différente de celle qu'il donna pour véritable. Cette tromperie ne fut point jugée comme contrefaction, mais seulement comme malversation; & le Chevalier Edouard Coke, qui rapporte ce fait, est indigné qu'on ait laissé vivre cet homme.

6. UNE autre espèce de haute trahison comprise dans le Statut est de contrefaire la monnoie du Roi, ou d'apporter dans le Royaume de la monnoie contrefaite, la connaissant pour telle. Le premier cas est haute trahison, soit qu'on ait employé cette monnoie à payer ou non. Delà, si les propres Monnoyeurs du Roi altéraient l'étalon royal pour le poids ou le titre, ce serait haute trahison. Mais le Statut ne comprend

prend que la monnoie d'or ou d'argent. A l'égard du second cas, c'est-à-dire, d'importer dans le Royaume, le Statut ne dit pas que la répandre sans l'avoir importée, tombe sous l'espèce de haute trahison. Mais nous parlerons encore plus bas du délit de fausse monnoie.

7. La dernière espèce de haute trahison comprise dans le Statut, est le meurtre du Lord Chancelier, du Lord Trésorier, & de tout Chef de Cour Souveraine, séant sur son Tribunal. Tous ces hauts Magistrats, en tant qu'ils représentent la majesté du Roi dans l'exercice actuel de leur office, sont mis à son niveau par la loi. Mais le Statut ne porte que sur la mort, & non sur une blessure, ou sur la simple tentative de tuer ; il ne s'étend aussi qu'aux Officiers qui y sont spécifiés ; & par conséquent les Barons de l'Echiquier (a), & d'autres semblables ne sont point sous la protection du Statut.

C'est ainsi que la Législation, sous le règne d'Edouard III, s'appliquait soigneusement à éclaircir & spécifier nettement les notions vagues de haute trahison, qui égaraient nos Cours de Justice ; & l'acte va plus loin en ces termes : « comme d'autres cas analogues de haute trahison, imprévus & non déclarés, peuvent se présenter à l'avenir, nous ordonnons aux Juges de rester dans l'indécision, & de porter

_____
(a) La Cour des Finances.

» la cause devant le Roi & le Parlement, pour
» juger & déclarer solemnellement, si c'est un
» cas de haute trahison, ou simplement de félo-
» nie. » Le Chevalier Matthieu Hale (a) loue
magnifiquement la grande sagesse du Parlement,
son attention à contenir les Juges dans les bornes de cet Acte, & à ne pas souffrir qu'ils se
jettent à leur gré dans un système de trahisons
factices, trompés par l'apparence & l'analogie;
mais d'en réserver la décision au Parlement
même; sûreté pour le Public, pour les Juges,
& pour la conservation de l'Acte même. Ce
grand Jurisconsulte observe encore que dans les
nouveaux cas qui peuvent se présenter, il ne suffit pas que le Roi & le Parlement prononcent
conjointement la haute trahison; qu'il faut y
joindre un Statut, une Déclaration solemnelle,
pour en instruire la Nation.

CEPENDANT, en conséquence de ce pouvoir inhérent essentiellement au Parlement, la
Législation fut extrêmement prodigue de hautes
trahisons, sous le règne infortuné de Richard

(a) T. Né d'un Marchand Drapier; il s'éleva jusqu'à la haute place de Chef de Justice du banc du Roi, sous le règne de Charles II; il était, tout à la fois, Jurisconsulte, Théologien & Philosophe. En même temps qu'il jugeait les Procès, & qu'il écrivait l'Histoire des Ordonnances Royales, il faisait des observations sur les expériences de Toricelli & sur la gravitation des corps fluides. Elevé par les Puritains, ces réformateurs de la réforme même, il avait gardé toute leur sévérité pour lui, & sa douceur naturelle pour les autres; ce qui lui avait concilié les cœurs du parti opposé.

II (a). Le meurtre d'un Ambassadeur fut rangé sous cette espèce, mais du moins c'était avec plus de raison qu'une multitude d'autres délits qui ne devaient pas y prendre place. Le plus arbitraire & le plus absurde Statut en cette matière fut celui qui déclara haute trahison l'intention de tuer ou déposer le Roi, sans aucune action, aucune mesure prise, pour prouver ce détestable dessein. On vit alors combien sont faibles les Loix trop fortes, pour prévenir le crime : deux ans après, Richard II fut déposé, & bientôt mis à mort. Et dans la première année du règne de son Successeur (b) on passa un Statut qui s'exprimait en ces termes : « comme personne ne sait comment il doit se » conduire, agir ou parler dans le doute du » crime de haute trahison, il est ordonné qu'à » l'avenir, les Juges se conformeront absolu- » ment au Statut d'Edouard III » ; de cette manière on vit disparaître tous les phantômes de

_____

(a) T. Il commença à régner en 1377 ; après vingt ans de règne s'étant fait de puissans ennemis dans sa propre famille & dans le public, il fut enfermé dans une prison ; & le Parlement assemblé le déposa juridiquement, en déclarant que si quelqu'un entreprenait de le délivrer, c'était le livrer à la mort. Au premier mouvement qui se fit en sa faveur, huit Satellites allèrent exécuter l'arrêt dans sa prison : il défendit sa vie mieux qu'il n'avait défendu sa Couronne ; avant que de succomber, il arracha la hache d'armes à un des meurtriers & il en tua quatre ; son règne avait été celui des Femmes, des Favoris & des Ministres.

(b) Henri IV, ce fut sous lui qu'éclata la longue & funeste division entre la Maison d'York & celle de Lancastre.

haute trahison, qui avaient effrayé le Public sous Richard II.

Mais dans la suite des temps, depuis Henri IV jusqu'à la Reine Marie, & sur-tout sous le règne sanguinaire de Henri VIII, on vit revivre le malheureux esprit de forger des crimes aussi nouveaux qu'étranges de haute trahison, tels que ceux-ci ; rogner la monnoie, forcer la prison pour en tirer un accusé de haute trahison, mettre le feu à une maison pour voler, enlever du bétail dans le Pays de Galles, empoisonner quelqu'un, maudire le Roi en paroles ou par écrits publics, faire de fausses signatures, refuser d'abjurer le Papisme, déflorer ou épouser une fille, une sœur, une tante, une nièce du Roi, sans sa permission, attenter à la pudeur de la Reine, ou d'une Princesse du Sang, par de simples sollicitations ; ou si elles s'oubliaient jusqu'à faire elles-mêmes des avances, elles étaient coupables de haute trahison. On ne s'en tint pas là : une fille déflorée qui aurait eu l'insolence d'accepter la main du Roi, sans l'avertir préalablement de sa défloration, se rendait coupable de haute trahison ; de même celui qui aurait soutenu que le mariage du Roi avec Anne de Clèves (*a*) était légal & valide, & encore celui qui aurait combattu sa suprématie, & enfin

_____

(*a*) Henri VIII l'épousa, séduit par son portrait, si différent de l'original ; elle fut répudiée six mois après.

toute assemblée tumultueuse, au nombre de douze, qui ne se disperserait pas, après la proclamation. Toutes ces nouveautés furent abrogées par le Statut premier de la Reine Marie (a), ch. 1, qui ramena toutes les espèces de haute trahison au Statut 25 d'Edouard III. Depuis le Statut de Marie, quoique la Législation ait été bien mesurée en cette matière, cependant elle a encore qualifié de haute trahison plusieurs délits qui n'étaient pas compris dans le Statut d'Edouard III, & qu'on peut rapporter à trois chefs, 1°. à la profession du Papisme; 2°. à la falsification du coin ou de la signature du Roi; 3°. aux entreprises contre la sûreté de la succession dans la Maison d'Hanover.

1. Dans le Chapitre des délits contre la Religion Nationale, nous avons traité du Papisme, & des peines qui y sont attachées; mais il est des cas particuliers où le Papisme considéré sous un autre point de vue, devient crime d'Etat & de haute trahison. Par le Statut 5 d'Elisabeth, ch. 1, soutenir la Jurisdiction Papale dans ce Royaume, c'est se rendre coupable de *haute inconduite* pour la première fois, & de haute trahison pour la seconde. Par un autre Statut du même règne, 27, ch. 2, si un Prêtre Papiste né sujet de l'Angleterre y revient, & y reste trois jours, sans se conformer au culte de

_____
(a) Fille de Henri VIII, & de Catherine d'Arragon.

l'Eglife Anglicane, il eft coupable de haute trahifon; & encore par le Statut 3, ch. 4, de Jacques Ier., fi un Sujet quelconque de la Grande-Bretagne, ceffant de reconnaître la fuprématie de fon Roi, fe réconcilie avec le Pape & le Siège de Rome, ou avec quelqu'autre Prince, ou Etat de la Religion Romaine, lui & ceux qui auront procuré cette réconciliation, font coupables de haute trahifon.

2. AVANT le Statut 25 d'Edouard III, faire ou répandre de la fauffe monnoie, n'était qualifié que de *petite trahifon*; auffi-bien qu'une autre efpèce de faux, celle de contrefaire le fceau ou la fignature du Roi. Edouard, d'après Conftantin, mit ces deux efpèces de délits au rang des crimes de lèze-Majefté ou de haute trahifon; ce qui paraît confondre la nature & les gradations des crimes : & en attachant la même idée de fcélérateffe à celui qui bat une fauffe monnoie de quatre fous, qu'à celui qui affaffine fon Roi, il ôte l'horreur que doit infpirer naturellement la dénomination de *lèze-Majefté* ou de *haute trahifon*, avec laquelle on ne devrait jamais fe familiarifer; certainement un faux monnoyeur n'eft guidé que par un gain illicite, & nullement par averfion pour fon Roi. Cependant les Actes fubféquens du Parlement dans ces deux efpèces ont fuivi l'efprit de Conftantin & d'Edouard.

Par le Statut 2, ch. 6, de Marie, si quelqu'un contrefait la monnoie d'or ou d'argent du Royaume, ou une monnoie étrangère reçue & courante dans le Royaume ; ou s'il contrefait le seing, le cachet, le sceau privé du Roi, il est déclaré criminel de haute trahison. Le Statut 5 d'Elisabeth, ch. 11, met dans la même classe le Rogneur, le Limeur de monnoie. Les Statuts 8 & 9 de Guillaume III, ch. 26, confirmés par le Statut 7, ch. 25, de la Reine Anne, attache aussi la note de haute trahison à celui qui fabriquerait, ou aiderait à fabriquer, qui vendrait, acheterait ou aurait en sa possession les instrumens propres à battre monnoie, ou qui les transporterait hors de l'Hôtel de la Monnoie. Enfin, par les Statuts 15 & 16 de Georges II, ch. 28, colorer ou altérer sa monnoie d'argent, pour la faire ressembler à l'or, ou donner à la monnoie de cuivre l'apparence de l'argent, c'est haute trahison. Mais le coupable sera pardonné à condition de découvrir & de convaincre deux autres coupables du même crime.

3. La sûreté de la succession de la ligne Protestante dans la Maison d'Hanover a occasionné de nouvelles Déclarations sur la haute trahison. Les Statuts 13 & 14 de Guillaume III, ch. 3, déclarent le prétendu Prince de Galles, âgé alors de treize ans, & qui avait pris le titre de Roi, sous le nom de Jacques III, atteint & convain-

cu de haute trahison, & ensemble tout sujet du Roi qui entretiendrait quelque correspondance avec lui par lettres, messages, remises d'argent, ou autres services rendus. Et par le Statut 17 de Georges II, ch. 39, s'il arrive qu'un enfant du Prétendant ose mettre le pied dans les Domaines de la Grande-Bretagne, il est soumis à la même peine. Un autre Statut de la Reine Anne, 2, ch. 17, déclare coupable de haute trahison toute personne qui soutiendrait par quelqu'écrit public qu'on peut avoir droit à la Couronne d'Angleterre autrement que par l'acte d'*établissement* (a). Même Déclaration contre celui qui refuserait aux Rois d'Angleterre, avec l'autorité du Parlement, le droit de disposer de la succession à la Couronne. Cette dernière espèce de délit avait déja été qualifiée de haute trahison par le Statut 13 d'Elisabeth, ch. 1, durant tout son règne, & après sa mort ce même délit ne fut plus taxé que de haute inconduite punissable par la confiscation des biens. Il faut remarquer que ce période de temps était le plus favorable à l'opinion du droit héréditaire, indestructible, & *divin* à la Couronne. Mais ce délit fut remonté au degré de haute trahison par le Statut ci-dessus mentionné de la Reine Anne, dans la conjoncture de l'invasion du Prétendant; & en conséquence, le Libraire Matthieu fut exécuté en 1719, pour avoir imprimé

(a) C'est celui qui a réglé la succession au Tróne.

un pamphlet proditoire, intitulé *vox Populi, vox Dei* (a).

C'en est assez sur le crime de haute trahison ou de lèze-Majesté, dans toutes ses branches. C'était, dans son origine, un manquement énorme à la fidélité que tout sujet doit à son Prince, soit par la naissance, soit par la résidence dans le Royaume. Il faut avouer que nos Législateurs se sont un peu écartés de l'esprit primitif de cette Loi, pour arrêter les progrès de certaines pernicieuses pratiques qui en approchaient. Passons maintenant à la punition.

La peine de la haute trahison est aussi solemnelle qu'effrayante; 1°. le criminel n'est mené ni en voiture, ni à pied; on le traîne sur le pavé. Cependant pour lui épargner l'extrême tourment de battre le pavé avec sa tête & tout son corps, on le place sur une claie; 2°. il est pendu par le cou, & avant qu'il expire, on lui arrache les entrailles, qui sont jettées au feu; 3°. on lui coupe la tête, & son corps est divisé en quatre quartiers, pour en disposer comme il voudra (b).

Le Roi peut faire grace de l'une ou de l'autre partie du supplice, excepté de la décollation,

---

(a) *State tri.* IX, 680.

(b) Dans ce supplice effrayant pour le spectacle, le coupable ne souffre ni barbarement, ni longuement.

& il le fait souvent, sur-tout pour des gens de qualité. Mais si la décollation ne fait pas partie du jugement, comme cela arrive pour la simple félonie, le Roi ne peut le changer.

Pour la fausse monnoie, quoique ce délit soit dans la classe de haute trahison, la peine est plus douce : c'est la potence. Quant aux femmes coupables de haute trahison, comme la décence publique ne permet pas d'exposer leur corps, & de le couper par morceaux, à la face du Peuple, on les traîne au gibet ; & après les avoir étranglées, on les brûle.

CHAPITRE VII.

Des Félonies injurieuses à la prérogative du Roi.

La Félonie, dans le Code Féodal, était un acte injurieux, d'un vassal à son Seigneur; par exemple, s'il refusait le service qui lui était dû; si dans le terme d'un an & un jour il négligeait de demander l'investiture du fief qu'il tenait de lui; s'il reniait son Seigneur; si, après trois citations à sa Justice, il ne comparaissait pas; s'il portait les mains sur lui; s'il corrompait sa femme ou sa fille; dans tous les cas de félonie, le fief du vassal était confisqué au profit du Seigneur.

La Félonie, dans l'acception de la Loi Anglaise, comprend toutes les espèces qui entraînent la confiscation des biens. Delà toute trahison est en même temps félonie; mais toute félonie n'est pas trahison, & il y a des félonies qui sont punies, tandis que d'autres ne le sont pas.

Nous considérons, dans ce Chapitre, les félonies injurieuses à la prérogative Royale. 1°. Celles qui regardent la monnoie, au-dessous de haute trahison. 2°. Celles qui offensent le

Conseil du Roi. 3°. Celles qui blessent son service, par un engagement dans un service étranger. 4°. L'altération, la dissipation, la déprédation des armes & munitions de guerre. 5°. La désertion en temps de guerre.

1. DANS la simple félonie, en fait de monnoie, les Statuts 13 & 14 de Charles II, ch. 31, défendent de fondre de la monnoie d'argent, sous peine d'en perdre la valeur, & même le double ; & si le délinquant est franc-bourgeois d'une Ville, il perd sa franchise ; sinon, il est emprisonné pour six mois.

EN vertu des Statuts six & sept de Guillaume III, si quelqu'un est convaincu d'avoir rogné ou limé des espèces, il sera condamné à cinq cens livres d'amende, moitié pour le Roi, moitié pour le Dénonciateur, & le coupable sera flétri à la joue de la lettre *R*. Par d'autres Statuts du même règne 8 & 9, ch. 26, blanchir du cuivre, pour le faire ressembler à de l'argent, & l'employer comme tel ; ou employer pour or quelque composition métallique qui en aurait le poids, mais qui serait au-dessous du titre légal : de même recevoir ou donner en payement des espèces du Royaume altérées, sans les couper en morceaux & les réduire à leur juste valeur, toutes ces fraudes sont déclarées félonies. Mais ces précautions ayant paru insuffisantes, pour prévenir la falsification ou l'altération de la monnoie, les Statuts 15 & 16 de Georges II, ch. 28, déclarent que si quelqu'un donne sciemment en payement de la monnoie altérée, il sera condamné à six mois de prison, pour la première fois, en donnant caution d'une meilleure conduite ; condamné pour la seconde fois à deux ans de prison, avec caution pour les deux années suivantes ; condamné à mort pour la troisième fois, sans pouvoir profiter du privilège clérical. Par les mêmes Statuts celui qui contreferait la monnoie de cuivre serait emprisonné pour deux ans, avec obligation de donner caution pour les deux ans qui suivent.

En comparant ces Statuts modernes, il est aisé de s'appercevoir que la Législation Anglaise tend toujours à l'adoucissement des peines, loin de les aggraver ; comme on le verra assez généralement en toute autre matière.

2. Le Statut 9 de la Reine Anne déclare qu'assaillir, frapper, blesser ou tenter de mettre à mort un membre du Conseil Privé du Roi dans l'exercice de sa place, c'est félonie, sans pouvoir réclamer le privilège clérical (*a*).

(*a*) T. Dans le Chapitre précédent, de pareils attentats contre les premiers Juges, sont déclarés *haute trahison*, ce qui montre que la Législation Anglaise considère plus les Officiers de la Nation que ceux du Roi.

3. Passer à un service étranger, c'est manquer généralement parlant à la fidélité que tout sujet doit à son Prince naturel ; le Statut 3 de Jacques I, ch. 4, déclare félon, quiconque quitte le Royaume pour servir l'étranger, sans avoir auparavant prêté le serment de fidélité à son Prince. De même, si un homme vivant noblement, ou un homme de qualité, ou tout autre qui aurait servi en qualité d'Officier dans les armées de la Grande-Bretagne, allait servir un Prince étranger, sans s'être engagé sous caution sur deux chefs ; l'un de ne pas se réconcilier avec Rome, l'autre de n'entrer dans aucune conspiration contre son Souverain naturel ; le Statut les déclare atteints & convaincus de félonie. Il y a plus, par le Statut 9 de Georges II, ch. 30 ; si un sujet de la Grande-Bretagne s'enrôle dans un service étranger, sans une permission signée du Roi, il est coupable de félonie, sans pouvoir profiter du privilége clérical ; & s'il s'est enrôlé à l'instigation d'un autre, & qu'il dénonce l'instigateur dans l'espace de quinze jours, il est absous. Outre cela, par un Statut 29 du même Roi, ch. 17, entrer au service de la France, c'est félonie, avec exclusion du privilège clérical ; mais si on entrait dans la Brigade Ecossaise au service de la Hollande, on en serait quitte pour cinq cens livres d'amende.

4. Le Statut 31 d'Elisabeth, ch. 4, note de félonie, quiconque ayant en sa charge & garde

les armes, les munitions, les équipages, les magasins militaires, les laisse détériorer ou les dissipe, soit pour son profit, soit pour empêcher le service. Et le Statut 22 de Charles II, ch. 5, prive le coupable du privilège clérical, si le dommage regarde les provisions navales. Les autres délits dans cette espèce sont punis par des amendes & la prison, selon le Statut 1 de Georges I, ch. 25.

5. La désertion, en temps de guerre, soit sur terre ou sur mer, est déclarée félonie par la loi Anglaise, & en particulier par les Statuts 18 de Henri VI, & 5 d'Elisabeth, ch. 25, sans exclusion pourtant du privilège clérical (a).

(a) T. On voit par-là que la désertion en Angleterre n'est déclarée félonie & punissable de mort, qu'en temps de guerre, parce qu'alors elle est beaucoup plus préjudiciable à l'Etat; encore y a-t-il un remède à cette loi rigoureuse, c'est le privilège clérical. La désertion en temps de paix se punit par un châtiment corporel, & le Déserteur reprend le service. Et cependant on ne dit pas que la désertion soit plus fréquente en Angleterre, que dans les Pays où la rigueur est extrême. La France vient d'apprendre à l'Angleterre, par une loi pleine de sagesse & d'humanité, qu'on pouvait faire encore mieux. Le temps amènera beaucoup d'autres biens.

CHAPITRE VIII.

Du Præmunire.

UNE troisième espèce d'offense plus immédiate contre le Roi, quoique non soumise à une peine capitale, c'est celle qu'on nomme *Præmunire* (a); ainsi nommée des mots de l'ordre préparatoire pour faire le procès à l'accusé « *Præmunire facias*, assignez un tel à comparaître devant nous pour répondre au délit dont il est chargé ». Cette procédure moderne est née du pouvoir exorbitant que le Pape avait usurpé & exercé en Angleterre, joug qui parut trop pesant à nos ancêtres, même au temps du zèle ignorant & aveugle.

C'EST une remarque bien sage que les principes religieux, quand ils sont purs & vrais, ont une tendance directe à perfectionner l'homme & le citoyen : mais si on les corrompt par l'erreur, ils renversent ordinairement le gouvernement civil, ils deviennent le tocsin & l'instrument du crime dans le cœur humain. Le pouvoir illimité qui fut exercé par les Druides en Occident, au temps de la superstition payenne, & les affreuses dévastations par les Sarrasins en

---

(a) Mot barbare pour *præmonere*.

Orient

Orient pour étendre le Mahométisme, témoignent que dans tous les temps & dans tous les pays, la tyrannie civile & religieuse se sont engendrées l'une de l'autre. Et c'est une gloire pour l'Eglise Anglicane, & une forte présomption pour la pureté de sa doctrine, qu'elle est de la plus grande soumission & fidélité au gouvernement civil. Son Clergé aussi édifiant dans sa conduite que modéré dans son ambition, se nourrit, s'entretient de notions justes sur les liens de la société & sur les droits du gouvernement; comme en matière de Foi & de Moralité, il ne reconnaît pour guide que les saintes écritures, ainsi en matière de Politique & de Droits, il dérive tous ses titres de la Magistrature civile; il regarde le Roi comme son Chef, le Parlement comme son Législateur; & il ne se glorifie de rien tant que d'être vrai membre d'une Eglise, emphatiquement établie par la Loi; tandis que les principes des autres Eglises, à les prendre dans l'une ou l'autre extrêmité, coupent également les liens de la société en empiétant sur les droits dont la raison & le contrat originel de tout Etat, ont revêtu la Souveraineté, & en affectant une suprématie indépendante dans tout ce qui concerne les personnes ou les affaires spirituelles (*a*). Les terribles effets de cette religieuse bigo-

---

(*a*) Le Lecteur doit se souvenir que c'est un Hétérodoxe qui parle.

terie, quand elle est fomentée par des principes erronés, même dans la Religion Protestante, se sont montrés dans l'histoire des Anabaptistes en Allemagne, des Presbytériens en Ecosse, & dans ce déluge de Sectaires en Angleterre, qui ont assassiné leur Souverain, qui ont culbuté l'Eglise & la Monarchie, & qui ont ébranlé tous les fondemens de la Législation, de la justice & de la propriété, pour établir en leur place un Royaume de Saints. Mais enfin ces horribles dévastations, ces enfans de la folie & du zèle, n'ont eu qu'une courte durée. La politique Romaine exaltée long-temps par une succession de Pontifes nerveux, avait jetté de profondes racines; mais enfin elles ont été arrachées dans plusieurs Pays, en attendant ce qui arrivera dans les autres. Mais le sujet de ce Chapitre nous mène à considérer les vastes enjambées, les pas de géant que le Clergé de l'Eglise Romaine faisait dans ce Royaume, combien il a approché de son but, comment il en a été écarté, & même ramené à de meilleurs sentimens par la vigueur de notre libre constitution, & par la sagesse de nos Parlemens.

L'ANCIENNE Eglise d'Angleterre, quel qu'en ait été le fondateur, était étrangère à l'Evêque de Rome & à sa prétendue Jurisdiction. Nos premiers Chrétiens avaient été relégués dans un coin de l'Isle par les Payens qui l'avaient envahie. Le Moine Augustin & d'autres Missionnaires de la Cour de Rome, vinrent convertir les Saxons. Cette révolution introduisit quelques corruptions dans le culte; mais nous ne trouvons aucun vestige de l'autorité temporelle du Pape, dans ce Royaume, jusqu'à l'époque de la conquête des Normands. Ce fut alors que le Pontife régnant, par la faveur qu'il accorda à l'invasion du Duc Guillaume, par les bénédictions qu'il donna à son armée & à ses drapeaux, saisit l'occasion d'établir ses usurpations; & le Conquérant politique le laissa faire dans la vue d'abaisser le Clergé Saxon, & d'élever ses Prélats Normands : Prélats nés dans la doctrine & les pratiques de l'esclavage, accoutumés à respecter leurs chaînes, ils en chargèrent un peuple né libre.

Le gouvernement légal & raisonnable est solidement fondé sur la subordination des rangs, & l'échelle graduelle des pouvoirs. La tyrannie imite en quelque sorte ce système; elle s'élève par les degrés du despotisme, de l'esclave jusqu'au Sultan, avec cette différence que dans le gouvernement légal, la mesure de l'obéissance est tracée sur les principes de la société, & ne s'étend pas plus loin que la raison & la nécessité le demandent; au lieu que dans la tyrannie elle n'est bornée que par la volonté & le bon plaisir du despote. Delà pour enchaîner plus sûrement les ames & les consciences du peuple, le Clergé de l'Eglise Romaine paye ses Évêques d'une obéissance sans bornes ; & les Evêques à leur tour, la rendent au Souverain Pontife, en tenant ses décisions pour infaillibles (*a*), & en étendant son autorité sur tout le monde Chrétien. Delà, ses Légats *à latere* introduits dans tous les Etats de l'Europe ; delà, ses bulles & ses décrétales qui étaient devenues la règle de la foi & de la discipline ; delà, ses jugemens en dernier ressort dans toutes les affaires douteuses & difficiles ; delà encore ces anathêmes, qui donnaient une nouvelle force à ses décrets. Armé de cette force, il détrônait les Rois ; & il refusait aux Royaumes réfractaires l'exercice des devoirs Chrétiens, & les biens de l'Evangile.

MAIS quelqu'importante que fût cette suprématie spirituelle sur les consciences tendres & délicates, la Cour de Rome n'ignorait pas que sur la masse du genre humain le pouvoir ne peut se soutenir sans les richesses ; c'est pourquoi elle s'appliqua de bonne heure à toutes les méthodes pécuniaires ; elle se servit du dogme du Purgatoire, & de la vente des Messes, pour racheter les ames souffrantes, & vendit des Indulgences. La Loi canonique prit connaissance des crimes, prononça des peines *pro salute animæ*, & les commua pour de l'argent. La non-résidence & la pluralité des Bénéfices dans le Clergé, les mariages jusqu'au septième dégré parmi les

_____
(*a*) T. L'Auteur ignore ou paraît ignorer que l'infaillibilité dont il parle n'est point dans les principes de l'Eglise Catholique.

laïques, étaient rigoureusement défendus ; mais les dispenses se refusaient rarement à quiconque pouvait les acheter. En un mot, l'argent des Chrétiens coula par mille canaux dans le réservoir de l'Eglise.

D'ailleurs, l'établissement du système féodal, presque dans toute l'Europe, en vertu duquel toutes les propriétés relevaient du Prince, donna l'idée à la Cour de Rome d'usurper le même droit sur les propriétés de l'Eglise. Cet abus commença en Italie, & se répandit par degrés en Angleterre. Le Pape se fit Seigneur féodal de tous les Bénéfices, & tous les Patrons ordinaires ne purent exercer le droit de patronage que sous l'autorité du Patron universel. Les terres qu'on tenait en fief, originairement donations gratuites, furent nommées bénéfices ; c'était un nom emprunté aussi-bien que la Constitution elle-même. A cette imitation le soin des ames par Paroisse, prit aussi le nom de bénéfice ; les fiefs laïques furent conférés par investiture ou prise de possession corporelle ; de même, les bénéfices, donations purement gratuites, furent soumis à l'investiture spirituelle par l'institution de l'Evêque, & l'envoi en possession ; & comme les fiefs échéaient au Seigneur féodal, au défaut d'un titulaire légal, les bénéfices tombaient également à la nomination de l'Evêque, au défaut de la présentation du Patron, échutes d'une nature spirituelle. Les décimes annuelles recueillies par le Clergé, étaient équivalentes aux redevances que le Seigneur féodal se réservait sur son présent. Le serment d'obéissance canonique était copié sur le serment de fidélité que le vassal prêtait à son Seigneur, & les premiers fruits des fiefs militaires que le Seigneur exigeait durement des héritiers qui parvenaient au fief, donnèrent naissance à la cruelle exaction des premiers fruits par le haut Clergé ; & les Aydes aussi-bien que la Taille levées occasionnellement par le Prince sur ses vassaux, fournirent un prétexte au Pape, pour lever dans ce Royaume par le moyen de ses Légats *à latere* le denier de Saint Pierre, & d'autres taxes.

Enfin, le Saint Pere fit un pas plus grand qu'aucun Empereur ou Seigneur féodal; il se réserva à lui-même, par l'autorité Apostolique (*a*), la nomination à tous les Bénéfices qui viendraient à vaquer par la mort du titulaire en Cour de Rome, ou en chemin pour y venir, ou pour y retourner ; bien plus, par sa promotion à un Evêché ou à une Abbaye, *etiamsi ad illa personæ consueverint & debuerint per electionem aut quemvis alium modum assumi*; & les Canonistes déclarèrent que ce n'était point faire tort au Patron, que ce n'était pour lui qu'un changement de Seigneur féodal. Les dispenses,

---

(*a*) Extrav. lib. 3, tom. 2, ch. 13.

pour éviter ces sortes de vacances, enfantèrent les Commendes; & les Provisions Papales gagnèrent de vîtesse les nominations, par une sorte d'anticipation, avant la vacance même des Bénéfices. Le Pape usurpa enfin, sans distinction, tous les droits de Patronage, & en conséquence les meilleurs Bénéfices tombèrent dans les mains des Italiens, ou d'autres étrangers également ignorans ou ennemis de la Constitution Angläise. La nomination même aux Evêchés, cette ancienne prérogative de la Couronne, fut enlevée à Henri I, & ensuite à son Successeur Jean, pour être conférée en apparence aux Chapitres de chaque Cathédrale; mais en réalité, par le moyen de fréquens appels à la Cour de Rome, & l'obscurité des Loix qui reglaient les élections canoniques, le Pape en fut éventuellement revêtu. Et pour combler la mesure, le Pape Innocent III, par une transaction bien étonnante dans cette espèce, osa demander au Roi Jean la résignation de sa Couronne, pour devenir à jamais le patrimoine de Saint Pierre. Une chose plus monstrueuse encore, c'est que ce lâche Prince y consentit, & reprit son sceptre des mains du Légat, pour ne plus le porter que comme vassal du Saint Siège, à charge d'un hommage & redevance de mille marcs d'argent.

Une autre machine mise en mouvement, & grandement perfectionnée par la Cour de

Rome, fut un coup de maître dans la politique Papale. Les Papes non contens des dixmes copieuſes que la loi du Pays avait accordées aux Miniſtres de l'Egliſe, portèrent leurs mains avides ſur toutes les terres & les héritages du Royaume; & ſi la Légiſlation ne les eût arrêtés, ils euſſent envahi juſqu'au dernier pouce de terre. Dans cette vue ils introduiſirent les Religieux de ſaint Benoît & d'autres Moines, gens d'auſtère & ſombre religion, ſéparés du monde & de tous ſes intérêts par un vœu de célibat pepétuel, tout propres à faſciner les yeux des Peuples par des prétentions à une ſainteté extraordinaire; mais en profitant de la protection du Souverain Pontife, leur grand Monarque, pour former leurs établiſſemens, ils voulurent la mériter en exaltant ſon pouvoir, qu'ils étendaient ſans meſure; & comme dans ces temps de troubles civils, des Seigneurs trop puiſſans, avec leurs adhérens, s'abandonnaient journellement à toutes ſortes de brigandages, de licence & de violence, ils ſe perſuadaient qu'en fondant des Monaſtères, au moment de mourir, ils expiaient une vie pleine d'incontinence, de déſordres & de meurtres. C'eſt ſur ces fondemens que s'élevèrent tant d'Abbayes & de Maiſons Religieuſes dans le ſiècle qui ſuivit la conquête Normande. Elles furent dotées non-ſeulement des dixmes eccléſiaſtiques enlevées au Clergé ſéculier, mais encore des terres, maiſons, ſeigneuries, & grandes Baronies ; car, selon la doctrine du temps, tout ce qu'on donnait aux Moines était consacré à Dieu lui-même. Delà, on ne pouvait ni aliéner, ni enlever ces biens consacrés, sans un énorme sacrilège.

Nous pourrions encore nous étendre sur d'autres inventions de la Cour de Rome, pour tirer le Clergé de toute Jurisdiction civile ; par exemple, la séparation des Cours Ecclésiastiques d'avec les Séculières, leur constitution sans aucune entremise de la Couronne ; leur jurisdiction exclusive sur toutes les personnes Ecclésiastiques, & leurs causes; & leur *privilège clérical* dont nous aurons occasion d'examiner amplement la nature. Le plan du pouvoir Pontifical, quelqu'avancé qu'il fût par l'indéfatigable politique & l'opiniâtreté de la Cour de Rome durant une longue suite de siècles, a encore été limé & amélioré par une société d'hommes qui ont augmenté les sciences de l'Europe. Ainsi perfectionné & exalté par l'enthousiasme qui prévalut, non-seulement sur le faible & le simple, mais encore sur les gens éclairés qui avaient des lumières naturelles & acquises, il fut mis en pleine exécution par des despotes qui rompaient tous les liens qui les unissaient à leurs malheureux sujets, totalement indifférens sur ce qui pouvait arriver à une postérité qui leur devenait étrangère. Mais enfin ce pouvoir abusif s'est dissipé en fumée, lorsque les yeux du

Peuple se sont ouverts, & qu'il a employé sa vigueur à le détruire. Tant est vain & ridicule le plan de vivre en société, sans reconnaître les devoirs qui la lient, & d'affecter une entière indépendance de l'état civil qui protège tous les droits, & qui nous donne toute liberté, excepté celle d'enfreindre les Loix.

Après avoir tracé en raccourci les usurpations Papales en Angleterre, exposons les Statuts de *Præmunire* qui les ont réprimées. Le Roi Edouard I, Prince sage & magnanime, fut le premier à secouer le joug. Il ne voulut pas permettre à ses Evêques d'aller à un Concile général, sans avoir juré auparavant qu'ils ne recevraient pas la bénédiction du Pape. Il tint peu de compte des bulles & des poursuites en Cour de Rome; il saisit le temporel du Clergé d'Ecosse qui, sous le prétexte de la taxe qu'il payait au Pape, refusait de se soumettre à celle du Parlement; il corrobora les Statuts contre les gens de main-morte; il travailla à fermer le gouffre qui menaçait d'engloutir tous les biens du Royaume; & en vertu d'une ancienne Loi, il fit exécuter un de ses sujets qui avait obtenu une bulle d'excommunication contre un autre. Il se signala aussi dans ce genre par un Statut contre les provisions en Cour de Rome, Statut qui, au sentiment d'Edouard Coke, fut le père de tous les Statuts de *Pæmunire* qui mettent au rang des offenses immédiates contre le Roi toute entreprise de la Cour de Rome, dont on ne saurait fomenter le pouvoir, sans diminuer l'autorité Royale.

Sous le faible règne d'Edouard II, le Pape fit des tentatives pour rétablir ses usurpations dans le Royaume, mais le Parlement l'arrêta d'une main ferme; & parmi les griefs dont fut chargé ce malheureux Prince (a), l'un des principaux fut d'avoir autorisé les bulles de Rome. Mais Edouard III, son fils, se trouva d'un caractère bien différent; & d'abord pour appliquer à ce mal des remèdes doux, il écrivit au Pape, conjointement avec sa Noblesse, une Lettre de plainte, d'un style modéré; mais à la réception de la réponse, haute & menaçante, qui lui apprenait que l'Empereur & le Roi de France venaient de se soumettre aux prétentions du Saint Siège sur les mêmes objets, il répondit que si l'Empereur & le Roi de France embrassaient le parti de la Cour de Rome, il ferait la guerre à tous deux, pour défendre les libertés de sa Couronne. Delà sortirent des loix plus sévères contre ceux qui obtiendraient des provisions en Cour de Rome. Il fut statué que les pourvus

---

(a) T. Il monta sur le Trône à l'âge de vingt-trois ans, non pour régner, mais pour laisser régner ses Maîtresses & ses Favoris. Tous les grands du Royaume & la Reine même prirent les armes contre lui. Il fut condamné à une prison perpétuelle, qui fut cruellement abrégée par un fer chaud qu'on lui enfonça dans les intestins à travers un tuyau de corne, de peur que la brûlure ne parût.

payeraient une amende à la volonté du Roi, & qu'ils garderaient prison jusqu'à ce qu'ils eussent renoncé aux provisions obtenues. La même peine fut infligée à celui qui citerait le Roi ou quelqu'un de ses sujets à cette Cour. Et lorsque le Pape Urbain V tenta de faire revivre la vassalité & le tribut annuel dont le Roi Jean avait flétri le Royaume, les Etats assemblés en Parlement sous Edouard III prononcèrent que la donation du Roi Jean, comme faite sans la concurrence du Parlement, & contraire au serment qu'il avait prêté en recevant la Couronne, était nulle & de nul effet; décision que toute la Noblesse unie avec les Communes, s'engagea à soutenir par la force, s'il en était besoin.

Sous le règne de Richard II, les loix sur cette matière furent encore plus sévères. Les Statuts 3, ch. 3, & 7, ch. 12, défendirent aux étrangers qui avaient des bénéfices en Cour de Rome de les affermer. Le motif était de les forcer du moins à y résider, déclarant en même temps pour l'avenir que tout étranger serait incapable d'être présenté à aucun bénéfice dans le Royaume. Quant aux sujets du Roi, s'ils parvenaient à quelque bénéfice par des provisions étrangères, ils étaient mis hors de la protection du Roi, & le bénéfice était déclaré vacant par le Statut 12, ch. 15, auquel des Statuts subséquens ajoutèrent le bannissement & la confiscation des biens; & pour donner encore plus de force à ces Statuts, si quelqu'un réclamait en Cour de Rome ou en apportait quelque excommunication, il s'exposerait à la prison, à la confiscation de ses biens, & même à la peine de mort.

Dans les lettres exécutoires, pour faire observer ces Statuts, les mots *præmunire facias*, ayant été employés pour citer les délinquans, ils s'appliquèrent non-seulement aux lettres exécutoires, mais encore à l'action même qui tend à maintenir l'usurpation Papale; & c'est ce qu'on nomme le délit de *Præmunire*.

Dans des temps postérieurs on a suivi les mêmes principes. Par le Statut 2 de Henri IV, ch. 3, quiconque acceptait une exemption de la Cour de Rome, pour se soustraire à l'obéissance canonique de *l'ordinaire*, était soumis aux peines de *Præmunire*, & ce fut-là le dernier de nos anciens Statuts, touchant cette espèce de délit; parce que le pouvoir abusif de Rome tirait à sa fin. Peu de temps après, sous le règne de Henri V, l'esprit de la Nation s'éleva tellement contre la disposition des Prieurés & des Abbayes en faveur des Moines étrangers, qu'on supprima ces bénéfices; & les terres de leur dépendance furent adjugées à la Couronne.

On était si fort en garde contre le pouvoir que la Cour de Rome s'était arrogé, que l'Archevêque de Cantorbéri, Primat du Royaume sous le règne de Henri V, empêcha le frère du Roi même d'être promu au Cardinalat, & à la Légation *à latere*, sur le principe qu'on ne pouvait recevoir ni l'un ni l'autre, sans les lettres du Pape, & sans déroger aux libertés de l'Eglise Nationale ; & il se regardait lui-même, ainsi qu'il l'expose dans sa Lettre au Roi « comme obligé par son serment de fidélité, de s'opposer à cette promotion, pour s'acquitter de ce qu'il devait à Dieu & au Roi qui l'avaient préposé au Gouvernement de l'Eglise Anglicane ». Par la même raison, sous le règne de Henri VI, il refusa de sacrer pour l'Évêché d'Ely un sujet nommé par le Pape Eugène IV. Le Pape Martin V lui ordonna absolument de faire l'impossible pour anéantir l'*exécrable Statut* (ce sont ses termes) de *Præmunire*. Il refusa. Cette conduite soutenue irrita tellement le Pape, qu'il le suspendit de tous ses pouvoirs par une Bulle solemnelle ; le Primat n'en tint pas compte, & en appella au futur Concile. Les Seigneurs spirituels & temporels avec toute la Nation applaudirent à sa conduite, & le soutinrent contre la Cour de Rome.

Telle fut dans sa source la nature du délit *Præmunire*. C'était de vouloir introduire un pouvoir étranger dans cette terre, & créer *imperium in imperio* un Etat dans l'Etat, en rendant au Pape une obéissance qui n'était due par nos constitutions qu'au Roi seul, même avant la réforme sous Henri VIII ; réforme qui rompit enfin toute communion avec le Siège de Rome. Ce fut alors que les anciens Statuts qui n'avaient pas été toujours observés dans la grande rigueur, reprirent toute leur force ; que les appels des Cours Royales à la Cour Papale, que les demandes dans cette Cour pour les dispenses & exemptions, que le refus de sacrer des Évêques nommés par le Roi furent soumis rigoureusement aux peines de *Præmunire*. Et dans la suite par le Statut 5 d'Elisabeth, ch. 1, refuser le serment de suprématie, ou soutenir la Jurisdiction du Pape, c'est encourir les peines de *Præmunire* pour la première fois, & celle de haute trahison pour la seconde. Par un autre Statut de la même Reine, ch. 2, ceux qui apporteraient dans le Royaume des *Agnus Dei*, des Croix & des Chapelets, ou ceux qui ne dénonceraient pas au Conseil Privé ceux qui les apportent, surtout un Juge de paix, les uns & les autres seraient coupables du *Præmunire* : mais d'introduire seulement, ou de vendre des Livres de Messe, ou autres Livres pieux de la Communion Papale ; le Statut 3 de Jacques I, ch. 5, se contente d'une amende de quarante schélings ( ). Enfin, un Statut d'Elisabeth 27, ch. 2, condamne aux peines de *Præmunire* quiconque contribuerait à l'entretien d'un Collège de Jé-

---

(*a*) Monnoie d'argent qui vaut douze sous d'Angleterre & vingt-quatre sous de France.

fuites, où d'un Séminaire Papifte au-delà de la mer, ou encore d'un Jéfuite en deça.

JUSQUES-LA les peines du *Præmunire* fe trouvent renfermées dans leur inftitution originelle, qui était d'abolir les ufurpations Papales; mais on a encore jugé à propos de les appliquer à d'autres délits dont quelques-uns y ont fort peu de rapport, & d'autres point du tout.

C'EST ainfi 1°. que par le Statut 12 de Charles II, ch. 24, il eft défendu de fixer un prix aux denrées que l'on achète pour la Maifon du Roi, contre la volonté du propriétaire. 2°. Défendu par un autre Statut 13, ch. 1, de foutenir par paroles ou par écrit, que les deux Chambres du Parlement ont le pouvoir légiflatif fans le concours du Roi. 3°. Défendu par l'Acte *habeas corpus* d'envoyer prifonnier au-delà de la mer aucun fujet de la Grande-Bretagne. 4°. Le Statut de Guillaume III, oblige toute perfonne âgée de dix-huit ans de prêter le ferment de fidélité & de fuprématie, fi elle en eft requife par le Magiftrat; & par le Statut 7 & 8 du même règne, ch. 24, tout Officier de Juftice qui exercerait fon emploi, fans avoir prêté ces deux fermens, ferait encore plus coupable. 5°. Défendu par le Statut 6 de la Reine Anne, ch. 7, d'enfeigner, prêcher que le prétendu Prince de Galles, ou toute autre perfonne, que les dénommés dans l'acte d'établiffement & d'union,

ont

ont quelque droit au Trône de la Grande-Bretagne ; comme aussi de soutenir que le Roi & le Parlement ne peuvent faire des Loix pour limiter la succession à la Couronne ; une telle doctrine arrive même au degré de haute trahison. 7°. Par le Statut 6 de Georges I, ch. 18, fait l'année d'après que l'infâme projet de la Compagnie de la mer du Sud (a) eut appauvri la moitié de la Nation, toute entreprise qui n'a pour garant que des souscriptions illégales, appellées communément alors *duperies*, est soumise aux peines du *Præmunire*.

Dans l'exposition que nous venons de faire de la nature des différentes espèces du délit *præmunire*, on peut aisément appercevoir les peines qui y sont attachées. Le Chevalier Edouard Coke en a donné le sommaire (b) : « le délinquant, après la conviction, est mis » hors de la protection du Roi, au profit du- » quel ses terres & ses biens sont confisqués ; » & il est condamné à la prison, tant qu'il » plaira au Roi, ou comme d'autres Auteurs » disent, à une prison perpétuelle ». Mais les deux sens reviennent au même ; puisque le Roi, par sa prérogative Royale, peut, en tout temps, remettre la peine, en totalité ou en partie, excepté dans le cas où le délinquant

---

(a) Compagnie fort semblable à celle du Mississipi qui ruina tant de monde en France.

(b) 1. Instit. 129.

Tome I. H

aurait transgressé la loi *habeas corpus*. Les forfaitures attachées aux délits *præmunire*, ne les font pas monter au degré de félonie, attendu qu'elles sont décernées par des statuts particuliers, & non par la commune loi. Néanmoins ces délits sont si odieux, qu'au sentiment d'Edouard Coke, tout homme peut tuer impunément le coupable sans être repris par la loi, parce que, dit-il, en vertu de la loi, tout homme peut en tout temps le traiter en ennemi du Roi, & que l'ennemi du Roi est l'ennemi de tout le monde; mais une telle doctrine n'est pas soutenable. Il est seulement permis par la loi de nature & celle des nations de tuer un ennemi dans le feu d'une bataille, ou pour sa propre défense: & pour obvier à une doctrine si barbare, le Statut 5 d'Elisabeth, ch. 1, déclare qu'il n'est pas permis de tuer un coupable convaincu de *præmunire*, nonobstant toute loi, tout statut, toute opinion, toute interprétation contraire. Cependant le délinquant, quoique protégé encore comme membre de la société, contre les injures publiques, ne peut intenter aucune action contre les injures civiles, quelque grandes qu'elles puissent être; il est tellement hors de la protection de la loi, qu'elle ne se charge plus de lui conserver ses droits civils, ni de remédier aux torts qu'on pourrait lui faire; & aucun homme, avec connaissance de son crime, ne peut en sûreté lui prêter aide & secours.

CHAPITRE IX.

Du Mépris qui affecte le Roi & son Gouvernement.

Par ce délit que les Anglais appellent *misprifion*, la loi entend en général toute offense contre le Roi, qui, fans être capitale, en approche beaucoup; & comme ce délit est toujours renfermé dans la trahison & félonie quelconque, la Loi peut ordonner de poursuivre uniquement le délinquant pour crime de mépris. C'est sur ce principe qu'au temps de la *chambre étoilée* (a), le Roi pouvait changer la poursuite en trahison, en poursuite pour haute inconduite ; comme cela arriva dans le fait de Roger, Comte de Rutland, qui se trouva enveloppé dans la rebellion du Comte d'Essex, sous le règne d'Elisabeth. Or, il y a deux sortes de mépris criminel, l'un négatif, qui consiste à cacher ce qu'il est important de révéler, l'autre positif qui se manifeste dans quelque action injurieuse au Roi & au Gouvernement.

1. Un exemple de la premiere espèce est de

(a) C'était un Tribunal d'attribution, machine illégale de tyrannie, dont on parlera plus amplement en son lieu.

ne pas révéler une conspiration contre l'Etat. Une telle faute est un crime capital de haute trahison à Florence & ailleurs ; mais il a été décidé par les Statuts 1 & 2 de Philippe & Marie, ch. 10, que c'est simplement *mépris*. Cependant si quelqu'un, en ne révélant point, continuait à hanter les conspirateurs, la loi le jugerait complice ; & alors ce ne serait plus simple mépris, ce serait haute trahison.

2. En fait de mépris positif, le plus grave est 1°. la malversation dans quelque emploi public ; elle est punie ordinairement par le Parlement, qui décerne différentes peines, telles que le bannissement, l'emprisonnement, l'amende ou la déclaration d'inhabileté perpétuelle à tout office public, ou telle autre peine, selon la prudence du Parlement, la mort exceptée. De même la malversation dans les deniers publics que les Romains nommaient *peculatus*, & les Français péculat, & que la loi Julia punissait de mort dans un Magistrat, & du bannissement dans un particulier, chez nous ce n'est pas un crime capital ; mais il soumet le coupable au bannissement ou à la prison, selon la prudence des Tribunaux. 2°. Les autres chefs de *mépris* regardent le souverain Magistrat, chargé du pouvoir exécutif, c'est-à-dire, le Roi : par exemple, on peche contre sa prérogative, en refusant de l'assister pour le bien public, soit dans ses conseils par de bons avis, s'il les de-

mande, soit dans la guerre, par un service personnel pour la défense du Royaume, contre une invasion ou une rebellion. On peut ranger dans cette classe la négligence à se joindre au *posse comitatus*, c'est-à-dire, à la main-forte du Comté (a), si on en est requis par le Schériff, ou les Juges, conformément au Statut 2 de Henri V, ch. 8, qui impose ce devoir à tout sujet au-dessous de la noblesse, âgé de quinze ans, & assez fort pour soutenir la fatigue. C'est pécher aussi contre la prérogative du Roi, lorsqu'on préfère à ses intérêts ceux d'une Puissance étrangère, ou qu'on accepte une pension de cette Puissance étrangère, sans sa permission, ou en désobéissant à un ordre légal de sa part. L'ordre est légal, s'il est intimé par ses Cours de Justice, ou par une sommation de comparaître à son Conseil privé, ou par des Lettres de rappel du pays étranger, ou par une défense de sortir du Royaume. La désobéissance, dans tous ces cas, est un *haut mépris*, comme aussi la désobéissance à quelque acte du Parlement. La Législation n'a point déterminé de peines particulières pour ce dernier délit ; elle a laissé à la discrétion des Cours de le punir par les amendes & la prison.

3. LE mépris de la *personne* même du Roi,

(a) Cette main-forte du Comité ou de la Province, car ces deux termes sont synonimes, n'est ni la Milice, ni la Maréchaussée, Troupe qui n'existe pas en Angleterre ; c'est une espèce d'arrière-ban commandé par le Shériff.

& de son *gouvernement*, par paroles, par écrits, par des malédictions, par des histoires scandaleuses sur son compte, & par tout ce qui peut affaiblir son gouvernement, en lui ôtant l'estime & le respect de son peuple. C'est encore un délit de cette espèce, de porter des santés de table à la pieuse mémoire de quelques traîtres ; ou si un Ministre de l'Eglise, qui assiste un traître à la potence, le préconise comme martyr. A toutes ces espèces de *mépris*, la loi a attaché les peines suivantes, selon le degré de malice : l'amende, la prison, le pilori même & autres punitions corporelles infamantes (*a*). C'est ainsi que parmi les anciens Germains, ceux qui troublaient la tranquillité publique, en jettant du mépris sur le Gouvernement, étaient condamnés à servir de risée au peuple, en portant un grand dogue sur leurs épaules, d'une cité à un autre. Ainsi furent punis des hommes de la première qualité sous les Empereurs Othon I & Frédéric Barberousse.

4. Le mépris qui tombe sur le titre du Roi, sans monter au degré de *trahison*, ou à celui de *præmunire* : par exemple, si quelqu'un, dans la conversation, niait par légèreté son droit à

(*a*) T. Malgré ces Loix pénales, il n'y a point de Peuple en Europe qui s'explique plus librement & plus hautement sur la personne du Roi & son Gouvernement, & les punitions sont fort rares ; c'est qu'un Peuple libre a pour principe, qu'il n'y a point de liberté, sans un peu de licence.

la couronne, ce propos inconfidéré eft puni par l'amende ou la prifon (a); mais fi quelqu'un dans une affemblée grave & férieufe, avançait que la commune loi de ce Royaume, à moins que le Parlement n'y déroge, ne peut difpofer de la couronne d'Angleterre; un tel mépris eft qualifié de *haute inconduite*, par le Statut 13 d'Elifabeth, ch. 1, & puniffable par la confifcation des biens. Une autre efpèce de mépris, c'eft le refus ou la négligence de prêter les fermens exigés par les Statuts, pour mieux affurer le Gouvernement, quand on eft chargé de quelque office public; favoir, les fermens de fidélité, de fuprématie & d'abjuration, dans l'efpace de fix mois après la réception. Les peines infligées pour ce délit font prefque les mêmes que celles du *præmunire*: c'eft l'incapacité d'exercer l'office dont il eft queftion ou tout autre, de pourfuivre aucun procès, d'être gardien ou exécuteur teftamentaire, de recevoir aucun legs ou donation, de voter dans l'élection des membres du Parlement; & le délinquant eft condamné à 500 livres, au profit de celui ou de ceux qui le dénoncent. En outre les Juges de paix font autorifés par le même Statut à exiger les fermens fufdits de quiconque leur paraît

---

(*a*) T. Il faut remarquer qu'en Angleterre la prifon qui eft fi fouvent mife au rang des peines, eft auffi douce qu'elle peut être, tandis que dans d'autres Etats, où elle n'eft pas regardée par la Loi comme une peine, mais feulement comme un moyen de s'affurer de l'accufé, elle eft néanmoins auffi barbare qu'elle peut l'être.

suspect ; & le *non-jureur* (car c'est ainsi qu'on nomme celui qui refuse) serait atteint & convaincu de Papisme, & comme tel sujet aux peines mentionnées dans le chapitre quatrième, l'alternative de sortir du Royaume ou de souffrir la mort qui est dûe à la félonie.

5. Les insultes aux Maisons Royales & aux Cours de Justice sont qualifiées de *haut mépris* ; & notre ancienne loi, avant la conquête, punissait de mort celui qui tirait l'épée dans le Palais du Roi ou dans une Cour de Justice ; mais à présent par le Statut 33 de Henri VIII, ch. 12, ce délit dans le Palais où le Roi réside, n'est puni que par la prison perpétuelle, ou par une amende à la volonté du Roi, & quelquefois même par l'amputation de la main droite, dont l'exécution solemnelle est prescrite à la fin du même Statut. Mais pour encourir ces peines il faut qu'il y ait eu du sang répandu.

Mais tirer l'épée dans les hautes Cours de Justice, dans la Salle de Westminster, ou aux Assises, ce délit serait plus sévèrement puni, que s'il étoit commis dans le Palais du Roi ; parce que troubler la Justice publique, est un plus grand mal que de manquer de respect à la Maison du Roi. C'est pour cette raison que notre ancienne commune loi, avant la conquête, en avait fait un crime capital ; & notre loi moderne, en adoucissant l'ancienne sévérité, a changé la perte de la vie contre la perte du membre coupable. Ainsi, mettre l'épée à la main, ou user de quelqu'autre violence, en frappant dans une Cour supérieure de Justice, avec effusion de sang ou non ; & même assaillir un Juge sur le Tribunal à main armée, n'y eût-il point de coup porté ; c'est s'exposer à la perte de la main droite, à la prison perpétuelle & à la confiscation du revenu de ses terres pour la vie.

Non-seulement ceux qui font violence aux Juges, mais encore ceux qui les menacent sur leur Tribunal, se rendent coupables de *haut mépris*, & sont punis par de grosses amendes, par la prison, & même par quelque châtiment corporel. Si ce délit arrive dans des Cours inférieures, les Juges mêmes qui y sont assis, le punissent par une amende.

Pareillement maltraiter ceux qui sont immédiatement sous la protection d'une Cour de Justice ; par exemple, attaquer ou menacer sa Partie adverse, son Conseil, son Procureur ; insulter un Juré-Pair qui fait le procès à un accusé, le Geolier qui le garde, c'est une espèce de *mépris* punissable par l'amende & la prison.

Enfin empêcher un témoin de rendre témoignage, divulguer un examen secret qui se fait dans le Conseil privé, conseiller à un prisonnier de s'obstiner au silence dans son interrogatoire (toutes choses qui empêchent le cours de la Justice), c'est *haut mépris*, punissable par l'amende & la prison.

CHAPITRE X.

Des délits contre l'ordre public.

LES espèces de délits dont nous allons traiter, se sous-divisent en un si grand nombre de classes subordonnées les unes aux autres, que leur exposition excéderait les bornes que nous nous sommes prescrites. Nous nous renfermerons donc dans les classes principales; & nous en dirons assez pour jetter de la lumière sur les détails que nous omettrons.

LES délits contre l'ordre public peuvent se diviser en cinq espèces; savoir, contre la Justice publique, contre la tranquillité publique, contre le commerce public, contre la santé publique, contre la police publique.

PARMI les délits contre la Justice publique, il en est qui portent le caractère de *félonie*, & dont la peine peut aller jusqu'à la mort; d'autres n'ont que le caractère d'*inconduite*. Nous commencerons par ceux qui méritent les plus grandes peines, en descendant graduellement à ceux qui montrent moins de malignité.

1. S'APPROPRIER ou enlever les regîtres des actes publics, ou falsifier ceux des Cours de

Judicature, c'est félonie, non-seulement dans celui qui en est le principal agent, mais encore dans tous ceux qui y auraient concouru: ainsi l'a déclaré le Statut 8 de Henri VI, ch. 12; pareillement le Statut 4 de Guillaume & Marie, ch. 4., taxe de félonie toute substitution frauduleuse d'un nom pour un autre, dans les cautionnemens par-devant les Commissaires autorisés des Comtés. En effet, si les registres publics sont supprimés ou falsifiés ; si les noms des personnes sont supposés dans les Cours de Justice, ou en présence des Officiers publics, il n'y a plus de sûreté dans les propriétés.

2. POUR prévenir les abus du pouvoir que la Loi est obligée de confier à un Geolier, le Statut 14 d'Edouard III, ch. 10, le déclare *félon*, dans le cas où, par la dureté de la prison, il forcerait en quelque sorte le prisonnier qu'il a sous sa garde, à révéler ses complices, contre sa volonté; car, selon la remarque du Chevalier Edouard Coke, il n'est pas permis d'exciter quelqu'un à former même une juste accusation contre un autre ; & encore moins par la dureté de la prison (*a*), en quoi le Geolier serait plus coupable que tout autre, par l'abus qu'il ferait de sa place, n'ayant, dans sa commission, que la garde assurée du prisonnier.

(*a*) T. Bon Chevalier! qu'auriez-vous dit de la torture, si elle eût été établie dans votre Patrie?

3. Un troisième délit contre la Justice publique est d'empêcher le cours d'un procès légal : offense d'une nature bien perverse & présomptueuse ; mais plus encore, si c'est pour empêcher de punir le crime ; & on tient que celui qui met l'obstruction, devient complice du crime, c'est-à-dire, comme accessoire, si c'est en matière de félonie ; & comme principal, s'il s'agit de haute trahison. Anciennement la plus grande obstruction que l'on mettait dans le chemin de la Justice, en matiere civile ou criminelle, c'était une multitude d'endroits prétendus privilégiés, dans la cité de Londres & Southwark, où une populace indigente se rassemblait, pour se mettre à couvert des poursuites de la Justice, sous prétexte que ces endroits avaient été autrefois des Palais Royaux, ou quelques édifices qui approchaient de cette dignité. Tous ces asyles du crime ont été démolis ; & les Statuts 8 & 9 de Guillaume III, ch. 27, 9 de Georges I, ch. 28, & 11, ch. 22, déclarent coupable de félonie, toute personne qui s'opposerait à l'exécution d'une Sentence dans ces lieux prétendus privilégiés ; & comme tel condamnent le coupable à la transportation pour sept ans.

4. L'ÉVASION d'un accusé arrêté pour crime, en trompant la vigilance de l'Officier qui l'a sous sa garde, avant qu'il soit mis en lieu de sûreté, est un délit contre la Justice publique ;

& à supposer qu'il fût reconnu innocent, il serait néanmoins puni par une amende, ou l'emprisonnement. Mais l'Officier qui aurait favorisé l'évasion par négligence ou connivence, est beaucoup plus coupable que le prisonnier; le désir naturel de la liberté plaidant pour ce dernier; quoiqu'à parler à la rigueur, il doive se soumettre à la perdre, jusqu'à ce qu'il se soit lavé par le cours de la Justice. Pour revenir à l'Officier, s'il n'est coupable que de négligence, il est puni par une amende; mais s'il l'est de connivence, on convient généralement qu'il est punissable au degré de la nature du crime dont le prisonnier évadé est accusé, trahison, félonie ou transgression. Cependant l'Officier ne peut être puni comme traître, félon ou transgresseur, avant la conviction de l'accusé par la procédure, par son propre aveu, ou par la déclaration légale qu'il est hors de la protection des loix: autrement il pourrait arriver que l'Officier serait puni pour trahison ou félonie, tandis que l'accusé qu'il aurait laissé échapper, prouverait son innocence. Mais enfin à tout événement l'Officier doit être amendé, & emprisonné pour son inconduite & négligence.

5. Un prisonnier qui brisait sa prison, ou qui avait fait des tentatives pour la briser, était puni de mort, comme félon, par l'ancienne commune loi. Mais le Statut 1 d'Edouard II, a ôté la peine de mort, & même la perte d'un

membre ; à moins que le prisonnier ne fût coupable de quelque crime capital. Ainsi celui qui brise la prison où il est retenu légalement pour trahison ou félonie, reste toujours dans les liens de l'une ou de l'autre, sans encourir de peines ultérieures ; mais s'il est enfermé pour de moindres délits, il est punissable pour haute inconduite, par l'amende & la prison ; car le Statut qui a déclaré que briser la prison ne seroit plus un délit capital, n'exempte pas le prisonnier qui la brise de tout degré de punition.

6. Forcer une prison ou les arrêts, pour sauver un prisonnier, c'est le même délit que commettrait le prisonnier en forçant lui-même sa prison. Ainsi forcer une prison en faveur de quelqu'un qui est arrêté pour félonie, c'est félonie ; pour trahison, c'est trahison ; pour inconduite, c'est inconduite : mais ici, comme pour l'évasion, avant que de déterminer la punition, il faut que le prisonnier soit jugé, parce qu'il pourrait arriver dans le fait qu'il ne fût pas coupable. De plus, par le Statut 16 de Georges II, ch. 31, fournir à un prisonnier pour trahison ou félonie, des armes, des instrumens, ou un déguisement pour échapper, quand même le prisonnier n'aurait pas réussi, c'est félonie punissable par la transportation pour sept ans. Et par d'autres Statuts du même Roi 25, ch. 7, & 27, ch. 15, forcer la prison pour sauver un meurtrier, ou un accusé d'autres crimes ca-

pitaux, c'est félonie, avec exclusion du privilège clérical.

7. Un autre délit capital contre la Justice publique, c'est de revenir du lieu de la transportation, dans le Royaume, avant l'expiration du terme porté par la Sentence. C'est félonie avec exclusion du privilège clérical. Ainsi l'ont décerné les Statuts 4 de Georges I, ch. 11, & 6 de Georges III, ch. 15.

8. Exiger une récompense, sous prétexte d'avoir aidé un propriétaire à recouvrer des biens volés, c'est encore un délit contre la Justice publique. Ce fut un infâme stratagême poussé bien loin, au commencement du règne de Georges I : des associés aux voleurs disposaient ainsi des biens volés, à très-grand prix pour les Propriétaires qui les recouvraient, & qui dès ce moment supprimaient toutes recherches. Le fameux Jonathan Wild avait sous ses ordres un corps de voleurs bien disciplinés : tous les vols lui revenaient, & il se chargeait d'en procurer la restitution aux Propriétaires, à moitié prix de leur valeur. Pour détruire ce brigandage audacieux, il fut décerné par le Statut 4 de Georges I, ch. 11, que quiconque recevrait une récompense, sous prétexte d'avoir aidé à recouvrer un bien volé, serait puni comme le voleur même, à moins qu'il ne décelât le voleur, en le faisant arrêter, & en témoignant

témoignant contre lui dans le procès. Wild, en conséquence du Statut, qui ne l'empêcha pas de continuer son commerce, fut enfin arrêté & pendu.

9. RECELER des biens volés avec connoissance qu'ils sont volés, c'est *haute inconduite* & une injure à la Justice publique. Nous avons vu dans le chapitre 3, que ce délit, qui ne fut traité que d'*inconduite* par la commune loi, est devenu *accessoire* au vol & à la félonie par les Statuts 3 & 4 de Guillaume & Marie, ch. 9, & 5 d'Anne, ch. 31 : mais comme l'accessoire ne peut être jugé qu'avec ou après le principal, les receleurs, par ce moyen, éludaient souvent la main de la Justice. Pour y remédier, les Statuts 1, ch. 9, & 5, ch. 31, de la Reine Anne, déclarèrent que le receleur serait poursuivi pour inconduite, & puni par l'amende & la prison, même avant que le voleur soit pris & convaincu ; & en cas qu'il ait recelé du plomb, du fer ou certains autres métaux, le Statut 29 de Georges II, ch. 30, inflige la transportation pour quatre ans ; de façon que le poursuivant en Justice a le choix, ou de faire punir le receleur pour inconduite, avant que le voleur soit pris, ou d'attendre que le voleur soit pris & jugé pour faire punir le receleur comme accessoire au vol. Mais le même Statut a pourvu à ne pas user des deux moyens l'un après l'autre.

Tome I. I

10. Un délit qui approche de celui-là, c'est lorsque la personne volée, connaissant le voleur, se fait restituer le vol, sous condition de ne pas poursuivre le voleur. Cela s'appellait autrefois composition en félonie; & on punissait le composant comme accessoire avec le voleur, c'est-à-dire, très-sévèrement. Mais aujourd'hui c'est une amende ou la prison. Il est défendu aussi par le Statut 25 de Georges II, ch. 6, de publier une récompense pour celui qui rapportera une chose volée, sans lui faire aucune question, sous peine de 500 livres d'amende pour le Proposant & l'Imprimeur.

11. Si quelqu'un, par esprit de chicane, fait métier de susciter des querelles, des procès entre les Citoyens, est-il sans fonction? On se contente de le punir par une amende & la prison. Mais si c'est un homme de Loi, ce qui arrive assez souvent, comme il est plus propre à faire beaucoup de mal, il est déclaré incapable d'instrumenter à l'avenir. On peut rapporter à cet article un autre délit aussi grave, qui est de faire un procès à quelqu'un sous le nom d'un plaignant imaginaire, soit que le plaignant n'existe pas, soit qu'il ignore la plainte. Si la fausse plainte est portée à une Cour Supérieure, c'est le cas du *haut mépris* punissable à la discrétion de la Cour. Mais si c'est un Subalterne dont l'autorité n'est ni aussi étendue, ni aussi respectable; le Statut 8 d'Elisabeth, ch. 2, punit cette

offense par la prison pour six mois, & la réparation au triple des dommages causés à la Partie injuriée.

12. S'IMMISCER dans un Procès où l'on n'a aucun intérêt, le soutenir par argent, par sollicitation, c'est un délit qui en nourrissant les procès, en enflammant les débats, tourne les secours de la Loi en instrumens d'oppression ; c'est pourquoi dans la Loi Romaine c'était une espèce de crime de faux. *crimen falsi*. Néanmoins il est permis à un particulier de soutenir le procès de son proche parent, de son domestique, de son pauvre voisin, par charité & compassion. Hors de ces cas, la peine infligée par la commune Loi est l'amende & l'emprisonnement ; & par le Statut 32 de Henri VIII, ch. 9, l'amende a été fixée à dix livres.

13. LE *champart* (*a*) qui, dans les Loix Françaises, signifie la part d'un Seigneur de terre, dans un champ qui ne lui appartient pas, ce mot s'applique en Angleterre à un marché qu'on fait avec un Plaideur, pour partager avec lui, s'il vient à gagner ; ce qui est proprement acheter un Procès. Ces pestes de la société civile toujours alertes pour troubler le repos de leurs voisins, & souffler le feu des procès, aux risques même de leur propre fortune, étaient sévère-

_____

(*a*) En Anglais, *Champerty*.

ment repris par les Loix Romaines, & punis par la confiscation du tiers de leurs biens, avec une note d'infamie perpétuelle. Delà, le Statut 32 de Henri VIII, ch. 9, qui défend de vendre ou d'acheter le droit à une terre, à moins que le vendeur n'en ait perçu les revenus pendant un an avant le contrat de vente, & qu'il n'ait été en actuelle possession de la terre, ou du moins de la survivance; sous peine pour l'acheteur & le vendeur de voir confisquer la terre au profit de la Couronne & du poursuivant en Justice.

14. COMPOSER dans des informations au criminel, c'est pécher contre la Justice publique en rendant les loix odieuses au Peuple qui n'a pas le moyen, comme les riches, d'échapper à leur animadversion. C'est pourquoi, pour effrayer les informateurs de mauvaise foi, & pourvoir à l'exacte poursuite des délits, le Statut 18 d'Elisabeth, ch. 5, condamne l'Officier qui a reçu de l'argent, ou une promesse équivalente pour tourner les informations au gré du Défendeur, à dix livres d'amende, & au pilori pour deux heures; le même Statut le frappe d'incapacité pour l'avenir.

15. CONSPIRER pour accuser un innocent de quelque crime, c'est un abus énorme de la Justice publique; & si l'innocence est reconnue, les conspirateurs doivent être poursuivis au nom

du Roi pour être jugés. Autrefois par la commune loi ils étaient flétris de *vilenie*, c'est-à-dire, qu'ils n'avaient plus de part à la loi de liberté, incapables déformais d'être jurés ou témoins; on dévastait leurs champs, on arrachait leurs arbres, on rasait leurs maisons, & on les mettait en prison, avec confiscation de leurs biens; mais ce Jugement qu'on nommait *villenous* du mot vilenie, est hors d'usage depuis plusieurs siècles. On y a substitué l'amende, le pilori & la prison. Un autre délit qui appartient à cette espèce, c'est de menacer quelqu'un par lettre d'une accusation de crime, pour en extorquer de l'argent, ou quelqu'équivalent. Le Statut 30 de Georges II, ch. 24, en laisse la punition à la discrétion de la Cour, par l'amende, la prison, le pilori, le fouet, ou la transportation pour sept ans.

16. LE parjure, autre délit contre la Justice publique, est un faux serment prêté en Justice sur quelque point vraiment important à la décision des Juges. La Loi ne prend connaissance que du parjure devant une Cour de Justice qui a droit d'exiger le serment, ou devant un Magistrat ou quelqu'autre Officier à qui elle a commis le même pouvoir, dans des procès criminels; car elle regarde tout autre serment comme non nécessaire, & n'en tient pas compte. C'est pour cela qu'on demande si un Magistrat peut exiger le serment en matière extrajudi-

ciaire, ce qui arrive fréquemment aujourd'hui en mille occafions de peu de conféquence ; & il arrive auffi de cet abus du ferment, que bien des perfonnes, en fe parjurant dans le *for* de la confcience, échappent à la peine due au parjure. Le vrai parjure doit donc être réfléchi, pofitif, abfolu, & dans quelque point important directement à la décifion des Juges ; car s'il ne porte que fur des circonftances minutieufes & collatérales, qui ne méritent aucune attention férieufe, dès-lors il eft extrajudiciaire, & n'encourt aucune peine. Maintenant fuborner quelqu'un pour le faire parjurer, c'eft fe rendre auffi coupable que fi on fe parjurait foi-même. La punition de ces deux crimes a beaucoup varié dans les ufages de la commune loi ; c'était la confifcation des biens, c'était le banniffement, c'était l'amputation de la langue, c'était la mort. Dans les temps modernes, le Statut 5 d'Elifabeth, ch. 9, a attaché à la fubornation l'infamie perpétuelle avec une amende de quarante livres, & au défaut de payement, fix mois de prifon, après avoir été cloué au pilori par les oreilles ; la punition du fuborné qui fe parjure eft à peu près la même. Le Statut 2 de Georges II, ch. 25, y ajoute le pouvoir donné aux Cours de Juftice d'envoyer le parjure à la maifon de correction pour fept ans, ou de le faire tranfporter pour le même efpace de temps. Bien des gens voudraient qu'en Angleterre comme en France le parjure, du moins pour les accusations capitales, fût puni d'une peine capitale par la loi du Talion ; effectivement la grandeur de ce délit plaide fortement en faveur de la Loi Française. Mais il faut considérer qu'en France on n'entend que les témoins de la partie publique qui sont contre l'accusé, & qu'on y emploie la torture, pour arracher sa confession ; dans une telle constitution il est peut-être nécessaire de mettre dans l'autre côté de la balance la terreur de la mort, pour tenir dans le respect dû à la vérité, les témoins de la partie publique, desquels dépend le sort du prisonnier. Mais les peines pécuniaires, l'exil, l'infamie, & quelques châtimens corporels, conviennent mieux au génie de la Loi Anglaise qui fait entendre les témoins des deux parts ; ensorte que ceux de la partie publique ou de la Couronne peuvent être contredits, & convaincus de faux par ceux de l'accusé. Cependant, si le parjure a causé en effet la mort d'un innocent, il tombe dans l'espèce du meurtre ; & il mérite une peine capitale. Mais comme la pure tentative d'ôter la vie à quelqu'un, par d'autres moyens que le parjure, n'est point un délit capital, il n'y aurait pas de raison à rendre capitale la tentative par le parjure ; encore bien moins dans les autres causes où il ne s'agirait pas de la mort pour l'accusé ; car la multiplicité des peines capitales en diminue l'effet, lorsqu'on les applique à des délits qui ne sont pas de la plus grande énormité ; en effet,

I iv

quelqu'odieux que soit le parjure, on ne saurait le comparer à d'autres crimes qui méritent la mort, excepté peut-être dans le cas où la mort de l'innocent s'en serait suivie. C'est pour cela que la Loi Anglaise a adopté le sentiment de Cicéron (*a*) conformément à la Loi des douze Tables, *perjurii pœna divina, exitium; humana, dedecus*: c'est aux Dieux à punir le parjure autant qu'il le mérite; & aux hommes à le punir par l'infamie.

17. RECEVOIR des présens dans l'exercice de la Judicature, est aussi un délit contre la Justice publique. En Orient, on demande justice, fût-ce au Souverain en personne, un présent à la main. Cette pernicieuse coutume est calculée sur le despotisme de ces contrées, où les vrais principes du gouvernement sont ignorés, & où l'on pense qu'il n'y a point de devoir du Maître aux esclaves, ni du Gouvernant aux gouvernés. La Loi Romaine, malgré des précautions sévères contre ce genre de corruption, se laissa aller à une indulgence bien étrange, lorsqu'elle permit aux Magistrats de recevoir quelques petits présens, pourvu qu'ils n'excédassent pas la valeur de cent écus de notre monnoie, dans le cours d'un an; ils ne considéraient pas assez la nature de ce vice sordide qui marche bientôt à pas de géant, lorsqu'une fois on l'a mis sur

---

(*a*) De Legib. 2, 9.

pied. Platon avait été plus fage dans fon plan de république (a); il décernait des peines févères contre ceux qui recevraient des préfens, pour remplir leur devoir ; & les Loix d'Athènes pourfuivaient ceux qui offraient comme ceux qui recevaient. En Angleterre on punit ce délit dans les Officiers inférieurs par l'amende & la prifon : même peine pour le plaideur qui a voulu corrompre le Juge par un préfent, quand même le préfent aurait été refufé ; mais dans les Juges des Cours Suprêmes ce délit a paru fi grave & fi criant, que le Lord grand Juge-Mage d'Angleterre *Thorpe* fut pendu fous le règne d'Edouard III, pour s'être laiffé corrompre. Le Statut 2 de Henri IV, condamne tout Officier de Juftice convaincu d'avoir reçu un préfent, à une amende triple de la valeur du préfent, à la perte de fon Office, à l'incapacité pour tout autre, & telle autre peine à la volonté du Roi. On en a vu plus d'un exemple dans des membres du Parlement très-éminens & très-capables, qui s'étaient fouillés dans la fange de cette corruption.

18. LA corruption des *Jurés* qui ne font pas des Juges ordinaires, mais des Pairs qu'on donne à un accufé pour juger d'un fait, fur la dépofition des témoins, cette corruption eft punie dans le corrupteur par l'amende & l'emprifon-

_____

(a) De Legib. Lib. 12.

nement, & dans le Juré par l'infamie perpétuelle, par l'emprisonnement pour un an, & par une amende dix fois au-dessus de la valeur de ce qu'il a reçu. C'est ce que portent plusieurs Statuts du règne d'Edouard III.

19. UNE autre offense contre la Justice publique, c'est la négligence des Officiers qui sont chargés de la rendre, tels que les Shériffs, les Coroners (*a*) les Constables (*b*) & semblables. Ils sont ordinairement punis par des amendes, & en certains cas de plus grande conséquence, par la perte de leur Office & la prison, en vertu du Statut 29 de Georges II, ch. 30.

20. UN délit plus grave, plus criant contre la Justice publique, d'autant plus noir qu'il y a plus d'occasions de le commettre, c'est de la part des Juges ou autres Magistrats, une partialité, une oppression tyrannique, sous couleur & forme de Justice, qui empêche la Partie opprimée de se pourvoir contre l'abus de la place. Le remède à ce grand mal, c'est une accusation au Parlement, ou une information au Banc du Roi (*c*), selon le rang des coupa-

_____

(*a*) Officier qui a charge d'examiner avec douze assistans de la part de la Couronne, si un homme qu'on a trouvé mort a été assassiné, ou s'il est mort par l'ordre de la nature.

(*b*) Commissaire de quartier.

(*c*) C'est une Cour Suprême de Justice, nommée *le Banc du Roi*; parce que le Roi y siège quand il veut, & qu'il y est toujours supposé présent.

bles, qu'on punit févèrement par la perte de leur Office, par des amendes, par la prifon, & autres châtimens proportionnés au degré du délit.

21. Un dernier délit contre la Juftice publique, c'eft l'*extorfion*, c'eft-à-dire, cette avare cupidité qui porte un Officier de Juftice à exiger pour fes vacations ce qui ne lui eft pas dû, ou au-delà de ce qui lui eft dû, ou avant qu'il lui foit dû. On punit ce délit par l'amende, la prifon, & quelquefois par la deftitution du délinquant.

CHAPITRE XI.

Des Délits contre la tranquillité publique.

C'est au Roi & à ses Officiers que la Nation a confié la conservation de la tranquillité publique : tout ce qui la trouble, ou ce qui tend à la troubler, forme deux espèces de délit, qui tombent ou ne tombent pas dans le cas de félonie.

1. Un attroupement tumultueux de *douze* personnes ou plus, s'il ne se disperse pas, après la proclamation, devient criminel. Les Statuts 3 & 4 d'Edouard VI, ch. 5, mettaient ce délit au rang de la haute trahison. Sous les règnes de Marie & d'Elisabeth, il n'a été jugé que simple félonie, sans exclure les coupables du privilège clérical. Mais sous le règne de Georges I, dans la vue de soutenir la stabilité de la succession à la Couronne, on a donné plus de force aux derniers Statuts ; celui de Georges I, ch. 5, décerne en général que, si douze personnes assemblées illégalement pour troubler la paix publique, ne se dispersent pas après la proclamation par le Schériff, le Sous-Schériff ou le Lord Maire, & continuent l'attroupement l'espace d'une heure, c'est félonie avec

exclufion du privilège clérical. De plus, celui qui empêcherait, à force ouverte, la lecture de l'acte de proclamation, fe rendrait coupable du même crime ; & fi un Officier de paix, en voulant appaifer l'émeute, tue quelqu'un de la troupe, le Statut l'abfout. De plus encore, par une claufe fubféquente, fi des perfonnes ainfi attroupées démoliffent quelqu'Églife ou Chapelle du culte Anglican ou non-Conformifte, quelque maifon de particulier ou dépendance d'icelle, c'eft félonie au même degré.

2. Par le Statut 1 de Henri VII, ch. 7, chaffer illégalement dans un bois, parc ou garenne qui ne feraient pas de la propriété du Roi (a), de nuit ou fous le mafque, c'était fimple félonie, avec recours au privilège clérical. Mais à préfent par le Statut 9 de Georges I, ch. 22, paraître en armes dans quelque place ouverte de jour ou de nuit, fous quelque déguifement que ce foit, pour chaffer, bleffer, tuer ou voler du gibier ou du poiffon, c'eft félonie, fans pouvoir participer au privilège clérical. Nous avons rangé cette offenfe parmi les

___

(a) T. Il eft peut-être affez fingulier que les propriétés des particuliers foient plus refpectées par la Loi que celles du Roi même. Si on y réfléchit, on y voit deux raifons ; la première, c'eft que les hommes injuftes craignent moins de violer les propriétés des particuliers que celles du Roi ; la feconde, eft que le Roi étant le père commun de fes fujets, n'eft pas cenfé vouloir les traiter à la rigueur pour des biens & des plaifirs dont ils lui ont donné l'ufage.

délits contre la tranquillité publique, non à cause du dommage qui en résulte, pour les propriétés particulières, mais à cause de la manière de nuire, sous le masque ou autre déguisement.

3. Par le même Statut de Georges I, confirmé par un autre de Georges II, 27, ch. 15, demander par une lettre anonyme, ou sous un nom supposé, de l'argent ou autre chose, avec menace de tuer ou incendier, si on ne répond pas à la demande, c'est félonie sans recours au privilège clérical. C'était anciennement haute trahison par le Statut 8 de Henri V, ch. 6.

4. Abattre une barrière sur un grand chemin (*a*), ou détruire une écluse sur une rivière, c'est félonie sans recours au privilège clérical. Ainsi l'a déclaré le Statut 8 de Georges II, ch. 20 : les autres délits contre le repos public ne sont qualifiés que d'*inconduite* & non de félonie : tels sont ceux qui suivent.

5. Causer de l'effroi par un combat en place publique ; car si c'était dans un endroit privé, ce ne serait pas *effroi*, mais *assaut*, c'est un délit que tout particulier est autorisé à arrêter : & si en voulant séparer les combattans, il en tue ou blesse, la Loi le justifie. La Loi autorise spécia-

_____

(*a*) Barrière où l'on paye pour l'entretien des chemins.

lement le Commiffaire ou autre Officier de cette efpèce, fous quelque dénomination que ce foit, à enfoncer des portes pour faifir les perturbateurs, les mener devant le Juge ; les emprifonner même, jufqu'à ce que la chaleur du combat foit paffée, & leur faire donner caution pour la paix. On punit ce délit par l'amende & la prifon, mefurées fur les circonftances qui l'accompagnent. Par exemple, un duel prémédité & de fang froid, marque un haut mépris de la Juftice nationale, circonftance aggravante du délit, quand même le meurtre ne s'enfuivrait pas : une autre circonftance aggravante, c'eft lorfque l'Officier de Police n'a pas été refpecté dans l'exercice de fon office, ou lorfqu'on a violé le refpect dû à quelque maifon, au palais du Roi, par exemple ; & pour la même raifon une alarme donnée dans une Eglife ou dans un Cimetière, aggrave encore le délit ; c'eft pourquoi de pures querelles en paroles qui ne bleffent point la tranquillité publique ailleurs, font puniffables dans un lieu facré. Les Statuts 5 & 6 d'Edouard IV, ont enjoint à l'Ordinaire d'interdire l'entrée de l'Église, pour un temps convenable, au laïque qui aurait commis cette impiété, & de fufpendre du miniftère l'homme d'Eglife qui aurait donné un tel fcandale. Mais celui qui dans une Eglife ou un Cimetière frappe un autre par colère, eft déclaré excommunié *ipfo facto* : mais encore fi on pouffait le fcandale & l'effroi public jufqu'à frapper à main armée, ou feulement jufqu'à tenter de frapper le coup, outre l'excommunication le délinquant, après la conviction par les Jurés, perdrait une oreille ; & au cas qu'il n'en eût point, il ferait marqué de la lettre F fur une joue. Au refte une ou deux perfonnes fuffifent pour caufer un effroi public.

6. LES attroupemens qui ont un objet illégal, & même légal, mais en y employant la violence & le défordre ; fi ces attroupemens montent jufqu'au nombre de douze perfonnes, ils peuvent être punis d'une peine capitale, felon les circonftances dont ils font accompagnés ; mais s'ils montent feulement du nombre de trois jufqu'à douze, ils ne font punis que par l'amende & l'emprifonnement. Deux Juges avec le Schériff & le Sous-Schériff font obligés d'accourir avec main-forte pour arrêter les attroupés ; & le Statut de Henri IV, ch 7, décide que leurs informations font la conviction. En interprétation du Statut, on tient pour certain que toute perfonne noble ou non noble, excepté les femmes, les gens d'Eglife, les vieillards & les enfans au-deffous de quinze ans, font tenus d'aider les Officiers de Juftice à fupprimer les attroupemens, fous peine d'amende & de prifon ; & que tout coup porté, bleffure ou mort pour appaifer l'émeute, eft juftifiable par la Loi. Les attroupemens qui ont pour objet quelqu'intérêt public, par exemple, de redreffer des griefs par

une

une résistance ouverte aux troupes du Roi qui se présentent pour rétablir la paix, ces sortes d'attroupemens peuvent monter au degré de haute trahison, en levant l'étendard de la guerre contre le Roi.

7. LES *pétitions* tumultueuses au Roi ou au Parlement, blessent aussi la paix publique ; ce délit fut porté à une énormité marquée, dans les temps qui ont précédé la grande rébellion. C'est pourquoi le Statut 13 de Charles II, aussi-bien que le premier, chap. 5, ont déclaré que toute pétition adressée au Roi ou au Parlement, tendante à faire changer quelque chose d'établi par la Loi, ne pourra être signée que de vingt personnes seulement, à moins qu'elle n'ait été approuvée préalablement par trois Juges, ou par la majorité des grands Jurés aux Assises, pour les Provinces, & à Londres par le Lord Maire (*a*), les Aldermans & le Conseil commun de la Bourgeoisie ; & que la pétition ne doit être présentée que par dix personnes seulement, sous peine d'une amende de cent écus, & trois mois de prison.

(*a*) La Cité de Londres est gouvernée par le Lord Maire, vingt cinq Aldermans ou Echevins, deux Shériffs, un Greffier, & le Conseil Commun de la Bourgeoisie. La place de Prévôt des Marchands à Paris n'est qu'une faible image du pouvoir & de la dignité du Lord Maire. Le Roi dont le Palais est situé dans la partie de la Ville qu'on nomme Westminster, ne peut entrer dans la Cité, sans l'agrément du Lord Maire.

Tome I.   K

8. Un autre délit contre la tranquillité publique, c'est de prendre possession d'un bien, ou de le retenir par violence, à force ouverte, ou du moins par menaces. C'est à la Justice à examiner le titre ; & quand même il serait bon & valable, la violence est punie par l'amende & l'emprisonnement.

9. Il est défendu par le Statut de Northampton, 2, Edouard III, ch. 3, d'aller à pied ou à cheval avec des armes inusitées, propres à effrayer le bon peuple de la campagne, sous peine de confiscation des armes, & d'emprisonnement à la volonté du Roi. C'est ainsi que par les Loix de Solón, tout Citoyen qui paraissait en armes dans Athènes, était mis à l'amende.

10. Répandre de fausses nouvelles contre quelque grand personnage du Royaume, ou pour semer la discorde contre le Roi & la Noblesse ; c'est un délit que la commune Loi punit par l'amende & la prison ; punition confirmée par les Statuts 1, 3, d'Edouard, 1, ch. 34, & de Richard II, 12, ch. 11.

11. Répandre de fausses prophéties propres à remplir le peuple de fanatisme & de terreurs paniques ; c'est un délit encore plus grave qui était puni d'une peine capitale par le Statut 1 d'Edouard VI, ch. 12, mais abrogé sous le règne de Marie ; & à présent par le Statut 5

d'Elisabeth, ch. 15, le délinquant est condamné à une amende de cent livres, & un an de prison pour la première fois ; & pour la seconde à la prison perpétuelle, avec confiscation de ses biens.

12. Non-seulement tout ce qui trouble actuellement le repos public, mais encore ce qui tend à le troubler, mérite l'animadversion de la Loi ; c'est pourquoi la punition du cartel présenté de vive voix ou par lettre, c'est l'amende & la prison, selon les circonstances du délit. Si le cartel est offert pour argent gagné au jeu, ou si le jeu a occasionné un assaut subit, un effroi d'éclat, le Statut d'Anne, ch. 14, confisque les biens du délinquant, au profit de la Couronne, & le condamne à deux ans de prison.

13. Les *Libelles* sont d'une nature encore plus turbulente que les cartels. Le mot *Libelle* dans l'acception la plus générale signifie tout écrit, toute peinture ou quelque chose de semblable contre les mœurs & les loix ; mais dans le sens où nous considérons le Libelle, c'est une diffamation de quelque personne par l'écriture, par la presse, ou quelqu'autre signe, pour l'exposer à la haine publique, au mépris & au ridicule. On sent assez que l'effet direct du Libelle est de troubler la tranquillité publique, en forçant, pour ainsi dire, la victime à la vengeance, & peut-être à l'effusion du sang.

Toute accusation légitime doit se faire sous les yeux de la Loi ; & par conséquent une Lettre écrite peut être un Libelle, comme si elle était imprimée, parce qu'elle tend également à troubler la paix publique. Pour la même raison, peu importe pour l'essence du Libelle, que le contenu en soit vrai ou faux ; c'est la provocation illégale, & non précisément la fausseté de l'inculpation, que la Loi doit punir. Il est vrai cependant, que la calomnie aggrave le délit & la peine. Dans la poursuite du Libelle, il n'y a que deux faits à examiner ; premièrement, la publication du Libelle par l'écriture ou l'impression ; secondement, si la matière en est criminelle ; si ces deux points blessent la personne que le Libelle attaque, ils blessent également la paix publique. La punition des Libellistes, soit pour avoir composé, soit pour avoir imprimé, ou publié de quelque façon que ce soit le Libelle, consiste dans telle amende, ou tel châtiment corporel, à la discrétion de la Cour, selon la gravité de l'offense & la qualité de l'offensé. Dans la Loi des douze Tables à Rome, le Libelle fut un délit capital. Mais avant même le règne d'Auguste, la Loi se contenta d'un châtiment corporel. Sous l'Empereur Valentinien il redevint un délit capital, non-seulement pour l'avoir composé, mais publié, mais même pour avoir négligé de le supprimer, si on le pouvait. La Loi Anglaise en ceci comme en beaucoup d'autres choses, ressemble plus au moyen âge de la Jurisprudence Romaine, temps où la liberté, les lumières & l'humanité, étaient en pleine vigueur, qu'aux Loix cruelles des siècles ignorans & tyranniques des Décemvirs, ou des derniers Empereurs.

Dans la punition du Libelle, ou de tout autre ouvrage destructif des mœurs, blasphématoire, proditoire, schismatique, séditieux, scandaleux, la *liberté de la presse* n'est point violée. Cette liberté si précieuse à un Etat libre, consiste à ne mettre aucune entrave à la publication d'un ouvrage quelconque, & non dans l'affranchissement de la peine après la publication, si le but en est criminel. Tout homme libre a un droit indubitable à dire tout haut ce qu'il pense; l'empêcher, ce serait ôter la liberté de la presse; mais si ce qu'il publie est illégal & dangereux, il est juste de lui faire payer sa témérité. Soumettre la presse au jugement arbitraire d'un censeur, comme on avait fait anciennement, tant avant qu'après la révolution (*a*); c'est d'après nos principes soumettre la liberté de penser aux préjugés d'un seul homme, & en faire un Juge infaillible de tous les points de contro-

___

(*a*) L'Imprimerie, dans sa naissance, fut regardée en Angleterre & ailleurs, comme pure matière d'État, soumise au pouvoir coercitif de la Couronne. Elle fut donc réglée par la seule volonté des Rois, par des permissions, des privilèges, des prohibitions, des variations continuelles; jusqu'à ce que, par la fermeté du Parlement en 1694, la presse est devenue véritablement libre, & continue à l'être.

verse, en matière de Science, de Religion & de Gouvernement. Mais de punir après la publication, comme on le fait à présent, tout écrit dangereux, & jugé tel par la Loi, c'est une constitution nécessaire au maintien de l'ordre & de la tranquillité publique, au Gouvernement & à la Religion, fondemens solides de la liberté civile. De cette façon la volonté des individus est toujours libre; & l'abus seul de la liberté est sujet à l'animadversion de la Loi. En cela nul obstacle à la liberté de penser. Vous êtes le maître de publier vos sentimens; mais s'ils se trouvent pernicieux au bien public, c'est un délit que la Société punit. Un Pharmacien peut composer des poisons dans son laboratoire; mais s'il les vend pour des cordiaux, il est coupable. Il est bon de remarquer que l'argument le plus plausible qu'on a fait valoir pour restreindre la liberté de la presse, savoir la nécessité d'en prévenir les abus journaliers, perd entièrement sa force, lorsqu'on réfléchit que la Loi les punit; mais si on ne pouvait user de la presse sans être contrôlé par un Censeur, on courrait risque d'être arrêté pour le bien comme pour le mal. Ainsi au jugement de toute personne équitable, s'en tenir à punir la licence de la presse, c'est en maintenir la liberté.

CHAPITRE XII.

Des délits contre le Commerce public.

Pour favoriser les Manufactures Nationales, il était défendu par la commune Loi, & en particulier par le Statut 11 d'Édouard III, ch. 1, d'exporter de la laine ou des moutons (a). Le Statut 8 d'Élisabeth, ch. 3, condamne le délinquant pour la première contravention, à la confiscation de ses biens, à l'emprisonnement pour un an, & à perdre la main gauche qui restait exposée sur un marché public. Une seconde contravention était déclarée félonie. Les Statuts 12 de Charles II, ch. 32 & 7, & le 8 de Guillaume III, ch. 28, ont commué cette rigueur en peines pécuniaires. Le propriétaire du vaisseau en perd le fret. Ceux à qui appartient la cargaison, s'ils sont complices, la perdent. Outre cela confiscation des biens pour le Commandant du vaisseau, & les matelots, avec trois ans de prison. Il y a plus encore; les Statuts 4 de Georges I, ch. 11 & 12, & de Georges II, ch. 21, condamnent à la transportation pour sept ans, ceux qui refuseraient de se soumettre aux peines du Statut.

(a) Ce commerce de contrebande se nomme *owling*, mot Anglais tiré du mot *owl*, qui signifie oiseau de nuit, parce qu'ordinairement le Contrebandier préfère la nuit au jour.

2. Plusieurs Statuts, & en particulier le Statut 19 de Georges II, ch. 4, attachent différentes peines à la fraude des droits de la Douane. Si c'est pure fraude, par adresse, par ruse, par déguisement, la peine n'est que pécuniaire ; si c'est à force ouverte, à main armée, la peine devient capitale ; mais on ne saurait trop remarquer avec Beccaria, ch. 31 ; « que ce délit doit
» son existence à la Loi même, parce que plus
» les droits sont considérables, plus l'avantage
» de faire la contrebande est grand, & par con-
» séquent plus la tentation est forte, tentation
» qui est encore augmentée par la facilité de le
» commettre, lorsque la circonférence qu'on
» garde est d'une grande étendue, & lorsque la
» marchandise prohibée ou soumise à des droits
» est de petit volume. La perte des marchan-
» dises prohibées, & de celles qui y sont jointes,
» est très-juste ; mais elle sera d'autant plus effi-
» cace, que le droit sera plus léger ; parce que
» les hommes ne risquent qu'à proportion du
» gain que peut leur produire l'événement heu-
» reux ; » delà, il faut conclure que le fisc s'épargnerait la cruauté d'infliger la peine de mort au contrebandier, s'il ne chargeait les marchandises que de droits modiques.

3. La banqueroute frauduleuse est un autre délit contre le commerce public. Le Statut 32 de Georges II, ch. 28, condamne le banqueroutier qui refuse, ou qui élude, de livrer tous

ses effets & ses livres de compte aux créanciers, à la transportation pour sept ans.

4. LE monopole est un privilége accordé par le Roi à un particulier, exclusivement à tout autre, pour manufacturer, façonner, vendre ou acheter une sorte de marchandises. Ce délit contre la liberté du public fut poussé à l'excès sous le règne d'Elisabeth, excès contre lequel le Chevalier Edouard Coke réclama fortement au commencement du règne de Jacques I; on y remédia par le Statut 21, ch. 3, qui déclare ces sortes de priviléges abusifs, contraires à la Loi & nuls, excepté ceux qui seraient expédiés en Lettres-patentes aux Auteurs de quelque nouvelle invention, pour quatorze ans seulement. Les monopleurs furent obligés alors à dédommager au triple ceux dont ils avaient troublé le commerce; & s'ils avaient recours à quelqu'ordre particulier extrajudiciaire pour éviter la peine, ils encouraient celle du *Præmunire*. D'autres Statuts subséquens d'Edouard VI, 2 & 3, ch. 13, les condamnèrent à une amende de dix livres, ou à vingt jours de prison, au pain & à l'eau pour la première offense; à vingt livres ou au pilori pour la seconde; à quarante livres pour la troisième, ou bien au pilori, à la perte d'une oreille, & à l'infamie perpétuelle : c'est ainsi que par une Constitution de l'Empereur *Zénon* le monopole était défendu sous peine de confiscation des biens du

monopoleur, & du bannissement perpétuel.

5. EXERCER quelque métier ou négoce sans un apprentissage de sept ans (a), c'était un délit qu'on regardait comme préjudiciable au commerce public, à cause de l'incapacité qu'on supposait à l'ouvrier ou au commerçant. Le Statut 5 d'Elisabeth, ch. 4., le punissait d'une amende de quarante schélings par mois.

6. POUR prévenir la décadence de nos Manufactures par la perte de nos ouvriers & artistes, le Statut 5 de Georges I, ch. 27, condamne ceux qui les séduiraient, pour les établir hors du Royaume, à cent livres d'amende, & à la prison de trois mois pour la première fois; & pour la seconde à une amende plus forte, à la discrétion des Juges, & à la prison d'un an. Quant aux ouvriers & artistes qui s'en iraient en Pays étranger, & qui ne reviendraient pas dans l'espace de six mois, après avoir été sommés par l'Ambassadeur d'Angleterre, ils seraient dès-lors réputés étrangers, incapables de recevoir aucun legs, aucune donation dans leur Patrie, & tous les biens qu'ils pourraient y avoir seraient confisqués; un Statut postérieur

---

(a) T. Il paraît que la Législation Anglaise n'était pas alors assez avancée dans la connaissance de ce qui peut aider ou nuire à l'avancement du Commerce & des Arts. Elle n'examinait pas combien les corporations, cette chaîne de monopoles, en apprentissages, en compagnonages, en maîtrises, en inspections, en procès, en confiscations, sont préjudiciables aux Arts & au Commerce.

5, de Georges II, ch. 13, est encore plus sévère. Le séducteur est condamné pour la première fois à une amende de cinq cens livres par chaque ouvrier qu'il débauche, & à un an de prison ; mais pour la seconde fois à une amende de mille livres, & deux ans de prison; & si quelqu'un exporte quelqu'instrument propre à nos Manufactures de soye ou de laine, outre la confiscation des instrumens exportés, il encourt une amende de deux cens livres, & le Capitaine du vaisseau ou l'Officier de la Douane qui souffrirait une telle exportation, seront condamnés à cent livres d'amende, à la perte de leur emploi, & déclarés incapables de tout emploi public.

CHAPITRE XIII.

Des délits contre la santé publique, & contre la police ou l'économie publique.

La santé publique est d'une si grande importance, que dans plusieurs Etats, il y a des Magistrats pour y veiller.

1°. Le principal délit dans cette espèce, est d'apporter la peste; mais grace à la vigilance de la Loi, il y a plus d'un siècle que nous n'avons été attaqués de ce fléau. Le Statut 1 de Jacques I, ch. 31, déclare que si quelqu'un attaqué de la peste, ou qui habite une maison infectée, reçoit ordre du Maire, du Commissaire de quartier, soit de quelqu'autre Officier de la ville ou de la campagne, de ne point sortir de chez lui, il doit y être forcé par le guet, en cas de désobéissance, aux risques même de le blesser ou de le tuer. Autre cas si ce quelqu'un, malgré la défense qui lui est faite, se montre & communique au dehors; quand même il n'aurait aucun symptôme de peste, il serait puni comme vagabond, par le fouet, & tenu à donner caution pour une meilleure conduite. Mais s'il avait quelque charbon de peste, il serait coupable de félonie. La quarantaine établie pour les vaisseaux qui viennent des Pays pestiférés, a été mise dans un meilleur ordre qu'autrefois par les Statuts récents 26, de Georges II, ch. 6, & 29 du même ch. 8 ; les Capitaines des vaisseaux qui ne suivent pas rigoureusement les règles prescrites sont coupables de félonie, & condamnés comme tels, sans pouvoir réclamer le privilège clérical ; même peine pour les personnes qui s'échappent du Lazaret, pour le guet qui néglige son devoir, & pour ceux qui apporteraient des lettres de marchandises des vaisseaux en quarantaine.

Un autre délit, mais moindre, contre la santé publique, c'est de vendre des denrées mal-saines. Pour prévenir ce mal, le Statut 51 de Henri III, ch. 6, défend de débiter du vin frelaté, des viandes corrompues ou achetées des Juifs, à peine d'amende pour la premiere fois, du pilori pour la seconde, d'emprisonnement avec amende pour la troisième, & de bannissement perpétuel pour la quatrième. Un Statut subséquent, le 12, de Charles II, ch. 25, fixe l'amende à 100 livres, si le délinquant est Brasseur de bière ou Marchand de vin en gros ; & à 40 livres seulement, s'il ne vend qu'en détail à la taverne.

Il y a aussi des espèces de délits contre la police & l'économie publique. Il faut entendre par police & économie publique, l'établissement du bon ordre domestique dans tout le

Royaume ; au moyen duquel toutes les familles particulières, comme membres de la grande famille, dont le Roi est le père commun, sont tenues de se conformer aux règles de propriété, de bon voisinage, de mœurs douces, & à la loi générale de société, qui est de ne nuire à personne dans les places respectives qu'on y occupe. La somme de ces délits est grande & très-variée. Quelques-uns montent jusqu'au degré de félonie, d'autres d'*inconduite* seulement. Parmi les premiers il faut ranger :

1. LES mariages clandestins qui sont proscrits par le Statut 26 de Georges II, ch. 33, dont voici l'énoncé. Tout mariage fait ailleurs que dans une Eglise ou Chapelle publique où l'on a coutume de publier les bans, à moins que ce ne soit par la permission expresse de l'Ordinaire, est nul. La même nullité est prononcée contre les mariages qui se feraient dans l'Eglise même ou Chapelle, sans publication de bans, à moins qu'on en ait obtenu la dispense de l'autorité légitime. Quant au Ministre qui bénit de tels mariages, il se rend coupable de félonie, condamné à la transportation pour quatorze ans; & en outre par deux Statuts antérieurs (a), lui & ceux qui l'assistent sont punis d'une amende de 100 livres : il y a plus ; employer la fausseté pour se faire inscrire dans le Registre des ma-

---

(a) 6 & 7 de Guillaume III, ch. 6, & d'Anne 20, ch. 19.

riages ou altérer le Regiſtre, forger, contrefaire la permiſſion de ſe marier; aider, favoriſer de telles impoſtures; détruire ou procurer
la deſtruction du Regiſtre, pour annuller quelque mariage, ou pour faire encourir à quelqu'un
les peines d'un mariage illicite; tous ces délits
ſont déclarés *félonie*, ſans pouvoir réclamer le
privilège clérical.

2. Un autre cas de félonie, c'eſt la *bigamie*
ou *polygamie*, termes ſynonimes dans l'acception de la Loi, qui dénotent le mari qui aurait
pluſieurs femmes, comme la femme qui aurait
pluſieurs maris. Le ſecond mariage, tandis que
le premier ſubſiſte, était déclaré ſimplement
nul par la Loi Eccléſiaſtique : mais la Loi
Civile l'a taxé de félonie, attendu que c'eſt une
violation ſcandaleuſe de l'ordre & de la décence
publics. En effet, la polygamie, malgré les
raiſons ſpécieuſes des peuples orientaux, ne
peut ſe ſouffrir dans un Etat bien organiſé ; la
nature même du climat des pays ſeptentrionaux,
ſemble réclamer contre cette licence ; jamais
on n'en uſa dans cette partie du monde, même
dès le temps des anciens Germains nos ancêtres, comme le dit Tacite (*a*) : *propè ſoli bar-
barorum ſingulis uxoribus contenti ſunt*. La polygamie eſt punie de mort par les Loix anciennes
& modernes de Suède (*b*), & chez nous, en

_____

(*a*) De Morib. Germ. 18.
(*b*) Stiernh. de jure Suecor. l. 2, ch. 2.

Angleterre, elle est déclarée félonie par le Statut 1 de Jacques I, ch. 11, qui laisse pourtant le recours au privilège clérical. Il faut remarquer que dans le cas où un mari a deux femmes, la première ne peut être admise à témoigner contre lui, par la raison qu'elle est sa véritable femme; mais la seconde le peut, parce qu'elle n'est nullement sa femme. Il en est ainsi *vice versâ* d'une femme qui aurait deux maris. Le Statut met cinq exceptions, où le second mariage, quoique nul, ne serait pas félonie. 1°. Si l'une des deux parties a été absente du Royaume pendant sept ans, & que l'autre n'ait reçu aucune nouvelle ni de sa vie, ni de sa mort. 2°. Si l'une des deux parties, pendant une absence de sept ans, même dans le Royaume, n'a donné aucune de ses nouvelles à la partie restée à poste fixe. 3°. Lorsque la séparation *à mensa & thoro* a été prononcée par une Cour Ecclésiastique. 4°. Lorsque le premier mariage a été déclaré nul, & le lien rompu. 5°. Si l'une des parties n'avait pas l'âge de contracter au temps du premier mariage; mais si, l'âge compétent étant survenu, les deux parties ont consenti au mariage, & que malgré cela l'une des deux en ait contracté un autre, il y a bien de l'apparence qu'elle encoure les peines portées par le Statut.

3. UN troisième délit contre l'ordre public, est celui qu'on reproche aux soldats ou matelots vagabonds

vagabonds ou à d'autres fainéans qui abufent du nom de ces profeſſions honorables, pour extorquer des aumônes. Ces fortes de vagabonds qui ne peuvent produire de paſſe-port ſigné par un Juge de paix, ou qui excèdent de quatorze jours le temps limité, à moins que ce ne ſoit à raiſon de maladie, ſont déclarés coupables de félonie par le Statut 39 d'Eliſabeth, ch. 17, ſans pouvoir réclamer le privilège clérical. Cette Loi ſanguinaire, quoique tombée en déſuétude, reſte pourtant comme une tache dans notre Code. Il eſt vrai qu'on y a mis un adouciſſement, ſi quelque franc-tenancier ou autre perſonne un peu conſidérable s'offre à prendre le vagabond à ſon ſervice pendant un an, & que le vagabond y rempliſſe le terme.

4. Nous avons des Statuts ſévères contre les *Egyptiens* ou *Bohémiens*. C'eſt une étrange eſpèce de République que ces vagabonds impoſteurs, jongleurs, qui parurent pour la première fois en Allemagne, au commencement du ſeizième ſiècle, pour ſe répandre enſuite dans toute l'Europe. Cela arriva lorſque le Sultan Sélim ayant conquis l'Egypte en l'année 1517, ceux qui refuſèrent de ſe ſoumettre furent bannis & ſe diſperſèrent dans tous les endroits où la ſuperſtition & la crédulité du temps les fit recevoir, comme très-inſtruits dans la magie noire. En peu d'années ils firent un grand nombre de proſélites parmi la canaille fainéante, qui, en

Tome I. L

imitant leur langage & la couleur de leur teint, s'appliquèrent comme eux à la Chiromancie, mendiant & volant ; ensorte qu'ils devinrent fort incommodes & même dangereux : c'est pourquoi ils furent chassés de France en 1560, & d'Espagne en 1591. L'Angleterre avait pris l'alarme un peu plutôt ; car en 1530, le Statut 22 de Henri VIII, les chassa du Royaume, & leur défendit d'y revenir, sous peine d'emprisonnement ; & il fut décerné que dans la poursuite des crimes qu'ils pourraient avoir commis, ils n'auraient pas le droit d'être jugés par des Jurés mi-partis (*a*).

Et dans la suite les Statuts 1 & 2 de Philippe & Marie, ch. 4, & le 5 d'Elisabeth, ch. 20, ont condamné à une amende de 40 livres, tout Commandant de Vaisseau qui apporterait un Bohémien dans le Royaume. Ils ont aussi déclaré coupable de félonie, avec exclusion du privilège clérical, toute personne âgée de quatorze ans, qu'on aurait vue & trouvée dans la compagnie des Bohémiens, & convaincue de les avoir suivis pendant un mois ; & Matthieu Hale nous apprend qu'aux Assises de Suffolk, un peu avant la restauration, trente Bohémiens

---

(*a*) T. Si un Etranger, un Français, par exemple, est accusé d'un crime à Londres, la Loi Anglaise lui accorde la moitié des Jurés de sa propre Nation ; & s'il ne s'en trouvait point, on lui en proposerait de quelqu'autre Nation. Il est difficile de pousser plus loin l'équité & l'humanité.

furent exécutés. Mais enfin pour l'honneur de l'humanité nationale, il n'y en a plus eu d'exemples depuis ce temps-là.

5. Il y a d'autres délits contre l'ordre général, dont la peine n'eſt pas capitale. Telles ſont les incommodités qu'on peut cauſer au public. Chaque individu peut dénoncer le délinquant, mais non l'actionner. Autrement il y aurait autant de procès qu'il y a d'individus incommodés. Un délit de cette eſpèce, c'eſt 1°. ſi on cauſe des embarras notables ou quelque danger ſur un grand chemin, ſur un pont, une rivière, ſoit poſitivement en y mettant des obſtructions, ſoit négativement faute de réparations. Dans ces deux cas on oblige les coupables qui ont mis les obſtructions, ou qui n'ont pas fait les réparations d'obligation, ou à leur défaut toute la Paroiſſe, à lever les obſtacles; & on punit en même temps par l'amende. 2°. Tous les lieux de déſordre & de débauche ſont réprimés par des amendes, & ſupprimés ſur la dénonciation. 3°. Si les Hôtelleries refuſent un voyageur, ſans une cauſe ſuffiſante, elles peuvent être dénoncées, châtiées par l'amende & ſupprimées. C'eſt ainſi que les Loix hoſpitalières dans le Nord puniſſent très-ſévèrement les Hôteliers qui refuſent d'accommoder le Voyageur à un prix raiſonnable. 4°. Le Statut 10 de Guillaume III, ch. 17, met toute Loterie quelconque au rang des incommodités publiques, & déclare con-

traire à la Loi toute permission & lettres-patentes données à ce sujet. 4°. Les écouteurs aux portes, aux fenêtres, pour répandre des bruits médisans ou calomnieux sont mis au rang des incommodités publiques & qu'on a droit de dénoncer à la Justice ; on les punit par une amende, avec l'obligation de donner caution pour une meilleure conduite. 5°. Une femme grondeuse, querelleuse, qui se rend incommode à tout le voisinage par ses criailleries, est comptée parmi les nuisances publiques; & si on la dénonce, elle est condamnée à une machine de correction qu'on appelle vulgairement *ducking stool*, cage à canard, au moyen de laquelle on plonge à différentes reprises la criailleuse dans l'eau.

6. L'OISIVETÉ ou la fainéantise dans quelque personne que ce soit, est un délit contre l'économie publique. La Chine a pour maxime que si un seul sujet ne travaille pas dans l'Empire, il y a quelqu'un qui souffre du froid ou de la faim. En effet, le produit des terres n'étant que suffisant pour nourrir la population de ce vaste Empire, à supposer que le fainéant évite le besoin pour lui-même, ce besoin se fait sentir ailleurs. Aussi l'Aréopage d'Athènes, pour punir l'oisiveté, avait le droit d'interroger chaque Citoyen sur sa manière d'employer le temps. Par-là les Athéniens sachant bien qu'ils devaient rendre compte de leurs occupations, n'en pre-

naient que de louables : point de place dans la Cité pour des façons de vivre qui bleſſaient les Loix. Le Statut 17 de Georges II, ch. 5, diviſe les fainéans en trois claſſes, les libertins, les débauchés vagabonds, & les débauchés incorrigibles. Tous ces mauvais ſujets bleſſent également l'ordre public, & tous ſont ſoumis aux peines prononcées par le Statut ; c'eſt-à-dire, le libertin à un mois de priſon dans la maiſon de correction ; le débauché vagabond, au fouet & deux mois de priſon ; & ſi ce dernier s'échappe & qu'il ſoit repris, il devient coupable de félonie, & on le tranſporte pour ſept ans. Celui qui donnerait retraite à un vagabond ſerait condamné à une amende de 40 ſchelings (*a*), & à payer les dépenſes qu'il aurait pu faire ſur la Paroiſſe.

7. Sous le titre d'économie publique viennent les Loix ſomptuaires contre le luxe. Le luxe eſt-il pernicieux, ou peut-il être de quelqu'utilité à un Etat ? C'eſt une queſtion ſouvent agitée par les Ecrivains politiques. Le Préſident de Monteſquieu ſoutient que le luxe eſt néceſſaire aux Monarchies, telles que la France; mais qu'il eſt ruineux pour les Démocraties, comme la Hollande : d'où il faut conclure que pour l'Angleterre, dont la Constitution eſt

---

(*a*) Le Schéling vaut douze ſols d'Angleterre, & vingt-quatre de France.

mixte, la question reste douteuse. Non, il n'est point aisé de décider à quel degré le luxe des particuliers y peut devenir un mal public, & à quel point les Loix doivent en prendre connaissance. En effet, nos Législateurs ont varié sur ce point. Il y a eu anciennement une multitude de Loix pénales contre le luxe dans les habits, & en particulier sous les règnes d'Edouard III, d'Edouard IV & de Henri VIII; mais tous ces Statuts ont été abrogés par le premier de Jacques I, ch. 25 : pour le luxe de table, un ancien Statut subsiste jusqu'à ce jour, c'est le 10 d'Edouard III, ch. 3, qui défend de servir plus de deux services, excepté à certains grands jours de fête, où il est permis d'user de trois services (*a*).

8. LE luxe amène naturellement le jeu qu'on regarde assez généralement comme une ressource pour alimenter le luxe. Il y a une confession tacite entre les joueurs, qu'ils excèdent les limites de leur fortune respective ; & ils jettent le dé pour savoir sur qui doit tomber la ruine totale, afin que du moins il y en ait un de sauvé. Mais à considérer le jeu sous d'autres points de vue, c'est un vice de la plus alarmante espèce. Il tend à répandre la fainéantise, le vol

---

(*a*) *T*. Il semble que la Législation Anglaise ferait beaucoup mieux d'abroger un Statut que personne n'observe. Toute Loi généralement violée ne fait plus que du mal en affaiblissant la Législation.

& la débauche parmi le peuple. Quant aux conditions élevées, il entraîne fréquemment la ruine soudaine des anciennes & opulentes maisons, la prostitution de tous les principes d'honneur & de vertu, & trop souvent encore le désespoir & le suicide. Pour réprimer ce désordre dans les classes inférieures de la société, le Statut 3 de Henri VIII, ch. 9, défend à quiconque ne peut vivre noblement les jeux de hasard qui étaient en usage alors, excepté aux fêtes de Noël, sous des peines pécuniaires & emprisonnement. La même Loi, aussi-bien que le Statut 30 de Georges III, ch. 24, infligent les mêmes peines aux maîtres des maisons où l'on tient jeu public pour les domestiques. Mais ce n'est pas le plus grand sujet de plainte pour le temps présent. Il faut voir le jeu dans les sphères plus élevées. C'est-là où il demande l'attention la plus sérieuse du Magistrat. Nous semblons avoir hérité cette passion à laquelle on sacrifie tout, des anciens Germains, nos ancêtres, qui, au rapport de Tacite, en étaient comme ensorcelés. « Ils se livrent, dit-il, au hasard du
» dé, comme une occupation sérieuse, lors
» même que le vin ne les échauffe pas ; & c'est
» avec une telle fureur pour le gain ou pour la
» perte, que s'ils viennent à perdre tout ce qu'ils
» possèdent, ils mettent au jeu leur liberté &
» leur propre personne. Le perdant se livre à
» un esclavage volontaire ; & quoique plus
» jeune & plus fort que son antagoniste, il se

L iv

» laisse lier & vendre : & cette fidélité à une
» convention si basse, ils l'appellent point d'hon-
» neur ». *Ea est in re prava pervicacia, ipsi fidem vocant* (a). On croirait que Tacite a voulu crayonner un Anglais de notre temps. Lorsque les hommes se laissent posséder d'un tel démon, les Loix servent peu ; parce que la fausse idée d'honneur qui porte l'homme à se sacrifier lui-même, le détournera d'avoir recours au Magistrat. Cependant il est bon qu'il y ait des loix sur le jeu, & qu'elles soient publiquement connues, afin que les joueurs de bonne foi & de bonne compagnie, apprennent à quelles peines ils s'exposent, & quelle confiance ils doivent avoir aux fripons, qui, s'ils gagnent, sont toujours sûrs d'être payés avec honneur ; & s'ils perdent, ils sont encore sûrs de gagner en dénonçant le joueur qui a gagné plus que la Loi ne permet : car par le Statut 16 de Charles II, ch. 7, si quelqu'un en jouant ou pariant, perd plus de 100 livres en une séance, il n'est pas obligé de payer même les 100 livres qu'il a perdues, & le gagnant est condamné à une somme triple de celle qu'il a gagnée, moitié au profit de la Couronne, moitié pour le dénonciateur. Le Statut 9 de la Reine Anne, ch. 14, déclare nuls & de nul effet les billets & autres sûretés pour de l'argent gagné au jeu ou pour de l'argent prêté sur le temps pour jouer. Le même

---

(a) De Morib. Germ. cap. 24.

Statut, plus rigoureux que le précédent, déclare encore que la personne qui perd plus de 10 livres au jeu dans une seule séance, peut actionner le gagnant pour recouvrer sa perte ; & au cas que le perdant ne le fasse pas, toute autre personne peut poursuivre le gagnant pour le triple de la somme perdue : & le plaignant, dans les deux cas, peut prendre le défendeur à serment ; & dans ces sortes d'actions, le privilège du Parlement ne peut avoir lieu (*a*). Par le même Statut, si un fripon gagne en trompant plus de 10 livres, ou en argent, ou en valeur, il est condamné au quintuple de la somme gagnée, noté d'infamie & puni corporellement, comme dans le cas du parjure. Par d'autres Statuts de Georges II, toutes Loteries privées, par billets, cartes ou dés (& en particulier le Pharaon, la Bassette & autres jeux de pur hasard avec des dés) sont défendus sous peine de 200 livres d'amende pour celui qui tient ces sortes de jeux, & de 50 livres pour les joueurs. Les Loteries publiques non autorisées par le Parlement, & toutes les subtiles inventions sous la dénomination de ventes ou autrement, qui finalement équivalent aux Lo-

---

(*a*) Les Membres du Parlement ont des privilèges qui peuvent devenir abusifs en certains cas ; la Loi y remédie quand elle veut. Les Membres de la Chambre des Communes ne peuvent être arrêtés pour dettes, ni poursuivis pendant la séance. Les Pairs dont les personnes sont sacrées, ne peuvent jamais être arrêtés pour dettes, mais on peut les poursuivre en Justice, & saisir leurs biens.

teries, ont été défendues par un grand nombre de Statuts, sous des peines pécuniaires très-considérables ; mais le catalogue qu'on en ferait serait toujours défectueux, à moins que de proscrire en gros & d'un seul coup tous les jeux de pur hasard ; car l'esprit inventif des fripons est toujours plus prompt que la verge de la Loi, qui ne fait que les suivre à pas lents, d'une invention à une autre. Le Statut 13 de Georges II, ch. 19, pour prévenir la multiplicité des courses de chevaux, autre manière ruineuse de jouer, défend les paris au-dessous de 50 livres, sous peine de 200 livres d'amende, pour le propriétaire du cheval, & 100 livres pour celui qui proposera le Prix. Par un autre Statut de Georges II, 18, ch. 34, plus sévère encore, si quelqu'un est dénoncé & convaincu d'avoir gagné ou perdu 10 livres ou plus à chaque séance de jeu, dans l'espace de vingt-quatre heures, il est condamné à une amende quintuple : tant le Législateur a eu à cœur de réprimer cette passion destructive ; ce qui montre qu'il ne faut pas accuser nos Loix, mais la négligence de nos Magistrats à les mettre en exécution.

9. Il y a un dernier délit contre l'ordre public ; car il a été ainsi nommé par des actes du Parlement si nombreux & si confus, & le délit lui-même est d'une nature si embrouillée, que nous croirions abuser de la patience du lec-

teur, en y attachant toutes les obſervations qui ſe préſentent. Cependant ce crime, au jugement de tous les amateurs de la chaſſe, eſt de la plus haute conſéquence ; &, à les entendre, c'eſt une matière, peut-être la ſeule, qui intéreſſe ſouverainement & généralement la nation. Il s'eſt fait des aſſociations dans tout le Royaume pour en arrêter les funeſtes progrès. Il s'agit donc du crime de tuer des quadrupèdes ou des volatiles qui ſont compris ſous la dénomination de *gibier*. Les anciens principes du Code des Forêts accuſaient de tranſgreſſion & d'offenſe, toute perſonne qui chaſſait ſans y être autoriſée, ſoit par la conceſſion royale d'une libre garenne, ſoit du moins par la propriété d'une terre ſeigneuriale. Mais les Loix appellées Loix de la Chaſſe, ont infligé des peines additionnelles, pécuniaires, ſur-tout aux délinquans, à moins qu'ils ne fuſſent d'un rang & d'une fortune tels que les Loix les ſpécifient ; & même en vertu de ces nouvelles diſpoſitions, toute perſonne, quelque diſtinguée qu'elle ſoit par le rang ou la fortune, qui chaſſe hors de ſes terres, ſans une permiſſion du Roi, par un brevet de franchiſe, ſe rend coupable de délit originel, en empiétant ſur la prérogative royale : mais ſi des miſérables en font autant, ſans avoir le rang ni la fortune des premiers, ils ſont coupables, non-ſeulement du délit originel, mais encore des aggravations que les Statuts ont créées pour conſerver la chaſſe.

Ces aggravations font punies fi févèrement & fi implacablement, non à cause de la prérogative royale à laquelle on ne pense guères, que fi le misérable délinquant ne se hâte de faire fa paix avec le Seigneur de la terre, malheur à lui. Nous rangeons ce délit devenu fi grave avec le temps, fous le titre du chapitre préfent ; parce que le feul point de vue qui puiffe le montrer comme un crime, c'eft le dégoût du travail où il jette l'indigent ; c'eft la fainéantife, qui eft un délit contre l'ordre & l'économie publics.

Les Statuts fur cet objet font obfcurs & embrouillés. On a remarqué que dans le feul Statut 5 de la Reine Anne, ch. 14, il y a fix fautes de Grammaire, fans compter d'autres erreurs. Il fuffit de favoir en général les *qualifications*, (car c'eft le mot d'ufage) les qualifications requifes pour avoir droit de chaffe, ou pour parler plus proprement, l'affranchiffement des peines portées dans les actes du Parlement. 1°. Celui qui poffède un franc-aleu du revenu de cent livres par an, a le droit de chaffe ; ainfi il faut cinquante fois autant de bien pour le droit de tuer une perdrix, que pour celui de donner fa voix à l'élection des membres du Parlement ; car pour ce dernier droit quarante fchelings de revenu fuffifent. 2°. Celui qui a un bail à ferme pour 99 ans, de 150 livres par an. 3°. Le fils ou l'héritier préfomptif d'un Écuyer ou d'une personne d'un degré supérieur. 4°. Le propriétaire ou le garde d'une forêt, d'un parc, d'une plaine ou d'une garenne. Toute autre personne non qualifiée se rend coupable. Différens Statuts punissent ce délit par des peines pécuniaires ou corporelles. Finalement le Statut 28 de Georges II, ch. 12, défend à toute personne, même qualifiée pour la chasse, de faire marchandise de ce privilège, en vendant du gibier, sous peine de forfaiture.

CHAPITRE XIV.

De l'Homicide.

DANS les chapitres précédens, nous avons considéré premièrement les délits immédiats contre Dieu & la Religion; secondement ceux qui violent la Loi des Nations; troisièmement ceux qui offensent directement le Roi, qui est le père & le représentant de son peuple; quatrièmement ceux qui troublent l'ordre, la police & l'économie publique, en les prenant dans toute leur étendue. Maintenant il faut traiter des délits qui affectent, qui blessent plus particulièrement les individus de la société.

LORSQUE le tort que l'on fait à un particulier ne regarde que lui, ce n'est qu'une injure privée, pour laquelle la Loi ne doit satisfaction qu'à lui seul. Mais les délits dont nous allons traiter ont des conséquences bien plus étendues. 1°. Parce qu'ils violent les loix de la nature, aussi-bien que les règles de la morale & de la politique; 2°. parce qu'ils renferment presque toujours une infraction à la tranquillité publique; 3°. parce que par leur exemple & leur perversité, ils tendent à la subversion de la société civile. C'est pour ces raisons qu'outre la satisfaction qui est dûe de ce qu'on donne en bien des cas au particulier offensé, le Gouvernement soumet l'offenseur à une peine publique ; & la poursuite de ces délits se fait toujours au nom du Roi, dans qui, par la texture de notre constitution, réside entièrement le droit de glaive *jus gladii*, ou autrement le pouvoir exécutif de la Loi. C'est ainsi que dans l'ancienne Constitution Gothique, il y avait trois sortes de peines infligées aux délinquans, une pour l'offense faite au particulier, une autre pour l'offense faite au Roi par la désobéissance aux Loix, une troisième pour l'injure faite au public, par l'exemple du crime. On en trouve l'idée dans ce que Tacite dit des Germains (*a*) : dans les amendes pécuniaires une partie allait à la personne offensée, une partie au Roi & la troisième à la cité.

Les délits contre les particuliers regardent ou leur personne, ou leur habitation, ou leur propriété.

De tous les délits contre la personne d'un particulier, le principal & le plus grave, c'est de lui ôter la vie, présent de Dieu que personne n'a droit de se ravir à lui-même, ou à un autre ; si ce n'est dans les cas expressément spécifiés dans les Loix divines, ou qu'on en peut déduire évidemment. Nous entendons par Loix divines, celles de la nature ou de la révélation.

_____

(*a*) De Morib. Germ. cap. 12.

Le sujet de ce chapitre est donc l'homicide dans les différens degrés & circonstances qui le rendent plus ou moins criminel, plus ou moins punissable, & même qui le justifient ou l'excusent.

De-là on distingue trois sortes d'homicides; l'un *justifiable*, l'autre *excusable*, le troisième *félonieux*. Le premier ne tient rien du crime; le second bien peu : mais le troisième est le plus grand crime contre la loi naturelle.

I. L'homicide est justifiable de plusieurs façons.

1. Lorsqu'il arrive par une nécessité absolue, sans volonté, sans intention, sans desir, sans négligence reprochable, & par conséquent sans ombre de blâme. Par exemple, celui qui par son office, reçoit ordre de la Justice publique de mettre à mort un malfaiteur, fait un acte de nécessité & même de devoir; & il est non-seulement justifiable, mais encore louable d'avoir obéi à la Loi ; mais celui qui par légèreté, sans y être contraint, sans ordre de la Justice, mettrait à mort le plus scélérat des malfaiteurs, quoique jugé, condamné & hors de la protection des loix, commettrait un meurtre. Il y a plus : si un Juge, en vertu d'une commission illégale, porte une Sentence de mort, suivie de l'exécution, il est coupable de meurtre. C'est sur ce principe que le Chevalier Matthieu

Matthieu Hale, après avoir accepté l'office de Juge des plaidoyers communs, sous le Gouvernement de Cromwell, donnant pour raison qu'il était d'une nécessité indispensable de décider les procès de propriété civile dans ces temps malheureux, refusa de juger les criminels aux Assises, ayant de fortes objections contre la légalité de la commission qu'il tenait de l'usurpateur : distinction peut-être trop raffinée ; car il était aussi nécessaire au bien de la société de punir le crime, que de régler les propriétés ; par conséquent un Jugement de cette espèce se trouvant légal, doit être mis en exécution par l'Officier qui en est chargé, ou par son député ; car la Loi ne l'exige d'aucun autre ; & c'est cette réquisition de la Loi qui justifie l'homicide. Si un Exécuteur coupe la tête à celui qui devait être pendu, ou *vice versâ*, c'est un meurtre ; car il n'est que l'instrument ministériel de la Loi. Mais si un Schériff change un genre de mort contre un autre, alors il use de sa propre autorité, sans se rendre coupable ; quoiqu'une pareille licence peut occasionner de grands abus du pouvoir (*a*). Le Roi, à la vérité, peut remettre une partie de la peine ; comme dans le cas de trahison, quelque partie

---

(*a*) C'est au Schériff à qui sont adressées les Sentences de mort, pour les faire exécuter ; devoir si rigoureux que s'il manquait de Bourreau il serait obligé d'exécuter lui même ; le cas est arrivé, & le Schériff acheta bien cher le bras d'un misérable qui lui épargna cette disgrace.

que ce soit, excepté la décollation. Mais ce n'est ni commutation de peine, ni introduction d'une nouvelle peine; & dans le cas de félonie, si la Sentence condamne à la potence, le Roi, selon une opinion assez commune, ne peut ordonner, même pour un Pair, qu'il soit décapité. Mais cette doctrine sera approfondie dans le Chapitre suivant.

L'HOMICIDE est encore justifiable en d'autres cas, plutôt par *permission* que par *commandement* de la Loi, soit pour l'avancement de la Justice publique, qui, sans cela, ne pourrait marcher avec vigueur, soit dans des conjonctures où il s'agit de prévenir un crime de la plus grande atrocité, & qu'on ne pourrait empêcher par d'autres moyens.

LES homicides, pour l'avancement de la Justice, sont, 1°. si un Officier, dans l'exercice de sa Charge, soit dans le civil, soit dans le criminel, tue l'assaillant qui fait rébellion. 2°. Si un Officier ou un particulier tentant d'arrêter un coupable de félonie qui résiste, le tue. C'est une disposition des anciennes Constitutions Gothiques, » *furem, si ali-* » *ter capi non possit, occidere permittunt* ». 3°. Dans le cas d'un attroupement séditieux, si les Officiers de paix qui tâchent de disperser la foule, versent du sang, ils sont justifiables. 4°. Si les prisonniers dans la prison attaquent le Geolier, ou en y allant, l'Officier qui les conduit, & s'il arrive que le Geolier ou l'Officier en tue quelques-uns, l'un & l'autre font juſtifiables. 5°. Si des braconniers dans une forêt, dans un parc, dans une garenne, ou autre lieu, refuſent de ſe rendre aux Gardes, on peut les tuer en vertu des Statuts 21 d'Edouard I, ch. 2, 3 & 4 de Guillaume III, ch. 10 (a) ; mais dans tous ces cas, il faut une néceſſité apparente, pour juſtifier l'homicide ; il faut que l'homme qui réſiſte n'ait pu être ſaiſi, l'attroupement ſupprimé, les priſonniers retenus, les braconniers arrêtés par d'autres moyens que la mort. Sans une telle néceſſité abſolue, l'homicide ne ſerait pas juſtifiable. 6°. Dans le temps des combats judiciaires, ſi l'un des deux champions tuait l'autre, il n'était pas coupable ; c'était le jugement de Dieu qu'on préſumait toujours avoir décidé pour la Juſtice.

(a) T. On voit par la rigueur de ces Statuts que, quelqu'équitable que ſoit une Légiſlation, quelque tendre qu'elle ſoit pour la vie des hommes, elle s'oublie pourtant lorſque les Légiſlateurs en grand nombre ſont perſonnellement intéreſſés à être rigoureux. Le droit de chaſſe excluſif n'eſt pas un de ces droits primitifs, inconteſtables & néceſſaires au maintien des Sociétés. Permettre aux Gardes de tirer ſur les Braconniers qui réſiſtent, c'eſt ouvrir une guerre habituelle entre eux, c'eſt expoſer la vie des deux partis. Tout homme armé eſt bien réſolu à ne pas rendre les armes à force égale Le point d'honneur ſe joint à l'intérêt. Ne vaudrait-il pas mieux s'en tenir au rapport des Gardes, & chercher les délinquans, comme on fait pour d'autres délits. Les modifications appoſées aux Statuts n'en ſauvent pas la rigueur & le danger ?

3. Quant à l'homicide commis pour prévenir une violence atroce, il est justifié par la loi de nature, comme par la Loi Anglaise, dès le temps de Bracton; & encore par le Statut 24 de Henri VIII, ch. 5, il déclare que tuer un malfaiteur qui tente de voler, d'assassiner, de forcer une maison pendant la nuit, c'est un homicide justifiable. Cette déclaration ne s'étend pas aux délits qui se commettent sans violence; par exemple, aux filoux, & à celui qui forcerait une maison pendant le jour, à moins que ce délit ne fût accompagné de vol. C'est ainsi que la Loi des Hébreux, qui ne punissait pas de mort le vol, justifiait seulement celui qui tuait le voleur de nuit. « Si on surprend un voleur de nuit à » forcer une maison, & qu'on le tue, on ne » répandra point de sang pour venger sa mort: » mais si le Soleil était levé sur lui, on en ré- » pandra; car il a trop payé son crime » (a). A Athènes il était permis aussi de tuer un voleur de nuit qui était pris sur le fait : & à Rome, la Loi des douze Tables permettait même de tuer le voleur de jour, s'il était muni de quelqu'arme dangereuse; ce qui approche fort de nos Constitutions Anglaises.

La Loi Romaine justifie encore l'homicide lorsqu'il est commis pour défendre sa chasteté ou celle d'une proche parente; il en était de

---

(a) Exod. 22, 2.

même dans la République des Hébreux. La Loi Anglaise justifie pareillement une femme qui tue celui qui veut la ravir ; elle justifie encore le mari qui tue le ravisseur de sa femme, & le père celui de sa fille ; mais elle ne justifie pas l'homicide pour un adultère volontaire ; car il n'y a point de violence en ce cas-ci, & il y en a dans l'autre ; c'est simple félonie ; & je ne doute pas que la violence employée pour un crime d'une espèce encore plus détestable, ne puisse être repoussée légitimement par la mort de l'aggresseur contre nature. Car nos Loix & les Loix étrangères paraissent adopter ce principe uniforme, que dans le cas où un crime capital en lui-même est tenté par la force, on a droit de repousser cette force par la mort du coupable ; mais nous n'entendons pas donner à cette doctrine toute l'étendue que Locke lui a donnée (a) ; il soutient » que toute ma- » nière de force employée sans droit sur une » personne, met cette personne dans l'état de » guerre avec l'aggresseur, & qu'en consé- » quence elle peut légitimement mettre à mort » celui qui use de contrainte contre la liberté » naturelle » : cette conséquence pourrait être juste dans l'état de nature, non civilisé ; mais la Loi Anglaise, comme celle de tout Etat bien réglé, a trop à cœur la tranquillité publique, fait trop de cas de la vie des citoyens,

_____

(a) Essai sur le Gouvernement, pag. 21 ch. 3.

pour adopter un syftême fi dangereux. Elle ne permet de prévenir impunément un crime par la mort, que dans le cas où ce crime eût mérité la mort, s'il eût été commis.

Dans ces exemples d'homicides *juftifiables*, il faut obferver que celui qui tue n'eft nullement coupable, pas même dans le moindre degré ; & il doit être totalement acquitté & déchargé d'accufation, plutôt loué que blâmé. Mais ce n'eft pas tout-à-fait la même chofe dans l'homicide *excufable*, dont le nom feul préfente l'idée de quelque faute, de quelque erreur, ou de quelqu'omiffion ; auffi eft-il affez ordinaire que la Loi, en l'excufant du délit de félonie, le foumet pourtant à quelque peine légère.

Il y a deux efpèces d'homicide *excufable*, celui qui arrive par un *malheur*, & celui que l'on commet en *fe défendant* par le droit de chacun à fa propre confervation. Nous examinerons d'abord en quoi ces deux efpèces font diftinguées, & en quoi elles fe reffemblent.

1. L'homicide par *malheur* ou par cas fortuit arrive lorfque quelqu'un en faifant un acte légal, fans aucune intention de nuire, tue fon femblable : par exemple, un ouvrier eft à l'ouvrage la hache à la main ; la hache en fe détachant du manche, vole & va tuer quelqu'un qui fe trouve là. Autre exemple, un homme tire au blanc, &

contre son intention la balle va tuer un passant : on voit dans ces deux cas que l'acte est légal, & que l'effet funeste n'arrive que par pur accident. Ainsi encore un pere en corrigeant son enfant, un maître son domestique ou son disciple, un exécuteur de Justice, en punissant un criminel, occasionnent la mort, c'est encore pur malheur & accident ; car l'acte de correction est légal, comme celui de la punition. Mais si l'acte excède les bornes de la modération, soit dans la manière, soit dans l'instrument de correction, soit dans la quantité des coups, & que la mort s'ensuive, c'est au moins homicide punissable de quelque peine ; & dans certains cas, selon les circonstances, c'est meurtre ; car une correction immodérée est contre la Loi. Dans le temps que la rigueur de la Loi Romaine, pour les esclaves, commençait à s'adoucir, un Edit de l'Empereur Constantin permettait à un maître de châtier son esclave par le fouet & la prison ; & si la mort s'ensuivait par pur malheur, le maître n'était pas censé coupable ; mais s'il avait frappé avec un gros bâton, une massue, une pierre ou autre instrument propre à tuer, & que la mort eût suivi, alors en usant immodérément de son droit, il était coupable d'homicide.

AVANÇONS. Les joûtes, les tournois, divertissemens guerriers de nos aïeux, étaient des actes illicites ; & tel a été ensuite le combat des Gladiateurs pour leur postérité : il paraît certain que si un Ecuyer dans le premier cas, & un Gladiateur dans le second, perdaient la vie, celui qui tuait était coupable de félonie. Mais si le Roi permet ou commande ces dangereux passe-temps, l'homicide n'est plus qu'un malheur, parce que dans ce cas l'acte est légal. C'est ainsi que par les Loix d'Athènes & de Rome, celui qui en tuait un autre au *Pancrace* (a) ou à quelqu'autre jeu public de Gymnastique, autorisé ou permis par l'Etat, n'était pas coupable d'homicide. Pareillement un imprudent donne un coup de fouet à un cheval sous un cavalier, le cheval emporté tue un enfant, c'est pur malheur pour le cavalier, car il n'a rien fait d'illicite ; mais celui qui a donné le coup de fouet est coupable de transgression ; ou pour mieux dire, c'est une inconduite d'une dangereuse conséquence. Et en général, toutes les fois que la mort est occasionnée par quelqu'amusement imprudent, périlleux & illégal, par exemple, en jettant des pierres dans une rue ; dans ce cas & semblables, celui qui tue est coupable de meurtre, & non d'imprudence seulement, parce que l'acte qui a causé la mort est illicite.

L'HOMICIDE commis en se défendant, est excusable plutôt que justifiable. La défense de

___

(a) Exercice de Gymnastique. Il était composé de la réunion de la Lutte & du Pugilat.

soi-même doit être diftinguée de celle qu'on emploie par devoir, pour prévenir un crime capital, ce qui eft non-feulement un fujet d'excufe, mais de juftification. La défenfe de foi-même dont nous parlons, s'applique au cas où quelqu'un fe trouvant foudainement affailli dans une querelle, tue l'affaillant. C'eft ce que la Loi appelle *meurtre fortuit*. Le droit de fe défendre foi-même ne renferme pas le droit d'attaquer pour une injure paffée ou à craindre, on doit avoir recours à la Juftice. L'homme ne peut donc exercer le droit de fa propre défenfe par anticipation, mais feulement dans le cas où il n'a pas le temps d'appeller la Loi à fon fecours. Ainfi, pour excufer l'homicide, en alléguant la raifon de fa propre défenfe, il faut que celui qui a tué, montre clairement, qu'il n'a eu aucun autre moyen d'échapper à l'affaillant.

C'EST pour cela que la Loi requiert, pour excufer celui qui tue en fe défendant, qu'il fe foit retiré auffi loin qu'il a été poffible, pour éviter la violence de l'affaillant, par la crainte louable de répandre le fang de fon frère : & quoique cette conduite foit une lâcheté, dans une guerre entre deux nations indépendantes, la Loi ne connaît pas ce point d'honneur entre deux concitoyens ; parce que le Roi & les Tribunaux font les vengeurs des injures, & donneront à l'offenfé la fatisfaction qu'il mérite. Il n'est donc excusable en tuant, que dans le cas où le danger est si pressant, qu'il ne peut fuir, sans risquer sa propre vie. Telle est la doctrine de la Justice universelle & de la Loi municipale.

Par rapport à la manière de se défendre, il faut aussi avoir égard au *temps*; car si l'assailli ne peut tomber sur l'assaillant que lorsque le danger est passé, qu'au moment où il fuit, ce n'est plus défense, c'est vengeance, & la Loi ne l'excusera pas d'un meurtre volontaire. Sous l'excuse par sa propre défense, on comprend les relations prochaines, civiles ou naturelles; c'est-à-dire, que la Loi excuse un maître & un domestique, un père & un enfant, un mari & une femme qui tuent un aggresseur en se défendant respectivement. La Partie qui défend l'autre fait cause commune avec elle; c'est comme si elle se défendait elle même.

Il y a une autre espèce d'homicide où la partie tuée est aussi innocente que la partie qui cause sa mort. Cet homicide s'excuse par le droit universel que chacun a de conserver sa propre vie, préférablement à celle d'autrui, lorsqu'il faut que l'un des deux périsse. Citons parmi plusieurs, le cas proposé par le Lord Bacon: deux personnes dans un naufrage s'attachent à une planche qui n'en peut sauver qu'un; l'un des deux s'en appercevant, jette l'autre dans la mer où il se noie. Celui qui préserve ainsi sa vie aux dépens de celle d'un autre, est excusable par l'empire de la nécessité, & par le principe de sa propre défense.

Jettons à présent un coup d'œil sur les circonstances où les deux espèces d'homicide par *cas fortuit*, ou pour sa propre défense, se ressemblent ; circonstances qui les rendent dignes de blâme & de quelques peines ; car la Loi met un si haut prix à la vie des hommes, qu'elle présume presque toujours quelqu'inconduite dans celui qui la ravit, à moins que ce ne soit par le commandement ou la permission expresse de la Loi. Dans le cas fortuit, elle présume, elle soupçonne de la négligence ou du moins un manque de précaution dans celui qui est assez malheureux pour détruire son semblable ; & cela n'est pas tout-à-fait sans faute. Quant à la nécessité qui excuse celui qui tue *en se défendant*, le Lord Bacon l'appelle *necessitas culpabilis*, nécessité qu'on peut reprendre de faute, & il la distingue de celle qui force à tuer un voleur ou un assassin ; car la Loi juge que les querelles & les attaques viennent ordinairement de quelque tort secret, de quelque provocation, soit en paroles, soit en actions : il y a pour l'ordinaire quelque tort des deux parts, & on a de la peine à discerner le tort originel. La Loi ne consent pas que le survivant soit entièrement innocent ; au lieu qu'il est clair qu'en tuant un voleur qui force ma maifon, le tort ne peut être de mon côté. La Loi outre cela peut avoir en vue de rendre l'homicide plus odieux, & de rendre l'homme bien circonfpect, lorfqu'il fe détermine par fon propre jugement à tuer un autre homme ; elle déclare donc que celui qui tue, fans y être expreffément autorifé par elle, n'eft pas abfolument fans crime.

Il ne faut pas pour cela taxer la Loi Anglaife de fingularité. Il y avait des purifications folemnelles chez les Hébreux, pour avoir répandu le fang des ennemis même ; ce qui fuppofe que l'homicide, de quelque façon qu'il arrive, laiffe quelque tache après lui. La Loi de Moyfe (a) avait défigné certaines Villes d'afyle pour celui qui aurait tué par malheur : « fi la coignée d'un
» bucheron, dit-elle, fe détache du manche au
» moment qu'il frappe le coup, & va tuer quel-
» qu'un, l'homicide fe réfugiera dans une Ville
» d'afyle, & on le laiffera vivre : » mais cela même ne femble-t-il pas indiquer qu'on ne le réputait pas tout-à-fait innocent, pas plus que dans la Loi Anglaife ; puifqu'un vengeur du fang pouvait le tuer, avant qu'il eût atteint le lieu d'afyle, ou s'il en fortait avant la mort du Grand-Prêtre. De même, dans la Loi Impériale (b), l'homicide, par cas fortuit, avait befoin de grace

---

(a) Nomb. ch. 35, & Deuter. ch. 19.
(b) Cod. 9, 16, 5.

signée de l'Empereur ; sans cela, tout homicide, de quelque façon qu'il fût arrivé, était punissable en quelque degré. Chez les Grecs, l'homicide involontaire s'expiait par un bannissement volontaire pour un an (a). Chez les Saxons, on payait une amende aux parens du mort ; cette amende était beaucoup moindre que celle qu'on payait chez les Goths Occidentaux pour un homicide involontaire ; & en France, personne n'a sa grace pour un homicide involontaire, qu'à charge de quelques aumônes, & sans faire dire des messes pour l'ame du mort.

Nos Loix anciennement, au rapport du Chevalier Edouard Coke, infligeaient la peine de mort pour l'homicide involontaire, erreur réfutée par des Ecrivains modernes & plus exacts ; c'était plus vraisemblablement la confiscation d'une partie des biens, par manière d'amende, applicable, comme en France, à des usages pieux, pour l'ame du défunt envoyée à l'improviste au Tribunal de Dieu avec ses imperfections. Mais cette raison ayant cessé depuis longtemps, & la confiscation montant dans la proportion des propriétés à un degré de peine plus

---

(a) L'ombre de Patrocle, dans l'Iliade, fait allusion à cette expiation, en faisant ressouvenir Achille, que lui Patrocle dans sa jeunesse avait été obligé à fuir de sa Patrie, pour avoir tué par malheur & sans dessein un de ses camarades de jeu. ἐκ νήπιος ἐκ ἐθέλων.

sévère qu'on ne le voulait, le délinquant reçoit sa grace en payant seulement les frais nécessaires pour lever la Sentence; & même pour épargner cette dépense dans les cas où l'homicide est évidemment arrivé par pur malheur, ou en se défendant, les Juges permettent, s'ils ne l'ordonnent, une Sentence rendue par les Jurés, qui affranchit de tout droit.

III. L'HOMICIDE *félonieux* est d'une nature tout-à-fait différente : c'est la destruction volontaire d'une créature humaine, sans justification ni excuse. On est coupable de ce délit en se tuant soi-même ou un autre.

LE suicide, ce prétendu héroïsme, mais en effet cette lâcheté, cette faiblesse des Philosophes Stoïciens, qui renonçaient à la vie, pour éviter des maux qu'ils n'avaient pas le courage de supporter, le suicide, quelque toléré qu'il paraisse être par la Loi civile (*a*), était cependant puni par la Loi d'Athènes, en coupant la main qui avait commis le crime. La Loi Angloise aussi considère avec sagesse & religion, que personne n'a le droit de quitter la vie sans la permission de Dieu qui l'a donnée; & comme le suicide se rend coupable d'une double offense, l'une spirituelle en usurpant la prérogative du

---

(*a*) *Si quis impatientiâ doloris, aut tædio vitæ, aut morbo, aut furore, aut pudore, mori maluit; non animadvertatur in eum.* §. 49, 16, 6.

Créateur, & en se précipitant à sa présence, sans être appellé; l'autre contre l'État, qui a un grand intérêt à conserver ses sujets; la Loi a mis le suicide au rang des crimes, elle en a fait une espèce particulière de félonie. Un félon de lui-même, *felo de se*, est donc celui qui détruit directement sa propre existence, ou qui fait quelque crime dans l'intention de se procurer la mort; par exemple, qui n'attaquerait un autre, que pour se précipiter sur l'épée de son antagoniste & mourir. Le suicide criminel suppose l'âge de raison & la jouissance actuelle du bon sens. Mais les Jurés de la Couronne poussent trop loin cette excuse: ils disent que se tuer soi-même est toujours un signe évident de folie; comme si d'agir contre la raison était n'en avoir point du tout. Cet argument prouverait que les autres criminels seraient tout aussi fous que celui qui se tue soi-même. La Loi juge avec raison qu'un accès de mélancolie ou d'hypocondrie n'ôte pas à l'homme la capacité de discerner le bien du mal; privation nécessaire, comme nous l'avons prouvé dans le Chapitre précédent, pour servir d'excuse légale; c'est pourquoi si un lunatique se tue dans un intervalle lucide, il est vraiment félon de lui-même.

MAINTENANT la question est de savoir quelle peine les Loix humaines peuvent infliger à un coupable qui n'est plus à leur portée. Elles ne peuvent agir que sur ce qu'il laisse après lui, son honneur & sa fortune ; sur le premier, par l'abandon ignominieux de son corps traversé d'un pieux sur le grand chemin ; sur sa fortune, par la confiscation de ses biens au profit de la Couronne. La Loi se flatte que le soin de son honneur & l'amour de sa famille doivent détourner tout homme d'une action si désespérée, & retenir la main du désespoir. On ne peut nier que la lettre de la Loi n'approche extrêmement de la dureté ; mais il y a un remède ; le pouvoir de la mitiger est dans la main du Souverain, qui dans cette occasion, comme dans toutes, doit se ressouvenir qu'il a juré d'être miséricordieux dans l'exécution des jugemens.

Une autre espèce d'homicide criminel, c'est de tuer son semblable ; mais comme il renferme différens degrés de crime, on le divise en *simple homicide* & en *meurtre*. Le simple homicide part du premier feu de la colère, le meurtre de la perversité du cœur.

1. Voici la définition du simple homicide : c'est tuer un homme sans dessein prémédité, mais dans un premier mouvement de fureur ; c'est ce que les Constitutions Gothiques appellaient *homicidia vulgaria* homicides vulgaires ; que dans une querelle soudaine deux personnes se battent, & que l'une tue l'autre, c'est simple homicide : de même, si ces deux personnes s'écartent sur le champ pour vuider leur querelle, l'épée

l'épée à la main ; car c'eſt un acte perſévérant de la paſſion qui les emporte ; & la Loi ayant égard à la fragilité humaine, ne met pas dans la même balance un acte d'emportement, & un acte de ſang froid. De même encore ſi un homme grandement provoqué, par exemple, par l'amputation de ſon nez, ou quelqu'autre grande indignité, tue ſur le champ l'aggreſſeur, quoiqu'il ne ſoit pas excuſable par le droit de *ſa propre défenſe*, puiſqu'il n'y a pas une néceſſité abſolue de tuer pour ſe conſerver, cependant ce n'eſt pas là un *meurtre* ; car il n'y a point eu de préméditation, ce n'eſt qu'un ſimple homicide. Mais dans ces cas de provocation & tout autre analogue, s'il y a eu aſſez de temps pour refroidir la colère & rappeller la raiſon, & que l'homme provoqué tue l'aggreſſeur, c'eſt une vengeance délibérée, & non la chaleur du ſang, qui agit ; c'eſt meurtre. Conſéquemment à ces notions, ſi un mari ſurprenant ſa femme en adultère, tue au moment même celui qui le déshonore, quoiqu'une telle vengeance fût avouée par les Loix de Solon, de Rome & des anciens Goths, la Loi Angalaiſe ne la met pas au rang des homicides juſtifiables comme pour le rapt, c'eſt *ſimple homicide* ; & c'en eſt même le dernier degré ; c'eſt pourquoi la peine eſt une légère brûlure dans la main ; d'où l'on voit que la peine eſt d'autant moindre que la provocation a été plus grande. Le ſimple homicide cauſé par une ſoudaine provocation diffère donc de l'homi-

Tome I. N

cide excusable par le droit de défendre sa vie; en ce que, dans ce dernier cas, il y a nécessité de tuer pour se conserver soi-même; dans l'autre, il n'y en a point; c'est une vengeance que l'on tire.

Une autre branche de *simple homicide*, quoiqu'en quelque sorte involontaire, diffère pourtant de l'homicide excusable par pur malheur, en ce que celui-ci arrive en conséquence d'un acte légal, & l'autre d'un acte illégal. Deux Gladiateurs (a) se battent par jeu, sans y être autorisés par le Roi, l'un tue l'autre; à la vérité, ce n'est pas *meurtre*, parce qu'il n'avait pas intention de tuer son antagoniste; mais c'est simple homicide, à cause de l'illégalité de l'acte qui a causé cette mort. Il y a plus : un acte peut être légal, & la manière de s'y prendre illégale, faute de précaution prudente : un ouvrier jette une pierre ou une pièce de bois dans une rue & tue quelqu'un; cette mort peut être un pur malheur, simple homicide ou meurtre, selon les circonstances qui ont accompagné l'acte : si c'est dans un village peu passant, & qu'il ait crié *gare*, c'est pur malheur. Mais si c'était à Londres ou dans quelque ville fort peuplée, ce serait *simple homicide*; & si malgré la fré-

___

(a) T. Il n'y a pas long-temps que ce barbare spectacle de Gladiateurs, si couru chez les anciens Romains, soit dit à leur honte, & à celle des Peuples qui les ont imités, a été proscrit en Angleterre.

quence des paſſans, il n'a pas crié *gare*, il eſt coupable de *meurtre* ; car c'eſt méchanceté contre la ſociété entière.

LE ſimple homicide, qui arrive en conſéquence d'un acte illégal, quoique ſans intention de tuer, eſt cependant réputé félonie, mais avec recours au privilège clérical. La peine eſt d'être brûlé à la main, avec confiſcation des biens meubles & immeubles.

UNE eſpèce particulière de ſimple homicide était punie comme le *meurtre*, ſans recours au privilège clérical : c'était de bleſſer mortellement avec un poignard, quoiqu'on fût ſoudainement provoqué. Le Statut 1 de Jacques I, ch. 8, déclare que quiconque frappe mortellement du poignard, lorſqu'il n'eſt menacé d'aucune arme, & qu'il n'a été frappé en aucune façon, ſi la mort ſuit la bleſſure dans l'eſpace de ſix mois, le délinquant ſera puni comme meurtrier, quand même il n'y aurait point eu de préméditation pour ce mauvais coup. Ce Statut fut fait à l'occaſion des fréquentes querelles & batteries à coups de poignard entre les Anglais & les Ecoſſais à l'avénement de Jacques I au trône. Ce Statut accommodé au temps, devrait ceſſer avec le mal qu'on voulait guérir ; car, en matière de Juſtice ſolide & ſubſtantielle, on ne peut pas dire que la façon de tuer, ſoit en poignardant, ſoit en étranglant, ſoit en aſſommant, puisse atténuer ou augmenter le délit; sinon dans le cas du poison qui porte avec lui l'évidence d'une atrocité de sang-froid & délibérée : mais la sagesse de la Législation a construit le Statut si favorablement en faveur du citoyen, & si strictement lorsque l'acte est contre lui, que le délit se retrouve sur le même pied qu'il était par le droit coutumier. Ainsi, sans répéter les cas ci-dessus mentionnés, savoir de poignarder une épouse adultère, &c. (lesquels cas ne sont que simples homicides), la construction du Statut a élevé un doute. Supposons que dans la querelle, le mort ait frappé un coup quelconque, avant que de recevoir le coup mortel; l'homicide reste-t-il soumis à toute la rigueur du Statut ? L'opinion la plus sûre est pour la négative. De plus, il est décidé que tuer en lançant un marteau, ou quelque chose de semblable, ne tombe point dans l'espèce du Statut; si c'est avec un pistolet, le cas est douteux. Mais si le mort avait un bâton à la main, ou qu'il ait lancé un pot, une bouteille à la tête de l'autre, ou s'il lui a tiré un coup de pistolet; c'est une preuve suffisante qu'il est de son côté dans le cas du Statut, & que celui qui a tué n'a commis qu'un simple homicide.

2. TRAITONS maintenant du *meurtre* ou de l'assassinat, forfait qui fait reculer la nature, & qu'on punit de mort, presque dans tous les pays; sans parler du précepte général que Dieu donna

à Noé (*a*). « Vous verferez le fang de quicon-
» que aura verfé le fang humain ». Les termes
de la Loi Mofaïque font vraiment emphatiques
dans la défenfe de pardonner le meurtrier (*b*):
« Vous ne prendrez point de fatisfaction pour
» la vie d'un meurtrier ; car la terre ne peut être
» purifiée du fang qu'il a répandu, que par le fien
» propre». C'eft pour cela que notre Loi a établi,
outre la pourfuite au nom du Roi, une feconde
pourfuite contre le meurtrier, par la voie d'*appel*, qui confifte en ce que le plus proche parent, ou un parent quelconque du mort, a droit
de s'oppofer à l'exécution de la Sentence, en cas
qu'elle foit favorable au meurtrier ; & l'oppofant
a droit de faire rejuger le criminel à fa propre
requête ; mais l'oppofition doit fe faire avant que
l'accufé foit élargi. Et cette oppofition a tant
de force, qu'elle lie les mains au Roi, pour faire
grace. Ainfi un Roi de la Grande-Bretagne,
quelque porté qu'il fût à la clémence, ne pourrait pas imiter ce Roi de Pologne dont parle
Puffendoff (*c*), qui s'imagina qu'il était convenable de remettre à la Nobleffe la peine du
meurtre par un Edit, dont voici l'arrogant préambule : *nos divini juris rigorem moderantes*, &c.
Nous, en corrigeant la rigueur du droit divin,
&c. Mais pefons la définition de ce grand
crime.

(*a*) Genef. 9, 6.
(*b*) Nomb. 36, 31.
(*c*) L. du N. liv. 8, ch. 3.

Le mot *meurtre* n'était anciennement appliqué qu'à l'action de tuer en secret ; il dérive de *Moerda*, expreſſion Teutonique, & on le définiſſait *homicidium quod, nullo vidente, nullo ſciente, clàm perpetratur*, homicide qui ſe fait en cachette & à l'inſçu de tout le monde, pour l'expiation duquel la terre ſeigneuriale où il s'était commis, ou ſi elle était trop pauvre, tout le canton était condamné à une forte amende, qui fut nommée *murdrum*. Tel était l'ancien uſage des Goths en Suède & en Danemarck ; ils ſuppoſaient que tout le voiſinage, à moins qu'il ne produiſît le meurtrier, avait commis le meurtre, ou du moins y avait connivé ; & au rapport de Bracton, cet uſage avait été introduit en Angleterre par le Roi Canut, pour préſerver ſes ſujets Danois de la main des Anglais ; & il fut continué par Guillaume le Conquérant, pour la ſûreté de ſes Normands ; & par prédilection pour les Normands, ſi l'on découvrait que le mort était Anglais, (dénonciation qu'on appellait *Angliſcherie*) le canton était déchargé de l'amende ; mais cette double balance ayant été ſupprimée par le Statut 14 d'Edouard III, ch. 4, nous pouvons à préſent, comme l'a obſervé Staundforde, définir le meurtre tout autrement, ſans avoir égard à la manière ouverte ou clandeſtine dont il ſe commet, ou à l'origine nationale du meurtrier.

Voici comme le Chevalier Edouard Coke

définit ou plutôt décrit le meurtre (a) : « si quel-
» qu'un, jouissant complétement de sa mémoire
» & de sa raison, tue illégalement une créa-
» ture humaine, qui vit sous la protection du
» Roi, avec dessein prémédité, soit explicite,
» soit implicite, il est sans contredit coupable
» de meurtre ». La meilleure façon d'examiner
la nature de ce délit, est de considérer toutes
les branches de la définition.

PREMIÈREMENT. Commis par une personne *qui jouit complétement de sa mémoire & de sa raison*: car un lunatique, un enfant, comme nous l'avons observé, sont incapables de crime, à moins qu'en certains cas ils ne montrent la conscience & le discernement du bien & du mal.

SECONDEMENT. Tue *illégalement*, c'est-à-dire, sans y être autorisé, & sans cause suffisante ; & il faut outre cela, pour constituer le meurtre, que l'attentat soit suivi de la mort ; car une simple attaque avec dessein de tuer, est seulement une *haute inconduite* ; quoiqu'autrefois on la rangeait dans la classe du meurtre. On peut tuer par le poison, par l'épée, par la faim, par la submersion, & par mille autres manières qui détruisent l'homme ; la plus détestable de toutes, c'est le poison, parce que c'est celle dont on peut le

---

(a) 3. Instit. 47.

moins se garder par le courage, ou la précaution; c'est pourquoi ce genre affreux de délit fut déclaré *trahison* par le Statut 22 de Henri VIII, ch. 9, & puni par un genre de mort plus cuisant & plus lent que le droit coutumier ne l'avait prescrit. On faisait bouillir l'empoisonneur jusqu'à extinction de vie; mais une Loi si dure n'était pas faite pour subsister long-temps en Angleterre. Elle fut abrogée par le premier Statut d'Edouard VI, ch. 12. Il y avait aussi une façon de tuer que le droit coutumier mettait au rang du meurtre, qui n'y est plus depuis long-temps; c'est le faux témoignage avec dessein prémédité de faire périr un innocent, qui périt effectivement. La Loi Gothique, en ce cas, punissait le témoin, le dénonciateur & les Juges, *peculiari pænâ judicem puniunt, peculiari testes, quorum fides judicem seduxit, peculiari denique & maximâ auctorem ut homicidam* (*a*) ». Et chez les Romains la Loi *Cornelia de Sicariis* punissait de mort le faux témoin comme coupable d'une espèce d'assassinat (*b*); il est certain que c'en est un dans le for de la conscience, comme si on assassinait avec une épée. Cependant notre Loi moderne, pour ne pas détourner les témoins de déposer sur des faits capitaux, si on leur fait entendre que c'est au péril de leur propre vie, n'a pas encore puni le faux témoignage

---

(*a*) Stiernh. *de Jure Goth*, l. 3. c. 3.
(*b*) §. 48, 8 1.

comme le meurtre. Mais en général quiconque fait une action propre à donner la mort, & la donne en effet, quoiqu'il n'ait pas porté le coup par lui même, est coupable de meurtre. C'était le cas de ce fils dénaturé, qui exposa son père malade à la rigueur de l'air, malgré sa résistance, & le fit mourir ainsi ; c'était encore celui d'une fille débauchée, qui exposa son enfant dans un verger où un oiseau de proie le tua à coups de bec. Il n'en est pas de même si un homme nourrit quelque bête dangereuse, & qu'après l'avoir laissé échapper, elle tue quelqu'un, c'est *simple homicide* : mais s'il l'a lâchée exprès pour faire peur au peuple, par manière de jeu, & qu'il en arrive mort d'homme, c'est comme s'il l'eût fait dans ce dessein, c'est meurtre. Si un Médecin ou un Chirurgien tuent un malade contre leur attente, ce n'est ni meurtre, ni simple homicide, c'est malheur, & ils ne peuvent être punis au criminel ; mais on peut les poursuivre au civil pour négligence ou ignorance ; mais si, sans être Médecin ou Chirurgien de profession & dans les règles, on tue un malade en s'y prenant mal pour le guérir, c'est du moins simple homicide. Néanmoins Matthieu Hale reprend la Loi sur cette disposition, puisqu'il y avait, dit-il, une Médecine & des remèdes avant qu'il y eût des Médecins & des Chirurgiens en règle ; & il traite cette doctrine d'apocriphe, & propre seulement à favoriser & flatter les Docteurs de la Faculté ; mais enfin elle peut servir à précautionner le peuple contre les Charlatans. Au reſte, pour conſtituer le meurtre en général, n'oublions pas qu'il faut que le malade maltraité, ou l'homme frappé d'un coup mortel, meure dans l'an & jour.

Avançons dans la définition ; la perſonne tuée doit être *une créature humaine qui vit ſous la protection du Roi* : delà mettre à mort un étranger, un Juif, un homme même qui n'eſt plus ſous la protection de la Loi, c'eſt autant *meurtre* que de tuer un Citoyen Anglais ; à moins que ce ne ſoit un ennemi en temps de guerre. Tuer un enfant dans le ſein de ſa mère, ce n'eſt pas meurtre, mais *haut mépris* ; mais ſi l'enfant venu au monde vivant, meurt à raiſon du breuvage adminiſtré à la mère, ou du froiſſement qu'il a reçu dans ſon ſein, c'eſt meurtre ; mais encore, vu qu'il y a un cas où il eſt très-difficile de prouver que l'enfant eſt né vivant, tel eſt le meurtre d'un bâtard par une mère dénaturée, le Statut 21 de Jacques I, ch. 27, déclare qu'une femme qui accouche d'un bâtard né vivant, dont elle cache la mort en l'enterrant ſecrètement, eſt ſoumiſe, comme meurtrière, à la peine de mort; à moins qu'elle ne prouve par la dépoſition au moins d'un témoin, que l'enfant eſt venu mort ; cette Loi d'une ſévérité outrée, qui ſuppoſe qu'avoir caché la mort de l'enfant, c'eſt une preuve qu'on l'a détruit, eſt pourtant reçue dans le Code Criminel de pluſieurs Nations de l'Europe, en Danemark, en Suède, en France. Mais, chez nous, depuis quelques années on demande la preuve complète que l'enfant était né vivant, avant que de pourfuivre la mère pour meurtre.

REPRENONS la définition. *Le deffein prémédité* entre néceffairement dans la nature du meurtre. C'eft le vrai *critérion* qui diftingue le meurtre ou l'affaffinat du fimple homicide. Cette méchanceté réfléchie n'eft pas tellement l'effet de la haine que l'affaffin porte à l'affaffiné, qu'elle ne puiffe être auffi en général l'affreux penchant d'un cœur dépravé & cruel. Le deffein prémédité eft exprimé par la Loi, ou déduit de la Loi. Il eft exprimé par les circonftances qui découvrent l'intention, des fignes antécédens d'une inimitié marquée, des menaces, une embufcade, des mefures prifes ; il eft exprimé nettement dans le duel réfléchi où les deux parties fe donnent ouvertement un rendez-vous, pour fe couper la gorge, dans le préjugé qu'il eft de l'honneur d'un gentilhomme, que c'eft un droit de nobleffe de fe jouer de fa propre vie & de celle des autres en bravant les Loix divines & humaines ; c'eft pourquoi la Loi a déclaré les duelliftes & leurs feconds *meurtriers*, & leur a infligé la peine du meurtre. Mais il faut tant de courage pour s'élever au-deffus des fauffes notions d'honneur répandues dans toute l'Europe, que les plus fortes prohibitions & la peine de mort ne viendront jamais à bout de déraciner cette malheureuse phrénésie ; à moins qu'on ne trouve quelque méthode pour obliger l'offenseur à donner à l'offensé quelqu'autre satisfaction, que le Public jugerait aussi valable que celle où la vie de l'offensé court autant de risque que celle de l'offenseur. Dans certains cas une méchanceté outrée équivaut à un dessein prémédiré. Par exemple, dans une querelle inopinée l'un frappe l'autre d'une manière cruelle & inusitée, jusqu'à mort ; quoique ce n'était pas son intention de tuer, il est coupable de meurtre ; c'est ainsi que le garde d'un parc avait attaché à la queue d'un cheval un voleur de bois qui, dans ce cruel supplice, fut traîné à travers le parc ; c'est ainsi encore qu'un maître avait corrigé son domestique avec une barre de fer, & un maître d'école son disciple, en le foulant inhumainement aux pieds ; ces trois victimes expirèrent ; & les trois délinquans furent jugés meurtriers ; parce que la correction étant excessive, & ne pouvant partir que d'une ame cruelle, elle fut regardée comme équivalente à un homicide prémédité. Tous trois par leur naturel violent furent réputés ennemis du genre humain, comme celui qui pousserait son cheval, ou qui tirerait un coup de fusil à travers une foule de peuple ; tel serait encore celui qui jurerait de tuer la première personne qu'il rencontrera, & la tue en effet ; c'est un meurtrier abominable ; car, s'il n'a pas agi par un sentiment particulier de haine, la haine du genre humain habite dans son cœur. De même, si deux méchans ou plus s'assemblaient pour troubler la paix publique, par quelqu'acte illégal, propre à causer quelqu'effusion de sang, & qu'il en arrivât effectivement, les deux ou trois méchans seraient tous coupables de meurtre, quand même un seul d'eux tous aurait tué, eu égard à l'illégalité du premier acte, & au mal prémédité.

Dans d'autres cas où la méchanceté n'est pas exprimée directement, la Loi la déduit ; par exemple, un homme tue un autre, sans être provoqué, ou après une légère provocation ; la Loi y présume, y voit la méchanceté d'un meurtrier, car il n'y a qu'un cœur extrêmement dépravé qui puisse s'abandonner si légèrement à un tel forfait. Une injure en paroles ou en gestes seulement, n'est pas une provocation suffisante pour excuser ou atténuer une violence qui met en danger la vie des hommes. Mais si quelqu'un légèrement provoqué montre par la façon dont il se venge qu'il ne veut que châtier l'insolent, & que néanmoins par un malheur imprévu la mort arrive, la Loi prononce que c'est *simple homicide*, & non *meurtre*. Au contraire si quelqu'un tue un Officier de Justice dans l'exercice de sa charge, ou un de ses suppôts, & même un particulier qui voudrait appaiser une émeute ou arrêter un malfaiteur, la Loi y découvre le meurtre. Pareillement l'erreur n'excuse pas du meurtre, lorfque l'intention eft criminelle; par exemple, A tire à B qu'il manque & tue C, c'eft un vrai meurtre, à caufe de l'intention criminelle que la Loi tranfporte de l'un à l'autre. Il faut dire la même chofe de celui qui empoifonnerait A, comptant empoifonner B. On ne finirait pas fi on voulait rapporter tous les cas d'homicide qui ont été jugés, ou expreffément, ou implicitement *meurtres*. Ceux que nous avons cités doivent fuffire pour juger des autres. Et on peut prendre pour règle générale, que tout homicide a un caractère de méchanceté, & monte conféquemment au degré du meurtre, à moins qu'il ne foit, ou juftifié par le commandement ou la permiffion de la Loi, ou excufé par le droit de chacun à fe conferver foi-même, ou atténué par la fuite involontaire d'une action qui était prefque légale, ou enfin par une provocation fubite & affez violente pour empêcher la réflexion; & le délinquant eft obligé, pour la fatisfaction de la Cour & des Jurés, de montrer toutes les circonftances de juftification, d'excufe ou d'atténuation. Les Jurés décident de la réalité de ces circonftances, & la Cour de leur valeur pour juftifier, excufer ou atténuer le délit; car tout homicide eft préfumé criminel, à moins que le contraire ne foit prouvé.

La peine du meurtrier & du fimple homicide était originairement la même : mais ils avaient pour en exempter l'un & l'autre le privilège clérical. Ainsi on ne faisait mourir que les ignorans qui ne savaient pas lire, c'est-à-dire, ceux qui sentaient le moins l'énormité du meurtre. Mais le Statut 23 de Henri VIII, ch. 1, & le premier d'Édouard VI, ch. 12, ont ôté au meurtrier le privilège clérical. Et dans les meurtres atroces, c'était assez l'usage d'exposer son cadavre enchaîné à un gibet sur le lieu où il avait commis le crime. Cela se pratique encore aujourd'hui pour les fameux voleurs. Cet usage contraire à la Loi Mosaïque (*a*) semble avoir été emprunté de la Loi civile (*b*) qui, outre la raison de l'exemple, en donne une autre, savoir pour la consolation des parens & des amis du malheureux assassiné. Mais à présent le Statut 25 de Georges II, ch. 37, oblige le Juge qui prononce la Sentence de faire exécuter le meurtrier le lendemain, à moins que ce ne soit un Dimanche, & de faire délivrer son corps aux Chirurgiens, pour être disséqué anatomiquement (*c*), & ensuite exposé dans les chaînes,

---

(*a*) « Le corps du malfaiteur ne doit pas rester toute la nuit attaché au gibet ; il faut l'inhumer le même jour, crainte qu'il ne souille la surface de la terre. » Deut. 21, ch. 23.

(*b*) *Famosos latrones, ubi grassati sunt furcâ figendos placuit, ut & conspectu deterreantur alii, & solatio sit cognatis interremptorum, eodem loco pœna reddita in quo latrones homicidia fecissent.* §. 48, 19, 18.

(*c*) T. Jusqu'au temps de François I la dissection du corps humain passait pour sacrilège. Nous en rions aujourd'hui. Tous les sujets de rire ne sont pas épuisés ; nous en laisserons qui nous regardent pour notre postérité.

& enfin pour n'être inhumé qu'après la diffection. Durant l'intervalle entre la Sentence & l'exécution, le meurtrier doit être gardé feul, & alimenté avec du pain & de l'eau feulement. Cependant on a donné au Juge le pouvoir de différer l'exécution fur des raifons valables, & de relâcher un peu de quelques difpofitions du Statut.

La Loi Romaine puniffait le *parricide* beaucoup plus févèrement que tout autre meurtre. Le fcélérat, après avoir été déchiré à coups de fouet, était coufu dans un fac de cuir avec un chien, un coq, une vipère, un finge, & jetté dans la mer. Il eft vrai que Solon n'avait fait aucune loi contre le parricide, ne croyant pas à la poffibilité d'un crime qui fait frémir la nature; & les Perfes, au rapport d'Hérodote, étaient dans la même idée, puifqu'ils croyaient bâtard un enfant qui aurait tué fon père putatif. C'eft à quelque raifon femblable que nous devons attribuer l'omiffion d'une peine exemplaire dans la Loi Anglaife, qui ne punit pas le parricide autrement que le fimple meurtre.

Quoique la Loi ne faffe pas attention à la parenté ou aux rapports de la nature dans la punition des délits, elle prend en confidération les rapports civils & eccléfiaftiques, lorfqu'ils accompagnent le meurtre. Elle y voit alors un
nouveau

nouveau délit qu'elle qualifie de *petite trahison*, aggravation du meurtre ; parce que le meurtrier a violé la fidélité qu'il devait à son supérieur. C'est ainsi que l'ancienne Constitution Gothique (*a*) mettait les délits contre les relations naturelles & civiles au rang des offenses contre l'État & le Souverain.

La petite trahison, conformément au Statut 25 d'Edouard III, ch. 2, peut arriver de trois façons, par un domestique qui tue son maître, par une femme qui tue son mari, par un Ecclésiastique, séculier ou régulier, qui tue son supérieur ; c'est trahison, puisqu'ils manquent à la fidélité & obéissance qu'ils doivent ; de même un domestique qui tue son maître, après l'avoir quitté à cause de quelque mécontentement lorsqu'il était à son service, n'en est pas moins coupable de petite trahison ; car la trahison était conçue dès le temps du service ; & l'exécution est l'effet de cette mauvaise intention. Ainsi encore une femme qui, après une séparation *à mensâ & thoro*, laquelle ne rompt pas le lien du mariage, se défait de son mari, c'est trahison. Enfin, un Ecclésiastique, qui doit obéissance canonique à l'Evêque qui l'a ordonné, à celui dans le Diocèse duquel il est Bénéficier, ou au

_____
(*a*) *Omnium gravissima censetur vis facta ab incolis in Patriam, subditis in Regem, liberis in parentes, maritis in uxores, servis in dominos.* Sthiern. *de Jure Gothico.* Lib. 3, c. 3.

Métropolitain de l'Evêque Diocéſain, tue l'un ou l'autre, un tel meurtre eſt aggravé par la trahiſon. Au reſte, tout ce que nous avons dit ou que nous dirons ci-après du meurtre eſt applicable au délit de petite trahiſon, qui n'eſt autre choſe que le meurtre dans un degré plus odieux.

La peine de petite trahiſon, pour un homme, eſt d'être traîné ſur la claie au gibet & pendu; pour une femme, d'être traînée ſur la claie, étranglée & brûlée. L'idée du ſupplice du feu pour la femme ſemble avoir été empruntée des anciens Druides; & c'eſt à préſent le ſupplice ordinaire pour toutes les eſpèces de trahiſon que ce ſexe peut commettre. Les coupables de petite trahiſon ont été exclus du privilège clérical par le Statut 12 de Henri VIII, ch. 7.

CHAPITRE XV.

Des délits contre la sûreté personnelle de chaque individu, au-dessous de l'homicide.

APRÈS avoir traité, dans le Chapitre précédent, du plus grand crime qu'on puisse commettre contre un particulier, celui de lui ôter la vie; passons à d'autres délits qui blessent seulement la sûreté de sa personne.

LES uns sont félonieux & capitaux de leur nature, les autres simple inconduite seulement, & punissables par des animadversions légères. Le plus grave des cas félonieux, c'est la mutilation.

I. LA mutilation, injure civile & criminelle tout à la fois, est une violence exercée sur quelque membre, qui rend le mutilé moins capable de combattre, ou de se défendre. Par conséquent couper, rompre, affaiblir une main, un doigt; arracher un œil, ou enlever d'autres parties dont la perte abbat le courage dans tous les animaux ; c'est mutilation. Mais couper seulement l'oreille, le nez, ou quelque partie semblable, n'est point réputé mutilation dans

O ij

le droit coutumier ; parce que ces parties ne font que défigurer, sans affaiblir.

L'ANCIENNE Loi Angloise condamnait le mutilateur à la peine du Talion, membre pour membre : telle est encore la Loi de la Suède ; mais elle a été révoquée chez nous ; parce que cette Loi, comme nous l'avons montré, est tout au plus une peine disproportionnée à l'offense ; & que si l'offense se répétait, la peine ne pourrait pas se répéter. Ainsi par le droit coutumier depuis long-temps la mutilation se punit par l'amende & la prison ; excepté peut-être la mutilation par *castration*, que nos anciens Juristes taxent de félonie : *Et sequitur aliquando pœna capitalis, aliquando perpetuum exilium, cum omnium bonorum ademptione*, punissable quelquefois par la mort, quelquefois par l'exil avec confiscation des biens ; & cela quand même la plus forte provocation aurait causé la castration (*a*).

MAIS la Législation s'est expliquée plus nettement sur la mutilation & la peine, premièrement, par le Statut 5 de Henri IV, ch. 5, qui

_____

(*a*) Tel était le cas rapporté par Édouard Coke. Il cite un registre du règne de Henri III, qui fait mention d'un Gentilhomme de Sommersetshire, arrêté & poursuivi en Justice, pour avoir exercé cette vengeance sur un Moine surpris en adultère avec sa femme.

Abélard à qui le même malheur arriva, ne s'en plaignit pas en Justice, & peut-être fit-il mieux.

voulait remédier à de grands désordres qui prévalaient en ce temps. Les méchans, afin de battre, blesser, voler avec plus de sûreté, coupaient la langue, ou crevaient les yeux, pour supprimer le plus fort témoignage du crime. Ce délit est déclaré félonie. Secondement, le Statut 37 de Henri VIII, ch. 6, condamne celui qui couperait une oreille, non-seulement à un dédommagement pécuniaire à la personne mutilée pour réparation civile, mais encore à dix livres d'amende envers le Roi pour satisfaction au criminel. Le dernier & le plus sévère Statut est le 22 de Charles II, ch. 1, intitulé l'*acte de Coventry*, parce qu'il fut occasionné par une violence exercée sur Jean Coventry à qui on fendit le nez en pleine rue, à cause de quelques paroles déplaisantes qu'il avait proférées dans le Parlement. Ce Statut déclare que si quelqu'un de dessein prémédité, & cherchant l'occasion, coupe ou déshabilite la langue, crève un œil, fend ou coupe le nez, la lèvre, coupe ou déshabilite quelque membre que ce soit, pour mutiler ou défigurer; lui, ses conseils, ses aides, ses complices seront coupables de félonie, avec exclusion du privilège clérical (*a*).

(*a*) Ce Statut donna lieu à une contestation remarquable. Un Professeur en Droit, M. Coke de Suffolk, & le Laboureur Woodburn furent dénoncés en 1722, Coke pour avoir engagé Woodburn à assassiner Gripe son beau-frere (de Coke), & Woodburn, pour avoir exécuté de son mieux. Le cas avait quelque chose de

C'en est assez sur la félonie de mutilation, à laquelle on peut ajouter le crime de tirer volontairement & méchamment sur quelqu'un avec danger de le tuer ou de l'estropier, même sans effet ; c'est félonie, sans pouvoir recourir au privilège clérical. Ainsi l'a déclaré le Statut 9 de Georges I, ch. 22 ; c'est en conséquence qu'un certain Arnold fut poursuivi en 1723, pour avoir tiré sur le Lord Onslow, & condamné ; mais comme il était à moitié fou, il ne fut pas exécuté, on le retint en prison où il est mort trente ans après.

II. Le second délit contre la sûreté personnelle, regarde le sexe féminin ; c'est de forcer

---

singulier & d'embarrassant ; la mort de Crispe avait été projettée, & effectivement il fut laissé pour mort, tailladé avec une serpe, & tout défiguré, le nez coupé ; il en revint pourtant. Voici l'embarras où se trouvèrent les Juges. La simple intention du meurtre, lorsque la mort ne suit pas, n'est pas félonie ; mais défigurer quelqu'un avec l'intention de défigurer, c'est félonie par le Statut que nous venons de rapporter, & en vertu duquel les deux délinquans furent poursuivis. Coke, la honte des Juristes, eut l'effronterie d'établir sa défense sur ce point, que la violence exercée sur Crispe n'avait point été faite dans l'intention de défigurer, mais de tuer ; & que par conséquent ni lui, ni Woodburn, n'étaient compris dans la disposition du Statut ; mais la Cour indignée soutint qu'attaquer pour tuer avec un instrument telle qu'une serpe, tout propre à défigurer, ce qui était arrivé effectivement, c'est se mettre dans les liens du Statut ; & les Jurés n'eurent plus qu'à examiner, s'il y avait eu ou non projet de tuer en défigurant, & conséquemment de défigurer, aussi-bien que de tuer. Les Jurés jugèrent les deux accusés coupables du premier crime pour arriver au second qui était leur principal objet ; & tous deux furent condamnés à mort & exécutés. State trials, 6, 212.

une femme au mariage, ce qu'on appelle vulgairement voler une héritière. Le Statut 111 de Henri VIII, ch. 2, déclare que celui qui enlève une femme, fille, veuve, contre sa volonté par la paſſion du lucre, parce qu'elle a de la fortune en biens meubles ou immeubles, ou qu'elle eſt héritière apparente de ſes pères, pour l'épouſer, ou la faire épouſer à un autre, ou encore s'il en a abuſé; lui & ſes acceſſoires ſont coupables de félonie; & de plus le Statut 39 d'Eliſabeth, ch. 9, ôte le privilège clérical aux acceſſoires, comme au principal délinquant, il n'excepte que les acceſſoires après le fait.

Dans la conſtruction du Statut, il eſt énoncé, 1°. que le bill d'accuſation doit aſſurer que l'enlévement a été fait par amour du lucre. 2°. Pour le prouver, il faut que la perſonne forcée ait une fortune acquiſe, ou du moins qu'elle attende, ſelon toute apparence, un héritage conſidérable. 3°. Il faut qu'elle ait été enlevée contre ſa volonté. 4°. Il faut qu'elle ait été mariée après l'enlévement, ou déflorée; & quand même après le mariage ou la défloration on l'aurait amenée par careſſes à donner ſon conſentement, c'eſt cependant félonie, parce que l'enlévement a été contre ſa volonté; & ainſi *vice verſâ*; ſi la femme a été d'abord enlevée de ſon conſentement, & qu'enſuite elle refuſe de continuer à vivre avec ſon raviſſeur, qui alors uſe de force pour l'épouſer, dès ce moment elle n'eſt pas plus libre que si elle n'avait jamais donné son consentement ; car jusqu'au moment où la force a été employée elle pouvait disposer d'elle-même. 5°. On tient pour constant que la femme ainsi enlevée & mariée peut, sous serment, témoigner contre son ravisseur, quoiqu'il soit son mari de fait, contre la Loi générale, parce qu'il n'est pas son mari de droit, dans le cas où le mariage a été contre sa volonté. Dans l'autre cas où le mariage serait bon par le consentement qu'elle y aurait donné, après l'enlévement de force, Matthieu Hale demande si son témoignage doit être admis ; nombre de Jurisconsultes répondent que même alors il faut l'admettre, estimant qu'il est absurde que le ravisseur puisse tirer avantage de son crime ; & que le mariage même qui fait la plus grande partie de son crime lui serve, par une interprétation forcée de la Loi, à fermer la bouche du témoin le plus nécessaire contre lui.

Un délit inférieur dans cette espèce, sans être accompagné de la force, est punissable par les Statuts 4 & 5 de Philippe & Marie, ch. 8, qui déclarent que si quelqu'un au-dessus de quatorze ans, enlève une fille au-dessous de seize, par séduction, contre la volonté de son père, de sa mère, ou des personnes qui l'ont en leur garde, il doit être emprisonné pour deux ans, ou amendé à la discrétion des Juges ; & s'il la déflore, ou qu'il l'épouse sans le consentement des parens, il eſt condamné à une priſon de cinq ans, ou à une amende à la diſcrétion des Juges. Quant à elle, l'uſufruit de ſes terres eſt confiſqué au profit de ſon plus proche parent, tant que le raviſſeur vit. Comme ces ſortes de mariage au deſſous de l'âge de ſeize ans ſe faiſaient ordinairement par intérêt, le Statut, outre la punition du ſéducteur, a ſagement éloigné la tentation ; mais cette dernière partie du Statut eſt tombée en déſuétude, par une diſpoſition ſubſéquente d'un autre Statut qui déclare le mariage nul. C'eſt le 26 de Georges II, ch. 33.

III. Un troiſième délit bien plus grave qu'un mariage forcé, c'eſt le *viol*. Il était puni de mort par la Loi Moſaïque (*a*), ſi la fille violée était fiancée à un autre ; ſinon le coupable était condamné à une groſſe amende payable au père de la fille, & à l'épouſer, ſans pouvoir jamais la répudier, ce qui était permis en général par la Loi.

La Loi civile (*b*) puniſſait auſſi ce crime par la mort & la confiſcation des biens, & ſous le mot *viol* elle entendait auſſi le *rapt* dont nous venons de parler. L'un & l'autre, ou l'un des deux ſans l'autre, était un crime capital. Ainſi enlever une fille à ſes parens ou à ſes gardiens, & la débaucher, ſoit qu'elle y conſentît ou non,

_____

(*a*) Deuter. 22, 25.
(*b*) Cod. 9, tit. 13.

c'était encourir la même peine par les Edits des Empereurs : « *Sivè volentibus, sivè no-lentibus mulieribus tale facinus fuerit perpetratum* ; » c'était sans doute pour éloigner des femmes le danger de perdre leur honneur. Les Loix Romaines supposaient qu'elles ne s'écartaient jamais de la vertu, sans la séduction & les artifices de l'autre sexe ; & par conséquent en attachant des peines si sévères aux sollicitations des hommes, ils prétendaient mettre en sûreté l'honneur des femmes. Mais nos Loix ne se font pas une idée si sublime de cet honneur, jusqu'à jetter tout le blâme d'une faute mutuelle sur un seul des deux coupables ; c'est pourquoi pour constituer le viol, il faut que l'acte soit positivement contre la volonté de la femme.

Le viol, en Angleterre, était aussi puni de mort par les Loix Saxonnes, & en particulier par celles d'Athlestan (*a*) à l'imitation de l'ancienne Constitution Gothique & Scandinavienne ; mais la peine parut trop dure, & Guillaume le Conquérant lui en substitua une autre, sévère à la vérité, mais non capitale ; c'était la castration & la perte des deux yeux (*b*) qui continua jusqu'au règne de Henri III ; mais, pour prévenir les fausses accusations, la Loi exigea que la femme violée allât incontinent, *dum re-*

(*a*) Bracton, l. 3, ch. 28.
(*b*) II. Guill. Conq. ch. 19.

eens fuerit maleficium, à la ville la plus prochaine découvrir l'outrage à des gens dignes de foi, & en informer le grand Conftable du canton (*a*), les Coroners & le Shériff. Cela s'accorde avec les Loix d'Écoffe & d'Arragon qui prefcrivent de rendre plainte dans l'efpace de vingt-quatre heures ; quoique dans la fuite le Statut 1 de Weftminfter, ch. 13, a étendu le terme à quarante jours pour l'Angleterre. A préfent il n'y a plus de temps limité pour la plainte ; car le viol étant pourfuivi au nom du Roi, la maxime, *nullum tempus occurrit Regi*, il eft toujours temps pour le Roi, conferve ici toute fa force ; mais les Jurés écoutent rarement une plainte furannée. Autrefois on tenait pour Loi que la femme violée pouvait, avec le confentement des Juges & de fes parens, racheter le coupable en l'époufant, pourvu qu'il y confentît de fon côté, & non autrement.

Sous le règne d'Edouard I, le Statut de Weftminfter 1, ch. 13, adoucit la peine du viol qui fut taxé de fimple *inconduite*, lorfqu'il n'était pas pourfuivi par la femme dans l'efpace de quarante jours ; & le Statut condamnait feulement le délinquant à deux ans de prifon, & à une amende à la volonté du Roi. Mais cette mitigation ayant amené les plus fâcheufes fuites, on

---

(*a*) Outre les petits Conftables, c'eft-à-dire, les Commiffaires de quartier dans les Villes, il y a dans les Provinces les grands Conftables pour chaque canton.

crut qu'il était nécessaire, dix ans après, sous le même règne de replacer le viol dans la classe de *félonie*. C'est ce qui fut fait par le Statut 2 de Westminster, ch. 4, & même sans recours au privilège clérical, comme l'a déclaré le Statut 18 d'Elisabeth, ch. 7; on comprend dans cette rigueur l'abominable scélératesse de violer ou d'abuser d'une petite fille au-dessous de l'âge de dix ans; dans lequel cas on n'a aucun égard au consentement, ou à la résistance, parce que cet âge tendre n'est capable ni de jugement ni de discernement suffisant. Matthieu Hale est d'avis qu'un tel attentat sur une fille au-dessous de *douze* ans, avec ou sans consentement, monte au degré de viol & de félonie; mais la Loi est précise pour l'âge au-dessous de dix.

La Loi présume qu'un garçon au-dessous de quatorze ans est incapable de viol, & par conséquent on ne peut lui faire son procès; car quoique dans les autres cas de félonie, la malice peut suppléer à l'âge, dans celui-ci, la Loi suppose une faiblesse de corps aussi-bien que d'esprit.

La Loi civile paraît supposer qu'une prostituée est inoffensable par le viol (*a*): elle ne s'est pas crue obligée à venger la chasteté de celle qui n'en a point. Mais la Loi Anglaise n'est pas

_____
(*a*) Cod. 9, 9, 22.

assez dure pour ôter toute sûreté, tout asyle aux prostituées, & les juger incapables d'amendement. Elle qualifie donc de félonie le viol d'une prostituée ou d'une concubine; elle se fonde sur ce que l'une & l'autre peuvent avoir renoncé au désordre; car, selon la remarque judicieuse de Bracton, (a) « quoiqu'elle ait été prostituée » auparavant, elle ne l'était certainement pas » au moment qu'elle résistait à la violence. »

Quant au détail des faits substantiels que la Loi requiert pour preuves de viol, & que l'on trouve dans les Auteurs qui ont traité des matières criminelles, ils sont d'une nature à n'être pas discutés publiquement, si ce n'est dans une Cour de Justice; nous nous contenterons donc de quelques remarques de Matthieu Hale sur la compétence & la valeur des témoins, choses qu'on peut examiner sans blesser la pudeur.

Premièrement, la femme qui se plaint d'avoir été violée est témoin compétent sous la foi du serment. Mais jusqu'à quel point doit-on la croire? C'est aux Jurés à en décider par les connaissances du fait. Par exemple, ils examinent si la déposante jouit d'une bonne réputation; si elle a dénoncé l'outrage sans perdre de temps, & fait des recherches pour trouver le coupable, dans le cas où il aurait pris la fuite;

(a) Fol. 147.

ces circonstances & d'autres semblables donnent beaucoup de probabilités à son témoignage. Mais au contraire, si elle est mal famée, si aucune honnête femme ne veut répondre de sa bonne conduite ; si elle a caché l'outrage pendant un temps considérable où elle pouvait en rendre plainte ; si du lieu où elle dit qu'elle a été outragée elle pouvait faire entendre ses cris, & qu'elle n'ait pas crié ; de telles circonstances donnent une forte présomption, quoique non absolument concluante, contre la vérité de son témoignage.

Secondement, si le viol s'est commis sur une fille au-dessous de douze ans, elle peut être témoin compétent, pourvu qu'elle ait assez de discernement pour connaître la nature & la sainteté du serment ; & au cas même qu'elle n'ait pas ce discernement, Matthieu Hale pense qu'on doit l'entendre sans serment, & par une courte déposition, quoique cela ne suffirait pas pour convaincre le coupable ; & il en donne plusieurs raisons ; la première, c'est que le délit étant secret par sa nature, il peut d'abord n'y avoir aucune autre preuve du fait, quoique dans la suite d'autres circonstances peuvent en amener ; la seconde, c'est que la Loi admet le témoignage de la mère, ou de quelque parente à qui l'enfant a tout dit ; or il est plus à propos pour les Juges d'entendre l'enfant elle-même, que de recevoir sa déposition de la seconde main, c'est-à-dire, des personnes qui jurent qu'ils ont entendu le récit ; & il est reçu aujourd'hui qu'on doit entendre la petite fille de quelqu'âge qu'elle soit, sous la foi du serment, si elle en a quelqu'idée ; car l'expérience a prouvé plus d'une fois que l'enfance rend clairement témoignage à la vérité. Mais au fond dans tous les cas, qu'on fasse prêter serment à l'enfant ou non, il est à souhaiter, pour donner du poids à son témoignage, que le temps, le lieu & d'autres circonstances viennent à l'appui, & que la conviction ne soit pas uniquement fondée sur la simple accusation d'un enfant qui n'a pas l'âge de raison. Il peut donc y avoir dans des cas de cette nature, des témoins compétens qu'il convient d'entendre, sans que pour cela les Jurés soient obligés d'y croire ; car l'excellence des jugemens par la voie des Jurés, est qu'ils sont Juges, du mérite des témoins, aussi-bien que de la vérité du fait.

Il est vrai, dit un Juge très-éclairé (*a*), « que le viol est un crime détestable, qu'il doit être impartiellement & sévèrement puni de mort ; mais il faut se souvenir que l'accusation est aisée à faire, difficile à prouver, & plus difficile encore à réfuter de la part de l'accusé, tout innocent qu'il pourrait être ; » il rapporte ensuite deux cas fort extraordinaires de fausses

---

(*a*) Hal. p. c. 633.

accusations & d'injustes poursuites dans cette espèce, qui prouvent bien la justesse de ses observations ; & il conclut ainsi : « j'ai rapporté ces
» exemples pour nous rendre plus circonspects
» sur les dénonciations de cette espèce, où les
» Tribunaux & les Jurés peuvent s'en laisser
» imposer, s'ils ne se tiennent extrêmement sur
» leurs gardes ; l'odieux du crime transporte
» quelquefois le Juge & les Jurés d'une telle
» indignation, qu'ils prennent, par trop de cha-
» leur, pour conviction des témoignages faux
» & méchans. »

IV. Les observations que nous venons de faire, spécialement sur la bonté des preuves qui doivent être plus claires en proportion de la grandeur du crime, doivent être appliquées à un autre délit d'une espèce encore plus détestable ; c'est le crime infame contre nature, *sodomie* & *bestialité*, délits qui demandent d'être prouvés le plus rigoureusement, & le plus impartiellement qu'il est possible ; mais ils sont de leur nature si obscurs, si aisément imputés, si difficilement réfutés, que la preuve en doit être claire comme le jour ; & si l'accusation se trouve fausse, elle mérite une peine précisément au-dessous de celle que le crime même mérite.

Nous ne voulons pas nous arrêter plus long-temps sur un sujet aussi révoltant pour nos Lecteurs & pour nous-mêmes, & dont la définition seule

seule est une disgrace pour la nature humaine. Imitons plutôt la délicatesse de notre Loi Anglaise qui, dans la poursuite de ce délit, en parle comme d'une horreur qu'il ne faut pas nommer, *peccatum illud horribile, inter christianos non nominandum* : L'Edit de l'Empereur Constance s'est tenu dans la même réserve : *Ubi scelus est id quod non proficit scire, jubemus insurgere leges, armari jura gladio ultore, ut exquisitis pœnis subdantur infames qui sunt, vel qui futuri sunt rei* (a). Cela nous conduit à dire un mot sur la peine.

ELLE doit être capitale, si on écoute la voix de la nature, de la raison & de la loi divine (b). Nous en avons un exemple signalé, long-temps avant la Loi des Hébreux, dans la destruction de deux Cités par le feu du Ciel; ainsi la peine de mort est de précepte général; aussi notre ancienne Loi condamnait au feu les pédérastes. Fléta dit pourtant qu'on les enterrait tout vivans; les anciens Goths infligeaient l'une & l'autre peine indifféremment. Mais à présent la peine générale de toute félonie est la même, c'est-à-dire, la potence; & ce délit a été déclaré félonie par le Statut 25 de Henri VIII, ch. 6, à quoi le Statut 5 d'Elisabeth, ch. 17, ajoute l'exclusion du privilège clérical; & la Loi veut que l'agent & le patient, si tous deux sont arrivés à

(a) Cod. 9, 9, 31.
(b) Levit. 10, 15, 15.

l'âge de raison, soient également punis (a).

TELS sont les délits principaux contre la sûreté personnelle. Il en est d'une espèce moins grave qui, sans être *félonieux*, méritent pourtant l'animadversion des Loix sous la qualification d'*inconduite* : les *assauts*, les *batteries*, les *emprisonnemens illégaux*, les *enlévemens*.

V, VI, VII. ON punit les trois premiers délits par l'amende, la prison, ou quelque peine corporelle & ignominieuse, quand des circonstances aggravantes s'y joignent, comme dans le cas d'un assaut avec intention de meurtre.

IL y a une espèce de *batterie* plus grave & plus punissable que les autres, c'est de battre un Ecclésiastique qui est dans les Ordres, c'est violer le respect qui est dû à un caractère sacré, & à un Ministre de paix. Le Statut 9 d'Edouard II, ch. 3, nommé *articuli Cleri*, déclare que celui qui aura frappé un Clerc, sera poursuivi au nom du Roi & au Tribunal de l'Evêque qui le châ-

---

(*a*) T. Le Président de Montesquieu, sans vouloir diminuer l'horreur que l'on a pour un crime que la Religion, la Morale & la Politique condamnent tour à tour, observe que le punir comme on faisait, sous l'Empereur Justinien, sur la déposition d'un témoin, quelquefois d'un enfant, quelquefois d'un esclave, ce serait ouvrir une porte bien large à la calomnie; qu'il vaut mieux le proscrire par une police exacte, comme toutes les violations de mœurs, que par un supplice public qui divulgue l'existence d'un crime dont on ne devrait pas soupçonner la possibilité. *Esp. des Loix*, liv. 12, ch. 6.

tiera par l'excommunication, & des pénitences corporelles, sauf au délinquant à racheter l'offense par de l'argent donné à l'Evêque, ou à la partie offensée ; mais la poursuite se fait & doit toujours se faire dans une Cour Ecclésiastique, pour commuer la peine en argent. Dans tout cela on voit que celui qui est assez brutal pour frapper un Ecclésiastique est soumis à trois sortes de poursuites pour la même offense, l'une au nom du Roi, pour être amendé, l'autre au civil en réparation de dommage pour la partie offensée, la troisième dans la Cour Ecclésiastique, *pro correctione & salute animæ*, pour y être condamné à quelque peine rachetable par de l'argent ; car c'est l'usage des Cours Ecclésiastiques de commuer en argent les censures spirituelles, peut-être parce que la pauvreté est regardée par les Moralistes comme la meilleure médecine de l'ame.

VIII. L'EMPRISONNEMENT illégal qui viole la liberté naturelle, donne une action civile à la partie lésée, en réparation de dommages. Mais la Loi veut encore une vengeance publique pour la perte que l'Etat a soufferte par la captivité d'un de ses membres, & par la brèche faite au bon ordre de la société. Nous avons vu ci-devant que le plus haut degré de ce délit est d'envoyer un sujet du Royaume dans une prison au-delà des mers, où il est privé de l'assistance compatissante des Loix, qui pourraient le tirer de fa captivité. Cette violence eft punie par les peines qui font indiquées dans le *Præmunire*, & par l'incapacité de poffeder aucun Office, fans poffibilité de pardon (*a*). Les degrés inférieurs de ce délit font punis par l'amende & la prifon; & il n'y a pas de doute que tous les délits de nature publique, tout ce qui trouble la paix de la fociété, toute oppreffion & autres inconduites d'un exemple dangereux, ne doivent être pourfuivis par la partie publique au nom du Roi.

IX. Le délit nommé *Kidnapping* en Anglais fignifie littéralement *enlévement d'enfant*. Mais la Loi l'a étendu à l'enlévement de quelque perfonne que ce foit, de tout âge, homme ou femme, pour les vendre ou les occuper contre leur gré. C'était un crime capital contre la Loi Judaïque: « fi quelqu'un enlève un homme & » le vend, ou fi on le trouve dans fa main, il » faut mettre à mort le coupable (*b*). » La Loi civile qui nommait ce délit *plagium*, & le délinquant *plagiarius*, le puniffait auffi de mort (*c*). C'eft fans doute un crime bien odieux, puifqu'il ôte des fujets à l'État, puifqu'il arrache le citoyen à fa Patrie, & qu'il peut expofer le malheureux enlevé, à la vie la plus laborieufe & la

---

(*a*) Stat. 31 de Charles II, ch. 2.
(*b*) Exod. 21, 16.
(*c*) Ff. 48, 15, 1.

plus dure. Le droit coutumier en Angleterre le puniffait par l'amende, la prifon & le pilori; & le Statut 11 de Guillaume III, quoique principalement dirigé contre les pirates, renferme une claufe qui tend à prévenir l'abandon de qui que ce foit en pays étranger, en déclarant qu'un Capitaine de vaiffeau qui force quelqu'un de fon équipage à defcendre pour ne pas le ramener en Angleterre, s'il defire d'y revenir, fera condamné à trois mois de prifon. Nous ne pousserons pas plus loin ce Chapitre des délits contre la fûreté perfonnelle.

CHAPITRE XVI.

Des délits contre les habitations des Particuliers.

Les deux principaux délits contre les habitations des particuliers, sont d'y mettre le feu, ou d'y faire effraction nuitamment.

I. L'INCENDIE volontaire d'une maison, ou de ses dépendances, est un crime d'une grande méchanceté, plus pernicieux au public que le simple vol; non-seulement parce que c'est violer un droit acquis par la loi de nature & par les loix de la société, mais encore à cause de la terreur & de la confusion qui accompagnent toujours l'incendie. Dans le vol, la chose volée ne fait que changer de maître, & reste toujours en son entier pour le service du public; dans l'incendie elle périt absolument. L'incendie est souvent même pire que le meurtre qu'il entraîne assez fréquemment après lui. En effet le meurtre, quelqu'atroce qu'il puisse être, s'étend rarement au-delà des bornes qu'il s'est prescrites; au lieu que l'incendie enveloppe trop souvent dans ses ravages des personnes inconnues à l'incendiaire, des personnes qu'il n'avait nulle envie de molester, des amis comme des ennemis. C'est pour cette raison que la Loi civile punit de mort ceux qui mettent le feu aux maisons des villes, ou à celles qui se trouvent contiguës à d'autres. Elle n'est pas si si sévère pour celui qui mettrait le feu à une simple chaumière, ou à une maison isolée.

Notre Loi Anglaise établit aussi des distinctions très-marquées dans ce delit. Elle détermine d'abord l'espèce de maison qui constitue le délit ; ensuite le délit en lui-même & la peine.

1. Non-seulement la maison elle-même, mais encore ses dépendances, quoique non contiguës, ni sous le même toît, comme les granges, les étables, constituent le délit; & cela par le droit coutumier qui taxe aussi de félonie l'incendie d'une simple grange au milieu d'un champ, si elle est remplie de foin ou de blé, encore qu'elle ne fasse pas partie de la maison habitée. De même, brûler un tas de blé sur un champ, était aussi félonie. Mais toutes les distinctions pointilleuses que nous trouvons dans nos anciens Livres sur l'*incendiat* (a) deviennent

_____

(a) T. Ceux qui croyent que tout est bien chez eux, louent jusqu'à la richesse de notre Langue. La preuve la plus sensible qu'ils en donnent, c'est que nos grands Ecrivains ont exprimé tout ce qu'ils ont voulu. On peut répondre, 1°. que c'était en introduisant dans la Langue des mots qui n'y étaient pas ; 2°. qu'en y regardant de près on s'apperçoit qu'ils ont employé plus d'une fois des périphrases où une seule expression aurait été plus énergique. D'autres Lettrés moins prévenus par l'esprit de propriété voudraient trouver dans notre Langue cette abondance qui les charme dans les Langues étrangères mortes ou vivantes ; car sans parler des augmentatifs, des diminutifs, des *in* privatifs dont elle est dépourvue, il est clair que nous avons des adjectifs sans

inutiles par la variété des Statuts, dont nous ferons mention dans le Chapitre suivant, qui ont réglé la peine du délit sur son étendue. Mettre le feu volontairement à sa propre maison, & occasionner par-là l'incendie de la maison voisine, c'est *incendiat*, c'est félonie; mais si le feu n'a pas pris à la maison voisine, ce n'est pas félonie, quand même il serait prouvé que le propriétaire de la maison brûlée avait intention de brûler son voisin; car, par le droit coutumier, l'intention, sans effet, de commettre un crime n'est pas le crime même; excepté dans certains cas par des Statuts particuliers. Néanmoins en tout état de choses, mettre le feu volontairement à sa propre maison dans une ville, c'est *haute inconduite* punissable par l'amende, la prison, le pilori, avec obligation de donner caution pour toujours, d'une meilleure conduite; & si un Seigneur de terre brûle la maison qu'il a donnée à ferme, il est coupable d'*incendiat*; car pendant le bail la maison est censée la propriété du tenancier (*a*).

---

substantifs. Il n'y a pas long-temps que l'Académie nous a donné le mot *tendreté*; & à remonter plus haut, nous ne nous sommes pas contentés du mot *assassin*, nous en avons tiré *assassinat*; pourquoi du mot *incendiaire* ne formerions-nous pas *incendiat*? On sent assez que le terme *incendie* ne rend pas la même idée; l'*incendiat* est toujours criminel, l'*incendie* peut ne l'être pas. Nous demandons grace au Lecteur pour quelques autres termes nouveaux, la pénurie de notre Langue nous y forcera dans la suite de cette traduction.

(*a*) *Tenancier* ou *Fermier*, celui qui tient à bail. La plûpart des baux en Angleterre se font pour quatre-vingt-dix neuf ans.

2. TENTER, sans effet, de mettre le feu à une maison, n'est pas compris dans les mots dont se servait la Loi Latine dans la poursuite des incendiaires, *incendit* & *combussit* ; ce n'est pas incendiat. Il faut pour constituer le délit que quelque partie de la maison ait été réellement brûlée, sinon ce n'est que haute inconduite. A plus forte raison l'incendie causé par négligence ou malheur ne tombe pas dans l'espèce de félolonie. C'est pour cette raison que Matthieu Hale, contre le sentiment des anciens Juristes, ne traite pas de félon celui qui, en tirant un coup de fusil, quoique sans qualité pour le port d'armes, met le feu à une chaumière. Mais le Statut 6 de la Reine Anne, ch. 31, condamne tout domestique qui, par négligence, met le feu à la maison ou à ses dépendances, à cent livres d'amende, ou à être renfermé dans la maison de correction pour dix-huit mois. C'est ainsi que la Loi Romaine condamnait au fouet ceux qui n'avaient chez eux aucune attention contre le feu (*a*).

3. NOTRE ancienne Loi Saxone punissait de mort les incendiaires ; & sous le règne d'Edouard I, le genre de mort était le feu par la Loi du Talion : même peine dans les Constitutions Gothiques. Le Statut 8 de Henri VI, ch. 6. qualifie l'incendiat de *haute trahison*, lorsqu'il est accompagné de certaines circons-

---

(*a*) Ff. 1, 15, 4.

tances dénommées dans le Statut; mais il a été remis dans les espèces de simple félonie par les actes généraux d'Edouard VI & de la Reine Marie; & maintenant la peine de toute félonie capitale est uniforme, c'est la potence. Le Statut 21 de Henri VIII, ch. 1, refuse le privilège clérical aux incendiaires; mais il a été annullé par le 1er. d'Edouard VI, ch. 12; & dans la suite cependant on a cru que l'incendiaire principal ne pouvait recourir au privilège, par une induction tirée de deux autres Statuts 4 & 5, de Philippe & Marie, qui refusent expressément le privilège à l'incendiaire accessoire; mais depuis ce temps, le Statut 9 de Georges I, chap. 22, l'a ôté formellement à l'incendiaire principal.

II. ENTRER de nuit dans une maison avec effraction (*a*) ce fut toujours un délit très-odieux, non-seulement à cause de la terreur qu'il porte avec lui, mais encore de l'invasion du droit d'habitation qui serait même sacré dans l'état de nature, & qui serait puni de mort, à moins que l'assaillant ne fût le plus fort; mais dans l'état de société, les Loix viennent au secours du faible; & outre qu'elles lui laissent son

---

(*a*) T. Voilà bien des mots pour exprimer un délit que la Langue Anglaise rend en un seul *burglary*. Volons la, elle nous a tant volés, mais avec un petit changement final; au lieu de *Burglary*, disons *Burglarie*. Ce mot, il est vrai, n'aura point de parens dans notre Langue, mais on y en a fait entrer tant d'autres qui n'en avaient pas plus.

droit naturel de tuer l'affaillant, s'il le peut, elles le protègent & le vengent dans le cas où l'affaillant a été le plus fort. La Loi Anglaife a une haute idée de la fûreté d'un Particulier dans fa maifon qu'elle appelle fa forterefſe, & jamais elle ne fouffre qu'on la viole impunément, d'accord en cela avec les fentimens de l'ancienne Rome, exprimés dans ces paroles de Cicéron, *quid enim fanctius, quid omni religione munitius, quam domus uniuscujufque civium*; qu'y a-t-il de plus facré dans toutes les Religions, que la maifon de chaque Citoyen ? C'eſt pour cette raifon qu'en général il n'eſt pas permis de forcer une maifon pour exécuter une fentence civile, mais feulement dans le criminel ; parce que la fûreté publique l'emporte fur la fûreté privée. De-là il eſt permis par la Loi à un particulier, pour défendre fa maifon, d'affembler les voifins, fans excéder le nombre de douze, & fans danger d'émeute ; ce qui eſt défendu en tout autre cas.

Voici la définition de la *Burglarie* par Edouard Coke : « c'eſt entrer de nuit dans une » maifon, avec effraction, pour y commettre une » félonie. » Il y a quatre chofes à confidérer dans cette définition : le *temps*, le *lieu*, la *manière* & l'*intention*. Nous avons vu, dans le cas de l'homicide juſtifiable, que la Loi juge plus d'énormité dans l'attaque de nuit que dans celle de jour ; puifqu'elle permet de tuer impunément l'assaillant de nuit. Mais quel est strictement le temps de la nuit & le temps du jour dans le sens de la Loi ? Anciennement on fixait le commencement du jour au lever du soleil seulement, & la fin à son coucher. Mais l'opinion la plus probable est que si le crépuscule du matin & du soir suffit pour discerner nettement un homme, ce n'est pas le cas de la violence nocturne, ce n'est pas Burglarie. Mais cette interprétation ne doit pas s'étendre au clair de la lune; car alors beaucoup de Burglaries pourraient rester impunies; & la méchanceté de l'action ne s'estime pas tant par l'obscurité que par le silence de la nuit, silence où toute la création repose, où le propriétaire livré au sommeil est désarmé, & sa maison sans défense.

2. Le *lieu*, ce doit être, selon la définition, la maison d'habitation; & en cela on voit la raison pourquoi, forcer une Eglise pendant la nuit, c'est Burglarie; car l'Eglise est l'habitation de Dieu. Cependant ce n'est pas une nécessité dans tous les cas que ce soit une maison d'habitation; car de forcer nuitamment les portes ou les murs d'une ville, c'est Burglarie; parce qu'en suivant l'idée d'Edouard Coke, on peut regarder une ville comme la maison en grand des Citoyens, ou d'une garnison. Mais certainement, pour constituer ce délit dans les maisons des particuliers, il faut qu'il se commette dans une maison d'ha-

bitation, comme cela arrive le plus fréquemment; ainſi une grange éloignée, un magaſin, ou entrepôts ſemblables, ne jouiſſent pas du même privilège que la demeure du propriétaire qui eſt proprement ſa forpereſſe. Il faut dire la même choſe des maiſons où il n'y a perſonne, & où les circonſtances de terreur ne peuvent ſe trouver. Néanmoins la maiſon dont le propriétaire s'abſente ſeulement pour quelque temps, eſt toujours réputée maiſon d'habitation, quand même le crime s'y ferait commis pendant ſon abſence; & ſi la grange, l'étable, ou le magaſin, font partie de la maiſon, quoique non contigus, ni ſous le même toît, toutes ces pièces jouiſſent du privilège & de la protection que la Loi accorde à la maiſon; un Collège où chacun a une propriété diſtincte, eſt vraiment maiſon d'habitation pour la communauté & le particulier. Il en eſt de même d'un logement dans une maiſon privée, pour tout le temps que la perſonne l'occupe. De même encore une maiſon de corporation dont les appartemens font occupés par les Officiers de la corporation, eſt maiſon d'habitation appartenante au Corps; mais ſi je loue une boutique faiſant partie d'une maiſon, & que j'y travaille ou commerce, ſans y demeurer, ce n'eſt pas ma maiſon d'habitation; ce n'eſt pas le cas de la Burglarie; car, par la location, cette partie ne forme plus un tout avec la partie habitée. Une tente ou une loge élevées ſur un marché, ne ſont pas réputées non plus maiſons d'habitation. La Loi n'a en vue que les édifices permanens, maisons, églises, murs & portes de villes. Forcer une tente n'est pas plus Burglarie que de forcer un charriot couvert.

3. LA *manière*. Il faut non-seulement avoir fait effraction dans la maison, mais y être entré; cependant il n'est pas nécessaire que l'effraction & l'entrée se soient faites en même temps; car si le trou a été fait dans une nuit, & l'entrée dans une autre, le délit est également consommé. Il l'est aussi en brisant un carreau de vître, ou en forçant la fenêtre de quelqu'autre façon; il l'est en crochetant une serrure, en ouvrant avec une fausse clé, en dégageant les verroux dont le propriétaire s'était muni. Mais s'il a laissé sa porte & sa fenêtre ouverte, comme c'est sa faute, ce n'est pas Burglarie, c'est un délit d'un degré inférieur. Mais entrer dans une maison par la cheminée, c'est Burglarie; car la cheminée est autant fermée que la nature des choses peut le permettre. De même frapper à une porte & entrer précipitamment pour voler ou tromper un Commissaire de quartier, sous prétexte de chercher des traîtres pour se faire ouvrir, & ensuite voler la maison sous les yeux du Commissaire bien garotté; ces sortes d'entrées, quoique sans effraction, sont qualifiées de Burglarie; car la Loi ne souffre pas qu'on l'élude par de tels subterfuges. Il y a encore d'autres cas où l'effraction n'est pas requise pour constituer ce délit.

Un domestique entre dans la chambre de son maître pour le voler, quelqu'un logé dans une hôtellerie vole dans la chambre voisine, tout deux sont coupables de Burglarie. De même si un domestique, de concert avec un voleur, le laisse entrer dans la maison pendant la nuit, c'est Burglarie pour les deux. Quant à l'entrée nocturne, ne fût-ce que d'une partie du corps, ou avec un instrument pour voler, un croc, par exemple, ou en demandant de l'argent à main armée, c'est Burglarie.

Au reste, l'entrée dans une maison à mauvais dessein peut se faire avant l'effraction tout comme après; & le Statut 12 de la Reine Anne, ch. 7, déclare que si quelqu'un entre ou se trouve naturellement dans une maison, soit de nuit, soit de jour, pour quelque félonie, & qu'il fasse effraction pour en sortir pendant la nuit, c'est Burglarie; il y avait eu, avant le Statut, deux opinions sur ce cas; le Lord Bâcon tenait pour l'affirmative, Matthieu Hale pour la négative.

L'*INTENTION*. Il est clair que l'entrée avec effraction, pour être Burglarie, doit être jointe à l'intention de commettre quelque félonie, soit que l'intention ait été effectuée, ou du moins marquée ouvertement par quelque tentative, ce qui est au jugement des Jurés; autrement ce ne serait qu'une simple transgression.

De-là il suit que forcer une maison pendant la nuit, avec intention de meurtre, de vol, de rapt ou de quelqu'autre félonie, c'est Burglarie, soit que l'intention ait eu son effet ou non; & il n'importe point que le délit projetté soit félonie dans le droit coutumier, ou créé tel par quelque Statut; parce que les Statuts, en mettant un délit dans la classe des félonies, le rendent tel dans le droit coutumier.

La Burglarie qui est félonie, comme nous l'avons dit, dans le droit coutumier, jouissait du privilège clérical. Mais le Statut 18 d'Elisabeth, ch. 7, l'a ôté aux principaux délinquans; & les Statuts 3 & 4 de Guillaume & Marie, ch. 9, aux accessoires avant le fait. C'est ainsi que les Loix d'Athènes qui ne punissaient pas de mort le simple vol, mirent la Burglarie au rang des crimes capitaux.

CHAPITRE XVII.

CHAPITRE XVII.

Des délits contre la propriété privée.

La dernière espèce de délit contre les particuliers est celle qui blesse immédiatement leur propriété ; parmi ces délits il en est deux qui troublent la tranquillité publique, le *vol* & le *méchef* (*a*) ; puis un troisième qui est également injurieux au droit de propriété, mais sans être accompagné d'aucun acte de violence ; c'est le crime de *faux*.

La Loi distingue deux sortes de *vol* ; le *simple* vol & le vol *mixte* qui renferme des circonstances aggravantes.

Le simple vol au dessus de la valeur de douze sous (*b*) est nommé grand larcin ; & de cette valeur au dessous petit larcin : la punition de l'un & de l'autre est fort différente. Nous allons donc considérer la nature du simple vol en général, & les différents degrés de peine dans ses deux branches.

Commettre un simple vol « c'est prendre fé- » lonieusement & emporter le bien d'autrui. »

___

(*a*) *Méchef* vieux mot de notre Langue, que les Anglais ont rajeuni, pour nuancer le vol. Ils écrivent *mischief*. Il sera expliqué ci-après.

(*b*) Vingt-quatre sous de notre monnoie.

Ce délit commença, en quelque temps que ce fut, avec la propriété, ou la Loi du *tien* & du *mien*. Ce délit peut-il exister dans l'état de nature où l'on tient que tous les biens sont communs ? C'est une question qui se résout aisément. Troubler un individu dans la jouissance de ce qu'il a saisi pour son usage, semble être le seul délit, en fait de vol, qui soit possible dans cet état ; mais certainement dans l'état social & l'établissement nécessaire des propriétés, toute violation de la propriété est punissable par les Loix mêmes de la société ; quoique la mesure de la peine ne soit pas à beaucoup près aussi claire. Examinons avant tout la nature du vol dans sa définition.

1. C'EST *prendre*, ce mot suppose le défaut de consentement dans le Propriétaire ; c'est pourquoi un abus de confiance ne peut fonder le vol : par exemple, je prête mon cheval, & l'emprunteur ne reparaît pas : j'envoie des effets par un Commissionnaire particulier & non public, il se les approprie, ce ne sont pas là des vols ; mais si un voiturier public ouvre un ballot, ou perce une pièce de vin pour en distraire une partie, ou s'il s'approprie le tout, voilà des vols ; car là dedans l'intention de voler est manifeste ; mais la simple non-remise d'un effet confié n'est pas toujours la suite d'une mauvaise intention, elle peut naître d'une grande variété d'accidens ; & dans le droit coutumier un domestique qui fuit avec un effet

qu'on lui a confié, ne commet pas un vol, ce n'est qu'un abus de confiance civile. Cependant par le Statut 33 de Henri VI, des domestiques qui ont perdu leur maître, accusés de détourner à leur profit les biens que le mort a laissés, peuvent être cités à comparaître au Banc du Roi, par un ordre émané de la Chancellerie, de l'avis des Chefs de Justice & premiers Barons, ou quelques-uns d'eux, pour répondre aux exécuteurs testamentaires ; & s'ils ne comparoissent pas, on les poursuit pour félonie. Et par le Statut de Henri VIII, ch. 7, si un domestique soustrait du bien de son maître la valeur de 40 schelings, c'est félonie, à moins que cela n'arrive à un apprentif ou à un domestique au dessous de dix-huit ans. Pareillement celui qui aurait le soin & l'inspection de quelques biens, par exemple, un domestique chargé de la vaisselle d'une maison, ou d'un troupeau & autres choses semblables, s'il en dissipe pour la valeur de 40 schelings, c'est félonie dans le droit coutumier. De même si quelqu'un dérobe, dans l'hôtellerie où il loge, une pièce de vaisselle, c'est vol ; car il en a seulement l'usage & non la propriété. Dans certaines circonstances on peut être coupable de félonie en prenant son propre bien, par exemple, à celui qui l'a en gage, ou à tout autre à qui il l'auroit confié, avec intention d'en répéter la valeur ; ou s'il vole sur le chemin le Messager qu'il a chargé de son argent, & qui doit en

Q ij

compter. Ainsi s'en est expliqué le Statut de Winchester.

2. La définition dit prendre & *emporter*. Le simple transport de l'effet du lieu où il était, quoique le voleur n'ait pas encore pris la fuite, suffit pour le sens d'*emporter* ; par exemple, on surprend un homme qui emmène un cheval hors du clos où il était; un autre se trouve saisi, au bas de l'escalier, de quelqu'effet appartenant à l'hôtellerie où il loge ; un troisième voulant enlever une pièce de vaisselle de la caisse où elle est, la laisse tomber sur le plancher, on entend le bruit, on accourt, on l'arrête ; ces trois cas & semblables sont décidés vols.

3. La définition dit, prendre & emporter félonieusement, c'est-à-dire, *animo furandi* dans l'intention de voler ; cette condition requise pour constituer le vol, outre qu'elle excuse les faibles d'esprit & de volonté, sauve aussi de la classe du vol & de la félonie, les simples transgresseurs & les petits larrons. Exemple : un domestique emmène le cheval de son maître à son insçu, & quelques jours après le ramène à la maison ; un voisin prend une charrue laissée dans un champ, s'en sert pour labourer le sien, & la replace où elle était ; quelqu'un par erreur, sous prétexte de l'arrérage d'une rente qui ne lui est pas dûe, saisit du bétail & l'emmène ; c'est inconduite, c'est transgression, mais ce n'est pas vol. La marque de l'intention est la clandestinité, ou encore la dénégation lorsqu'on est accusé ;

mais ce ne font pas là les feuls indices de l'intention criminelle ; car dans le cas où elle monte au degré de vol, la variété des circonstances est si grande, si compliquée, si embrouillée, qu'il est presque impossible d'exposer tous les signes qui peuvent marquer l'intention de voler.

4. LA définition dit, *prendre & emporter félonieufement le bien d'autrui*. Par le bien d'autrui on entend des effets mobiliers ; car des immeubles, ou ce qui en approche, dans le droit coutumier, ne font pas matière de vol ; des terres, des héritages, des maifons, ne peuvent être emportées ; & pareillement les chofes qui font adhérentes à la terre, ou à la maifon, telles que le blé, l'herbe, les arbres, le plomb ; en enlever ce qu'on pouvait, c'était, comme c'eft encore dans le droit coutumier, du moins dans plufieurs cas, fimple tranfgreffion. Cette façon de penfer tenait à une fubtilité dans les notions légales de nos ancêtres. Ces chofes, difaient-ils, font partie d'un immeuble, & par conféquent, tant qu'elles continuent dans cet état, elles font fixes, immobiles, & nullement matière de vol ; & à fuppofer qu'on arrache de force quelque partie du tout, alors ces parties devenant mobiliaires, & en même temps par un feul & même acte étant emportées par le ravisseur, on ne peut pas dire qu'elles font enlevées au propriétaire dans le nouvel état de mobilité qu'elles acquièrent, ce qui est essentiel pour conftituer le vol,

n'étant comme telles dans l'actuelle possession de personne, si ce n'est dans celle du transgresseur ; on ne peut pas dire dans la rigueur qu'il a pris ce qui était mobilier, au moment de la prise ; mais si le transgresseur les détache dans un temps, de leur tout qui est un immeuble, les laisse dans le lieu même où ils deviennent effets mobiliers du propriétaire, & que dans un autre temps le transgresseur vienne les enlever, alors c'est un vol ; & il en est de même si le propriétaire ou quelqu'autre les a rendus effets mobiliers, en les détachant du tout ; mais à présent par le Statut 4 de Georges II, ch. 32, arracher du plomb ou du fer qui tient à une maison, ou même à la cour, ou au jardin de cette maison, dans l'intention de se l'approprier, c'est vol, c'est félonie punissable par la transportation pour sept ans. De même, enlever des bois taillis, des haies qui défendent un héritage, & choses pareilles, enlever les fruits d'un jardin, d'un verger, enlever ou détruire des pieds de garance dans leur végétation ; tous ces délits, en vertu des Statuts 43 d'Elisabeth, ch. 7, 15 de Charles II, ch. 2, 23 de Georges II, ch. 26, sont punissables par le fouet, par l'emprisonnement, par des amendes, par des indemnités de la partie lésée, selon la nature du délit. Bien plus, dérober pendant la nuit des fruits, des racines, des arbrisseaux, des plantes, c'est félonie par le Statut 6 de Georges III, ch. 48, non-seulement dans le principal délinquant, mais encore dans les accessoires. Le même Statut déclare que quiconque volera du bois de charpente, de jour ou de nuit, sera soumis à des peines pécuniaires pour les deux premières fois, & que pour la troisième il sera coupable de félonie, & condamné à la transportation pour sept ans. Enlever du minérais n'est pas compris dans la classe du vol, par le même principe d'adhérence à la terre, excepté la mine de plomb à crayon; ce délit est déclaré félonie, avec exclusion du privilège clérical, par le Statut 25 de Georges II, ch. 10; sur le même principe, dérober des titres relatifs à des immeubles, à une terre, par exemple, n'est pas félonie, mais transgression, parce que ces titres participent à la nature de la terre, & sont considérés par la Loi, comme en faisant partie, & qu'ils passent à l'héritier avec la terre.

Les contrats, lettres de change & billets qui ne peuvent profiter au voleur, n'étaient pas reconnus par le droit coutumier pour matière de vol, n'ayant aucune valeur intrinsèque pour le voleur, & ne causant aucun dommage au propriétaire. Mais par le Statut 2 de Georges II, ch. 25, ce délit est mis dans la classe du vol, comme s'il était question de l'argent même assuré par ces papiers; & par le Statut 7 de Georges III, ch. 50, si quelqu'Officier ou Commis de la Poste soustrait ou détruit quelque lettre ou pacquet qui renferme des billets de banque, ou quelqu'autre papier de valeur, spécifié dans le Statut, ou qu'il les tire des lettres ou pacquets, il est coupable de félonie, sans recours au privilège clérical. De plus, s'il détruit quelque lettre ou pacquet dont il a reçu le port, ou s'il augmente le prix de la Poste, & qu'il s'approprie cette surtaxe frauduleuse, il est coupable de félonie; selon le droit coutumier, le vol n'a lieu, à l'égard d'un tréfor trouvé, ou d'un débris de naufrage, qu'après que le Roi les a saisis, ou celui qui en a le privilège; car avant cette saisie personne n'en a la propriété déterminée. Mais par le Statut 26 de Georges II, ch. 19, piller ou souftraire quelque chose d'un navire en détresse, qu'il y ait naufrage ou non, c'est félonie, sans pouvoir réclamer le privilège clérical. C'est ainsi que la Loi civile punit cette inhumanité au même degré que le vol le plus atroce.

Les animaux dont la propriété n'est à personne, tels que les bêtes sauvages en liberté, daims, lièvres, lapins dans une forêt, dans une campagne, dans une garenne ouverte, des poissons, ou des oiseaux, ne sont pas nature de vol; mais s'ils sont renfermés & destinés à la nourriture d'un propriétaire, c'est autre chose, même dans le droit coutumier; car un daim ainsi retenu, un poisson dans un réservoir, des faisans ou des perdrix dans une mue sont matière de vol; & à présent par le Statut 9 de Georges I, ch. 32, tuer ou prendre un daim enfermé dans un parc, braconner dans une garenne, ou prendre du poisson dans un étang, en armes & sous un déguisement, c'est félonie, avec exclusion du privilège clérical ; & par le Statut 13 de Charles II, prendre un daim dans une forêt même ouverte, c'est encourir une amende de vingt livres pour la première fois ; & pour la seconde, le Statut 10 de Georges II, ch. 32, ordonne la transportation pour sept ans. Cette peine est aussi infligée à ceux qui viendraient chasser avec des armes offensives ; plus, le Statut 5 de Georges III, ch. 14, punit de la transportation pour sept ans ceux qui voleraient du poisson enfermé dans un parc, dans un verger ou autre enclos. Voler des faucons, contre l'esprit du Statut 37 d'Edouard III, ch. 19, c'est aussi félonie. On prétend encore que prendre des cygnes légalement marqués, même dans une eau publique, c'est félonie. Il y a plus, quand même ils ne seraient pas marqués, si on les prend dans la propriété d'un particulier ; autrement ce ne serait que transgression. Pour les animaux domestiques qui ont une valeur intrinsèque, chevaux, cochons, moutons, volailles, & autres semblables, c'est matière de vol, aussi-bien que la chair des animaux sauvages, lorsqu'ils sont tués. Mais ceux qui ne peuvent servir de nourriture, & auxquels la Loi n'attache point de valeur intrinsèque, comme les chiens de toute espèce, & autres animaux qu'on a par fantaisie, par amusement, quoique les propriétaires aient une action civile contre ceux qui les en privent ; cependant ils ne sont pas d'un prix à fonder le vol.

REMARQUE. Quoiqu'il n'y ait point de vol

où il n'y a ni propriété ni propriétaire, cependant pour établir le vol, il suffit que la propriété soit connue, le propriétaire restant inconnu ; & la poursuite se ferait pour des biens d'une personne inconnue. Ce fut une disposition de la Loi *hostilia de furtis* ; tel serait le cas de celui qui enleverait du tombeau le suaire d'un mort ; car ce suaire est la propriété de celui, qui que ce soit, qui a donné la sépulture au mort ; mais enlever le corps même qui n'appartient à personne, quoique ce ferait une grande indécence, ce ne ferait pas félonie, à moins qu'on n'eût enlevé en même temps les habits funèbres dont on l'aurait revêtu. En cela nous différons de la Loi des Francs qui mettaient au même niveau les deux délits, en bannissant celui qui déterrait un corps, en défendant de lui fournir aucun secours, jusqu'à ce que les parens du mort consentissent à son rappel.

Après avoir considéré en général la nature du simple vol, traitons de la peine. La Loi des Hébreux punissait le vol par l'amende & l'indemnité de la partie volée (*a*) ; & dans la Loi civile, excepté dans quelques Constitutions des derniers temps, nous ne trouvons point de peine capitale. Les Loix de Dracon à Athènes le punissaient de mort ; mais c'étaient des Loix écrites en caractères de sang. Solon qui vint après, y substitua la peine pécuniaire ; & les Loix Attiques continuèrent dans cette modé-

---

(*a*) Exod. ch. 22.

ration (*a*), si ce n'est qu'une fois, dans un temps de disette, ce fut un crime capital d'entrer de force dans un jardin pour y voler des figues ; mais cette Loi & ceux qui en poursuivirent l'exécution devinrent si odieux, qu'on donna le nom de *Sycophantes* à tous les calomniateurs, par une corruption de son sens primitif. Ces exemples, aussi-bien que la nature du délit en lui-même, ont élevé des doutes parmi des hommes très-instruits, & d'une conscience délicate, sur la justice de la Loi qui attache une peine capitale au simple vol (*b*) ; & certainement la peine naturelle, pour avoir violé la propriété d'autrui, paraît être la perte de la propriété personnelle ; ce qui doit être général lorsque le violateur a de quoi satisfaire ; mais comme ceux qui n'ont point de propriété sont généralement plus portés à attaquer la propriété d'autrui, on

---

(*a*) Petit, LL. Attic. l. 7, tit. 5.

(*b*) Voici ce qu'en pensait le célèbre Thomas Morus, grand Chancelier d'Angleterre : « la peine capitale pour le vol est » atroce & insuffisante pour le réprimer; car, d'un côté, le simple » vol n'est pas un assez grand crime pour le punir de mort, & » de l'autre il n'y a point de peine assez grande pour empêcher » de voler celui qui n'a point d'autre moyen de vivre... La Loi » Mosaïque, toute inclémente & dure qu'elle était, se contentait » de punir le vol par des peines pécuniaires. Croirons-nous » que Dieu dans la nouvelle Loi, qui est une Loi de clémence, » donnée par un père à ses enfans, ait étendu le droit du glaive » dans nos mains, pour sévir les uns contre les autres ? Voilà les » raisons qui me font penser qu'il n'est pas permis de tirer le » glaive contre le vol. Du reste, il n'est personne qui ne sente » combien il est absurde & même pernicieux à la chose publique, » d'infliger la même peine au voleur & à l'homicide. » *Utopia*, *édit. Glasg. pag.* 21 & 42.

a cru qu'il était néceſſaire de ſubſtituer la peine corporelle à la peine pécuniaire. Mais juſqu'où doit s'étendre cette peine corporelle ? C'eſt la queſtion. Le grand Chancelier Thomas Morus, & plus de deux ſiècles après, le Marquis Becaria, ont propoſé très-judicieuſement la ſorte de peine corporelle qui eſt la plus voiſine de la peine pécuniaire; ſavoir l'empriſonnement avec un travail forcé, d'abord au profit de la perſonne volée, & enſuite pour le public, ſous le plus dur eſclavage; le tout afin d'obliger le voleur à réparer par ſon induſtrie & ſes ſueurs les brèches qu'il a faites à la propriété privée & à l'ordre public. Mais malgré les réflexions & les ſages repréſentations des Politiques ſpéculatifs & des Moraliſtes, la peine du vol continue à être capitale dans la plus grande partie de l'Europe : & Puffendorf (a) avec Matthieu Hale (b), penſent que pour déterminer la peine il faut s'en rapporter à la prudence de la Légiſlation, qui doit diſcerner, diſent ils, le moment où les délits deviennent ſi énormes & ſi fréquens, qu'il faut néceſſairement les réprimer par l'effuſion du ſang. Mais ces deux Ecrivains conviennent auſſi que la peine de mort ne doit être infligée qu'avec beaucoup de réſerve, & à la dernière néceſſité.

NOTRE ancienne Loi Saxone puniſſait le vol de mort, s'il était au-deſſus de douze ſous;

(a) L. de N. l. 8, ch. 9.
(b) I. Hal. P. c. 13.

mais le voleur pouvait racheter sa vie par une rançon pécuniaire ; comme parmi les anciens Germains nos ancêtres par un certain nombre de pièces de bétail (a). Mais dans la neuvième année du règne de Henri I, ce pouvoir de se racheter fut abrogé ; & tout voleur au-dessus de douze sous fut puni par la corde. Cette Loi est encore en vigueur aujourd'hui (b) ; car quoique l'espèce inférieure de larcin, nommée *petit larcin*, soit seulement punie par le fouet dans le droit coutumier, ou dans certains cas par la transportation pour sept ans, en vertu du Statut 4 de Georges I, ch. 2 ; cependant la punition du grand larcin, c'est-à-dire, au-dessus de douze sous, somme qui était la juste mesure dès le temps du Roi Athlestan, il y a huit cens ans, cette punition est régulièrement la mort dans le droit coutumier. Mais cette peine capitale, si on fait réflexion sur le grand changement qui est arrivé dans la valeur & la dénomination de la monnoie, est sans contredit une Loi trop rigoureuse ; c'est ce qui excita la plainte de Henri Spelman, il y a plus d'un siècle, temps où l'argent était deux fois au-dessus de la valeur présente ; voici ses paroles : « comment arrive-
» t-il que, tandis que toutes choses s'élèvent à une
» valeur nominale, & deviennent plus chères,
» la vie des hommes baisse de prix (c). » Il est

___

(a) Tacit. de Morib. Germ. ch. 12.
(b) 3. Inst. 215.
(c) Gloss. 350.

vrai que la commisération des Jurés force souvent la mesure, en mettant au-dessous de douze sous ce qui est réellement d'une valeur bien plus considérable; mais enfin c'est une espèce de parjure pieux qui, au lieu d'excuser notre droit coutumier, le charge fortement. Il est vrai aussi que par l'intention miséricordieuse du privilège clérical le coupable d'un simple vol de la valeur de treize sous ou de treize cens livres, quoique coupable d'un crime capital, peut éviter la mort; mais ce n'est que pour le premier délit. Et dans plusieurs cas le simple vol est exclus du privilège clérical, par les Statuts : par exemple, le vol d'un cheval (*a*), d'une étoffe de laine, ou d'une pièce de toile dans une Manufacture (*b*), d'un mouton ou de quelqu'autre pièce de bétail spécifiée dans l'acte (*c*), un vol sur une rivière navigable au-dessus de quarante schélings (*d*), le pillage d'un vaisseau en détresse ou naufragé (*e*), la soustraction des lettres de crédit envoyées par la Poste (*f*), l'enlèvement de daims, de lièvres, de lapins, dans les conjonctures particulières mentionnées dans l'Acte noir (*g*); cette sévérité additionnelle est

―――――――――――――――――――――――

(*a*) Stat. 1, Edouard VI.
(*b*) Stat. 22, Charles II, ch. 3.
(*c*) Stat. 14, Georges II, ch. 6.
(*d*) Stat. 24, Georges II, ch. 45.
(*e*) Stat. 12, Anne, ch. 18.
(*f*) Stat. 7, Georges III, ch. 50.
(*g*) Stat. 9, Georges I, ch. 22.

dûe à la méchanceté plus caractérisée, & plus dangereuse dans certaines circonstances ; & dans d'autres à la difficulté de garder des biens qu'il est si aisé de ravir. C'est sur ce dernier principe que les Loix Romaines punissaient plus sévèrement les *Abigei*, voleurs de bétail (*a*), les *Balnarii*, voleurs d'habits dans les bains publics (*b*), que les autres voleurs : Constitutions que les Romains semblaient avoir empruntées des Loix d'Athènes (*c*). De même, les anciens Goths punissaient sans miséricorde le vol du bétail, & du blé coupé laissé sur le champ ; ces sortes de propriétés qu'aucune vigilance humaine ne peut suffisamment garder, on les abandonnait à la garde du Ciel (*d*). En voilà assez sur le simple vol.

Venons au vol *mixte* ou composé ; il a toutes les qualités du vol simple, & de plus il est accompagné d'une, quelquefois de deux circonstances aggravantes. Il peut se commettre sur la *maison* ou sur la *personne*.

1. Le vol commis sur la maison, quoiqu'il renferme un plus haut degré de malice que le simple vol, n'en est pourtant pas distingué dans le droit coutumier, à moins qu'il ne soit joint à l'effraction de nuit ; & nous avons vu

---

(*a*) *Sthiern. de Jure Gothico*, l. 3. cap. 5.
(*b*) Ff. 47, t. 14.
(*c*) Ibid. t. 17.
(*d*) Pott. Antiquit. l. 1, ch. 18.

qu'alors il entre dans une autre espèce, savoir la burglarie. Mais à présent divers actes du Parlement occasionnés pour l'augmentation de notre commerce & de nos richesses, & recueillis par un Savant moderne (a), ont ôté le privilège clérical aux vols commis dans les maisons, presque dans tous les cas. La multiplicité de ces actes semble d'abord produire de la confusion : mais en les comparant avec exactitude, on voit que les vols dans les maisons, accompagnés des circonstances aggravantes que nous allons exposer, sont exclus du privilège clérical. 1°. Tout vol au-dessus de douze sous dans une Eglise, dans une maison d'habitation, ou dans une cabane, une loge habitées. 2°. Tout vol au-dessus de cinq sous avec effraction, dans une maison d'habitation, quand même personne n'y serait dans ce moment. 3°. Tout vol au-dessus de quarante sous dans une maison d'habitation ou ses dépendances, quoique sans effraction. 4°. Tout vol au-dessus de cinq sous dans une boutique, un magasin, une remise, une écurie, avec effraction ou sans effraction ; dans tous ces cas, de jour ou de nuit, point de privilège clérical pour le voleur.

2. LE vol sur la personne se commet ou en prenant en cachette ou à force ouverte.

(a) Barr. 375.

LE premier de ces deux délits (*a*) a été exclus du privilège clérical, par le Statut 8 d'Elisabeth, ch. 4; mais il faut pour cela que la chose volée excède la valeur de douze sous, autrement le voleur ne peut être condamné à mort; car le Statut ne crée pas un nouveau délit, il ôte seulement le privilège clérical, qui était un moyen de grace; & il laisse le filou au jugement régulier de la loi ancienne. Cette sévérité, car certainement c'en est une, semble être occasionnée par la grande facilité de voler ainsi, & par la grande difficulté de s'en garrer; outre que la filouterie est une violation de la propriété, dans les mains même du Propriétaire; ce qui serait un crime dans l'état même de nature; c'est pourquoi les *Saccularii* coupeurs de bourse, étaient plus sévèrement punis que les autres voleurs, par les Loix de Rome & d'Athènes (*b*).

LE vol à découvert sur la personne, nommé en Anglais *Robbery*, dont nous faisons *Robberie*, consiste à prendre félonieusement & de force des effets ou de l'argent, de quelque valeur que ce soit, en effrayant la personne. 1°. C'est prendre *réellement*, sinon le vol n'existerait pas. Il est vrai pourtant que la simple tentative de voler était déclarée félonie au temps de Henri IV. Mais dans la suite ce ne fut plus qu'*inconduite* punissable par l'amende ou la prison, jus-

---
(*a*) Qu'on appelle en France filouterie.
(*b*) F f.

Tome I.   R

qu'au Statut 7 de Georges II, ch. 21, qui l'a remife au degré de félonie, en y attachant la tranfportation pour fept ans; fi le voleur, après avoir pris la bourfe, la reporte, il refte coupable de *robberie*. Il faut encore obferver que le délit eft le même, foit que le délinquant commette le vol fur la perfonne même, foit en fa préfence feulement; par exemple, fi, après avoir ufé de menaces & de violence, il emmène quelque pièce de bétail, aux yeux même du propriétaire ou du gardien. 2°. Il n'importe de quelle valeur eft la chofe volée; un fou, auffi-bien qu'une livre, ainfi extorqué par violence établit la *robberie*. 3°. Pour l'établir véritablement, il faut donc qu'elle foit accompagnée de la force & de l'effroi; ce qui rend la violation de la perfonne plus atroce que la fimple filouterie : car, felon la maxime du droit civil (*a*), *qui vi rapuit, fur improbior effe videtur*, celui qui ravit par violence ajoute au vol un degré de méchanceté. Cet effroi préliminaire qui faifit la perfonne volée diftingue la *robberie* des autres vols; car, fi quelqu'un filoutait fix fous, & que pour les conferver il eût befoin d'effrayer, ce ne ferait plus *robberie*, l'effroi n'étant que fubféquent; & ce vol confidéré comme filouterie ne ferait point capital, étant au-deffous de la valeur de douze fous. Toutefois pour conftituer la *robberie*, il n'eft pas néceffaire que l'effroi caufé par le voleur foit

---

(*a*) F f. 4, 2, 14. §. 12.

poussé au dernier degré, il suffit que la force & les menaces se montrent assez en paroles ou en gestes pour produire la crainte, & obliger la personne effrayée à donner ce qu'on lui arrache; par exemple, une personne est terrassée subitement par un voleur, sans aucun préliminaire ; & tandis qu'elle a perdu connaissance, elle est volée; quoiqu'il n'y ait point eu d'effroi antécédent, c'est *robberie* : autre cas, un mendiant, le sabre tiré, me demande l'aumône, je la lui donne, crainte de violence, c'est *robberie*. On doute si forcer un coquetier ou un autre revendeur à livrer ses provisions à juste prix, tombe sous l'espèce odieuse de *robberie*.

La *robberie* est exclue du privilège clérical par le Statut 23 de Henri VIII, ch. 1 ; des Statuts subséquens ne l'avaient pas exclue en général, mais seulement lorsque le vol se fait sur le grand chemin ; & par conséquent le vol dans une campagne écartée du grand chemin, ou dans un sentier, n'était pas puni de mort. Mais en dernier lieu les Statuts 3 & 4 de Guillaume & Marie, ch. 9, ont ôté le privilège clérical à la *robberie*, quelle qu'elle fût.

II. LE *méchef* ou dommage est une autre espèce d'injure à la propriété d'autrui ; & la Loi le regarde comme un délit public. Le méchef n'emporte pas avec lui l'intention de voler, ou de gagner par la perte d'un autre ; ce qui est une sorte d'excuse, mais très-faible. Il se commet par une sorte de légèreté cruelle, ou par un esprit de vengeance noire & diabolique, & en cela il ressemble beaucoup à l'*incendiat* ; en effet, comme l'incendiaire attaque l'habitation, celui-là blesse d'autres propriétés ; de-là, le méchef qui, dans le droit coutumier, n'était qualifié que de *transgression*, a été soumis à des peines plus sévères par une multitude de Statuts dont je vais donner un extrait, selon l'ordre des temps.

COUPER ou détruire malicieusement une digue dans les marais de Norfolk & d'Ely, c'est félonie par le Statut 2 de Henri VIII, ch. 11 ; brûler un tas de foin, de blé ou autres grains, mettre le feu à une grange, ou à une briqueterie, tuer des chevaux, des moutons, ou autre bétail pendant la nuit, c'est félonie par le Statut 22 & 23 de Charles II, ch. 7 ; mais le délinquant peut choisir pour sa peine la transportation pour sept ans. S'il s'est contenté de blesser, d'estropier quelque pièce de bétail, il est condamné à une triple indemnité. Le Statut 1 de la Reine Anne, ch. 9, déclare félonie, avec exclusion du privilège clérical, la destruction d'un vaisseau par la méchanceté du Capitaine & de l'Equipage, au préjudice du propriétaire & des assureurs. Un autre Statut de la même Reine, 12, ch. 18, fait la même déclaration contre celui qui ouvrirait une voie d'eau à un vaisseau en détresse, qui lui enleverait ses pompes, ou qui procurerait sa perte de quelque facon que ce fût. Mettre le feu à une futaie ou bois taillis, c'est simple félonie par le Statut 1er. de Georges I, ch. 48. De même, déchirer malicieusement, couper, brûler, gâter ou enlever les vêtemens d'une personne qui passe dans la rue ou sur le grand chemin, c'est félonie par le Statut 6 de Georges I, ch. 23 ; ce qui donna naissance au Statut, ce fut l'insolence de certains ouvriers qui, à cause de l'introduction de quelques étoffes des Indes préjudiciables à leurs Manufactures, jettaient de l'eau forte sur les passans qui les portaient. Un autre Statut du même règne 9, ch. 22, appellé communément l'*Acte noir* de Waltham dans le Comté d'Essex, & occasionné par les dévastations qui se commettaient dans la forêt d'Epping, près de Waltham au Comté d'Essex, par des brigands à face barbouillée de noir ; ce qu'ils avaient copié de la troupe scélérate de Robert Hood qui, sous le règne de Richard I, s'était portée à toute sorte de brigandages ; cet acte noir dont nous avons fait en partie mention dans les articles d'attroupement, mutilation & vol, a déclaré en outre, que mettre le feu à une ferme, à une grange, à une chaumière, à un tas de blé, de foin, de paille, ou de bois ; que rompre la digue d'un étang, que tuer, mutiler ou blesser quelque pièce de bétail ; que couper ou détruire des arbres plantés dans une avenue, dans un jardin, dans un verger, arbres d'agrément ou d'utilité ; que tous ces actes de méchanceté sont félonieux, portant exclusion du privilège clérical; & la communauté est chargée de réparer le dommage, à moins que le délinquant ne soit trouvé & convaincu. C'est ainsi que la Loi Romaine punissait la destruction des plantations, & spécialement celle des vignes, au même degré que le vol (*a*). De plus, par les Statuts 6 de Georges II, ch. 37 & 10, ch. 32, percer des digues de rivière ou de mer pour causer des inondations, couper des tiges de houblon dans une houblonière, mettre le feu à une mine de charbon, c'est félonie, avec exclusion du privilège clérical; mais par le Statut 28 de Georges II, ch. 19, mettre le feu à la fougère, aux genêts qui croissent dans les bois, ou dans un canton de chasse, c'est un délit punissable par une amende de cinq livres. Un autre Statut de Georges III, ch. 36 & 48, condamne aussi à des peines pécuniaires pour les deux premières fois, ceux qui enlèvent ou détruisent des arbres, des plantes, des arbrisseaux; mais pour la troisième fois, si c'est de jour, ou même pour la première fois de nuit, il déclare que c'est félonie, & que le coupable doit être transporté pour sept ans. Telles sont les peines du méchef.

III. Le crime de *faux*, *crimen falsi*, était puni, sous la Loi civile, par le bannissement, & quelquefois par la mort. Voici la définition qu'en donne notre droit coutumier : « c'est une fabri-

---

(*a*) F f. 47, 7, 2.

» cation frauduleuse, ou une altération de quel-
» que titre, au préjudice d'autrui. »

Le délinquant est puni par l'amende, la prison & le pilori. Mais il est des cas particuliers où différens Statuts ont infligé des peines plus grandes. Ces Statuts sont en si grand nombre, qu'ils détaillent presque tous les cas. Nous ne citerons que les principaux.

Par le Statut 5 d'Elisabeth, ch. 14, quiconque fabrique ou publie sciemment, ou apporte en preuve un acte, un testament faux, avec intention d'usurper la propriété d'autrui, sera condamné envers la partie grevée au double de frais qu'elle aura faits pour se défendre, & des dommages qu'elle aura soufferts ; plus au pilori, les deux oreilles coupées, les narrines fendues & flambées avec une bougie, à la confiscation des revenus de ses terres, au profit de la Couronne, & à une prison perpétuelle. Quant au *faux* qui concerne seulement une usurpation transitoire, par exemple, dans un billet, une obligation, une quittance, une décharge, une demande mobiliaire ; les mêmes dédommagemens sont adjugés à la partie grevée, & le faussaire est mis au pilori, avec la perte d'une oreille, & une prison de six mois ; & s'il retombe, c'est félonie, sans recours au privilège clérical.

Outre ce Statut général, beaucoup d'autres, depuis la révolution, & sur-tout à l'établissement du papier de crédit, ont attaché des peines capitales à la contrefaction ou altération des billets de banque, de l'Echiquier, de la Compagnie du Sud, de Loterie, d'assurance pour payer l'armée navale ou celle de terre; enfin, de tout papier public; à quoi l'on peut ajouter la contrefaction des passe-ports de l'Amirauté, des registres & des permissions de mariage : délits que les actes du Parlement ont qualifiés de félonie, avec l'exclusion du privilège clérical. Le Statut 31 de Georges II, ch. 32, a aussi déclaré félonie la contrefaction de la marque qui distingue la vaisselle d'or & d'argent, & quelques autres délits en matière de faux ; mais sans y attacher l'exclusion du privilège clérical. Il y a encore un Statut de Georges II, 7, ch. 2, qui soumet aux mêmes peines celui qui contrefait ou qui présente l'acceptation contrefaite d'un billet de l'Echiquier, ou de quelqu'autre papier public convertible en argent. Enfin, avec ce nombre de Statuts généraux ou particuliers, il serait difficile d'imaginer quelque cas qui n'ait pas été prévu & puni par la Loi.

Jusqu'ici nous avons traité des délits contre l'ordre public; contre le Roi ou le premier Magistrat, père & protecteur de la grande famille; contre le droit des gens ou la Loi universelle des Nations civilisées; contre Dieu & la Religion; contre le droit de propriété qui doit être assuré à chaque particulier par les Loix & la force publique.

Fin du premier Volume.

COMMENTAIRE
SUR
LE CODE CRIMINEL
D'ANGLETERRE,

TRADUIT DE L'ANGLAIS;

De GUILLAUME BLACKSTONE, Ecuyer, Solliciteur général de Sa Majesté Britannique;

Par M. l'Abbé COYER,

Des Académies de Nancy, de Rome & de Londres.

TOME SECOND.

A PARIS;

Chez KNAPEN, Libraire-Imprimeur de la Cour des Aides, Pont Saint Michel.

―――――――

M. DCC. LXXVI.

Avec Approbation & Privilège du Roi.

COMMENTAIRES
SUR
LE CODE CRIMINEL
D'ANGLETERRE.

CHAPITRE XVIII.

Des Moyens de prévenir les Délits.

'EST un honneur bien réel & presque particulier à la constitution Anglaise, de fournir un tel titre : en effet si on consulte la raison, l'humanité, & la saine politique, la Justice qui prévient les délits est bien préférable à la Justice qui les punit; celle-ci quoique nécessaire & bienfaisante au public dans ses effets, est pourtant toujours accompagnée d'exécutions sévères & désagréables qui font souffrir l'humanité.

Tome II. A

Il est du devoir de la Justice *prévenante* d'obliger les particuliers dont la conduite annonce le crime, à stipuler avec le Public, à lui donner pleine assurance que le crime n'arrivera pas. Elle exige donc des cautions, des sûretés d'une meilleure conduite. Nous avons parlé dans plusieurs Chapitres de ces cautions, de ces sûretés qu'elle exige comme partie de la peine qu'elle inflige pour des traits marqués d'inconduite ; mais au fond elles sont plus dirigées à prévenir les rechutes qu'à les punir. En effet si nous considérons les peines judiciaires sous le point de vue le plus étendu, nous trouvons qu'elles sont plus calculées sur l'avenir, que sur le passé, plus pour prévenir que pour expier : puisque, comme nous l'avons observé dans le premier Chapitre, elles ne peuvent avoir que trois motifs raisonnables, ou d'amender le délinquant, ou de lui ôter le pouvoir de nuire, ou de détourner les autres du crime par son exemple. Mais la Justice prévenante qui fait le sujet de ce Chapitre, tend uniquement à prévenir le crime : il n'existe pas encore, mais l'inconduite de l'homme donne de justes craintes ; on lui demande des sûretés contr'elles.

Dans la Loi Saxone ces sûretés étaient toujours sous la main. Tout le voisinage, par les sages instructions du Roi Alfred, classé par dizaines, se cautionnait mutuellement pour une

D'ANGLETERRE.

bonne conduite. Mais cette grande & générale sûreté étant tombée en défuétude, la Loi y a subtitué un autre moyen : elle oblige les personnes fufpectes à trouver des cautions d'une bonne conduite pour l'avenir. Il en eft fait mention dans les Loix du Roi Edouard le Confeffeur, » *tradat fidejuffores de pace & legalitate tuendâ.* » Examinons donc premièrement quelle eft cette sûreté ; fecondement quelles font les perfonnes qui peuvent la demander ; troifiémement comment celui qu'on y foumet, peut en être déchargé.

1. CETTE sûreté confifte à fe lier avec une ou plufieurs cautions, par une reconnaiffance envers le Roi, confignée dans un regiftre public, & reçue dans quelque Cour, ou du moins par un Officier de Juftice ; la Partie cautionnante & la Partie cautionnée fe reconnaiffant redevables folidairement envers la Couronne d'une telle fomme (par exemple de 100 l.) ; fi la Partie cautionnée ne comparait pas à tel jour devant la Cour, pour y faire fa paix, tant en général avec le Roi & fon Peuple, qu'en particulier avec la perfonne qui a demandé sûreté; fous condition néanmoins que fi elle comparait & fait fa paix, l'obligation ou reconnaiffance devient nulle. La Partie fufpecte peut être cautionnée pour une meilleure conduite foit générale, foit fpéciale, pour un tems limité, pour un an ou davantage, ou pour la

vie : si sa reconnaissance est reçue par un Juge de Paix, elle doit être signifiée aux prochaines Assises en vertu du Statut 3 de Henri VII. ch. 1; & si les conditions de la reconnaissance sont violées par quelque bréche à la paix publique ou particulière, alors il y a forfaiture absolue de la somme portée dans la reconnaissance qu'on tire du registre, & qu'on envoie à l'Echiquier (*a*) : la Partie cautionnée & la caution deviennent donc absolument débitrices du Roi ; & on les poursuit pour la somme à laquelle elles se sont engagées solidairement.

2. TOUT Juge de Paix, en vertu de sa Commission ; ou ceux qui sont par office conservateurs de la Paix (*b*), peuvent demander sûreté selon leur prudence ; ou bien elle peut être accordée à la requête de quelque particulier que ce soit, pourvu qu'il soit sous la protection du Roi : c'est ce qui a fait douter autrefois si un Juif, un payen, ou un coupable de *præmunire* étaient autorisés à former une telle demande. Mais si le Juge de Paix se refuse à la requête, un ordre de la Cour du banc du Roi, ou de la Chancellerie le force ; & il est obligé de répondre de sa main & de son sceau à l'ordre ; mais cet ordre est rarement né-

---

(*a*) Cour des Finances du Roi.

(*b*) Grands Officiers Supérieurs aux Juges de Paix.

cessaire ; car, lorsqu'on s'adresse aux Cours supérieures, elles reçoivent ordinairement les reconnaissances obligatoires des deux Parties cautionnante & cautionnée, conformément à la direction du Statut 21 de Jacques I. ch. 8. Il est vrai pourtant qu'un Pair ou une Pairesse ne peuvent s'obliger que par-devant la Cour du Banc du Roi, ou la Chancellerie; mais un Juge de Paix a le pouvoir d'exiger sûreté de toute personne au-dessous de la Pairie, même de son égal, ou autre Magistrat, comme d'un simple particulier. Les femmes peuvent demander sûreté contre leurs maris, & les maris contre leurs femmes. Mais les femmes & les enfans mineurs ne peuvent fournir des sûretés que par le moyen de leurs amis, étant incapables de contracter aucune dette ; ce qui est de la nature du cautionnement en question.

3. ON peut être déchargé de la reconnaissance, soit par la mort du Roi à qui elle a été faite, soit par la mort de la Partie cautionnée, soit par l'ordre de la Cour devant laquelle la reconnaissance a été certifiée par les Juges de Paix ; aussi bien que par l'ordre des quatre Sessions (*a*), des Assises (*b*) ou du Banc du Roi,

---

(*a*) Tribunal de Juges de Paix qui se tient dans chaque Comté tous les trois mois.

(*b*) Les Assises se tiennent deux fois par an dans chaque Comté.

si ces Tribunaux jugent qu'il y a raison suffisante pour donner la décharge ; ou si celui qui a obtenu la sûreté pour son propre intérêt, veut s'en désister ; ou qu'il manque de comparaître au tems marqué pour en demander la continuation.

JUSQUES-LA ce que nous venons de dire est applicable aux deux espèces de *reconnaissance* ; l'une pour la tranquillité publique, l'autre pour une meilleure conduite » *de pace & legalitate tuendâ* « selon l'expression du Roi Edouard : mais comme ces deux espèces de sûreté différent à certains égards, spécialement par les raisons de les accorder, & par les moyens de forfaiture, nous allons les considérer séparément, en déduisant d'abord les raisons qui font accorder la reconnaissance ou la sûreté ; & ensuite les causes qui font tomber en forfaiture ou confiscation la somme portée dans la reconnaissance.

1. TOUT Juge de Paix peut d'office demander caution pour la conservation de la Paix, à quiconque cause quelqu'effroi en sa présence ; à quiconque menace de tuer ou de battre ; à quiconque s'emporte dans une querelle avec un visage enflammé, & des paroles de fureur ; à quiconque va & vient avec des armes inusitées & des satellites propres à effrayer le public ; à ceux qui font métier de susciter des procès au

tiers & au quart; à ceux que le Commiffaire de quartier amène devant lui, pour avoir troublé la paix en fa préfence; à ceux qui, après avoir déja donné caution pour la paix, l'ont troublée de nouveau, & ont forfait la reconnaiffance qui les liait. De même tout particulier qui a une jufte raifon de craindre qu'un tel ne veuille mettre le feu à fa maifon, l'emprifonner, le battre ou le tuer, foit par lui-même ou par d'autres, eft en droit de demander fûreté contre ce méchant; & tout Juge de Paix eft obligé de l'accorder, fi celui qui la demande veut prêter ferment qu'il eft fous la crainte de la mort, ou de quelqu'autre violence, vû les menaces, les attaques qui lui ont été faites, & parce qu'il eft gueté; s'il juge auffi que ce n'eft ni par malice, ni par efprit de vexation qu'il demande fûreté : cela s'appelle le *ferment de paix* contre un autre; & au cas que celui contre qui il demande caution, ne puiffe la trouver, le Juge de Paix peut fur le champ envoyer l'accufé en prifon, jufqu'à ce qu'il la trouve.

2. Il y a forfaiture à la reconnaiffance, & confifcation de la fomme du cautionnement, fi le cautionné fe porte à quelque violence, quelqu'attaque ou menace contre la perfonne qui a demandé fûreté par une reconnaiffance fpéciale : ou fi elle eft générale, il y a forfaiture, par toute action illégale, qui tend à trou-

bler la paix publique, ou plus particulièrement par les délits que nous avons désignés dans le douzième Chapitre, contre la paix publique, ou encore par toute violence faite à un Sujet du Roi. Mais une simple transgression à l'égard du mobilier ou des immeubles d'autrui, qui fonde une action civile, à moins qu'elle ne soit accompagnée de quelque circonstance qui trouble la paix publique, n'est point forfaiture à la reconnoissance obligatoire. De même les termes injurieux de *lâche*, de *menteur*, ne sont pas censés troubler la paix jusqu'à opérer la forfaiture, à moins qu'ils ne soient accompagnés d'un cartel.

L'autre espéce de reconnaissance, pour sûreté de bonne conduite, renferme la conservation de la paix, & quelque chose de plus. Examinons-la comme nous avons fait l'autre.

1. Les Juges sont autorisés par le Statut 34 d'Edouard III, Ch. 1, à demander caution de bonne conduite à tous ceux qui ne jouissent pas d'une bonne réputation, qui donnent du scandale contre les bonnes mœurs, ou du trouble à la paix publique; par exemple, hanter des femmes perdues dans des maisons de prostitution, ou les loger chez soi ; se répandre en propos injurieux au Gouvernement, ou aux Cours de Justice, sur-tout insulter un Juge dans l'exercice de son office. De même les Juges

peuvent demander caution aux coureurs de nuit, aux écouteurs aux portes ; à ceux qui fréquentent mauvaise compagnie ; à ceux qui sont soupçonnés de filoutrie ou de vol ; à ceux qui dorment le jour & veillent la nuit ; aux ivrognes d'habitude ; aux coureurs de lieu de débauche ; à ceux qui prétent leur nom à des bâtards ; à des fripons ; à des fainéans vagabonds & autres personnes de mauvaise renommée, qui sont comprises dans les termes généraux du Statut : ces termes ont une si grande étendue qu'il en faut laisser l'application à la prudence du Magistrat ; mais lorsqu'il envoie en prison un homme de cette espéce, parce qu'il ne peut trouver de caution, il doit exprimer dans son ordre, la cause de l'emprisonnement & en faire sentir la nécessité.

2. LA reconnaissance pour sûreté de bonne conduite peut être forfaite par les mêmes actions qui opéreraient la forfaiture de la reconnaissance pour sûreté de la paix ; & encore par quelques autres ; par exemple, marcher en armes à la tête d'une troupe extraordinaire, de façon à répandre la terreur ; s'exhaler en propos séditieux, ou faire des actes d'inconduite de l'espéce de ceux que la reconnaissance devait prévenir.

CHAPITRE XIX.

Des Cours de Jurisdiction Criminelle.

LE sixiéme & dernier objet de nos recherches regarde les formes à observer, pour infliger les peines que la Loi a attachées aux différens délits, & que nous avons toujours spécifiées à la suite de chaque délit. Il faut sçavoir dans cette matière quelles sont les Cours de Jurisdiction criminelle, & quelle est leur procédure.

Nous commencerons par celles dont la Jurisdiction s'étend dans tout le Royaume; & ensuite nous passerons à celles qui sont restraintes à quelques parties du Royaume seulement.

L'ordre que nous suivons ici est tout à fait contraire à celui qu'il faut suivre, quand on traite des Cours de Jurisdiction Civile; celles-ci ont une subordination graduelle de l'une à l'autre, la supérieure corrigeant & réformant les erreurs de l'inférieure; de-là il est nécessaire, pour en faire l'exposition nette, de commencer par les dernières, & monter par degrés jusqu'aux Cours d'appel en dernier ressort, qui ont le pouvoir le plus étendu. Mais comme il répugne au génie de l'Angleterre, &

à l'esprit de ses Loix de juger le même homme deux fois sur un seul & même crime, on peut dire que les Cours Criminelles sont toutes indépendantes les unes des autres, du moins assez pour que la Sentence de la dernière ne puisse être jamais réformée ou cassée par la plus haute Cour du Royaume, à moins qu'on ne puisse montrer clairement sur le regiftre une erreur contre la Loi. On peut seulement, ce qui arrive quelquefois, transporter la cause d'une Cour à une autre, avant le Jugement. N'y ayant donc dans les Cours criminelles ni chaîne, ni dépendance de l'une à l'autre, nous allons les ranger selon leur dignité, en commençant par la plus haute.

1. LA très-haute Cour du Parlement, Cour suprême du Royaume, non-seulement pour la confection, mais encore pour l'exécution des Loix, & pour faire le Procès aux grands & énormes coupables, Lords, Membres des Communes, ou tout autre au-dessous de la Pairie, selon la Procédure Parlementaire. Quant aux actes du Parlement pour noter des particuliers de trahison ou de félonie, & pour infliger des peines plus fortes ou contraires au droit coutumier, en vue de quelque bien du moment, nous n'en parlerons pas ; ce sont de nouvelles loix qui naissent selon l'occasion ; & nullement une exécution de celles qui sont faites. Mais une accusation à la Chambre haute,

par les Communes de la Grande Bretagne assemblées en Parlement, c'est l'exécution d'une loi déjà établie, connue & mise en pratique; c'est une dénonciation à la plus haute & suprême Cour de Jurisdiction criminelle, par la plus grande & la plus solemnelle enquête de tout le Royaume. Cependant un Membre de la Chambre des Communes, ne peut être actionné dans la Chambre haute pour un crime capital, mais seulement pour haute inconduite; (*a*) un pair y peut être actionné pour quelque crime que ce soit; & les Pairs ordinairement, dans le cas où un Pair est

---

(*a*) Lorsqu'Edouard III. demanda les Comtes, les Barons & les Pairs, pour juger Simon de Bereford, qui était notoirement entré dans la trahison de Roger Comte de Mortimer, ils parurent devant le Roi en Parlement; & tous d'une voix s'écrièrent que Simon n'était pas leur Pair, & que par conséquent ils n'étaient pas obligés à le juger comme Pair du pays; & lorsqu'ensuite ils se laisserent gagner, à cause de la notoriété & de l'énormité du crime, pour le juger, leur prétention fut couchée sur le registre du Parlement en ces termes. » Il est convenu &
» accordé par le Roi notre Seigneur, & par tous les Grands
» du Royaume en plein Parlement, que, nonobstant que les
» Pairs comme Juges du Parlement ont pris sur eux, en pré-
» sence du Roi, de rendre ledit Jugement, les Pairs d'à pré-
» sent ou à venir ne sont point tenus de juger d'autres accusés
» que les Pairs, & qu'ils n'ont pas le pouvoir de le faire, &
» qu'ils ne doivent jamais s'en charger; & que le Jugement
» à présent rendu ne doit pas tirer à conséquence & exemple
» pour l'avenir, si on voulait encore contre les Loix du
» Royaume les charger de pareille commission, dans quelque
» cas semblable à celui de Simon, ce que Dieu veuille em-
» pêcher «. (rot. parl. 4. Edouard III. n. 2 & 6. 2. brad. Hist. 190. Salden judic. in parl. ch. 1.)

accusé de trahison, présentent une adresse à la Couronne, pour nommer un Grand-Maître d'Angleterre, afin de donner plus de dignité & de régularité à leur procédure. Ce Lord Grand-Maître était autrefois élu par les Pairs eux-mêmes, & il recevait ensuite sa Commission du Roi ; mais on a soutenu vigoureusement dans ces derniers tems, que la présidence d'un Grand-Maître n'était pas d'une nécessité indispensable, & que la Chambre pouvait s'en passer. Les chefs d'accusation, ou bills d'empêchement (*a*) sont l'ouvrage de la Chambre des Communes ; & le Jugement appartient aux Pairs qui sont non-seulement Pairs entr'eux, mais Pairs de tout le Royaume. Cette Coutume nous est venue des anciens Germains, qui souvent dans leurs assemblées générales, jugeaient les accusations capitales contre l'ordre public » *licet apud concilium accusare quoque ; & dif-* » *crimen capitis intendere* (*b*) : & c'est un mérite pour notre Isle d'avoir toujours perfectionné les anciens modeles qui lui sont venus du continent; en effet, quoiqu'en général il faille bien se garder d'unir le pouvoir législatif au pouvoir judiciaire, il peut pourtant arriver qu'un sujet à qui on a confié l'administration des affaires

---

(*a*) Ces bills d'empêchement mettent l'accusé dans les liens de la Justice les plus forts & les plus redoutables.

(*b*) Tacit. de Morib. Germ. 12.

publiques, se porte à violer les droits du peuple, & se rende coupable de tels crimes que le Magistrat ordinaire n'oserait ou ne pourrait punir: les représentans du peuple qui composent la Chambre des Communes ne sçauraient juger ces grands criminels; parce que ce sont leurs constituans qui sont lezés; ils seraient Juges & Parties : ils ne peuvent qu'accuser. Mais par quelle Cour l'accusation doit-elle être jugée ? Ce n'est point par les Tribunaux ordinaires qui seraient dominés, intimidés par le crédit d'un accusé puissant. La raison veut donc que la branche de législation qui représente le peuple, porte l'accusation devant l'autre branche composée de la Noblesse qui n'a ni les mêmes intérêts, ni les mêmes passions que les assemblées populaires (*a*). Cette organisation donne une grande supériorité à la constitution Anglaise, sur celle de la Gréce & de Rome où le peuple était tout à la fois accusateur & Juge. Il convient que la Noblesse juge pour assurer la justice à l'accusé, comme il convient que le peuple accuse pour assurer la justice au public. C'est pour cela que parmi les prérogatives de la Chambre des Communes, il y en a une bien éminente qui fut soutenue avec la plus grande force dans l'affaire du Comte de Danby sous le régne de Charles II (*b*), & passée en Loi par

---

(*a*) Montesquieu, esp. des Loix, liv. 11. ch. 6.
(*b*) Conm. journ. 5 Mai 1669.

les Statuts 12 & 13 de Guillaume III, ch. 2, fçavoir qu'un pardon accordé par le Roi, même fous le Grand Sceau, ne peut empêcher le cours de l'accufation faite par la Chambre des Communes en Parlement.

2. LA Cour du Lord Grand-Maître d'Angleterre, eft un Tribunal érigé pour juger les Pairs accufés de trahifon, de félonie, ou d'inconduite. L'Office de ce grand Magiftrat eft bien ancien; il était autrefois héréditaire, ou du moins à vie : mais depuis plufieurs fiécles, c'eft une commiffion pour une fois feulement *pro hac vice*; & par conféquent on a regardé comme une néceffité de le confier à un Lord du Parlement, autrement il ferait incapable de juger un Pair. Lorfque l'accufation eft établie par les Grands Jurés au banc du Roi, ou aux affifes devant les Juges délégués qu'on nomme *pour oyer & terminer* (a), elle eft portée par un ordre de *certiorari*, ainfi nommé parce qu'il commence toujours par ces mots latins *certiorari facias*, à la Cour du Grand-Maître, où elle doit être jugée. Voici donc ce qui fe pratique dans le cas où un Pair eft accufé de trahifon, de félonie, ou de haute inconduite; le Roi crée un Lord Grand-Maître, *pro hac vice*,

---

(a) *Oyer* mot de notre vieux Gaulois qui s'eft changé dans celui d'*ouïr*. Ces Juges terminent tout, en vuidant les prifons deux fois par an. On en parlera plus au long.

pour cette fois feulement, par une commiffion fous le Grand Sceau ; la commiffion défigne l'accufation, & fa Majefté donne pouvoir de la recevoir & de la juger, *fecundùm legem & confuetudinem Angliæ*, felon la Loi & la Coutume d'Angleterre. Alors le Grand Maître envoie ordre à un Sergent d'armes de fommer les Pairs de fe rendre au Tribunal pour juger un Pair accufé. Cet ordre autrefois n'en demandait que dix-huit ou vingt, choifis dans le corps des Pairs : enfuite le nombre ne fut plus fixé, & le Lord Grand-Maître en convoquait autant qu'il le jugeait à propos ; on régla pourtant dans les derniers tems qu'il en appellerait, au moins vingt-trois ; & que ceux-là feuls, exclufivement aux autres Pairs, pourraient juger : difpofition qui mettait un pouvoir monftrueux dans les mains du Roi & celles du Grand-Maître ; l'un & l'autre de concert pouvaient faire un choix au gré d'un parti prédominant. Conformément à ce fyftême, lorfque le Comte de Clarendon (*a*) tomba dans la difgrace de Charles II, ce Prince eut envie de proroger (*b*) le

---

(*a*) Chancelier d'Angleterre fous Charles II, emploi qui lui fut ôté en 1664 : le Chancelier paffa en France, où il fe confola avec les Lettres & la Philofophie. On a de lui l'Hiftoire des Guerres Civiles d'Angleterre depuis 1641, jufqu'en 1660, excellent morceau d'hiftoire. Il mourut à Rouen en 1674.

(*b*) Proroger, dans le fens de la langue Angloife, n'eft pas prolonger la féance ; c'eft au contraire la fufpendre pour la remettre à un autre tems.

Parlement

Parlement dans le deſſein de faire juger le Comte par un petit nombre de Pairs à ſa dévotion ; car on craignait de ne pouvoir gagner toute la Chambre Haute, pour la faire entrer dans les vues de la Cour. Mais à préſent par le Statut de Guillaume III, ch. 3, dans le procès d'un Pair pour trahiſon, félonie, ou inconduite, tous les Pairs qui ont droit de ſéance & de voter au Parlement, doivent être convoqués, au moins vingt jours avant la plaidoyerie de la cauſe ; & ils ſont obligés, avant tout, de prêter le ferment de fidélité, de ſuprématie, & de ſouſcrire à la déclaration contre le Papiſme.

REMARQUE. Durant la ſeſſion du Parlement le procès d'un Pair accuſé ne ſe fait pas, à proprement parler, dans la Cour du Lord Grand-Maître ; mais dans celle du Seigneur Roi en Parlement. Il eſt vrai que le Grand-Maître, dans ce cas même, eſt commis pour régler la procédure & lui donner du poids : mais enfin il eſt plus Orateur à tems, *pro tempore*, plus Préſident que Juge ; car ce ſont les Pairs collectivement pris qui ſont Juges en même tems du droit & du fait ; & le Grand-Maître vote avec les autres & comme les autres, par ſon droit de Pairie. Autre choſe eſt ſi le Parlement n'eſt pas aſſemblé, le Grand-Maître dans ſa Cour eſt le ſeul Juge en matière de Loi, & les Pairs en matière de fait ; & comme ils ne doivent pas ſe

Tome II.

mêler avec lui de la procédure, ainsi lui n'a pas le droit de mêler son suffrage avec les leurs pour le fait. C'est pour cela qu'après la conviction & la condamnation en plein Parlement d'un Pair pour meurtre, si l'exécution n'a pas été faite au jour marqué dans la Sentence, on tient que c'est au Parlement, s'il est encore assemblé, à marquer un autre jour, le Grand-Maître n'ayant plus d'existence : ou si le Parlement est séparé, c'est à la Cour du banc du Roi, à laquelle on porte le regiſtre des Sentences.

Il y a un point de controverse, sçavoir si les Evêques ont à préſent le droit de siéger dans la Cour du Grand-Maître, pour juger un Pair. Quelques perſonnes penſent qu'ils ſont compris dans les termes généraux du Statut du Roi Guillaume » tous les Pairs qui ont droit de » siéger & de voter au Parlement » l'expreſſion aurait dû être plus claire, si telle eût été l'intention du Statut » tous les Lords » & » non » tous les Pairs » ; en effet quoique les Evêques, à raiſon des Baronies annexées à leurs Evêchés, ſoient, ſans contredit, *Lords* du Parlement ; cependant leur ſang n'étant pas annobli, on ne convient pas généralement qu'ils partagent la Pairie avec la haute Nobleſſe laïque : & peut-être que le mot *Pairs* a été mis dans le Statut à deſſein de les exclure. Quoiqu'il en ſoit, il n'y a aucun exemple qu'ils aient siégé au Jugement d'un Pair pour crime capital, même au Parlement, & encore moins dans la Cour des Pairs, d'où ils ont coutume de se retirer, mais en protestant de leur droit de rester. Il est certain que dans l'onziéme Chapitre des constitutions de Clarendon, faites en Parlement sous Henri II, ils sont expressément exclus de siéger & de voter dans les Jugemens à mort, ou à perte de membre » *Episcopi sicut* » *cæteri Barones debent interesse judiciis cum* » *Baronibus, quo usque perveniatur ad diminutionem membrorum vel ad mortem* « : & le démêlé de Thomas Beket, sur ce point avec le Roi, ne regardait pas l'exception qui était conforme à la Loi canonique, mais une regle générale qui voulait forcer les Evêques d'assister à tous les Jugemens. Et le parti que prit la Chambre des Pairs dans la cause du Comte de Danby, toujours suivi depuis, est conforme à ces constitutions. » Que les Lords spirituels » ont droit de siéger dans les causes capitales, » jusqu'au moment où la Cour procéde à re- » cueillir les voix pour prononcer le crime ou » l'innocence de l'accusé ». Il faut remarquer que cette résolution ne s'étend qu'aux procès faits en plein Parlement ; car dans la Cour du Grand-Maître où il n'est question que de prononcer sur l'accusé en ces termes, *il est coupable*, ou *il ne l'est pas*, aucun ne fut jamais & ne pouvait être appellé au Jugement ; & quoique le Statut du Roi Guillaume régle la procédure dans cette Cour, aussi-bien que dans la Cour du Parlement, cependant il n'a pas prétendu lui donner une nouvelle forme, ni altérer sa constitution, ni conséquemment donner aux Lords spirituels le droit qu'ils n'avaient pas auparavant; & ce qui rend leur exclusion encore plus raisonnable, c'est qu'ils n'ont pas droit d'être jugés eux-mêmes dans la Cour du Grand-Maître; d'où il faut conclure avec certitude qu'ils ne doivent pas y être Juges; car le privilége d'y être jugé, dépend de la Noblesse du sang, plutôt que du droit de siéger dans la Chambre Haute; comme on le voit dans les procès des Lords Papistes, des Lords mineurs, & depuis l'union des Lords Ecossais qui ne sont pas du nombre des seize Pairs; & aussi dans le procès des femmes, telles que les Reines régnantes & Douairieres, les Pairesses de naissance, ou par mariage; à moins que celle-ci devenues veuves ne se mésallient dans un second mariage.

3. LA Cour du banc du Roi est divisée en deux Jurisdictions, l'une civile, l'autre criminelle: celle-ci connaît de tous les délits depuis la haute trahison jusqu'aux inconduites les plus communes qui peuvent troubler la paix publique. Les accusations portées aux Cours inférieures peuvent être évoquées à celle-ci par un acte de *certiorari*, & jugées à la barre; les Juges qui se joignent aux Jurés, sont les

suprêmes *Coroners* du Royaume ; & quoique les deux Hautes Cours dont nous venons de parler, celle du Lord Grand-Maître & celle du Parlement, soient bien supérieures en dignité, la Cour du banc du Roi est la principale de toutes celles que les Loix d'Angleterre reconnaissent au criminel. C'est pour cette raison que dans le cas où il faudrait la transférer en Province, comme il arriva qu'elle le fut à Oxford en 1665, à cause de la peste, aussitôt les Tribunaux inférieurs cessent, comme cela se pratiquoit chez les anciens Goths & Saxons » *jure vetusto obtinuit, quievisse om-* » *nia inferiora judicia, dicente jus rege* (a) «.

DANS cette Cour du banc du Roi s'est fondu tout ce qui était de bon dans l'ancienne Jurisdiction de la *Chambre* Etoilée (*b*), Cour très-ancienne qui prit une nouvelle formé par les Statuts 3 de Henri VII, ch. 1 & 21, & de Henri VIII, ch. 20 ; elle était composée d'un certain nombre de Lords Spirituels & Temporels, Conseillers privés du Roi, avec deux Juges tirés des Cours du Droit Coutumier, sans l'intervention des *Jurés*. Leur Jurisdiction regardait les émeutes, le parjures, les

---

(*a*) Stiernhook, l. 1, ch. 2.

(*b*) Ainsi nommée, au sentiment de quelques Auteurs, à cause des étoiles d'or dont le platfond étoit parsemé.

22 CODE CRIMINEL

transgressions de Shériffs, & toutes les inconduites notoires contraires aux Loix du Pays. Mais selon la remarque du Lord Clarendon (a),
» elle s'étendit à légitimer toutes les proclama-
» tions d'Etat, tous les ordres particuliers ; à
» justifier & maintenir toutes les commissions
» illégales & les concessions monopolaires ;
» rendant honorable ce qui lui plaisait, &
» juste ce qui était profitable ; devenue tout
» à la fois une Cour de Loi pour juger dans
» le civil, & une Cour de Finance pour grossir
» le trésor du Roi ; l'instrument corrompu du
» Conseil par des proclamations qui enjoi-
» gnaient au peuple ce qui n'était pas ordonné
» par les Loix, & qui défendaient ce qui était
» permis. Enfin comme cette Cour était en
» même tems financiere & civile, elle punis-
» sait les contraventions à ses Ordonnances
» par des grosses amendes, par la prison & des
» peines corporelles ; ensorte que le man-
» que de respect à ce qu'elle appellait procla-
» mation d'Etat & hommes d'Etat, ne fut ja-
» mais puni plus sévèrement, & les fondemens
» du droit plus en danger d'être sappés «.
Pour toutes ces raisons elle a été enfin abolie par le Statut 16 de Charles I, ch. 10, au grand contentement de la nation.

4. LA Cour de Chevalerie, Cour Militaire

(a) Hist. de Reb. l. 1 & 3.

& Cour d'honneur, lorsqu'elle était tenue par le Comte Maréchal (*a*) seulement, devenait Cour criminelle quand le Lord Grand Connétable d'Angleterre se joignait à lui; alors elle jugeait à mort ou autre punition corporelle, dans les faits d'armes ou de guerre, tant hors du Royaume que dedans : mais elle est tombée en désuétude, sur-tout pour le criminel, n'y ayant point eu de Grand-Connétable permanent en Angleterre (*b*) depuis l'exécution de Stafford, Duc de Buckingham, dans la treiziéme année du régne de Henri VIII; on trouva le pouvoir de cette charge trop grand pour un sujet, si grand que lorsque Henri VIII demanda au Lord Juge Mage (*c*) *Fineux*, jusqu'où s'étendait ce pouvoir, Fineux éluda la question, en disant qu'elle devait se décider par les armes, & non par les Loix (*d*).

5. LA Haute Cour de l'Amirauté à laquelle préside le Lord Grand-Amiral, ou son Lieutenant, est tout à la fois Cour civile & criminelle. Elle connaît de tous les délits qui se

---

(*a*) Il n'y a qu'un seul *Maréchal* en Angleterre, il a le titre de *Comte*.

(*b*) Quand on a créé un Grand-Connétable, ce n'est que pour la représentation du moment, au couronnement du Roi, par exemple, *pro hac vice*.

(*c*) Chef de la Justice.

(*d*) Duck. de Author Juris civil.

commettent sur mer ou sur les côtes des possessions Anglaises ; & par le Statut 5 de Richard II, ch. 3, des meurtres & mutilations qui peuvent arriver sur les vaisseaux de guerre qui naviguent, ou qui sont à l'ancre sur le courant des grandes rivieres au-dessous des ponts, espéces de ports ou de havres, comme les ports de Londres & de Glocester, quoiqu'à une grande distance de la mer. Mais comme cette Cour n'admettait point de *Jurés* dans sa procédure, elle se trouvait tout à fait contraire à l'esprit des Loix Anglaises, en ce qu'un accusé pouvait perdre la vie par l'opinion d'un seul Juge, sans être jugé par ses Pairs ; & outre qu'une innocente victime pouvait être immolée au caprice d'un seul homme, de grands scélérats pouvaient échapper & échappaient souvent à la peine. Cette manière de juger avait été long-tems une grande plaie dans le corps de la Nation : c'est pourquoi dans la huitiéme année du régne de Henri VI, on y chercha un reméde en Parlement ; mais le défaut du consentement Royal en empêcha l'application. Enfin Henri VIII, par le Statut 28, ch. 15, détermina que les délits maritimes seraient poursuivis & jugés par des Commissaires à la nomination du Lord Chancelier, & nommément par l'Amiral ou son Lieutenant, & trois ou quatre assesseurs. Il faut remarquer que parmi ces Commissaires on nomme constamment deux Juges des plaidoyers communs. Les Grands Jurés examinent d'abord si l'accusation est admissible conformément au droit Coutumier; & dans ce cas les Jurés ordinaires jugent; c'est ainsi que la procédure par-devant l'Amirauté, est rentrée dans l'esprit de la Loi Nationale.

Les cinq Cours que nous venons de décrire peuvent se tenir dans toutes les contrées du Royaume; & leur Jurisdiction s'étend sur tous les délits qui peuvent se commettre d'une extrémité à l'autre. Les Tribunaux qui suivent sont aussi d'une nature générale; néanmoins leur Jurisdiction est locale, & circonscrite par des districts qui partagent tout le Royaume. Dans cette espèce est comprise :

6. La Cour pour oyer (*a*), terminer & évacuer les prisons, qui se tient par des Commissaires du Roi, au nombre desquels sont communément deux Juges de la Cour de Westminster, deux fois par an, dans chaque Comté du Royaume, excepté dans les quatre Comtés du Nord où elle ne se tient qu'une fois, excepté encore la ville de Londres, & Mildlesex où elle se tient huit fois par an. La commission porte, » pour enquérir, entendre & juger tous les » délits de trahison, félonie & d'inconduite «. Ainsi les Juges ne peuvent commencer la pro-

_____

(*a*) Expression Gauloise que les Normans portèrent en Angleterre au tems de la conquête.

cédure que sur les chefs d'accusation produits par les assises ; car ils doivent d'abord enquérir par le moyen des grands Jurés, avant que d'être autorisés à entendre, & terminer par les suffrages des douze petits Jurés qui sont les vrais Juges & Pairs de l'accusé. Leur commission s'étend donc aussi à l'évacuation des prisons ; c'est-à-dire, à juger quiconque se trouve en prison, de quelque part que soit venue la dénonciation, & pour quelque crime que ce soit. C'étoit l'usage autrefois de donner un ordre spécial pour chaque Prisonnier en particulier, intitulé *de bono & malo ;* mais ces ordres particuliers sujets à beaucoup d'inconvéniens & oppressifs, ont été supprimés & remplacés par la commission générale qui s'étend à tous. Ainsi de façon ou d'autre, tous les Prisonniers sont jugés, punis ou justifiés, & les prisons vuidées deux fois par an : constitution singulière par son excellence (*b*). Il arrive aussi quelquefois dans des occasions urgentes, que le Roi donne une commission extraordinaire pour terminer & vuider les prisons, pour certains délits dont la poursuite & la punition pressent ; mais la procédure est la même que si la commission étoit générale & ordinaire. Autrefois en vertu

---

(*b*) Cette constitution seroit encore plus nécessaire dans des Etats où des ordres particuliers remplissent les prisons, & où le risque d'être oublié est pire que la prison même. Ces coups d'autorité sont essentiellement incompatibles avec la fameuse Loi *habeas corpus* dont jouit la Grande Bretagne.

du Statut 8 de Richard II, ch. 2, & 33 de Henri VIII, ch 4, aucun Juge ou homme de Loi ne pouvait exercer cette commiffion dans le diftrict de fa naiffance ou de fon habitation, tout comme il leur était défendu d'y exercer la Judicature dans les affifes & dans les caufes civiles; mais cette partialité locale que nos ancêtres voulaient éviter, ayant été reconnue pour avoir moins d'influence dans le criminel que dans le civil, le Statut 12 de Georges II, ch. 27, a donné à tout bon fujet indifféremment la capacité de fiéger dans cette Cour, & dans quelque Comté que ce foit.

7. LA Cour des *quatre feffions générales de Paix*, fe tient dans chaque Comté quatre fois par an, aux jours marqués par le Satut 2 de Henri V, ch. 4; elle fe tient par deux Juges de Paix ou plus. La Jurifdiction de cette Cour, conformément au Statut 34 d'Edouard III, ch. 1, regarde la punition des fimples petites félonies & tranfgreffions qui n'excluent pas le privilége Clérical; & s'il arrive quelque cas difficile, il eft ordonné au Tribunal d'appeller un Juge du Banc du Roi, des plaidoyers communs, ou des affifes, avant que de prononcer le Jugement: le meurtre & les autres félonies capitales, fe renvoyent ordinairement au Jugement plus folemnel des affifes. La Cour des quatre Seffions ne peut pas juger non plus des délits nouvellement créés, fans que le Statut créateur

l'y autorise expressément ; néanmoins il y a beaucoup de délits en différentes matières, dont la connaissance lui est attribuée par des Statuts particuliers, comme les petits délits contre la tranquillité publique, ou qui ont rapport au jeu, aux grands chemins, aux tavernes, aux bâtards, à l'entretien des pauvres, aux vagabonds, aux gages des domestiques, aux apprentifs & aux Papistes réfractaires. On y juge avec la forme ordinaire, celle des Jurés, qui est sacrée dans tous les Tribunaux : les registres des Sessions sont commis à la garde d'un Officier particulier, qui est toujours un Juge distingué par ses mœurs, son intégrité & sa considération. La nomination de cet Officier qui est le principal Officier Civil dans la Province, comme le Lord Lieutenant est le principal Officier Militaire, est signée de la main du Roi, & lui nomme le Greffier de Paix avec défense expresse de vendre cet Office.

8. LE Tribunal du *Coroner*, Officier de la Couronne, qui est chargé d'examiner de quelle maniere a fini une personne qui meurt en prison, ou d'une mort subite, sçavoir si c'est d'une mort violente. Cette enquête se fait à la vue du cadavre, & sur le lieu même où il a été trouvé. Le Coroner appelle à lui 4, 5, ou 6 Jurés du voisinage, qu'il préside.

9. LE Tribunal du *Clerc du Marché*. L'objet

de cette Jurifdiction eft de veiller fur les poids & les mefures, d'en maintenir la rigoureufe conformité à l'étalon légal. Cet étalon était autrefois à la garde de l'Evêque diocéfain qui commettait un Clerc pour cette infpection ; c'eft de-là qu'aujourd'hui l'Officier de ce Tribunal eft encore dénommé Clerc des Marchés, quoiqu'il ne foit plus Clerc. Les délits en cette matière font punis par une amende, & on brûle les faux poids & les fauffes mefures. Ce Tribunal eft la dernière des Jurifdictions Criminelles ; quoique chez les Romains elle fût d'une fi grande confidération, qu'elle était confiée aux premiers Magiftrats, aux Ediles Curules.

Nous ne parlerons pas des Cours Eccléfiaftiques, qui puniffent les péchés plutôt que les crimes par des pénitences & des excommunications ; ou ce qui eft regardé comme un équivalent, par des amendes pécuniaires en commutation de peines. Finiffons par certaines Cours qui procédent felon les formes de la commune Loi, ne reconnaiffant point ce troc injufticiable de peines réelles contre de l'argent.

Telle eft 1. Celle du Lord Grand-Maître de la Maifon du Roi. Elle fut inftituée par le Statut 3 de Henri VII, ch. 14, pour informer de toute félonie ou trahifon commifes par quelque domeftique affermenté de la maifon du Roi ; pourvu toutefois que l'accusé ne fût pas Pair. Il est entendu & jugé dans cette Cour, à laquelle préside le Grand-Maître, par douze Jurés de la Maison Roi, conformément au droit commun.

2. CETTE même Cour du Lord Grand-Maître où siégent aussi le Lord Trésorier, le Contrôleur & le Comte Maréchal, fut établie encore par le Statut 33 de Henri VIII, ch. 12, pour juger toutes les violences qui pourraient arriver dans le Palais du Roi, ou dans les autres Maisons Royales. Le procès s'instruit par les Jurés qui doivent être pris parmi les Officiers même & domestiques de la maison du Roi. S'il y a eu effusion de sang, la forme & la solemnité du Jugement, particulièrement pour ce qui regarde l'amputation de la main qui a répandu le sang, sont décrites exactement dans ledit Statut de Henri VIII, aussi-bien que les divers offices des domestiques de la maison dans l'exécution de la Sentence ; depuis le Sergent de la basse-cour qui fournit la hache, jusqu'au Maréchal ferrant qui apporte le fer chaud pour brûler la plaie, après l'amputation de la main.

3. LES deux Universités d'Angleterre ont aussi une Jurisdiction Criminelle ; & comme chacune a son Chancelier, on appelle ce Tribunal la Cour du Chancelier. Ce que nous

dirons de la Chancelerie d'Oxford, doit s'entendre de celle de Cambridge.

Une Chartre du 7 Juin de la deuxième année du régne de Henri IV, confirmée par le Statut 13 d'Elizabeth, ch. 29, attribue à l'Université d'Oxford la connaissance des accusations de trahison, d'insurrection, de félonie, de mutilation, portées dans quelque Cour que ce soit contre un écolier de l'Université. Le Chancelier de l'Université nomme un Grand-Maître pour présider à ce Tribunal; mais cette nomination doit être approuvée par le Lord Grand-Chancelier d'Angleterre; & munie d'une commission spéciale sous le Grand-Sceau, pour juger l'accusation selon les Loix du Pays & les Privilèges de l'Université. Si l'accusation se borne aux délits du degré inférieur, *transgression*, *inconduite*, le Jugement se rend dans la Chancellerie par le Juge ordinaire: mais si elle s'étend à la trahison, à la félonie, à la mutilation; c'est alors que le procès doit se faire par le Grand-Maître qui en a reçu la commission. Voici la manière de procéder: le Grand-Maître envoie un ordre au Shériff du Comté qui y répond par une liste de dix-huit Francs-Tenanciers; & un autre ordre aux Bedeaux de l'Université qui répondent par une liste de dix-huit Immatriculés; & de ces deux listes, moitié de l'une, moitié de l'autre, on tire les Jurés qui doivent juger. La salle du Tribunal eſt dans la Maiſon-de-Ville. C'eſt le Shériff du Comté qui eſt chargé de l'exécution de la Sentence.

Il y a pluſieurs exemples, un ſous le régne d'Elizabeth, deux ſous celui de Jacques I & deux ſous celui de Charles I, dans leſquels les accuſations portées aux Aſſiſes, ont été révendiquées par l'Univerſité, & jugées enſuite par les Jurés ſous la Préſidence du Grand-Maître. Les commiſſions ſous le Grand Sceau, les liſtes des Jurés envoyées par les Shériffs & les Bedaux, & toute la procédure, exiſtent encore dans les Archives de l'Univerſité.

CHAPITRE

CHAPITRE XX.

De la Procédure Criminelle.

EN suivant le plan que nous nous sommes tracé, nous allons prendre en considération la procédure criminelle. Elle est claire, aisée, régulière; la Loi ne permettant pas à la chicane, à la fiction, comme dans les causes civiles, de jouer leur rôle, lorsque la sûreté personnelle, la liberté & la vie de l'homme sont en danger. Il y a deux sortes de procédure : l'une sommaire, l'autre régulière. Disons un mot de la première, avant que de traiter de la seconde qui demande un examen plus particulier & plus approfondi.

Nous entendons par procédure sommaire, celle qui est dirigée par certains actes du Parlement, étrangers au droit coutumier, pour constater & punir certains délits qui ne sont pas d'une haute conséquence. Cette procédure n'admet point l'intervention des Jurés; l'accusé est déchargé de l'accusation ou condamné par les Officiers que le Statut lui a donnés pour Juges. Cette institution a eu en vue le soulagement des justiciables, en leur rendant plus prompte justice, & celui des Francs-Tenanciers

Tome II. C

qu'on ne voulait pas harasser de fatigues en remplissant la fonction de *Jurés* dans la fréquence des legers délits. Mais elle s'était si fort étendue dans ces derniers tems, que, si on ne l'avait arrêtée, elle menaçait de ruine notre procédure régulière par les Jurés, seule raisonnable & admirable. Voici donc principalement les objets de cette procédure sommaire.

1. Les contraventions aux Loix de *l'excise* (a) & des autres branches du revenu du Fisc : elles sont jugées par les Commissaires des différens départemens, ou par les Juges de Paix, les uns & les autres étant amovibles au gré de la Couronne ; & quoique cette manière de procéder paraisse absolument nécessaire pour la perception des revenus publics, & même une espèce d'indulgence pour les délinquans qu'on ruinerait par les dépenses & les longueurs de la procédure régulière ; & quoique les Commissaires donnent rarement sujet de se plaindre d'eux, cependant quand on réfléchit sur les branches presqu'innombrables du revenu public, & sur les objets courans de cette

---

(a) Impôt qui porte principalement sur les consommations. Les Anglais regardent cet impôt comme le plus économique & le moins pesant pour le peuple. Une nouvelle doctrine économique en France, avance au contraire que tous les impôts devraient se réduire à l'unique impôt territorial, grand problème à résoudre, plus important que tous ceux de la géométrie.

sommaire & arbitraire Jurisdiction, on ne peut s'empêcher de convenir que le pouvoir de ces Officiers de la Couronne sur les propriétés, monte à une hauteur formidable.

2. Il y a une autre branche de la procédure sommaire qui est de la compétence des Juges de Paix. Ils infligent de petites peines pécuniaires ou corporelles qu'un acte du Parlement a attachées à différens délits assez communs, par exemple à l'ivrognerie, à la fainéantise, à la vie vagabonde & à une multitude d'autres qui se jugeaient anciennement par les Jurés dans les Cours Foncières (*a*). Ce changement d'administration dans la Justice a eu des suites malheureuses. 1. Les Cours foncières & les tournées judiciaires des Shériffs autrefois fort accréditées & respectées sont tombées en avilissement & désuétude. 2. Les Juges de Paix se trouvent tellement surchargés qu'un grand nombre d'honnêtes gens distingués par le rang & le caractère, évitent cet office, dans la juste crainte où ils sont qu'il ne leur reste pas assez de tems pour leurs propres affaires, pour cultiver leur esprit & pour d'autres engagemens dans les affaires publiques. 3. De ce dégoût dans la classe des hommes de poids, il arrive assez souvent que l'office du Juge de Paix tombe à des gens sans considération, purs instrumens

---

(*a*) Cours Seigneuriales.

mécaniques, qu'on emploie faute d'autres. Et dans cette position le pouvoir très-étendu de Juge de Paix qui, même dans les mains d'un homme d'honneur, a de quoi se faire craindre, se prostitue à des vues iniques & scandaleuses, à des projets d'ambition, de cupidité & de ressentimens personnels. De toutes ces conséquences funestes nous pouvons conjecturer la sage prévoyance de nos anciens Législateurs qui ne voulaient pas que la propriété ou la personne du citoyen pussent être jugées par l'opinion d'un ou deux Juges, & nous pouvons sentir aussi la nécessité de ne pas nous écarter davantage de notre ancienne constitution, en décernant de nouvelles peines par la procédure sommaire.

Il est vrai pourtant qu'elle abrège beaucoup les procès : trop peut-être ; ce qui a engagé les Cours du droit Coutumier à lui mettre un frein, en établissant la nécessité d'assigner à comparaître la Partie accusée avant que de la condamner. On tient à présent pour certain, que c'est un préliminaire indispensable ; quoique les Juges de Paix se soient donné beaucoup de mouvement, pour établir le sentiment opposé, oubliant la régle de Sénéque, c'est-à-dire, de la raison.

» *Qui statuit aliquid, parte inaudita*
» *altera æquum licet Statuerit, haud*
» *æquus fuit* «.

Celui qui a jugé sans entendre les deux Parties, quand même il aurait bien jugé, n'a pas été juste.

Règle à laquelle se sont conformées toutes les Loix municipales qui sont fondées sur les principes de la Justice. La Loi Romaine requérait une citation au moins ; & notre droit coutumier n'a jamais souffert qu'on jugeât dans le civil ou dans le criminel, sans avoir assigné à comparaître la Partie intéressée. C'est donc après cette assignation que le Magistrat, dans la procédure sommaire, peut aller en avant en entendant un ou plusieurs témoins, selon la lettre du Statut, sous serment ; alors ayant établi la conviction du délinquant par écrit, il donne l'ordre ou de l'arrêter, s'il est question de peine corporelle, ou de commuer la peine corporelle, contre la saisie & vente d'une partie de ses biens. Voilà, en général, la marche de la procédure sommaire par-devant les Juges de Paix ; mais pour les cas particuliers il faut recourir aux différens Statuts qui créent le délit & la peine, & qui tracent la méthode de convaincre les délinquans. Autrement ils rentrent dans la règle générale, sous les formalités du droit coutumier.

3. On peut fort bien rapporter à la procédure sommaire l'animadversion, de tems immémorial, des Cours supérieures contre ceux qui leur manquent de respect.

Ou le mépris qu'elles ont à punir est direct, par exemple, résister, insulter à leur autorité, injurier leurs personnes; ou il n'est qu'indirect & répréhensible dans ses conséquences, en répandant des maximes qui altéreraient le respect qui leur est dû, sans employer de grosses insultes, ni une résistance ouverte. Les délits des deux espèces sont principalement ceux-ci, 1. de la part des Juges & des Magistrats subalternes, lorsqu'ils se conduisent injustement, oppressivement & irrégulièrement dans la portion de Justice qui leur est confiée, sans paraître craindre les yeux des Cours supérieures; ou lorsqu'ils désobéissent à leurs ordres, en continuant à connaître d'une affaire qu'elles se sont évoquée; car les Cours supérieures, & spécialement celle du Banc du Roi, ayant une surveillance sur les Jurisdictions inférieures, toutes les pratiques de corruption & d'iniquité de celles-ci sont autant de mépris de cette autorité surveillante, dont le devoir indispensable est de les tenir dans les bornes de la Justice. 2. Les malversations des Shériffs, des Baillifs, des Geoliers, & autres Officiers de Justice dans les procès, en trompant les Parties par des actes d'oppression, d'extorsion, de collusion, ou en leur préjudiciant par une négligence coupable. 3. Les extorsions frauduleuses des Procureurs & solliciteurs; car les pratiques deshonnêtes des suppots de la Justice se réfléchissent sur les Cours qui les employent; & si ces extorsions, ces rapines sont fréquentes & impunies, elles deshonorent les Cours elles-mêmes aux yeux de la Nation & le mépris vient à la suite. 4. Les délits des Jurés dans des matières qui ont rapport à leur Office; par exemple, en ne comparaissant pas lorsqu'on les somme, en refusant leur Ministère ou leur Jugement, en buvant ou mangeant (*a*), sans la permission de la Cour, sur-tout si c'est aux dépens de l'une ou de l'autre partie; & d'autres inconduites & irrégularités de cette espèce qui ne les noircissent pas d'iniquité dans leurs Jugemens. 5. Les délits des témoins qui ne se rendent pas à l'assignation, qui refusent de jurer ou de déposer, & qui prévariquent dans leurs dépositions, après le serment. 6. Les délits des Parties dans le cours d'un procès par quelques contraventions aux régles établies, par le refus de payer ce que la Cour a ordonné, ou ce que des Arbitres ont réglé, après avoir accepté l'arbitrage. 7. Toute violence faite à la Justice, comme de lui arracher un prisonnier légalement arrêté, ou d'enfraindre la Loi *habeas corpus*. Parmi ces manques de respect, ces mépris de la Justice, les uns peuvent se montrer à la face de la Justice même, par quelque déportement grossier & injurieux; par quelqu'acte d'obstination, de perversité ou d'insulte,

---

(*a*) Les Jurés doivent entrer à jeun dans la salle du jugement; & ils ne peuvent ni boire, ni manger, qu'ils ne soient parvenus à l'unanimité qui forme la conviction & le Jugement.

par quelque brêche enfin à la Paix des Tribunaux : les autres hors des yeux de la Justice, par exemple en noirciſſant les Juges par des diſcours ou écrits ; en imprimant de faux rapports ſur des cauſes pendantes à leur Tribunal ; en un mot tout acte qui tend à diminuer le reſpect ſi néceſſaire à la Juſtice pour le bon ordre de l'Etat, tout ce qui peut la rendre mépriſable aux yeux du peuple.

Les Cours ſupérieures ont certainement le pouvoir de punir ces injures par une procédure ſommaire. Ce pouvoir réſulte des principes qui les ont établies ; & remontant au commencement de nos annales, nous trouvons qu'elles l'ont toujours exercé.

Si l'injure s'eſt montrée en face de la Cour, l'offenſeur peut être ſur le champ pris au corps, & empriſonné à la diſcrétion des Juges, ſans qu'il ſoit beſoin d'autres preuves, d'autre examen. Mais dans des faits qui ſe ſont paſſés loin de ſes yeux, & dont elle ne peut avoir connaiſſance que par l'aveu de l'accuſé, ou par des témoins, elle mande l'accuſé, & l'oblige à donner caution de comparaître & de répondre ſous ſerment à l'interrogatoire qui doit ſe faire dans l'eſpace de quatre jours. S'il arrivait qu'on lui fît quelques queſtions non pertinentes, il pourrait refuſer d'y répondre, & prier la Cour de les ſupprimer. Si enfin il ſe juſtifie ſous ferment, il est déchargé de l'accusation, sauf à le poursuivre comme parjure. Mais s'il confesse le délit, la Cour procéde à la punition par l'amende ou la prison, & quelquefois par des châtimens corporels & flétrissans, selon le cas.

On voit par tout ce que nous avons dit de la procédure sommaire, qu'elle n'a jamais lieu, lorsqu'il s'agit de la vie des hommes.

CHAPITRE XXI.

De la Procédure régulière.

NOUS la diſtribuons en douze Chapitres qui ſe développeront dans une progreſſion convenable : 1. la priſe de corps; 2. l'empriſonnement ; 3. la pourſuite; 4. le procès ; 5. l'appel du priſonnier à la Barre de la Cour ; 6. la défenſe du priſonnier & l'iſſue ; 7. la preuve & la conviction ; 8. le privilège Clérical; 9. le Jugement & ſes ſuites ; 10. la réformation du Jugement; 11. le répit ou le pardon : 12. l'exécution.

LE premier acte (*a*) de la procédure régulière, c'eſt la priſe de corps. Toutes perſonnes, ſans diſtinction, peuvent être dans les liens d'une cauſe criminelle. Mais nul ne peut être arrêté, ſans être chargé d'un délit qui autoriſe au moins la Juſtice à demander à l'accuſé caution de comparaître à la première réquiſition ; & en général il y a quatre manières d'être arrêté. 1. En vertu d'un ordre ; 2. par un Officier de Juſtice, ſans ordre ; 3. par une

---

(*a*) On peut effectivement ſe repréſenter la procédure criminelle, comme une longue tragédie en douze actes, pour l'Angleterre.

personne privée également sans ordre ; 4. par la clameur publique.

1. L'ORDRE peut être donné, dans des cas extraordinaires, par le Conseil privé, où les Secrétaires d'Etat ; mais ordinairement par les Juges de Paix : ils le peuvent dans tous les cas qui sont de leur compétence, pour obliger l'accusé à comparaître devant eux ; car il ferait absurde de leur donner le pouvoir d'examiner l'accusé, s'ils n'avaient pas celui de le contraindre à se soumettre à l'examen : & il s'étend indubitablement à toutes les trahisons, félonies, & infractions à la paix civile, & également à tout autre délit que des Statuts particuliers les autorise à punir. Edouard Coke à la vérité avance qu'un Juge de Paix ne peut donner un ordre de prise de corps sur un simple soupçon, avant une accusation régulière ; & d'autres, pour appuyer ce sentiment, disent que la pratique contraire est plutôt fondée sur la tolérance que sur la Loi, en avouant pourtant que cette pratique est ancienne. Cette doctrine ouvrirait une porte, en beaucoup de cas, à des criminels pour échapper à la Justice. C'est pour cela que Mathieu Hale l'a combattue par des autorités irréfragables, & par la force des raisons. Il maintient premièrement qu'un Juge de Paix peut donner ordre d'appréhender au corps un prévenu de félonie, quoique l'accusation ne soit pas encore régulière. Secon-

dement qu'il peut auſſi faire arrêter une perſonne *ſuſpecte* de félonie, quoique le ſoupçon ne vienne pas de lui, mais de la Partie qui requiert l'ordre; attendu qu'il eſt Juge compétent des probabilités du ſoupçon. Mais dans ces deux cas il convient d'interroger, ſous la foi du ſerment, la perſonne qui demande l'ordre, & de s'aſſurer du corps du délit, ſans quoi il ne peut donner l'ordre. Cet ordre doit être ſigné de ſa main & ſcellé de ſon ſceau, daté du tems & du lieu d'où il eſt écrit, portant la cauſe pour laquelle il eſt donné, adreſſé à un Commiſſaire de quartier, ou autre Officier de Paix dont il requiert le Miniſtère, pour ſaiſir au corps & conduire devant un Juge de Paix quelconque, ou en particulier devant lui-même : dans ce dernier cas l'ordre eſt ſpécial. Un ordre général d'arrêter des perſonnes ſuſpectes ſans nommer, ou ſignaler, ſerait illégal, & nul à cauſe de ſon incertitude, car c'eſt le devoir du Magiſtrat de ne pas laiſſer à ſon Sergent le pouvoir de juger ſi le ſoupçon eſt fondé. De même un ordre en général d'arrêter le coupable quelconque du crime qui eſt ſpécifié ſerait illégal; car le point capital de l'ordre, qui eſt de ſçavoir ſi la perſonne à ſaiſir, eſt réellement coupable ou non, eſt un fait à décider dans le procès qui doit ſuivre; & un tel ordre ne juſtifierait point l'Officier qui l'exécuteroit (*a*).

(*a*) Cette pratique avait prévalu dans les Bureaux des Se-

Mais il est obligé d'exécuter tout ordre légal dans toute l'étendue de la Jurisdiction du Magistrat & de la sienne. Un ordre émané du Chef ou autre Juge de la Cour du banc du Roi s'étend sur tout le Royaume, & il est daté d'*Angleterre*, & non de quelque Province particulière. Mais l'ordre émané d'un Juge de Paix dans un Comté, *Yookshire*, par exemple, doit être signé par un Juge de Paix dans un autre Comté, dans *Middlesex*, par exemple, pour qu'il puisse être exécuté dans ce dernier Comté. Cet usage, long-tems en vigueur, avant qu'on en fît une Loi, a reçu la sanction par les Statuts 23 & 24, de Georges II, ch. 26 & 55.

2. IL y a bien des cas où les *Officiers de Justice* peuvent arrêter sans ordre. Quels sont ces Officiers de Justice ? C'est 1. le Juge de Paix, lorsqu'il se commet quelque délit en sa

---

crétaires d'État, même depuis la restauration, fondée sur certaines clauses des actes pour régler la presse, qui autorisaient des ordres *généraux* d'arrêter, sans nommer personne en particulier, les Auteurs, Imprimeurs & Editeurs des libelles obscènes ou séditieux, qui étaient spécifiés dans ces sortes d'ordres. Lorsque ces actes expirerent en 1694, la même pratique s'est continuée par habitude & par inadvertence sous les régnés suivans, excepté dans les quatre dernières années de la Reine Anne, jusqu'à l'année 1763, qu'un tel ordre ayant été donné à l'occasion d'un libelle séditieux, la validité de l'ordre fut vivement contestée, & la nullité fut prononcée unanimement par la Cour du banc du Roi; après quoi tout ordre général fût déclaré illégal par la Chambre des Communes. Common Journ. 22 Avril 1765.

présence ; 2. le Shériff ; 3. le Coroner ; 4. le Commissaire de quartier qui a une grande, originelle & inhérente autorité pour les prises de corps. Il peut, sans ordre, arrêter quiconque trouble la tranquillité publique, & mener le perturbateur devant le Juge de Paix ; & dans le cas d'une félonie subite, ou d'une blessure dangereuse qui menace de félonie, il peut sur la probabilité du soupçon arrêter le délinquant, & il est autorisé par son Office, sans avoir besoin de l'ordre du Juge, à enfoncer les portes, & même à tuer le Félon, si on ne peut l'arrêter autrement : & si lui ou ses suppôts sont tués en remplissant leur devoir, leur mort est un *meurtre* dont sont coupables tous ceux qui y ont concouru ; 5. les gens du Guet qui ont commission par le Statut de Winchester, 13. d'Edouard I, ch. 4, de veiller à la garde des Villes depuis le coucher jusqu'au lever du Soleil, peuvent & doivent par office, arrêter quiconque se rend suspect, & spécialement les coureurs de nuit, & les mettre sous bonne garde jusqu'au lendemain.

3. TOUT particulier témoin d'une félonie, est obligé par la Loi à arrêter le félon, sous peine d'amende & d'emprisonnement, si le coupable échappe par la négligence de ceux qui sont présens à la mauvaise action ; & s'ils le tuent, ne pouvant l'arrêter autrement, ils sont justiciables. Un particulier peut encore,

sur un soupçon d'une grande probabilité, arrêter un félon, le croyant tel : mais il n'est point autorisé à enfoncer une porte pour en venir à bout; & si dans le débat, l'un tue l'autre, c'est simple homicide & non meurtre. Ce n'est pas meurtre, parce qu'il n'y a pas eu dessein prémédité de tuer : c'est pourtant homicide répréhensible par la Loi, parce qu'il seroit d'une dangereuse conséquence d'autoriser tout particulier à enfoncer des portes, & à tuer sur un soupçon de crime; & encore, parce qu'une telle saisie au corps, sur un soupçon, est seulement permise, & non enjointe par la Loi; comme dans le cas de ceux qui sont présens à la perpétration du crime.

4. IL y a une autre espèce de prise de corps qui regarde tout à la fois les Officiers de Justice & les particuliers, c'est par des cris, des huées sur le crime : ancienne pratique du droit Coutumier de poursuivre à cors & à cris les malfaiteurs. Le principal Statut relatif à cette matière, est celui de Winchester, 13, d'Edouard I, ch. 1 & 4; il ordonne ces cris, ces huées sur le crime de ville en ville, de campagne en campagne, jusqu'à ce que le coupable soit pris, & mené au Shériff; & afin d'atteindre plus sûrement au but, tout le canton est tenu par le même Statut ch. 3, de répondre du vol, jusqu'à ce qu'on ait pris le voleur; & la personne volée a droit d'actionner le canton. Le

Statut 27 d'Elizabeth va plus loin, il déclare les cors & les cris insuffisans, à moins qu'ils ne soient exécutés par deux hommes à cheval, & deux à pied. Et par le Statut 8 de Georges II, ch. 16, le Commissaire de quartier, ou tel autre Officier de Police qui refuse ou néglige la poursuite du délit par cris & huées, est condamné à 5 liv. d'amende; & tout le canton est aussi amendé en restant dans l'obligation de répondre du vol, si le coupable échappe. Cette institution, long-tems avantageuse aux pays Orientaux, a été introduite dans l'Empire du Mogol au commencement du dernier siècle, & on assure qu'elle l'a délivré des voleurs. Les cris & huées peuvent s'élever par l'ordre du Juge de Paix, ou d'un de ses Officiers, ou encore par la volonté d'un particulier qui a connaissance du crime; mais ce particulier doit le dénoncer au Commissaire du canton avec toutes les circonstances qu'il en sçait, & désigner sur-tout la personne du coupable; sur quoi le Commissaire en fait la recherche dans la Ville de sa résidence, après il donne l'alarme dans les campagnes voisines, & poursuit le malfaiteur. Dans cette poursuite à pied & cheval, lui & ses suppôts, ont le même pouvoir, la même protection, les mêmes indemnités que s'ils agissaient par l'ordre d'un Juge; mais si un étourdi, par mauvaise plaisanterie, ou par malice, donnait l'alarme par les cris & huées, il serait puni
sévérement

sévérement comme perturbateur de la paix.

Dans la vue d'encourager la prise de certains criminels, divers actes du Parlement y ont attaché des récompenses & des immunités. Les Statuts 4 & 5 de Guillaume & Marie, ch. 8, assurent à celui qui arrêtera un voleur de grand chemin une récompense de 50 liv. payable par le Shériff du Comté, aux frais du Comté; ou, s'il est tué dans l'entreprise, à son exécuteur testamentaire en faveur des héritiers. Le Statut 8 de Georges II, ch. 16, ajoute à cette disposition une autre somme de 10 l. payable par le canton qui se trouve soulagé par la prise du voleur. Deux autres Statuts 10 & 11 de Guillaume III, ch. 23, exemptent de toutes les charges de Paroisse, quiconque arrêtera & poursuivra jusqu'à conviction un félon coupable de burglarie ou de vol domestique; & par le Statut 5 de la Reine Anne, ch. 31, quiconque arrêtera un tel voleur, ou un voleur avec effraction, outre l'exemption de tout office paroissial, recevra une récompense de 40 liv.; & s'il est tué dans son entreprise, cette somme sera payée à son exécuteur testamentaire.

CHAPITRE XXII.

De l'Emprisonnement & du Cautionnement.

PASSONS au second acte de la procédure régulière. Lorsqu'un délinquant est arrêté par quelques-uns des moyens que nous venons d'exposer, on le conduit, selon la régle, devant le Juge de Paix, qui est tenu, sans délai, d'examiner les circonstances du délit allégué; & pour cette fin, les Statuts 2 & 3 de Philippe & Marie, ch. 10, lui enjoignent de prendre par écrit les réponses du prisonnier, & l'information de ceux qui l'aménent; ce qui est, selon l'observation de Lambart, une disposition de la Loi Anglaise; car, dans le droit Coutumier, nul n'était tenu de s'accuser lui-même; & c'était par d'autres moyens & d'autres accusateurs que le délit devait se découvrir. Si sur cette première enquête il paraît clairement qu'il n'y a point de délit, ou qu'il n'y a aucun fondement au soupçon qu'on a jetté sur le prisonnier, la Loi ordonne de le décharger totalement de l'accusation; mais si le soupçon est fondé, il doit être mené en prison, ou donner caution & sûreté qu'il reparaîtra quand il sera sommé de répondre aux charges de l'accusation. Comme l'emprisonnement n'est dirigé qu'à s'assurer de l'accusé, toutes les fois que le cautionnement produit ce même effet, la Loi veut qu'on l'accepte; du moins dans la plûpart des délits du dégré inférieur : mais dans les félonies & autres crimes capitaux, nulle caution ne peut être équivalente à la prison; car à quelle infidélité ne se porterait pas l'homme pour sa vie, & quelle indemnité serait-ce pour le public de saisir les effets de celui qui auroit cautionné un meurtrier, si le meurtrier échappe à la punition? C'est sur ce principe que les Magistrats d'Athènes, dans leur serment solemnel de ne jamais tenir dans les liens de la prison tout citoyen qui pouvait donner trois cautions de même valeur que serait la sienne, exceptaient le crime de fausse monnoie & de trahison contre l'Etat (*a*). Par le cautionnement qui lie le cautionnant & le cautionné, la Justice s'assure donc que le cautionné reparaîtra à la première réquisition; elle le confie à la garde amicale du cautionnant, au lieu de l'envoyer en prison. Dans les causes civiles tout défendeur est cautionnable; mais en matiere criminelle il n'en est pas toujours de même. Voyons donc en quel cas l'accusé peut ou ne peut pas être admis à caution.

PREMIÈREMENT refuser ou différer le cautionnement à celui qui en est susceptible,

_____

(*a*) Pott. antiq. lib. 1, ch. 18.

c'est une offense, une injustice de la part du Magistrat contre la liberté du citoyen. Ainsi l'ont déclaré, non-seulement le droit Coutumier; mais encore le Statut de Westminster I. 3. Edouard I. ch. 15, & l'acte d'*habeas corpus*; & de peur que l'intention de la Loi ne soit frustrée par les Juges en demandant une caution plus forte que la nature du délit ne le requiert, le Statut 1 de Guillaume & Marie, ch. 1., défend cet excès, laissant aux Cours à le juger selon les circonstances du cas. Et d'un autre côté si le Magistrat accepte une caution insuffisante, il est amendable, si le délinquant ne reparaît pas. Le cautionnement peut être reçu soit par une Cour de Justice, soit dans des cas particuliers par le Shériff, le Coroner, ou tout autre Magistrat; mais plus ordinairement par le Juge de Paix. Régulièrement dans les délits contre le droit Coutumier ou les actes du Parlement, au-dessous de la félonie, le délinquant doit être admis à donner caution pour conserver sa liberté, à moins que quelqu'acte du Parlement ne s'y oppose pour le cas où il se trouve.

Pour sçavoir donc avec précision quels délits sont susceptibles de caution, voyons ceux qui ne le sont pas, sans parler des prisonniers *convaincus* qui sont exclus par-là même de la faveur du cautionnement, & pour qui la prison est une partie de la peine qu'ils ont méritée. Mais lorsque l'emprisonnement n'a encore pour objet que la sûre garde du délinquant avant la conviction, alors même si le délit est grave, énorme par sa nature, le délinquant n'est point reçu à donner caution; car en ce cas le public est en droit de demander la plus grande sûreté possible, c'est-à-dire, le corps même de l'accusé, pour assurer la Justice qu'on en doit faire, s'il est coupable. De tels accusés, dit l'Auteur du Miroir, ne peuvent fournir d'autres cautions, d'autres sûretés que les quatre murs de la prison. Par l'ancien droit Coutumier toutes les félonies étaient cautionnables avant & depuis la conquête, jusqu'à ce que le meurtre fût excepté par un Statut: de cette façon tout délinquant presque dans tous les cas, était susceptible de caution avant la conviction. Mais le Statut de Westminster 3, d'Edouard I. ch. 15, rejette du cautionnement la trahison & plusieurs autres espèces de félonie. De plus les Statuts 1 & 2 de Philippe & Marie, ch. 13, donnent des régles dans cette matière, d'où nous pouvons conclure que les Juges de Paix ne peuvent recevoir caution, 1. dans l'accusation de trahison; 2. de meurtre; 3. de simple homicide si l'accusé n'est pas simplement soupçonné, mais presque convaincu de l'avoir commis; & si l'accusation peut devenir rigoureusement régulière contre lui; 4. dans le cas où le prisonnier détenu pour félonie auroit forcé sa prison ; parce que cette évasion de force donne non-seulement une présomption de crime, mais ajoute une félonie à une autre. 5. On exclut de la faveur du cautionnement les *ex-loix* ou hors de la protection des Loix ; 6. ceux qui ont abjuré le Royaume ; 7. ceux qui coupables eux-mêmes deviennent dénonciateurs dans l'espérance de se sauver la vie ; 8. les voleurs pris sur le fait ; 9. les incendiaires ; les excommuniés qui ont été arrêtés par un ordre *de excommunicato capiendo*. Il est évident que tous ces cas ne sont nullement susceptibles de cautionnement : il en est d'autres qui sont douteux ; par exemple, doit-on l'accorder à des personnes de mauvaise réputation ? on en laisse la décision à la prudence des Juges de Paix. Pour la classe des cautionnables elle renferme toutes les personnes de bonne renommée, chargées seulement du soupçon de simple homicide, ou d'homicide justiciable, de petit larcin ou de quelqu'autre félonie, non spécifiée ci-dessus. Enfin la Cour du banc du Roi, ou quelque Juge de cette Cour, a le pouvoir, pendant les vavances du Parlement, de recevoir caution pour quelque crime que ce soit, fusse la trahison ou le meurtre, selon les circonstances de l'accusation ; & c'est une sagesse de la Loi. En effet, quoique le cautionnement pour de grands crimes, puisse favoriser le coupable, pour éluder la Justice ; cependant, il y a des cas, rares à la vérité, où il serait dur & injuste d'emprisonner un citoyen de bonne réputation, tout soupçonné qu'il serait d'un délit très-grave. La Loi a donc autorisé une Cours de Justice, une seulement, à recevoir caution selon sa prudence dans tous les cas ; excepté seulement en faveur d'un accusé qui aurait été emprisonné par l'ordre de l'une ou l'autre des deux Chambres du Parlement, ou de tel autre prisonnier pour avoir manqué de respect à quelque Cour supérieure de Justice.

Sur tout cela, si le délit n'est pas cautionnable, ou si l'accusé ne peut trouver caution, on l'envoie en prison par un ordre du Juge de Paix, signé de sa main & scellé de son sceau, pour y rester jusqu'à ce qu'il soit jugé. Mais la prison, comme nous l'avons dit, ne doit avoir pour but que de s'assurer du prisonnier, non de le punir. Par conséquent dans ce douteux intervalle entre l'emprisonnement & le Jugement, il doit être traité le plus humainement qu'il est possible ; il ne faut pas le charger d'inutiles fers, ni le soumettre à d'autres duretés que celles qui sont absolument nécessaires pour s'assurer de lui : on laisse trop souvent à la discrétion des Géoliers, race d'hommes peu pitoyables & endurcis contre les sentimens tendres, par la familiarité avec les scènes de misère & de larmes, la décision du traitement. La Loi ne leur permet pas de mettre aux fers un prisonnier, à moins qu'il ne soit intraitable, ou qu'il n'ait tenté de s'échapper : voici là-dessus le langage de nos anciens Législateurs, *custodes pænam sibi commissorum non augeant, nec eos torqueant : sed omni sævitiâ remotâ, pietateque adhibitâ, judicia debite exequantur.*

CHAPITRE XXIII.

De la méthode qu'on obferve dans la pourfuite.

LE troifiéme acte de la procédure criminelle, c'eft *l'accufation ftrictement régulière* (a); foit qu'elle fe faffe fur l'enquête des Grands Jurés, ou avant l'enquête. La pourfuite fur l'enquête fe commence ou par fimple dénonciation, ou par l'accufation ftrictement régulière.

LA fimple dénonciation fe fonde, à proprement parler, fur la connaiffance que les Grands Jurés ont par eux-mêmes d'un délit ; fans qu'ils ayent reçu aucun bill d'accufation au nom du Roi, comme d'un trouble public, d'un libelle, & autres délits femblables ; fur quoi un Officier de la Cour doit former une accufation régulière, avant que la Partie dénoncée, l'Auteur d'un libelle, par exemple, foit obligé de répondre. Une enquête d'office eft un acte de Jurés légalement affemblés par un Officier qui en a le droit, pour informer en matières qui regardent la Couronne, fur les témoignages qu'on leur préfente. Quelques-

___

(a) Ces trois mots s'expriment dans un feul en Anglais *indiftinctement.*

unes de ces enquêtes emportent avec elles la conviction, sans pouvoir être contestées. C'est pourquoi les Jurés doivent écouter toutes les allégations de part & d'autre. Telles sont les enquêtes sur le suicide, sur la fuite d'une personne accusée de félonie, sur les *déodands* (*a*) & sur les petits délits qu'on punit par des amendes dans la tournée du Shériff. Les autres enquêtes peuvent être examinées & contestées; & en particulier l'enquête du Coroner sur la façon dont un homme est mort, & sur le soupçon qu'on jette sur un tel, comme coupable de cet homicide; car, dans ces sortes de cas, l'accusé doit être assigné pour répondre à l'enquête dont il peut contester la vérité; ce qui le mene à une sorte d'accusation strictement régulière qui est la voie la plus ordinaire & la plus efficace, & sur laquelle nous insisterons principalement.

L'ACCUSATION strictement régulière se fait par écrit, délivrée sous serment par les Grands Jurés. A cette fin le Shériff de chaque Comté est obligé d'envoyer à chacune des quatre sessions de paix, & à chaque commission d'*oyer* & *terminer* pour vuider les prisons, une liste de vingt-quatre Citoyens bons, honnêtes & sans reproche de son Comté, en les

―――――――――――――――――

(*a*) On appelle *déodands* un cheval, un chariot qui ont tué quelqu'un, & qu'on adjuge au Roi, pour en faire des aumônes.

prenant de divers cantons, pour enquérir, faire & exécuter tout ce qui leur sera commandé de la part du Roi ; ils doivent être francs-tenanciers (*a*), & pour l'ordinaire gens vivans noblement, & qui figurent dans le Comté. Tels sont les Grands Jurés : la liste en comprend au moins douze, & jamais plus de vingt-trois, afin que douze puissent former une majorité. Nous trouvons ce nombre aussi-bien que la constitution elle-même dans les Loix du Roi Ethelred, *exeant seniores duodecim thani, & præfectus cum eis, & jurent super sanctuarium quod eis in manus datur, quod nolint nullum innocentem accusare, nec aliquem noxium celare*. Les Grands Jurés sont instruits préliminairement des articles de leur enquête par l'ordre du Juge qui préside au Tribunal ; après quoi ils se retirent pour siéger & recevoir les accusations. Leur Office a uniquement pour objet la nature de l'accusation ; sçavoir s'il faut l'admettre ou la rejetter, s'il y a cause suffisante d'appeller la Partie accusée pour répondre ; & ils doivent être entièrement persuadés que l'accusation est fondée, autant que leurs lumières peuvent s'étendre, & ne pas s'en rapporter à des probabilités éloignées, ce qui favoriserait des vues oppressives. Voilà le point

---

(*a*) Propriétaires de fiefs, ou de francs-aleux, ou encore les Fermiers de terres inféodées pour 99 ans.

unique de leur enquête, car ce ne font pas eux qui jugent, mais les Petits Jurés.

L'Office des Grands Jurés fe borne à l'étendue du Comté, *pro corpore Comitatus*; & par conféquent ils ne peuvent légalement connaître d'un délit qui s'eft fait hors du Comté pour lequel ils ont juré. On mit anciennement tant de fubtilité dans cette difpofition, que fi quelqu'un avait été bleffé dans un Comté, & qu'il fût mort dans un autre, le délinquant, par le droit coutumier, n'était régulièrement accufable, ni dans l'un, ni dans l'autre ; parce que l'acte complet d'homicide ne s'était fait dans aucun des deux. Mais par les Statuts 2 & 3 d'Edouard VI, ch. 24, l'accufation doit fe faire dans le Comté où l'homme eft mort ; & ainfi dans d'autres cas, nommément dans celui de trahifon hors du Royaume, on peut pourfuivre le traître dans quelque Comté que ce foit au dedans du Royaume, felon la volonté du Roi. Ainfi l'ont décidé les Statuts 26 de Henri VIII, ch. 13 & 5, d'Edouard VI, ch. 11 : mais en général tous les délits doivent fe pourfuivre & fe juger dans le Comté où ils fe font commis.

Les Grands Jurés autrefois, après avoir entendu les preuves, s'ils jugeaient l'accufation fans fondement fuffifant, écrivaient au dos du bill » *ignoramus*, nous ne fçavons rien de

» cela, » donnant à entendre que malgré la possibilité de la vérité du fait, cette vérité leur échappait; mais aujourd'hui ils sont plus positifs en ces termes » not a true bill » ce bill d'accusation n'est pas vrai ; & l'accusé est déchargé sans autre formalité. Si au contraire l'accusation leur paraît fondée, ils écrivent au dos » a true bill » vrai bill. On prononce alors que l'accusation est strictement régulière; & l'accusé est dans les liens de la Justice. Mais pour cela il faut au moins que douze Jurés soient d'accord : car la Loi Anglaise est si tendre pour la vie des Citoyens, que personne ne peut être convaincu d'un crime capital que par les voix unanimes de vingt-quatre de ses Pairs, pris dans le voisinage ; c'est-à-dire, en première instance par douze Grands Jurés au moins qui tous assurent la légalité de l'accusation, & ensuite par la même unanimité des Petits Jurés qui, après le procès fait, déclarent l'accusé coupable. Il faut remarquer que si douze des Grands Jurés trouvent l'accusation fondée, quand même les autres en jugeraient autrement, l'accusation n'en est pas moins légale; & ainsi établie elle se délivre publiquement à la Cour.

L'ACCUSATION doit être claire & précise; elle doit par le Satut 1 de Henri V, ch. 5, désigner le nom de baptême, le surnom, l'état, la condition de l'accusé, la ville ou le lieu, le Comté où il habite : tout cela, pour identifier la perſonne, déſigner auſſi *le tems* & *le lieu* où s'eſt commis le délit, en nommant le jour & la Juriſdiction. Une erreur ſur le *lieu* n'eſt pas d'une grande conſéquence, pourvu qu'il ſoit dans la Juriſdiction indiquée. Mais une erreur ſur le *tems* peut l'être. Il y a un tems limité pour la pourſuite des délits ; le Statut 7 de Guillaume III, ch. 3, défend de pourſuivre les délits quelconques dans le cas où le bill d'accuſation n'a pas été fait dans l'eſpace de trois ans, après le crime. Il n'excepte que les attentats contre la vie du Roi ; & en cas de meurtre, le tems de la mort doit être compris & ſpécifié dans le courant de l'an & jour, après le coup mortel. Il faut que le délit ſoit énoncé avec clarté & certitude, en employant même pour certains crimes, certains termes qui ſont tellement appropriés par la Loi à rendre l'idée préciſe, que nul autre mot, quelque ſynonime qu'il pût paraître, ne pourrait y ſuppléer. Par exemple dans la trahiſon, il faut exprimer qu'elle s'eſt commiſe *traitreuſement* & *contre la fidélité jurée*. Autrefois on s'exprimait en latin, *proditoriè & contra ligeantiæ ſuæ debitum* ; autrement l'accuſation eſt nulle. Dans l'accuſation de meurtre, il eſt néceſſaire d'articuler que le délinquant a tué *meurtrièrement* & non tué ſimplement ou mis à mort un tel ; l'expreſſion latine de la baſſe latinité, juſqu'au dernier Statut, était *murde-*

ravit. Dans l'accusation de félonie l'adverbe *félonieusement* doit être employé ; & pour les burglaries, le mot Anglais *burglarioufly* que nous pouvons rendre par *burglarieusement ;* dans le rapt l'expression Anglaise *ravished*, en Français *ravi* est nécessaire, & on ne peut la rendre par aucune périphrase, pour désigner clairement le délit. De même dans le vol les termes Anglais, *felonioufly took and carried away*, & en Français, *il a pris & emporté félonieusement*, sont absolument requis dans l'accusation ; car ce sont ceux-là seulement qui peuvent donner la vraie idée du fait. De même dans l'accusation de meurtre la largeur & la profondeur de la blessure doivent être prononcées, afin que la Cour puisse juger si elle est de nature mortelle ; mais si elle pénétre tout le corps alors ces dimensions ne demandent pas la même rigueur, puisque la cause suffisante de mort est évidente. Il en est de même d'un membre coupé, parce que la description exacte en est trop difficile. Enfin il faut spécifier dans l'accusation la valeur ou à peu près de la chose volée qui est le sujet du délit, par la raison qu'il faut sçavoir, si c'est un grand ou un petit larcin, & s'il est susceptible du privilége clérical. Dans l'homicide, de quelque espèce qu'il soit, cette précision rigoureuse est nécessaire, non-seulement pour diriger les Juges, mais parce qu'en certain cas l'instrument employé à tuer, est confisqué au profit du Roi, comme *Déodand* (*a*).

LES autres façons de poursuivre les délits sont celles qui ne demandent pas l'intervention des Jurés pour assurer l'accusation. C'est le cas, selon le droit coutumier, où l'on prend un voleur, un meurtrier sur le fait, *in flagranti delicto*. On le jugeait sur le champ sans accusation régulière. Mais cette manière de procéder a été abolie par différens Statuts du règne d'Edouard III. Maintenant la seule procédure au nom du Roi, lorsque l'accusation strictement régulière par les Grands Jurés, n'est pas nécessaire, c'est l'information.

1. IL y a deux sortes d'informations, l'une qui se fait en partie à la poursuite du Roi, & en partie à celle d'un sujet qui rend plainte; l'autre au nom du Roi seul. La première est ordinairement appuyée sur des Statuts qui infligent des peines pécuniaires, partie au profit de celui qui fait informer. Le criminel, dans cette procédure, agit comme le civil : sur quoi il y a une observation à faire en conséquence du Statut 31 d'Elisabeth, ch. 5, qui proscrit

_____

(*a*) Cette marche scrupuleuse peut paraître minutieuse à des esprits superficiels ; mais qu'ils fassent attention, qu'il y va de la vie des hommes.

cette

cette forte de pourfuite de la part du fujet après l'année révolue depuis la commiffion du délit ; & au nom du Roi, après le laps de deux ans ; & fi la forfaiture a été d'abord adjugée au Roi, la pourfuite ne peut plus avoir lieu, en faveur du fujet, après la révolution de deux ans, depuis le tems du délit.

Les informations, au nom du Roi feul, font auffi de deux efpèces. Premièrement celles qui fe font vraiment & proprement à fa pourfuite, par le Miniftère de fon Officier immédiat, le Procureur-Général ; fecondement celles qui fe font à la vérité au nom du Roi comme principal pourfuivant, mais dans lefquelles un particulier intervient comme plaignant. C'eft encore le Roi qui pourfuit par le Miniftère de fon *Coroner* dans la Cour du banc du Roi. On appelle ordinairement ce Magiftrat le Grand Officier de la Couronne, & dans la fonction dont nous parlons, il eft auffi celui du public.

Quand le Roi pourfuit en fon nom feul par le miniftere du Procureur-Général, il a pour objets des inconduites énormes qui tendent prochainement à troubler & mettre en danger fon gouvernement, ou à le molefter & l'affronter dans fes fonctions royales & légales ; car dans des offenfes fi graves & fi dangereufes, où un moment de délai pourrait être fatal, la Loi a donné à la Couronne le pouvoir de pourſuivre immédiatement, ſans avoir recours à un autre Tribunal que celui qui porte ſon nom, le Banc du Roi. Ce pouvoir ſi néceſſaire, non-ſeulement pour l'aiſance & la ſûreté, mais encore pour l'exiſtence même du premier Magiſtrat qui eſt revêtu de la puiſſance exécutrice, a été conſacré de tout tems dans la conſtitution Angloiſe qui a toujours veillé à la conſervation de la choſe publique.

Les objets de l'autre eſpèce d'information par le Coroner ſur la plainte de quelque particulier, ſont de grandes & notoires inconduites, telles que des rixes, des batteries, des libelles & autres immoralités d'une eſpèce très-grave, qui, à la vérité ne tendent pas à renverſer le gouvernement, (car celles-ci ſe pourſuivent par le Procureur-Général;) mais qui par l'énormité & le mauvais exemple, méritent l'animadverſion publique, & quand l'information en eſt faite, elle eſt portée aux petits Jurés du Comté où les délits ſe ſont commis; après quoi, ſi l'accuſé eſt trouvé coupable, il reſſort à la Cour du Banc du Roi pour la punition.

Il n'y a point de doute que cette ſorte de pourſuite par information de la part du Procureur-Général, ou du Coroner dans la Cour du Banc du Roi, ne soit aussi ancienne que le droit Coutumier même : en effet comme le Roi était tenu de poursuivre, ou du moins de donner la sanction de son nom à la poursuite, lorsque les grands Jurés lui faisaient savoir, sous serment, qu'il y avait cause suffisante, pour établir un procès criminel; de même lorsque ses Officiers immédiats étaient assurés que quelqu'un était coupable d'une grande inconduite, soit contre la personne du Roi ou son gouvernement, soit contre l'ordre public, ils étaient en droit d'amener l'information au Banc du Roi, & de poursuivre en son nom, sans attendre des lumières ultérieures. Mais ces sortes d'informations étaient bornées, par la Loi constitutionelle de la nation, aux inconduites seulement ; car toutes les fois qu'il était question d'un crime capital, il fallait que l'accusation fût garantie par le serment de douze grands Jurés, avant que la partie accusée fût obligée de répondre ; & quant aux délits non-capitaux, inconduites qui troublaient la puissance exécutrice, ou la paix publique ; tant que la poursuite en fut réguliere & légale à la Cour du Banc du Roi, les sujets n'eurent point à se plaindre : mêmes notices, même procès, mêmes plaidoyers, mêmes preuves par les Jurés, mêmes Jugemens par les mêmes Juges. Tout s'exécutait comme si la poursuite se fût faite dès son origine par une accusation strictement régulière ; mais lorsque le Statut 3 de Henri

E ij

VII, ch. 1, eût étendu la Jurifdiction de la Chambre Etoilée, dont les membres étaient les feuls Juges de la Loi, du fait & de la peine; & lorfque le Statut 2 du même Henri, ch. 3, eût permis les informations dans cette Cour fur les délations du premier venu toutes les fois qu'il n'y allait ni de la vie ni des membres, la Jurifdiction régulière & légale du Banc du Roi tomba dans l'oubli. Empfon & Dudley, pervers inftrumens de la tyrannie de Henri VII, habiles à inventer des pourfuites vexatoires, des moyens oppreffifs, des peines infolites, harraffaient continuellement les fujets, pour enrichir honteufement la Couronne : à la vérité le fecond Statut fut bientôt aboli par le premier de Henri VIII, ch. 6 ; mais la Chambre Étoilée fe foutenait dans toute fa vigueur, & augmenta même fon autorité de jour en jour, pendant plus d'un fiécle, jufqu'à ce qu'enfin elle a été totalement anéantie par le Statut 16 de Charles I, ch. 10.

A fa diffolution la Cour du Banc du Roi, à laquelle l'ancienne commune Loi avoit confié la garde des mœurs de la Nation, fut remife en activité ; & il faut remarquer que le même acte du Parlement, qui abolit la Chambre Étoilée, recommande la conviction par information, comme un moyen légal de convaincre ceux qui contreviendraient pour la troifiéme fois aux difpofitions de ce même Statut. Il eft vrai que Mathieu Hale qui préfidait alors à la Cour du Banc du Roi, auffi-tôt après qu'elle eût repris vigueur, ne parut pas goûter cette méthode de pourfuite; improbation qui venait plutôt du mauvais ufage que le Coroner faifoit de fon autorité, en laiffant opprimer les fujets par des informations vexatoires, fuggérées par la haine & la vengeance, que du doute fur la légalité de la méthode, & fon utilité dans des occafions urgentes. La valeur des informations réfidait alors, fans contredit, dans la confcience du Coroner; & comme elles fe faifaient au nom du Roi, le dénonciateur qui fe joignait à lui ne s'expofait à aucun frais, quand même l'accufation fe feroit trouvée fans fondement. Cet ufage oppreffif dans le tems qui a précédé la révolution, a fait naître un grand débat, d'abord après l'avénement de Guillaume au Thrône, pour faire déclarer l'ufage illégal par la Cour du Banc du Roi; mais le Chevalier John Holt qui en était le Préfident, & les autres Juges foutinrent qu'il était fondé dans le droit Coutumier, & qu'on ne pouvait l'accufer d'illégalité : fur ces entrefaites, peu d'années après, on trouva dans le Parlement un remede convenable. Les Statuts 4 & 5 de Guillaume & Marie, ch. 18, défendent au Greffier de la Chancellerie d'enregiftrer aucune information, fans la Direction expreffe de la Cour du Banc du Roi; obligeant en même tems tout pourfuivant privé, à qui on permet l'information, de donner une reconnaiffance de 20 liv., & de payer au défendeur fes frais, en cas qu'il foit déchargé de l'accufation, à moins que le Juge, après l'examen de l'information, ne déclare qu'il y avait caufe fuffifante pour la faire ; & à tout événement de payer les frais, à moins que l'information ne foit jugée dans l'année après le commencement de la procédure : mais il y a dans le Statut une claufe qui le reftreint aux informations faites par le Coroner, & conféquemment celles qui fe font au nom du Roi par le Procureur-Général, n'y font pas comprifes.

Ce font-là toutes les méthodes de pourfuite au nom du Roi : il en eft une où un fujet fe rend feule partie, & on la nomme *appel*.

2. Ce mot *appel*, dans le fens qu'on l'entend ici, ne fignifie pas l'action d'appeller d'un Juge fubalterne à une Cour Supérieure, felon l'acception ordinaire du mot ; il fignifie ici une pourfuite criminelle en derniere inftance, de la part d'un fujet injurié qui demande punition & réparation, bien plus pour lui-même que pour la vindicte publique : comme cette méthode de pourfuite fubfifte encore, nous ne pouvons nous difpenfer d'en faire mention ; mais, parce qu'elle eft très-peu en ufage, nous n'en dirons qu'un mot.

CE procès au nom d'un particulier pour punir un délit public, a eu son modèle dans le tems où les peines pécuniaires expiaient tous les crimes ; nous l'avons copié de nos ancêtres les anciens Germains, chez qui, dit Tacite, *luitur homicidium certo armentorum ac pecorum numero, recipitque satisfactionem universa domus.* (*a*). C'est ainsi qu'en Irlande le Juge composait entre le meurtrier & les parens du mort qui poursuivaient la satisfaction ; nous trouvons aussi dans nos Loix Saxones, particulièrement dans celles du Roi Athlesttan, les satisfactions pécuniaires pour le meurtre dans un ordre progressif, depuis le meurtre du Paysan, jusqu'à celui du Roi ; & dans les Loix de Henri I, nous avons un tableau des crimes qui étaient rachetables & de ceux qui ne l'étaient pas (*b*) ; & quoique dans la suite des tems les délits ont cessé d'être rachetables, le procès privé a toujours continué, pour assurer la punition du crime, & non plus la compensation pécuniaire.

MAIS, quoique les appels de leur nature ne regardoient que les délits contre des par-

---

(*a*) De morib. Germ. cap. 21.

(*b*) La satisfaction pécuniaire est tellement d'usage en Turquie, que le meurtre même n'est pas poursuivi par la Justice : c'est l'affaire des plus proches parens de venger la mort des leurs ; & s'ils préferent une composition en argent, il n'y a point de poursuite.

ticuliers, ils furent cependant permis auſſi pour la haute trahiſon, ſoit dans la Cour du droit Commun, ſoit au Parlement; & pour les trahiſons au-delà de la mer, dans la Cour du Grand Connétable & du Grand Maréchal: la connaiſſance des appels dans cette derniere Cour a continué long-tems. Il y eut en 1631 un combat judiciaire, ordonné par la Cour de Chevalerie, ſur un appel de trahiſon; mais l'appel pour haute trahiſon, a été aboli par les Statuts 5 & 25 d'Edouard III, ch. 9 & 24; plus, l'appel pour les trahiſons au-delà des mers, l'a été par le Statut 1 de Henri IV, ch. 14: ainſi les ſeuls appels encore ſubſiſtans, pour délits commis dans le Royaume, regardent la félonie & la mutilation.

L'APPEL pour félonie peut avoir lieu à raiſon de crimes commis contre les parties mêmes qui forment l'appel, ou leurs parens; les crimes contre les parties mêmes, ſont le *vol*, le *rapt* & l'*incendie*, pour leſquels auſſi-bien que pour la mutilation, les perſonnes volées, enlevées, incendiées ou mutilées, peuvent intenter & ſuivre le procès en leur privé nom. Mais le ſeul crime commis contre un parent, qui permet l'appel, c'eſt ſi ce parent a été tué meurtrièrement ou autrement; cependant l'appel n'eſt pas accordé à tous les parens indifféremment, il ne l'eſt qu'à la femme du mort & à ſon héritier mâle, qualité d'*héritier* qui a été bornée par une Ordonnance de Henri I au quatriéme degré de confanguinité.

L'APPEL a été accordé à la femme à caufe de la perte de fon mari ; c'eft pourquoi, fi elle fe remarie avant ou pendant l'appel, l'appel eft au néant ; ou même fi elle fe remarie après le Jugement avant qu'il foit exécuté, elle ne peut en demander l'exécution. Quant à l'héritier, il doit être le plus proche au moment de la mort de fon parent. Cette regle a pourtant trois exceptions, 1. fi l'homme tué laiffe une femme innocente de fa mort, c'eft à elle feule & non à l'héritier de former l'appel ; 2. s'il ne laiffe point de femme, & que l'héritier foit accufé du meurtre, l'héritier le plus proche après lui a le droit d'appel ; 3. Si la femme était accufée d'avoir tué fon mari, l'héritier pourrait diriger l'appel contre elle. Et par le ftatut de Glocefter 6, d'Edouard I. ch. 9 ; tout appel pour homicide doit être formé & fuivi dans l'efpace d'un an & un jour après le crime, conformément au droit coutumier. Nous trouvons le même efprit dans les conftitutions gothiques, *præfcriptio annalis quæ currit adverfus actorem, fi de homicida ei non conftat intra annum à cæde factâ nec quemquam interea arguat & accufet* (a).

(*a*) Sthiern. de jure gothico.

Ces appels se font sans accusation strictement régulière & fondée sur le suffrage des Grands Jurés ; & si l'accusé est déchargé du délit, il ne peut être remis en Jugement par l'accusation régulière. C'est ainsi que dans les constitutions gothiques, si un délinquant poursuivi par une Partie plaignante, recevait une Sentence favorable, il était en même tems affranchi de toute poursuite de la part de la couronne. Mais au contraire avait-il fait sa Paix avec le Roi ? il pouvait encore être poursuivi par la partie offensée. C'est la même chose parmi nous selon l'esprit du Statut 3 de Henri VII, ch. 1, à moins que le délinquant n'ait subi quelque peine judiciaire, quelque douce qu'elle puisse être, en profitant du privilége clérical : alors il est quitte de tout ; car c'est une maxime dans la législation que personne n'est puni deux fois pour le même délit.

Si l'accusé par appel est trouvé coupable, il doit subir le Jugement, comme s'il avait été jugé d'après l'accusation strictement régulière : mais avec cette différence remarquable que l'accusation strictement régulière établissant la poursuite au nom du Roi, le Roi peut pardonner ; au lieu que l'appel établissant la poursuite au nom du particulier offensé, le Roi ne peut pas plus pardonner l'offense, qu'il ne peut remettre des dommages adjugés, en fait de batterie, à la Partie battue. Aussi tant que l'homicide était rachetable par une compensation pécuniaire, le Roi, ne pouvait remettre cette compensation ; & l'ancien usage jusqu'au tems de Henri IV, était que les parens du mort, qui ne voulaient point de compensation trainaient en furieux le meurtrier à la place de l'exécution (*a*) : usage fondé sur l'esprit sauvage qui animait le ressentiment des familles, & qui se répandit dans toute l'Europe, après l'irruption des barbares du nord ; esprit marqué dans leur législation, & qui domine encore parmi les sauvages de l'Amérique à qui la Loi n'a pas mis un frein ; comme si le doigt de la nature avait gravé ce caractère de vengeance dans le cœur de l'homme brut. De tout cela pourtant il faut conclure que la peine peut être remise au délinquant par le concours des Parties offensées ; car ainsi que le Roi peut, en faisant grace, empêcher l'effet de la poursuite en son nom par accusation strictement régulière, la Partie plaignante peut également remettre la vengeance qu'elle demandait par appel, » *nam quilibet potest renunciare juri pro se introducto* » ; chacun est le maître de renoncer au droit qui le favorise.

PARMI ces différentes procédures établies par les Loix Anglaises pour punir les délits, la

---

(*a*) M. II. Henri IV. XII. III. institut. 131.

poursuite sur l'accusation strictement régulière, est la plus générale. C'est pourquoi nous destinons les Chapitres suivans à cette grande méthode. Nous remarquerons seulement en passant les variations, les incertitudes notables qui naissent des procédures par information ou par appel.

CHAPITRE XXIV.

De l'accusation strictement régulière.

C'EST le quatrième acte de la procédure. Jusqu'ici nous avons supposé le délinquant arrêté, avant que les Grands Jurés aient fondé l'accusation. Mais s'il a fui, s'il se cache, ou il est chargé d'un crime capital ou non ? Si son crime ne mérite pas une peine capitale, la Cour envoie au Shériff un ordre de *venire facias*, faites-le venir ; si par la réponse au *venire* il paraît que le délinquant a des terres dans le Comté, où il pourrait être réfugié, alors on fait des proclamations réitérées jusqu'à ce qu'il comparaisse. Mais si le Shériff répond qu'il n'est pas dans son ressort, la Cour sur le défaut de comparaître donne un ordre de *capias* qui enjoint au Shériff quelconque de le saisir au corps par tout où il pourra se trouver, & de le produire aux prochaines assises ; & si on ne réussit pas à le prendre au premier ordre, la Cour en expédie un second, un troisième, s'il le faut. Mais dans l'accusation de trahison, de félonie, le premier pas de la procédure est l'ordre de prise de corps ; & même dans les cas d'inconduite notable, la pratique actuelle de la Cour du banc du Roi est d'ordonner la prise de corps sans délai sur le vu de l'accusation strictement régulière. Enfin s'il continue à se cacher, & qu'il faille en venir à le mettre hors de la protection des Loix, cela demande les formalités les plus rigoureuses, on lui ordonne par cinq proclamations dans cinq Comtés différens de comparaître; & s'il ne se rend pas à la cinquiéme on le déclare *ex-loi*. Il ne peut plus jouir des biens que les Loix assurent à chaque individu, plus d'action pour lui en Justice, pour conserver ses droits, ou autrement.

Outre cela, la punition d'un ex-loi, s'il n'a été cité que pour inconduite notable, c'est la confiscation de ses biens, meubles & immeubles. Mais dans le cas de trahison ou de félonie, il est regardé comme atteint & convaincu, ni plus ni moins que s'il avoit été jugé par les Jurés, ses Pairs. Néanmoins il reste encore une chose de lui sous la protection des loix, c'est sa vie, comme nous l'avons déjà observé. Un ex-loi étoit anciennement réputé avoir *caput lupinum*, une tête de loup à la merci du premier qui voudrait la couper; parce qu'ayant renoncé à la loi, il tombait dans l'état de nature, ou chacun aurait droit de tuer un malfaiteur. Mais aujourd'hui, pour éviter cette rigueur qui approche de l'inhumanité, nul homme n'est autorisé à le tuer; à moins qu'étant chargé de l'arrêter, il ne le tue dans la résistance; car s'il le tue de son propre mouvement, il est coupable de meurtre. De plus, la procédure qui met hors de la protection des loix, doit être si scrupuleusement exacte, qu'un seul point omis ou mal conduit, l'annulle; & dans ce cas, l'ex-loi est admis à se défendre de l'accusation.

Le banc du Roi étant la Cour suprême & ordinaire de Justice en matiere criminelle, elle a soin de demander aux Tribunaux inférieurs, l'accusation & la procédure en quelqu'état qu'elles soient, avant le Jugement, & cela pour quatre raisons, 1°. pour examiner & déterminer la validité des *appels*, des *accusations*, des *procédures*, afin de les confirmer ou de les casser selon l'exigence du cas; 2°. lorsqu'elle soupçonne de la partialité pour ou contre l'accusé dans un Tribunal inférieur, elle demande l'accusation rédigée par les grands Jurés, pour faire juger l'accusé à la barre de la Cour; 3°. Afin de faire plaider devant elle le pardon que le Roi peut accorder; 4°. pour rejetter de la protection des loix, un criminel qui se réfugie dans quelque Comté où sont les Juges. L'ordre une fois parvenu aux Cours subalternes, d'envoyer l'accusation & la procédure, en l'état où elles se trouvent, fait taire leur Jurisdiction, & annulle toute procédure ultérieure qu'elles pourroient faire, à moins que le banc du Roi ne leur renvoie le procès pour être jugé.

Lorsqu'il y a une accusation strictement régulière par les grands Jurés contre un *Pair*, elle doit être portée au Parlement ou à la Cour du Grand-Maître de la Grande Bretagne.

CHAPITRE

CHAPITRE XXV.

De l'appel du prisonnier à la Barre de la Cour (a), *& de ses incidents.*

C'EST le cinquième acte de la procédure criminelle. Lorsque l'accusé comparaît à la citation, soit volontairement, soit qu'il fut déjà arrêté, suit l'appel à la barre de la Cour, pour y répondre en public, à l'accusation qui le charge. Et quelque soit son crime, on doit l'amener sans chaînes, sans liens quelconques ; à moins qu'il n'y ait un danger évident qu'il ne s'échappe : c'est le cas où se trouva *Layer* en 1722 ; il parut à la Barre chargé de fers (b).

LE prisonnier amené à la Barre, est interpellé par son nom ; on lui fait lever la main ; usage qui peut paraître frivole, & qui a pourtant une sorte d'importance : en levant la main il avoue être celui qu'on vient d'appeller par son nom ; c'est le *constat de persona*. Cependant ce n'est pas une cérémonie indispensable ; car, n'ayant

---

(a) Voilà encore bien des mots que la langue Anglaise rend par un seul, *arraignement*. Le Traducteur Français cherche en vain dans sa langue ce riche laconisme.

(b) State Trials VI, 230.

pour objet que d'identifier la personne, toute autre certitude suffit; c'est pourquoi si le prisonnier s'obstine au refus de lever la main, & qu'il se reconnaisse pour l'individu dénommé, ç'en est assez.

Ensuite on lui lit distinctement l'accusation en langue Anglaise, ce que la Loi ordonnait, même dans le tems que la procédure s'écrivait en Latin; après quoi on lui demande s'il se reconnaît pour coupable du délit dont il est chargé. L'ancien droit Coutumier ne permettait pas d'amener à la Barre un complice, avant que le principal accusé fût convaincu; & par conséquent, s'il n'y avait point eu d'accusation strictement régulière contre le coupable en chef; s'il avait refusé de répondre; s'il avait récusé absolument plus de trente-cinq Jurés; s'il avoit réclamé le privilége Clérical & obtenu pardon; ou s'il était mort avant la condamnation, le complice ou l'accessoire dans aucun de ces cas, ne pouvait être amené à la Barre; parce que, disait-on, le délit n'est pas constant, tant que le principal accusé n'est pas convaincu; & il pourrait arriver que l'accessoire fût condamné aujourd'hui, & le principal absous demain, ce qui seroit absurde: cette absurdité ne pourrait arriver que dans le cas où le Jugement du principal ferait subséquent à celui de l'accessoire. Ainsi la Loi qui défend de juger l'accessoire avant la conviction du principal coupable, reste en son entier ; mais le Statut 1 de la Reine Anne, ch. 9, l'explique, en déclarant que si le principal coupable après la conviction, mais avant que de recevoir le Jugement de mort ou d'ex-Loi, est délivré par le pardon, par le privilége Clérical, ou autrement ; ou encore s'il s'est obstiné à ne pas répondre ; s'il a récusé absolument les Jurés au-dessus du nombre légal ; dans tous ces cas où il n'y a plus de Jugement subséquent à attendre pour le principal, l'accessoire peut être jugé, comme si le principal l'avait été ; car alors il n'y a plus de danger de tomber dans l'absurdité en question ; & pour ne rien laisser à dire sur l'accessoire, l'opinion la plus sûre, fondée sur le véritable esprit de justice, est qu'il doit être mis en liberté, s'il peut prouver l'innocence du principal dans le fait & dans le droit.

Lorsque le délinquant est à la Barre de la Cour, ou il *s'obstine à ne pas parler*, ou il *confesse le délit* ; circonstances que nous appellons *incidens* de l'appel à la Barre ; ou bien encore il plaide contre la régularité de l'accusation, point que nous renvoyons à un autre acte de la procédure : considérons maintenant les deux incidens de l'appel à la Barre ; de rester muet, ou de confesser le délit.

Dans le sens de la Loi l'accusé peut être muet

de plus d'une façon ; 1. s'il ne fait aucune réponse, 2. si ses réponses sont étrangeres aux questions, sans vouloir en faire d'autres ; 3. si après avoir plaidé son innocence, il refuse de s'en remettre au jugement de ses Pairs : s'il ne dit rien du tout, la Cour nomme des Jurés pour examiner s'il est muet volontaire, ou s'il l'est réellement par nature, *ex visitatione Dei* : s'il paraît être dans le dernier cas, les Juges de la Cour, qui sont en même-tems les conseils de tout accusé pour rendre ce que veulent Loi & Justice, peuvent procéder à l'examen de tous les chefs d'accusation, comme si le muet avait plaidé sa cause. Mais peut-on porter un Jugement contre un tel coupable, qui ne s'est point défendu, & qui ne peut rien dire pour éviter son Jugement ? C'est un point encore indécis.

Mais si le délinquant est muet par obstination, ou parce qu'il s'est rendu muet lui-même, comme fit un prisonnier qui s'était coupé la langue, alors s'il est chargé de *haute trahison*, point de doute que le silence ne soit équivalent à la conviction ; & il sera jugé comme s'il avoit répondu. Même décision pour tout autre grand crime ; & même pour des crimes moindres de félonie, le vol par exemple. Il est d'autres cas de félonie, la petite trahison par exemple, où le silence n'équivaudrait pas à la conviction. Mais dans ce cas le muet volontaire & obstiné reçoit la terrible

Sentence de la *peine forte* & *dure*. Avant que de prononcer cette peine, on doit faire trois monitions au prisonnier, lui accorder même un répit de quelques heures, & lui lire sa Sentence bien posément, bien distinctement, afin de lui donner une idée nette & frappante du danger où il se met; & après tout cela, quand même il s'obstineroit encore au silence, si son crime est susceptible du privilége cléri‑ cal, il faut le lui accorder, pouffât-il l'obsti‑ nation jusqu'à ne pas le demander; tant la Loi a de peine à infliger cette terrible punition. Mais enfin s'il n'y a pas moyen de le sauver, on lui prononce le Jugement de la peine forte & dure, sans distinction de sexe ou de condi‑ tion; Jugement d'une sévérité recherchée; & en cela la Loi a eu dessein d'effrayer, pour n'être que très-rarement dans la nécessité d'exé‑ cuter.

La torture ou question pour extorquer la confession d'un criminel, est une pratique d'une nature tout à fait différente. La peine forte & dure n'est établie que pour obliger le cri‑ minel à se mettre en état d'être jugé. La ques‑ tion est une espéce de Jugement en elle-même; or juger par la question, est une barbarie tout à fait inconnue à la Loi Angloise. Dans le tems que les Ducs d'Exter & de Suffolk & d'autres Ministres de Henri VI, formèrent le projet d'introduire la Loi civile dans ce Royaume, comme régle de gouvernement, pour commencer l'ouvrage ils élevèrent une machine de question, qu'on appelle en dérision la fille du Duc d'Exter, elle est encore dans la tour de Londres. On ne s'en servit qu'une seule fois, comme d'un instrument d'Etat & non de Loi, sous le régne d'Elizabeth. Mais lorsqu'à l'assassinat de Villiers, Duc de Buckingham, par Felton, on proposa dans le Conseil privé d'appliquer l'assassin à la question, pour découvrir les complices, les Juges consultés déclarèrent unanimement, sur leur honneur & celui de la nation, qu'une procédure si barbare ne devait pas entrer dans la législation Anglaise (*a*). On prétend, chose étonnante ! que la torture doit son origine à la tendresse des Législateurs pour la vie des hommes ; & c'est la raison qu'on donne pour l'avoir introduite en France & chez d'autres nations : les Loix, dit-on, ne peuvent souffrir que l'on condamne un homme à mort sur la déposition d'un seul témoin ; c'est pourquoi elles ont imaginé la torture, pour administrer un moyen à l'innocence de se manifester par une dénégation soutenue ; & au crime une nécessité de se montrer par une confession sincère. N'est-ce pas calculer la vertu de l'homme par la force de sa constitution, & son crime par la sensibilité de ses nerfs ? Il y a

---

(*a*) Russhow Coll. 1, 638.

long-tems que Ciceron en montrait l'incertitude, quoiqu'il vécut dans un Etat où elle était en usage, pour arracher le témoignage des esclaves seulement : *tamen*, dit-il, *illa tormenta gubernat dolor, moderatur natura cujusque tùm animi tùm corporis, regit quæsitor, flectit libido, corrumpit spes, infirmat metus; ut in tot rerum angustiis nihil veritati loci relinquatur* (a). Il ne faut qu'une balance exacte pour peser cette tendresse inhumaine qu'on voudroit donner pour un *critère* (b) de vérité (c).

(a) Pro Sulla 28.

(b) Nous avons besoin de ce mot; pourquoi nous le refuser?

(c) On sçait ce qu'a pensé de la question l'Auteur de l'Esprit des Loix qui se fera peut-être écouter un jour. Et voici ce qu'en dit le Marquis Beccaria, ch. 12, des Délits & des Peines. » Ce n'est pas un dilemme bien difficile à saisir que
» celui-ci : le délit est certain ou incertain. S'il est certain,
» il ne doit être puni que de la peine fixée par la Loi, & la
» torture est inutile ; parce que la confession même du coupa-
» ble est inutile aussi. Si le délit est incertain, on ne doit pas
» tourmenter l'accusé, par la raison qu'on ne doit pas tour-
» menter un innocent; & que, selon les Loix, celui-là est
» innocent, dont le crime n'est pas prouvé « ... & il ajoute :
» le résultat de la question est une affaire de calcul & de
» tempérament qui doit varier dans chaque homme, selon les
» différentes proportions de sa force & de sa sensibilité ; de
» sorte que le problème de découvrir la vérité par cette voie
» serait mieux résolu par un Mathématicien que par un Juge;
» & voici comment on pourrait l'exprimer : » *étant données
la force des muscles, & la sensibilité des fibres d'un innocent, trouver le degré de douleur qui le fera confesser qu'il est coupable d'un crime donné.*

Revenons à la peine *forte* & *dure* autorisée par la Loi Anglaise pour punir le délinquant qui s'obstine au silence, & qu'il est le maître d'éviter en répondant oui ou non (*a*) aux interrogations; voici comme elle s'inflige: on le renvoie dans la prison d'où il est venu, on le fait descendre dans un cachot obscur; on l'étend nud sur la terre, couché sur le dos; on le charge d'une masse de fer, tant qu'il en peut porter & au-delà; on lui donne, pour toute nourriture, trois morceaux de pain le premier jour; & le second trois verres d'eau stagnante; & ainsi alternativement de jour en jour jusqu'à ce qu'il *meure* : la Sentence portait autrefois, jusqu'à ce qu'il réponde (*b*).

On a douté si cette peine se trouvait dans le droit coutumier, ou si elle fut créée par le Statut de Westminster 1 & 3, d'Edouard I, ch. 12, ce qui est plus probable; car on n'en trouve aucun vestige ni dans Glanville ni dans Britton, ni dans aucun ancien Auteur ou registre avant le régne d'Edouard I. Mais on trouva sous

---

(*a*) Il est extrêmement important de remarquer la différence entre la question, & la peine forte & dure. La question veut absolument arracher la confession du crime, ou des complices. La peine forte & dure ne demande point à l'accusé cette confession; mais uniquement qu'il réponde quelque chose, *oui* ou *non*; & une réponse quelconque le sauve de la peine forte & dure.

(*a*) Britton, ch. 4, Fleta liv. I, ch. 34.

le régne de Henri III, des exemples d'accusés de félonie, qui s'étant obstinés au silence, furent examinés par deux séances successives de Jurés & convaincus d'une façon singulière. Mais que dit le Statut d'Edouard I ? Il déclare que » les muets volontaires, dans la Cour du » banc du Roi, doivent être renvoyés dans » une prison forte & dure, comme ceux qui » refusent de se soumettre au droit coutumier » du pays : » & immédiatement après le Statut, Fleta & Britton nous apprennent que la prison était effectivement fort dure, & la subsistance à peine suffisante; mais on ne chargeait le patient d'aucun poids pour hâter sa mort : & Horne, dans son livre intitulé le *Miroir*, regarde cette addition à la peine pour abréger la vie, comme un homicide coupable. Ajoutez à cela, ce qu'on lit dans le registre sous Edouard I, qu'un prisonnier peut vivre quarante jours dans la lenteur de ce supplice. Nous imaginons donc que l'usage de charger le délinquant d'un poids énorme, ou, comme on dit vulgairement, de le presser jusqu'à la mort, a été introduit entre le régne d'Edouard I, & la huitiéme année de celui de Henri IV, époque où il se montre dans nos archives ; & on croyoit exercer la miséricorde en abrégeant le tourment. De-là nous présumons que c'est ce qui a fait changer l'ancien Jugement qui portait jusqu'à ce qu'il *réponde*, & aujourd'hui jusqu'à ce qu'il *meure*, ce qui doit arriver bien vîte sous une pression énorme.

Au reste l'origine incertaine *de la peine forte & dure*, les doutes qu'on peut élever sur sa légalité, son extrême dureté qui répugne à la douceur des Loix Anglaises, tout semble demander (quoiqu'elle soit presque hors d'usage) que la législation abolisse cet excès de cruauté, qu'elle rétablisse l'article de l'ancien droit coutumier, par lequel un accusé de félonie, de trahison, de malversation, qui ne voulait pas répondre, était jugé comme s'il avoit confessé le délit. Si on avait détaché du délit la corruption du sang, & les forfaitures qui s'ensuivaient au profit des Seigneurs de terres, la peine forte & dure ne serait restée dans l'histoire que comme un monument de la rapacité sauvage qui faisait courir nos anciens Seigneurs féodaux après les confiscations & les forfaitures. En effet quel est le coupable qui n'eût mieux aimé répondre aux interrogations, même en avouant son crime, que de s'exposer par un silence obstiné, à la peine forte & dure? Car la Loi est qu'en restant muet on échappe au Jugement, à la corruption du sang, & à la confiscation des terres, dans la félonie & petite trahison ; & probablement cette peine lente & terrible n'avait été imaginée que pour extorquer des réponses quelconques de l'accufé, fans lefquelles il ne pouvait y avoir ni Jugement, ni confifcation au profit du Seigneur. Mais enfin malgré la terreur du fupplice, il s'eft trouvé des criminels fermes & déterminés, qui fe rendant témoignage à eux-mêmes de leur crime, mais touchés de compaffion pour leurs enfans, ont mieux aimé fe foumettre à une mort terrible qu'à un Jugement plus doux qui aurait expofé leurs enfans non-feulement à la mifere, mais encore à l'incapacité d'hériter pour l'avenir, à caufe de la corruption du fang. Il faut pourtant ne pas oublier que dans la *haute trahifon*, le filence obftiné équivaut à la conviction, & que le même Jugement, la même corruption du fang, les mêmes confifcations attendent le coupable, comme s'il avait parlé.

II. L'AUTRE incident c'eft la *confeffion* du coupable. Sur l'aveu clair & fimple du crime, la Cour n'aurait plus rien à faire qu'à paffer au Jugement par les Jurés. Mais elle eft ordinairement très-lente à recevoir & enrégiftrer cette confeffion, par tendreffe pour la vie de l'homme. Elle avife le prifonnier de fe rétracter & de plaider contre l'accufation.

MAIS il y a une autre efpéce de *confeffion* que nous trouvons dans nos anciens livres, qui eft bien plus compliquée; c'eft lorfqu'un criminel accufé de trahifon ou de félonie &

amené à la Barre de la Cour, avoue le fait, fans fe défendre; mais en accufant des complices, afin d'obtenir fon pardon. Dans ce cas, & pour les crimes capitaux feulement, le complice était cité pour répondre: & à moins qu'il n'y eût des exceptions légales en fa faveur, il était obligé de fe mettre en état d'être jugé, foit par les Jurés fes Pairs, foit par un combat fingulier avec l'accufateur; & s'il était vaincu dans le combat, ou convaincu par les Jurés, il recevait fon Jugement; & l'accufateur, le coupable en chef, fon pardon de droit *ex debito juftitiæ*. D'autre part fi le complice accufé était vainqueur ou juftifié par fes Pairs, alors l'accufateur était pendu, fur l'aveu qu'il avait fait de fon crime; car la condition de fon pardon, fçavoir qu'il convaincrait fon complice, n'était pas remplie; mais la conviction de fon crime à lui, reftait entière & abfolue.

A préfent on laiffe à la difcrétion de la Cour de permettre ou refufer cette procédure; & dans le fait elle eft tombée en défuétude; car, felon la remarque de Mathieu Hale, il arrivait de-là beaucoup plus de mal à quantité d'honnêtes-gens fur les fauffes & malicieufes accufations des fcélérats, qu'il ne pouvait en réfulter de bien pour le public, par la découverte de quelques complices réels. Par conféquent, dans le tems même qu'on l'admettait, on y apportait la plus grande rigueur & la plus scrupuleuse délicatesse ; mais depuis qu'elle est tombée en désuétude, elle est devenue une matière de curiosité plus que d'usage. Nous observerons seulement que tout le bien qu'on en pouvait attendre, s'il y en avait, a été conservé dans les cas de vol, de burglarie, d'effraction de maison, de larcins dans les magazins & boutiques, par les Statuts 4 & 5 de Guillaume & Marie, ch. 8 & 10, & 5 de la Reine Anne, ch. 31, qui assurent une récompense de 40 l., & un pardon général de tout délit capital (excepté le meurtre & la trahison) au félon non arrêté qui découvrira deux ou trois autres félons coupables des mêmes félonies que lui ; ensorte qu'on puisse les prendre & les convaincre.

CHAPITRE XXVI.

De la défense particulière & générale.

LE sixiéme acte de la procédure regarde la défense du prisonnier amené à la Barre de la Cour, s'il ne veut ni confesser le délit, ni rester muet. Il peut se défendre, 1°. sur l'incompétence de la Jurisdiction d'où est partie l'accusation ; 2°. sur quelque erreur de droit dans l'accusation ; 3°. sur quelque erreur de nom ou de qualité ; 4°. sur des exceptions en sa faveur ; 5°. sur une dénégation absolue & générale du crime.

AUTREFOIS il y avait une autre défense abrogée depuis long-tems, celle du *Sanctuaire*. Comme elle jette quelque lumière sur certaines parties de notre ancienne législation, touchons-la en passant. Elle dut son origine & sa durée au respect outré & superstitieux qu'on avait pour les lieux consacrés à la Religion dans les tems du Papisme. Si une personne accusée de quelque crime, (excepté pourtant la trahison & le sacrilége qui touchaient de trop près la Couronne ou le corps Ecclésiastique) se réfugiait dans une église, ou dans un cimetière, & venait quarante jours après, sous la haire confesser son crime au Coroner, en déclarer toutes les circonstances, & prêter le serment requis, sçavoir qu'il abjurait le Royaume, prêt à en sortir par le premier port qu'on lui assignerait, promettant de n'y jamais rentrer, sans une permission expresse du Roi, il sauvait sa vie en observant toutes les conditions du serment; il partait incontinent, une croix à la main, se rendait au port assigné, & s'embarquait; & s'il arrivait que, pendant les quarante jours du privilége du Sanctuaire, il fût arrêté & amené devant quelque Juge, il n'avait qu'à alléguer le privilége du Sanctuaire pour se faire relâcher (*a*); mais son sang était corrompu, & tous ses biens meubles & immeubles étaient confisqués (*b*). L'immunité des lieux privilégiés fut considérablement restrainte par les Statuts 27 de Henri VIII, ch. 19, & 32, ch. 12; & à présent elle est abolie dans sa totalité, aussi bien que l'abjuration du Royaume qu'elle renfermoit, par le Statut 21 de Jacques I, ch. 28.

Autrefois aussi le prisonnier se défendait sur le privilége clérical, avant la conviction; & cela s'appelloit plaidoyer *déclinatoire*, nom qu'on donnait aussi à la défense sur l'asyle du Sanctuaire. Mais comme le prisonnier, dans

---

(*a*) Mirr. c. 1. §. 13.
(*b*) 2. Hawk. p. c.

la suite du procès, pouvait avoir le bonheur d'être déchargé de l'accusation, ou s'il venait à être convaincu d'une félonie susceptible du privilége clérical, ayant le même titre pour le réclamer, cette manière de se défendre lui était désavantageuse. C'est pourquoi aujourd'hui il est rare que l'accusé plaide ce privilége; mais s'il en a besoin après la conviction, il le réclame avant que son Jugement soit prononcé.

Revenons maintenant aux cinq espèces de défense, qui font le sujet de ce chapitre.

I. L'incompétence de la Jurisdiction d'où est venue l'accusation. Le prisonnier allégue cette incompétence, lorsque le Tribunal où l'accusation s'est construite ne peut pas connoître du crime en question, par exemple, s'il a été accusé de rapt par-devant le Shériff dans sa tournée judiciaire, ou de trahison aux quatre sessions; dans ce cas & autres semblables, il peut plaider l'incompétence, sans répondre un seul mot au crime dont il est chargé (a).

II. Il peut se défendre sur une erreur de droit dans l'accusation. C'est un incident en matière criminelle, comme en matière civile. Le prisonnier convient de la vérité du fait

___

(a) Hal. p. c. 236.

allégué contre lui; mais il cherche à se sauver sur un point de Loi. Le fait a été qualifié de *félonie* dans l'accusation, de *trahison* ou de tel autre délit. Il rejette la qualification de *félonie;* par exemple, l'accusation porte qu'il a volé *félonieusement* un levrier, animal qui n'est pas d'une grande valeur, & ne sçaurait fonder une félonie, mais seulement une transgression civile; dans ce cas, l'accusé attaque l'accusation même en niant que ce soit félonie, quoiqu'il avoue le fait. Des Jurisconsultes soutiennent (*a*) que si le point de Loi est jugé contre le prisonnier, le prisonnier peut être jugé sur le fait, & exécuté, comme s'il eût été convaincu par les Jurés. Mais d'autres sont pour la négative (*b*), en disant qu'en pareil cas il ne reste au prisonnier que la dénégation absolue du fait; opinion la plus raisonnable; car il est clair que si le prisonnier, après avoir confessé librement le fait, s'en rapporte à la Cour pour juger si c'est félonie ou non; & que la Cour juge ce point de Loi contre lui, elle ne tiendra pas compte de son aveu; mais elle l'admettra à la défense générale & finale qui est de plaider son innocence absolue (*c*). Il est vrai que dans le civil une méprise sur un point de Loi, un plaidoyer mal dirigé, peuvent faire perdre

---

(*a*) Hal. p. c. 236.
(*b*) 2. Hawk, p. c. 257.
(*c*) 2. Hal. p. c. 334.

un procès ; mais quoiqu'on puisse perdre ainsi sa propriété, la Loi ne souffre pas qu'on puisse perdre sa vie à si bon marché. Néanmoins sur cette différence d'opinions, il est rare que l'accusé établisse sa défense sur l'erreur de droit; puisque, dans la suite du procès, il peut tirer le même avantage de la dénégation absolue du fait, & que malgré le fait constaté par les Jurés, il peut revenir à l'erreur de droit, avant que de recevoir la Sentence.

III. LA défense, sur une erreur de nom ou de qualité ; par exemple, *Jacques* Allen, homme qui vit noblement, est nommé dans l'accusation *Jean* Allen, *Ecuyer;* il peut plaider que son nom n'est pas *Jacques*, mais *Jean;* qu'il est *Gentleman* (*a*) & non Ecuyer ; & si les deux points se trouvent vrais par l'enquête des Jurés, l'accusation est caduque ; mais dans le progrès de la procédure, l'accusé tire bien peu d'avantage de ce plaidoyer dilatoire ; car, si cette fin de non-recevoir est admise, on fait un nouveau bill d'accusation conforme à ses vrais nom & qualité dont il est convenu dans sa défense ; en effet c'est une régle dans ces sortes de plaidoyers, que celui qui tire avantage d'une erreur est tenu, en même tems, de montrer la

---

(*a*) *Gentleman,* expression Anglaise, ne signifie pas Gentilhomme, comme on pourrait le croire, pas même Noble, mais un homme qui vit noblement.

façon de la corriger. Paſſons à d'autres défenſes plus ſubſtantielles, qu'on nomme ſpéciales.

IV. Ces défenſes ſpéciales & valables qui vont à peſer le mérite de l'accuſation, & qui donnent au priſonnier une raiſon ſuffiſante de n'y faire aucune réponſe, ſont au nombre de quatre; une décharge antérieure de l'accuſation, une conviction antérieure, un Jugement à mort antérieurement prononcé, un pardon obtenu.

1. La défenſe valable par la décharge antérieure de l'accuſation, eſt fondée ſur cette maxime univerſelle du droit commun de l'Angleterre, que perſonne ne peut être mis plus d'une fois au hazard de ſa vie, pour le même délit. De-là par une conſéquence néceſſaire, lorſqu'une fois quelqu'un a été déchargé de l'accuſation d'un crime, il ſe purge très-bien d'une ſeconde accuſation du même crime, par la décharge précédente. C'eſt pourquoi une décharge d'une accuſation par *appel*, c'eſt-à-dire, au nom d'un particulier, vaut également pour une ſeconde accuſation du même crime, au nom du Roi, qui dans ce cas ſerait de nul effet. Auſſi, pour favoriſer la pourſuite par appel, on avait introduit la pratique de ne juger perſonne ſur la pourſuite d'homicide au nom du Roi, qu'après un an & un jour, au bout duquel tems l'appel n'avait

plus lieu. Mais il arrivait souvent que durant ce délai les témoins mouraient, & tout s'oubliait. Pour obvier à cet inconvénient, le Statut 3 de Henry VII, ch. 1, ordonne que la pourfuite fe faffe inceffamment au nom du Roi, fans attendre l'appel qui pourrait fe former; & que la défenfe par la décharge antérieure de l'accufation, ne nuirait point à la pourfuite par appel.

2. La défenfe par une conviction antérieure du même délit dont on eft accufé une feconde fois, quoique la Sentence n'ait pas été prononcée, & qu'elle puiffe l'être, n'ayant été que fufpendue par le privilége Clérical, ou quelqu'autre caufe, cette défenfe eft valable contre la nouvelle accufation; & cela eft fondé fur le principe déjà cité, que perfonne ne doit être mis au hafard de fa vie plus d'une fois pour le même crime. Auffi tient-on pour certain, que la conviction d'un fimple homicide fur appel, rend caduc le fecond appel; & à plus forte raifon dans l'accufation de meurtre, où la vie du coupable eft encore plus en danger; car le fait que l'on pourfuit eft le même dans les deux cas, quoique les deux délits différent par le degré de méchanceté. Il faut remarquer que les deux défenfes par la décharge antérieure de l'accufation, & par une conviction antérieure, doivent porter fur le même acte, le même délit abfolument iden-

tique ; cependant ce n'est pas généralement dans tous les cas, comme on va le dire.

3. LA défense par un bill *d'attainder*, c'est-à-dire de proscription, est valable, soit que la seconde accusation porte sur la même félonie ou sur une autre. Ainsi donc un proscrit pour félonie, soit par un Jugement à mort, soit par une publication qui l'a mis hors de la protection des Loix, soit par abjuration, peut se défendre par ce bill de proscription, contre une accusation subséquente de la même félonie ou d'une autre ; la raison en est, que la nouvelle poursuite n'aurait plus aucun objet ; car le délinquant est mort civilement par le bill *d'attainder*, son sang est corrompu, il a forfait tout ce qu'il possédait ; & ainsi il serait absurde & superflu de le proscrire une seconde fois. Il y a pourtant quelques exceptions à cette régle générale, parce que la raison de la Loi cessant, la Loi cesse aussi ; premièrement lorsque le bill *d'attainder* a été révoqué, pour cause d'erreur ; car alors c'est comme s'il n'avait jamais existé ; & la même raison vaut si le bill a été aboli par le Parlement, ou si le Roi a pardonné. Secondement, la proscription pour *félonie* n'empêche pas la poursuite pour *trahison* ; parce que non-seulement le Jugement & le genre de mort sont différens, & la forfaiture qui suit la trahison, a bien plus d'étendue. Troisiémement, si le proscrit pour une

espéce de félonie, pour vol, par exemple, était accusé d'une nouvelle félonie de différente espéce; de *meurtre*, par exemple, dans lequel il y aurait des *accessoires* qu'on poursuivrait en même tems que lui; on le forcerait à subir son Jugement pour l'amour de la Justice publique, attendu que les accessoires à cette seconde félonie ne peuvent être jugés, qu'après la conviction du coupable en chef. De ces exceptions on doit conclure que la défense par un bill antérieur de proscription, n'est recevable que dans le cas où un second Jugement n'ajouterait rien au premier.

4. LE délinquant peut se défendre sur le *pardon* qui détruit la fin de l'accusation, qui est la punition, en remettant la peine que la poursuite amenerait. C'est un avantage de plaider le pardon, pour empêcher la poursuite, avant que la Sentence soit prononcée. Celui qui attendrait de se défendre sur le pardon, après la Sentence rendue, ou le bill de proscription, n'en tirerait pas le même parti; au lieu qu'en arrêtant le Jugement il arrête le bill de proscription, & il prévient la corruption du sang qui une fois corrompu par le » le bill ne peut être rétabli que par un acte » du Parlement. « Mais comme le pardon a son application à d'autres actes de la poursuite, avant comme après la conviction, avant comme après être mis hors de la protection

des Loix, avant comme après le bill de proscription, nous en traiterons plus en détail en son lieu.

Avant que de finir cet article des défenses valables, il est bon d'obferver qu'il n'en est pas des caufes criminelles, comme des caufes civiles. Lorfque dans une action civile pour dette, le défendeur a choifi fon moyen à plaider, il est obligé de s'y tenir; par exemple, fi fon moyen eft qu'il a une quittance générale & qu'il ne puiffe le prouver, il n'eft pas reçu enfuite à la dénégation générale & abfolue, *je ne devais rien*, moyen qu'il pouvait employer d'abord; & c'eft fa fottife d'avoir choifi une défenfe caduque. Cette rigueur eft convenable dans les actions civiles, *quia intereft reipublicæ ut fit finis litium*, parce qu'il importe à la chofe publique, qu'il y ait une fin aux procès. Mais dans les pourfuites criminelles où il faut tout faire *in favorem vitæ*, en faveur de la vie, quoique la défenfe du criminel ait été jugée non-recevable par les Jurés fur le point de fait, & fa défenfe fur le point de Loi également non-recevable par la Cour, il n'eft pas pour cela obligé de fe tenir à ces deux premiers moyens, & il n'eft pas encore convaincu; mais il a droit d'employer d'autres moyens tels que la dénégation abfolue du crime; car la Loi accorde à l'accufé toutes fortes de moyens pour fauver fa vie; mais elle n'en donne qu'un pour le faire mourir, qui est la preuve finale du crime par les témoins & les voix unanimes des Jurés. Reste donc à considérer maintenant.

V. La défense du prisonnier tranchante, générale & absolue du crime (*a*); c'est sur ce plaidoyer seul qu'il doit être justifié, ou recevoir sa Sentence de mort; & s'il est accusé de félonie ou de trahison, il ne peut plus employer les défenses spéciales & particulières; ou s'il est accusé de meurtre, il ne peut pas alléguer que c'était à son corps défendant contre un voleur de grand-chemin, ou de maison; mais il doit mettre en œuvre la défense générale de *non-coupable*, & mettre ce point capital en évidence; car premièrement en alléguant que c'est à son corps défendant, ce moyen particulier de défense, reviendrait au fond au moyen général de *non-coupable*; &, s'il est vrai qu'il a tué à son corps défendant, il est évidemment non coupable. Secondement, en supposant que les faits de trahison dont on le charge, sont articulés dans l'accusation, pour avoir été commis *proditoirement*, & contre son devoir de *fidélité*; ou

___

(*a*) C'est ce que les Anglais appellent *générale issue*, ou bien *plea of not guilty*, plaidoyer de non-coupable. L'accusé assure purement & simplement qu'il n'a pas commis le crime. C'est l'issue générale & finale de la procédure; c'est la dernière porte qui lui reste pour se sauver.

dans l'accufation de félonie qu'il a tué *félonieufement*, ces charges d'intention *proditoire* ou *félonieufe* font les points vraiment effentiels, vraiment capitaux de l'accufation ; & il doit y répondre directement par la négative fimple & générale de *non-coupable* ; & les Jurés fur les dépofitions des témoins, prenant connaiffance de tous les points de défenfe de l'accufé, donneront leur Jugement avec autant d'équité, que fi l'accufé les avait plaidés; & à tout prendre c'eft la défenfe la plus avantageufe pour lui.

Lorsque le prifonnier eft déterminé à établir fa défenfe à la Barre de la Cour, fur la dénégation générale & abfolue du crime, en plaidant le non-coupable, *non-culpabilis*, termes qu'on abrégeait anciennement fur les minutes de cette façon » *non cul ;* le Greffier des Affifes ou celui de la Cour répond au nom du Roi, que le prifonnier eft coupable, & qu'il eft prêt à le prouver ; cette réponfe s'exprime dans le même efprit d'abbréviation par ces deux monofyllabes » *cul, prît* « ce qui fignifie en premier lieu qu'il eft coupable, *cul, culpabilis* ; & en fecond lieu que le Roi eft prêt à le prouver, *prît, præfto fum verificare*. Telle eft la réponfe au nom du Roi, *vivâ voce* à la Barre de la Cour; & tel était l'ancien ufage dans toutes les caufes criminelles ; & cela fe faifoit de la manière la plus concife, par une feule fyllabe *prît*. Par cette répliqué à la dénégation du prifonnier, le Roi & le prifonnier touchent à l'iffue du procès; car, dans cette pofition où les deux Parties arrivent à un fait affirmé d'une part & nié de l'autre, il faut que l'une ou l'autre des deux affertions, foient vraies ; c'eft plaider contradictoirement pour hâter la conclufion ; & c'eft évidemment le cas dans le plaidoyer de *non-coupable* de la part du prifonnier, & de *coupable* de la part du Roi : il faut fe reffouvenir que la conclufion ordinaire dans tous les plaidoyers affirmatifs tels que celui-ci, était renfermée jufqu'à la vérification, dans ces mots *cul* & *prît*. Il eft coupable, dit le Greffier au nom du Roi, & je fuis prêt à le vérifier.

COMMENT nos Tribunaux font-ils venus à s'exprimer fi étrangément & fi obfcurément dans une matière de cette importance ? C'eft fur quoi on ne peut prononcer avec certitude ; c'eft peut-être que ces mots barbares n'étaient d'abord que des courtes notes fur les minutes, pour aider la mémoire du Greffier; & lui remettre fous les yeux ce qu'il devait répliquer & vérifier » *cul*, *prît* « notes abrégées que dans la fuite les Greffiers ignorans ont pris pour des mots entiers prononcés par leurs prédéceffeurs (*a*).

───────────

(*a*) Nous avons journellement un exemple de cette

A cet acte de la procédure, comme on touchait à l'issue du procès, on demandait au prisonnier par quelle épreuve ou critère il voulait être jugé, par le *feu* ou *l'eau*. Mais depuis l'abolition de *l'ordeal*, qu'on appellait Jugement de Dieu, il ne peut y avoir d'autre épreuve, d'autre critère, que par les Jurés du canton ; & par conséquent si le prisonnier refuse la forme usuelle & légale qui est de répondre qu'*il veut être jugé par Dieu & les Jurés du Canton*, s'il est d'une condition au-dessous des Pairs du Royaume ; & s'il est Pair, *par Dieu & ses Pairs* ; son refus, en cas de trahison, est pris pour un aveu ; & en cas de félonie, il est réputé muet volontaire par obstination ; & s'il persevere opiniâtrément on le condamne à la peine forte & dure.

Du moment que le prisonnier s'est mis en état d'être jugé, le Greffier lui dit, dans le langage humain de la Loi qui cherche à le trouver innocent plutôt que coupable, » que Dieu » vous donne une heureuse délivrance ; « & incontinent on procéde au Jugement. C'est ce que nous allons considérer fort au long dans le Chapitre suivant.

---

ignorance ; nous entendons à la tête de toutes nos proclamations, ce mot de l'ancien-Français « *oyez*, écoutez « & on l'estropie en le prononçant ainsi » *o yès* «.

CHAPITRE XXVII.

Du critère & de la conviction.

C'EST ici le septiéme acte de la procédure. Les méthodes de critère pour éprouver & convaincre les criminels, étaient autrefois beaucoup plus nombreuses qu'à préfent; fruits de la fuperftition des anciens Saxons nos ancêtres, fort adonnés, comme les autres peuples du Nord, à la divination, caractère remarqué par Tacite (*a*). Ils inventèrent donc un grand nombre de purgations ou d'épreuves, pour préferver l'innocence du danger des faux témoignages, dans la perfuafion que Dieu interviendrait toujours par un miracle, pour juftifier l'innocence.

LA plus ancienne efpéce d'épreuve fe faifait par l'*ordeal* (*b*) nommé particulièrement le *Jugement de Dieu*; quelquefois auffi *purgation vulgaire*, pour la diftinguer de la purgation canonique par le Serment. L'ordéal employait le feu & l'eau; le feu pour les perfonnes d'un rang diftingué; l'eau pour le com-

---

(*a*) De morib. Germ. 10.
(*b*) Ancien mot Saxon qui fignifiait grand Jugement.

mun peuple (*a*). L'accusé pouvait subir l'épreuve par député; mais il répondait de l'événement: le député ne risquait que la souffrance à laquelle il voulait bien s'exposer par amour du gain, ou par attachement à l'accusé. L'épreuve du feu s'accomplissait en prenant dans la main, sans se brûler, une piéce de fer rouge, d'une, deux ou trois livres pesant; ou en marchant pieds nuds & les yeux bandés à travers neuf socs de charrue également brûlans, placés à distances inégales; & si l'accusé sortait de l'épreuve sans aucun mal, il était jugé innocent; mais s'il se brûlait, comme cela arrivait ordinairement, à moins qu'il n'y eût de la collusion, il était réputé coupable. Cependant c'est par cette dernière méthode que la Reine Emma, mère d'Edouard le confesseur, accusée d'un commerce illicite avec Alwyn, Evêque de Winchester, manifesta son innocence (*b*).

L'ÉPREUVE de l'eau se faisait en plongeant le bras nud de l'accusé jusqu'au coude dans l'eau bouillante, sans brûlure : ou bien en jettant l'accusé dans une piéce d'eau froide : s'il flotait au-dessus de l'eau, sans nager, il était évidemment coupable; mais s'il allait au fond, il était justifié; il est aisé d'appercevoir les

---

(*a*) Glanv. L. 14. ch. 1.
(*b*) Thom. Rudborne hist. maj. Vinton l. 4. ch. 1.

restes de l'épreuve de l'eau dans l'ignorante barbarie qu'on exerce encore en certains pays pour découvrir les sorciers ; on les jette dans un étang, on les noye pour éprouver leur innocence. En Orient l'Empereur Théodose Lascaris, se servit de l'épreuve du feu pour la même fin ; attribuant sa maladie à la magie, il obligea tous ceux qu'il soupçonnait à manier le fer rouge : c'était chercher le crime le plus incertain qu'il y ait au monde, comme l'a remarqué le Président de Montesquieu (*a*), par la preuve la plus incertaine de l'innocence.

La purgation par l'ordéal, ou le Jugement de Dieu, remonte à la plus haute antiquité ; répandue par-tout dans les siècles de superstition, elle était connue des anciens Grecs ; car dans l'*Antigone* de Sophocles (*b*) un sujet que Créon soupçonne de trahison, s'offre » à » manier un fer rouge, ou à marcher sur du » feu, « pour prouver son innocence ; purgation en usage alors, dit le Scholiaste, & Grotius cite plusieurs exemples de l'épreuve de l'eau en Bythinie, en Sardaigne & en d'autres pays. Il y a aussi une épreuve par l'eau bien singulière parmi les Indiens à la côte de Malabar : Si quelqu'un est accusé d'un crime énor-

---

(*a*) Esp. des Loix, l. 12. ch. 5.
(*b*) V. 270.

me, on l'oblige à nager fur un grand fleuve qui abonde en crocodiles ; & s'il échappe à leur voracité, il eſt réputé innocent. Et à Siam, outre les épreuves du feu & de l'eau, l'accuſateur & l'accuſé étaient expoſés de compagnie à la fureur d'un tigre affamé ; celui que le tigre épargnait, était innocent ; ſi tous deux étaient dévorés, tous deux étaient coupables ; mais ſi ni l'un, ni l'autre n'étaient déchirés, l'épreuve était incomplette, & on cherchait un autre critère.

On doit être étonné de la folie & de l'impiété qui prononcent qu'un homme eſt coupable à moins qu'un miracle ne l'abſolve, & qui eſpèrent que les Loix éternelles de la nature vont ſe ſuſpendre par un ordre de la toute-Puiſſance pour ſauver un innocent, toutes les fois qu'on le demandera. Cependant chez nous-mêmes, juſqu'au tems du Roi Jean, nous trouvons des permiſſions données aux Evêques & au Clergé, pour employer le Jugement du fer, du feu & de l'eau (a); & auſſi-bien qu'en Suéde, le Clergé préſidait à l'épreuve dans les égliſes, ou quelqu'autre lieu ſaint ; & voici la raiſon qu'en donne Sthiernhook (b) : » dans ces ſor-
» tes de Jugemens, il y avait toujours quel-
» que choſe à gagner pour le Clergé «. Il faut

(a) Spelman gloſſ. 435.
(b) De jure Saxonum, l. 1. ch. 8.

pourtant rendre juftice au Clergé : nous trouvons dans un canon aſſez ancien, une Déclaration contre l'ordéal, il y eſt taxé d'invention diabolique, puiſqu'il eſt contre le précepte du Seigneur, tu ne tenteras point le Seigneur ton Dieu (*a*). Sur cette autorité, quoique les canons n'étaient pas reçus en Angleterre, on y abolit cette façon de juger par un acte du Parlement ſous Henri III, au rapport d'Edouard Cooke, ou plutôt par un ordre du Roi dans un Concile.

UNE autre épreuve de cette eſpéce, ſortie ſans doute de la Religion révélée dans les ſiécles de ſuperſtitions, c'était le *morceau d'exécration*, c'eſt-à-dire, un morceau de pain ou de fromage d'environ une once, ſur lequel on prononçait des exorciſmes en priant le tout-Puiſſant de le faire arrêter dans la gorge de celui qui l'avalait, juſqu'à l'étouffer, s'il était réellement coupable ; & au contraire de le tourner en nourriture ſaine, s'il était innocent (*b*) ; comme l'eau de *jalouſie* chez les Juifs, par une volonté particulière de Dieu, cauſait l'enflure du ventre & la pourriture des cuiſſes dans une femme adultère (*c*). Ce morceau de malédiction étoit donc donné

(*a*) Decret. part. 2. qu. 5. diſt. 7.

(*b*) Spelman gl. 439.

(*c*) Nombr. ch. 5.

D'ANGLETERRE.

à l'homme soupçonné de crime, il recevait en même tems l'Eucharistie (*a*) : quelques-uns ont prétendu que ce morceau fatal était le pain sacramental même, jusqu'à ce que l'invention subséquente de la transubstantiation (*b*) garantit le sacrement des usages profanes, parce qu'on le respecta plus qu'auparavant. Nos Historiens nous assurent que Godwyn Comte de Kent, sous le régne du Roi Edouard le Confesseur, pour se disculper de la mort du frère du Roi, en appella au morceau d'exécration, *per buccellam deglutiendam abjuravit* (*c*) : mais ce morceau funeste s'arrêta dans son gozier & l'étrangla. Cette Coutume a cessé par dégrés ; il n'en reste que quelques traces dans certaines phrases du peuple (*d*).

Il y a ici une observation à faire. Quoique dans les contrées Européennes cet usage venait probablement d'un abus de la Religion révélée, cependant la crédulité & la superstition furent les mêmes ou de semblables sottises dans tous les tems & tous les Pays. Nous ne ferons donc pas

___

(*a*) LL. Canut. ch. 6.

(*b*) On a prouvé cent fois aux Dissidens que cette institution qu'ils traitent d'*invention*, est aussi ancienne que le Christianisme même.

(*c*) Ingulph.

(*d*) Comme celles-ci » que ce soit là mon dernier morceau ! » puisse t'il me servir de poison ! & d'autres pareilles «.

Tome II. H

surpris de trouver dans le Royaume de Pégu le Jugement par le morceau d'exécration ; on y a seulement substitué le riz crû au pain (*a*) ; & dans le Monomotapa on a une méthode judiciaire aussi folle ; le témoin du demandeur mâche de l'écorce d'un arbre qui a une vertu émétique, & après qu'il l'a bien mâchée, on la fait infuser dans de l'eau qu'on donne à boire au défendeur : si son estomach rejette la boisson, on le condamne ; mais s'il la garde il est absous, à moins que le demandeur ne veuille avaler aussi de la même boisson ; & s'il la garde également, le procès reste indécis.

I. PARMI ces critères si déraisonnables, celui qui a subsisté le plus long-tems, c'est le duel, ou combat singulier, autre espéce d'appel à Dieu, dans l'attente qu'il donnerait sans doute, la victoire à l'innocent, ou à la partie offensée : on y mettait une grande solemnité. Si la personne qui accusait, était femme, prêtre, enfant au-dessous de seize ans, boiteux ou aveugle, elle pouvait refuser le gage du combat, & obliger l'accusé de recevoir le Jugement de la Loi : les Pairs du Royaume n'étaient pas obligés non plus de répondre à l'appel, à cause de leur dignité, ni les Bourgeois de Londres, eu égard à leur éducation & à leurs occupations tout à fait étrangères aux

---

(*a*) Unod. univ. hist. VII. 129.

maniment des armes : de même fi le crime était notoire, par exemple, un voleur ou un affaffin pris fur le fait, l'accufateur était en droit de refufer le défi de l'accufé; car il ferait trop déraifonnable de jouer la vie d'un innocent, contre celle d'un criminel à demi convaincu.

Les fermens des deux combattans étaient auffi frappans que folemnels. L'accufé niant le crime, jettait fon gant, & déclarait qu'il était prêt à défendre fon innocence au prix de fa vie : l'accufateur ramaffait le gant en figne qu'il foutenait l'accufation corps pour corps. Là-deffus l'accufé tenant la Bible de la main droite, & de la gauche la main de fon antagonifte, prononçait fon ferment en ces termes : » écoute, ô homme que je tiens par la
» main, & qui t'appelles *Jean* par ton nom de
» baptême, fache que moi qui m'appelle *Thomas*,
» je n'ai point tué ton père qui fe nom-
» mait *Guillaume*; & que je ne fuis en au-
» cune façon coupable de ce meurtre, ainfi
» Dieu & les Saints me foient en aide; &
» je vais le foutenir corps pour corps, comme
» la Cour l'ordonne : « à quoi l'accufateur répliquait, tenant la main de fon antagonifte ainfi que l'autre : » écoute, ô homme que je tiens
» par la main & qui te nommes *Thomas*,
» j'affirme que tu te parjures; c'eft toi qui as
» véritablement tué mon père *Guillaume*. Ainfi
» Dieu & les Saints me foient en aide, & je

» vais le foutenir corps pour corps, comme
» la Cour l'ordonne. Même folemnité, même
ferment de part & d'autre qu'on n'avait ni
amulette, ni autre fortilège. Le combat s'engageait auffitôt avec des armes pareilles, bâtons pour bâtons ; & fi l'accufé était rendu à
ne pouvoir plus, ou à ne vouloir plus combattre, il était jugé & pendu fur le champ ; &
on ne doutait pas que Dieu ne fe fût déclaré
par-là en faveur de la vérité. On avait la même
confiance s'il était tué dans le combat ; & fon
fang était corrompu. Mais s'il tuait l'accufa*eur
ou qu'il foutint le combat depuis le lever
jufqu'au coucher du Soleil, il était déchargé de l'accufation ; de même encore, fi l'accufateur par lâcheté, ne voulait pas continuer le combat, s'il prononçait le fatal
mot *craven* quartier, il perdait la protection
de la Loi, *liberam legem*, il était noté d'infamie, & l'accufé obtenait contre lui des dommages & intérêts ; de plus on ne pouvait plus
le pourfuivre devant les Tribunaux pour le
délit de l'accufation.

II. Depuis que l'ignorance & la fuperftition qui avaient infecté les Tribunaux comme le peuple, ont difparu, les vrais critères
judiciaires dans le criminel ont repris toute
leur énergie ; tel eft celui qu'on emploie pour
juger les Pairs de la Grande-Bretagne dans le
Parlement ou dans la Cour du Lord Grand-

Maître d'Angleterre. Nous avons traité ce point important dans le Chapitre XIX. Nous ajouterons seulement que dans sa forme il ne différe que très-peu du critère par les Jurés, ou, comme on dit encore, *per patriam*; toute la différence est que l'unanimité des voix n'y est pas nécessaire, mais seulement la pluralité ou majorité qui lie la minorité & décide.

III. Tout Anglais, quelqu'il soit, est également jugé par ses Pairs, les Jurés du canton; & ce grand boulevart de la liberté lui est assuré par la Grande-Chartre (a) *nullus liber homo capiatur, vel imprisonetur, aut exulet, aut aliquo alio modo destruatur, nisi per legale judicium parium suorum.* Voilà le grand, le vrai critère.

L'Antiquité & l'excellence de cette méthode, pour assurer la propriété civile, est d'une utilité reconnue : mais elle est d'une toute autre importance dans le criminel ; car, dans les tems difficiles & orageux, s'il est question de quelque démêlé entre le Roi & le sujet, la partialité & la violence des Juges Royaux sont bien plus à craindre, que dans des procès entre sujet & sujet, pour fixer les limites d'une propriété. Notre législation a donc sagement élevé cette forte & double barriere entre les

---

(a) 9. Henry III. Ch. 9.

libertés du peuple & la prérogative de la Couronne, sçavoir l'accusation strictement régulière, rédigée & déclarée recevable, par les Grands Jurés ; & ensuite la conviction d'où fort le Jugement par les Petits-Jurés. Il était nécessaire, pour conserver l'admirable balance de notre constitution, de revêtir le Prince du pouvoir exécutif de la Loi : mais ce pouvoir était menaçant & dangereux pour la constitution, s'il était exercé sans frein, & sans contre-poids par les Juges d'*oyer* & *terminer* à la dévotion de la Couronne, Juges qui auraient pu, comme dans les Gouvernemens arbitraires, emprisonner, faire mourir ou exiler tout sujet, selon la volonté & le bon plaisir du Despote ; car c'est le résultat ordinaire des commissions extraordinaires, toujours si suspectes au véritable esprit de Justice. Mais la législation Anglaise a très-sagement établi que personne ne pourrait être poursuivi par le Roi pour un crime capital, que sur une accusation régulière, minutée & signée par douze Grands-Jurés ou plus ; & que la vérité de l'accusation serait jugée ensuite par l'unanimité absolue de douze autres Jurés Pairs de l'accusé, cohabitans du même canton, choisis sans partialité & au-dessus de toute suspicion. Les libertés de l'Angleterre subsisteront aussi long-tems que ce *palladium* sera sacré, & à l'abri non-seulement des attaques ouvertes, (& qui est-ce qui oserait à visage découvert ?) mais encore des machinations secrettes pour le miner sourdement en introduisant de nouvelles formes de Jugemens par le moyen des Juges de Paix, des Officiers du fisc & des Cours eccléfiastiques. Qu'on ne dise pas que des formes arbitraires de Justice sont plus promptes & par conséquent plus convenables ; plus promptes, elles seraient sans doute plus convenables si la Justice n'en souffrait pas. N'oublions jamais que les délais & d'autres légers inconvéniens dans notre forme de Justice sont le prix que toute nation libre paye pour sa liberté dans des matières capitales ; n'oublions pas que les plus petites atteintes à ce boulevart sacré de la Nation, ébranleraient les fondemens de notre constitution ; & que paraissant d'abord fort peu de chose, elles pourraient devenir assez considérables pour faire disparaître les Jurés dans les causes du plus grand intérêt.

Il ne faut que suivre la procédure des Jurés, pour sentir que c'est la voie la plus claire & la plus sûre, pour juger au criminel.

Lorsque le prisonnier a soutenu à la Barre de la Cour, qu'il est innocent ; & qu'il s'en remet au Jugement de ses Pairs, le Shériff du Comté doit envoyer une liste de Jurés, *liberos & legales homines de vicineto* ; c'est-à-dire, des Francs-Tenanciers sans reproche, pris dans le voisinage, ou autrement, dans le

Comté où le délit s'est commis. Si le procès s'instruit par-devant la Cour du Banc du Roi, il y a un délai entre la présentation du prisonnier à la Barre & son Jugement; ce délai est accordé pour donner le tems au Shériff de faire venir les Jurés, selon l'ordre qu'il en reçoit. Mais si c'est par-devant les Commissaires de *oyer* & *terminer* pour évacuer les prisons, le Shériff en vertu d'un ordre général qui lui est adressé d'avance, envoie à cette Cour une liste de quarante-huit Jurés pour juger tous les coupables qui sont cités à la session présente & qui sont jugés bientôt après leur présentation à la Barre.

Dans les cas de haute trahison, qui peuvent amener la corruption du sang; & aussi dans ceux de non-révélation de haute trahison, le Statut 7 de Guillaume III, ch. 3, a déclaré premièrement que personne ne serait poursuivi & jugé sur ces deux chefs, après le laps de trois ans, à moins que l'accusation régulière n'eût été faite dans cet espace de trois ans. Le Statut excepte seulement le cas où il y aurait eu des tentatives pour assurer le Roi. Il déclare en second lieu qu'on doit remettre au prisonnier une copie de l'accusation, mais en lui cachant les noms des témoins, cinq jours au moins avant qu'il soit amené à la Barre pour lui donner le tems de préparer ses défenses. Troisièmement qu'on lui délivrera une copie de la liste des Jurés deux jours avant le Jugement, enfin qu'on entendra ses témoins à lui, comme ceux qui sont contre lui. D'ailleurs par le Statut 7 de la Reine Anne, ch. 21. (mais qui ne doit avoir lieu qu'après la mort du dernier Prétendant) toute personne accusée de haute trahison ou de ne l'avoir pas révélée, doit recevoir non-seulement une copie de l'accusation, mais la liste de tous les témoins, & celles des Jurés avec leur profession, leur nom, leur demeure, dix jours avant le Jugement, en présence de deux témoins, afin de lui donner le moyen de préparer ses récusations & ses défenses.

LORSQUE tout est prêt pour le Jugement, les Jurés prêtent serment à mesure qu'ils entrent, au nombre de douze, à moins qu'il n'y ait des récusations.

LES récusations peuvent venir de la part du Roi, ou de l'accusé ; elles peuvent aussi regarder la totalité des Jurés, ou quelques-uns seulement. Le Shériff ou l'Officier qui envoie la liste des Jurés, doit être totalement impartial ; & si l'accusé est un étranger, les Jurés doivent être mi-partis, c'est-à-dire, moitié étrangers, excepté pourtant dans l'accusation de trahison ; (car les étrangers n'ont pas les connoissances requises pour juger les délits d'infidélité envers le Roi). Il est nécessaire aussi que la liste des Jurés en comprenne le nombre compétent, & qu'ils soient *omni exceptione majores*, au-dessus de tout reproche soit de partialité, soit d'infamie, soit de crime.

Les récusations pour ces sortes de raisons, s'appellent récusations pour *cause*. Elles sont autorisées dans le criminel comme dans le civil. Mais dans le criminel, du moins dans les crimes capitaux, la Loi accorde au prisonnier, *in favorem vitæ*, en faveur de la vie, une espèce de récusation arbitraire & capricieuse d'un certain nombre de Jurés, sans en donner aucune raison bonne ou mauvaise; c'est ce qu'on appelle récusation *péremptoire*: disposition pleine de compassion & d'humanité pour les accusés; humanité qui donne tant de renommée à nos Loix Anglaises. Cette indulgence est fondée sur deux raisons. 1°. Nous éprouvons tous les impressions soudaines, les préjugés défavorables qui nous viennent, sans sçavoir pourquoi, de l'air, du regard, des gestes d'une personne. Or il faut que l'accusé qui va défendre sa vie, ait bonne opinion des Jurés qui vont le juger; si cela n'est pas, il sera peut-être totalement déconcerté; la Loi ne veut pas qu'il soit jugé par un homme contre lequel il est prévenu, quoiqu'il ne puisse en rendre raison. 2°. S'il récuse un Juré *pour cause*, & que la cause soit trouvée insuffisante, le

Juré peut être bleſſé de la récuſation, & en conſerver du reſſentiment; c'eſt pour en prévenir les dangereuſes conſéquences que l'accuſé conſerve la liberté de le récuſer *péremptoirement* s'il veut.

CE privilége des récuſations *péremptoires*, accordé au priſonnier, eſt refuſé au Roi qui le pourſuit, par le Statut 33 d'Edouard I, qui déclare que le Roi ne pourra récuſer aucun Juré, ſans en donner une raiſon poſitive qui ſera diſcutée, & approuvée ou rejettée par la Cour de Juſtice. Cependant on ſoutient que le Roi n'eſt obligé d'aſſigner la cauſe poſitive de ſa récuſation, qu'au moment où la liſte des Jurés ſerait épuiſée, & où il ne s'en trouverait pas aſſez pour remplir le nombre compétent, en ſe paſſant des récuſés. C'eſt à ce moment, dit-on, & pas plutôt, qu'il eſt tenu d'aſſigner la cauſe, ſans quoi la récuſation ſerait nulle.

CEPENDANT les récuſations péremptoires du priſonnier doivent avoir un terme raiſonnable; autrement on ne pourrait jamais le juger. Ce terme eſt limité par le droit commun au nombre de trente-cinq Jurés, un de moins que trois *Juries* complettes. La Loi juge que ce nombre de trente-cinq eſt très-ſuffiſant pour ſatisfaire à toutes les préventions, aux caprices même de l'accuſé le plus timide; & que celui qui en récuſerait *péremptoirement* un plus grand nombre, ne chercherait qu'à n'être point jugé du tout ; & par conséquent on le traiterait, s'il ne veut pas retracter une récusation aussi déraisonnable, comme on traite celui qui s'obstine à rester muet, c'est-à-dire, qu'on le condamnerait à la *peine forte & dure*, en cas de félonie ; & en cas de trahison de quelque espéce qu'elle fût, à la proscription.

MAIS par le Statut 22. de Henri VIII, ch. 14. (lequel relativement à la félonie n'a pas été révoqué par les Statuts 1 & 2, de Philippe & Marie, ch. 10) tout accusé de félonie ne peut être reçu à récuser *péremptoirement* que vingt des Jurés qui sont sur la liste ; & s'il veut en récuser un de plus que faut-il faire ? L'ancienne opinion était qu'il fallait le condamner à la *peine forte & dure*, comme s'il en eût récusé trente-six, nombre fixé par le droit commun. Mais l'opinion la plus accréditée, est qu'une telle récusation doit être regardée comme non avenue & méprisée ; parce qu'en premier lieu le droit commun n'inflige pas cette terrible peine pour la récusation de vingt & un ; & qu'on ne doit par se porter à un Jugement si rigoureux par interprétation. En second lieu les mots du Statut sont » que l'accusé ne doit » pas être admis à récuser plus de vingt Jurés; « la construction nette du Statut, est que toute récusation ultérieure doit être ou négligée, ou prévenue ; & que par conséquent étant nulle dès l'origine, & même n'en étant pas une, elle ne peut foumettre l'accufé à aucune peine; & finalement le vingt & uniéme récufé peut être employé au Jugement, en jurant avec les autres.

SI à raifon des récufations *péremptoires* ou *pour caufe*, le nombre compétent des Jurés ne peut fe tirer de la première lifte, on donne un ordre pour de nouveaux Jurés comme dans les caufes civiles, au nombre de douze; & l'ordre porte : » pour bien & vraiment difcuter
» & terminer entre le Roi & le prifonnier
» qui leur eft livré, & donner leur Jugement
» felon leurs lumières & le témoignage de leur
» confcience «.

LORSQUE les Jurés ont prêté ferment, fi le délit eft de quelque conféquence, on ouvre l'accufation; & le Confeil de la couronne qui eft la partie pourfuivante, range par ordre, examine, fait valoir les preuves contre le délinquant. Mais il y a une régle établie dans le droit commun de ne point donner de confeil au prifonnier à la Barre de la Cour, s'il eft chargé de crime capital, à moins qu'il ne s'agiffe de débattre quelque point de droit. La Loi, en établiffant cette régle, l'a révêtue d'une belle déclaration, belle & noble fi elle était bien entendue & bien fuivie, fçavoir que *les Juges doivent être le confeil de l'accusé*, c'est-à-dire, qu'ils doivent veiller à la régularité & légalité de la procédure (*a*). Cette régle, malgré le beau manteau dont on la couvre, ne cadre point au reste du traitement humain que la Loi Angloise fait au prisonnier, car sur quelle raison valable peut-on refuser un secours qui peut lui sauver la vie, tandis qu'on le lui accorde lorsqu'il n'est poursuivi que pour quelque léger délit? En effet ce n'est pas là une piéce de notre ancienne législation; car le *miroir* (*b*), après avoir remarqué la nécessité d'un conseil dans les causes civiles, pour les défendre par les Loix & Coutumes du Pays, ajoute tout de suite : » à plus » forte raison un conseil est nécessaire dans les » causes criminelles & capitales (*c*) «. Et pour dire la vérité les Juges sont si pénétrés de cet

---

(*a*) Edouard Coke donne encore une raison de ce refus, » c'est, dit-il, que les preuves pour convaincre le pri-» sonnier, doivent être si claires, qu'elles ne puissent être » contestées; « quoi ! on regarderait donc comme une épreuve dangereuse de laisser à un Avocat le pouvoir d'essayer, s'il pourrait contester les preuves, ou non.

(*b*) ch. 3, §. 1.

(*c*) Le Jésuite Parson & après lui l'Evêque Pellys ont soutenu que le conseil était refusé par la Loi de Henri I, fondés vraisemblablement sur les Chapitres 47 & 48, qu'on attribue ordinairement à ce Prince » *de causis criminalibus vel capitalibus nemo quærat consilium, quin implacitatus statim perneget, sine omni petitione consilii in aliis omnibus potest & debet uti consilio* «. Mais le mot *consilium* ne peut signifier ici qu'*interlocutoire*, & *petitio consilii* la permission d'interloquer; ce qui ne peut s'accorder avec une

abus dans notre pratique moderne, qu'ils se font rarement une peine d'accorder au prisonnier un conseil qui se place à côté de lui à la Barre de la Cour, pour l'instruire des questions à faire, ou même qui les fait pour lui en matière de fait ; car pour celles de Loi qui peuvent s'élever dans le procès, elles sont dévolues de droit au conseil. Mais enfin l'assistance d'un Conseil dans une accusation capitale, est un point d'une trop grande importance & nécessité pour le laisser au bon plaisir des Juges : c'est un objet qui mérite l'intervention de la législation qui a déja montré son penchant à cette indulgence si raisonnable, en déclarant par le Statut 7 de Guillaume III, ch. 3, que toute personne accusée de haute trahison, ou de non-révélation d'icelle, deux crimes qui opèrent la corruption du sang, peuvent s'aider dans leur défense d'un conseil qui n'excédera pas le nombre de deux personnes au choix de l'accusé, & autorisées par la Cour, ou quelque Juge ayant pouvoir. Et de plus le Statut 20, de Georges II, ch. 30, étend cette indulgence aux accusations de haute trahison,

---

poursuite criminelle. On s'en convaincra en comparant un passage contemporain du Grand-Coutumier de Normandie, (ch. 25,) qui regarde les interlocutoires dans les actions personnelles : » après ce est tenu le querellé à répondre, & aura » congié de soi conseiller, s'il le demande; & quand il sera » conseillé, il peut nier le fait dont il est accusé. «

portées au Parlement, qui se trouvaient exceptées dans le Statut précédent.

La doctrine sur l'évidence ou la bonté des preuves, est la même, à beaucoup d'égards, en matière criminelle qu'en matière civile. Quelques Statuts y ont mis des différences.

Premièrement, dans tous les cas de haute & petite trahison, & de non révélation d'icelles, les Statuts 1 d'Edouard VI, ch. 12, 5 & 6, ch. 11, 1 & 2 de Philippe & Marie, ch. 10, ne demandent que deux témoins *légaux* (a) pour convaincre l'accusé, excepté dans les délits de fausse monnoie, & de contrefaction des Sceaux, à moins que l'accusé ne confesse sans violence & volontairement son crime. Le Statut 7 de Guillaume III, ch. 3, fortifie cette régle avec cette addition, que la confession du prisonnier qui devient équivalente à la preuve par deux témoins doit se faire en pleine Cour ; & il déclare, quant aux deux témoins, qu'ils doivent déposer d'un même acte manifeste de trahison ; ou bien l'un d'un acte

_____

(a) *Légaux*. Nos Dictionnaires ne s'expliquent point sur la fortune de ce mot. Ils citent des exemples au pluriel féminin, cérémonies *légales* ; mais nul au pluriel masculin ; d'où l'on pourrait conjecturer qu'ils le réprouvent. Quoiqu'il en soit, on sent qu'il faudrait périphraser ; ce qui est un inconvénient, toutes les fois qu'il n'y a pas une nécessité absolue. Pourquoi avoir une langue traînante, quand on peut hâter sa marche ?

manifeste,

manifeste, l'autre d'un autre acte également manifeste dans la même espéce de trahison, & non d'espéces différentes : & il défend de recevoir des témoignages sur des actes manifestes de trahison, non portés dans l'accusation légale ; c'est pourquoi dans le cas du Chevalier Jonh Fenwick où il n'y avait qu'un seul témoin, sous le régne de Guillaume III, il fallut un acte du Parlement (*a*), pour le déclarer atteint & convaincu de trahison, & il fut exécuté ; mais dans presque tout autre délit un seul témoin bien positif suffit. Le président de Montesquieu donne pour régle (*b*), que les Loix qui condamnent à mort, *dans quelque cas que ce soit*, sur la déposition d'un seul témoin, sont funestes à la liberté : & la raison qu'il en donne, est que le témoin qui affirme, & l'accusé qui nie, font une balance égale ; il y a donc nécessité, conclut-il, à appeller un tiers, pour faire pencher la balance. Mais ce raisonnement nous paraît poussé trop loin ; car il y a des crimes qui demandent un grand secret, & qui, par leur nature, excluent la possibilité d'avoir plus d'un témoin. Il faudrait donc les laisser impunis ; & certainement la dénégation de l'accusé n'équivaut pas à l'affirmation positive sous serment d'un

---

(*a*) Stat. 8. W. III. ch. 4.
(*b*) Espr. des Loix l. 12. ch. 3.

témoin défintéreffé. Dans les cas de parjure, cette régle eft mieux fondée; & notre Loi l'adopte parce qu'alors il n'y a fimplement que ferment contre ferment (*a*). Dans les cas de trahifon auffi, il n'y a que le ferment de fidélité de l'accufé pour contre-balancer la dépofition d'un témoin unique; & c'eft peut-être une raifon de la Loi pour demander deux témoins, pour opérer la conviction. Mais la principale raifon fans doute eft pour empêcher qu'on ne facrifie les fujets à des confpirations fictives, inftrumens de noirceur pour l'artificieufe & damnable politique.

SECONDEMENT, quoiqu'on doive conclure de l'acte du Parlement qui abolit en 1689, le bill de profcription contre le Colonel Sidney, que la fimple reffemblance d'écriture qui fut produite aux Jurés, fur deux papiers différens, fans la concurrence d'aucun autre témoignage, n'était pas une preuve évidente que l'écriture des deux papiers étaient de la même main, néanmoins l'affertion des témoins très-familiarifés avec l'écriture d'un accufé qui dépofent que le papier en queftion eft écrit de fa propre main, eft une preuve dont on laiffe à examiner la valeur aux Jurés (*b*).

(*a*) 10. Mod. 194.

(*b*) Comme on fit dans le cas du Lord Prefton en 1690. Dans celui de Francia en 1716. Dans celui de Layer en 1727. Et dans celui de Henzei en 1758.

TROISIÉMEMENT, par le Statut 21, de Jacques I, ch. 27, si une mere a caché la mort de son enfant bâtard, elle doit prouver par un témoin que l'enfant est mort-né ; si non elle est convaincue de meurtre (*a*).

QUATRIÉMEMENT, il ne faut recevoir en preuves les plus fortes présomptions, qu'avec une extrême défiance & précaution : car la Loi dit qu'il vaut mieux laisser échapper dix coupables, que de faire souffrir ou mourir un innocent. Et le Chevalier Matthieu Hale, en particulier, donne deux régles très-sages & très-nécessaires à observer ; 1. de ne jamais condamner quelqu'un comme voleur, parce qu'il ne peut pas rendre raison de la manière dont il a acquis tels ou tels effets ; à moins que le vol de ces effets ne soit actuellement prouvé d'ailleurs : 2. de ne jamais condamner pour meurtre ou simple homicide, avant qu'on ait trouvé le corps mort ; & il cite à ce sujet deux exemples d'innocens exécutés pour avoir tué des personnes qui étaient encore vivantes, mais absentes du pays.

CINQUIÉMEMENT, c'était une ancienne pratique dérivée de la Loi civile, reçue assez généralement, & qui persévère encore

---

(*a*) Voy. pag. 198.

dans le Royaume de France (a), de ne pas permettre à l'accusé de crime capital, de faire entendre des témoins en sa faveur, dans le même esprit qu'on lui refusait un conseil. Il faut se rappeller à l'honneur de Marie I, dont les premiers sentimens, avant son mariage avec Philippe Roi d'Espagne, étaient marqués au coin de l'humanité & de la générosité, qu'en mettant le Chevalier Richard Morgan à la tête de la Cour des plaidoyers communs, elle lui donna les ordres qui suivent : » malgré » l'ancienne erreur où l'on est, de refuser d'en- » tendre les témoins de l'accusé dont je suis » la Partie adverse & poursuivante en qua- » lité de Souveraine ; ma volonté ainsi que » mon plaisir est qu'on entende tout ce qui » peut favoriser & disculper mes sujets accusés ; » & que désormais les Juges ne se persuadent » plus d'avoir une balance pour moi, & une » autre pour mes sujets « : dans la suite, comme le Statut 31, d'Elizabeth, ch. 4, avait mis dans la classe des félonies les rapines qui se commettaient dans les munitions de guerre ; il fut décidé que toute personne accusée de telle félonie serait reçue à produire des témoins ou autre preuve légale pour sa décharge ; & en général les Cours de Justice ont conçu une telle honte de cette doctrine si déraisonnable

―――――――――――――――

(a) Montesquieu esp. des Loix, liv. 29 ch. 11.

& oppressive, que la coutume d'entendre les témoins de l'accusé, s'est introduite par degrés, mais non sous serment, comme on entend ceux du Roi qui est la partie publique. La raison en était que les Jurés ne croyaient pas tant aux témoins de l'accusé qu'à ceux de la Couronne. Edouard Coke proteste vivement contre cet usage tyrannique, disant qu'il n'a su dans aucun acte du Parlement, dans aucun livre de Loix, dans aucun registre, que dans les causes criminelles, on ne doit pas accorder le serment aux témoins de l'accusé ; & qu'il n'y avait pas une étincelle de droit en cela (a). La Chambre des Communes a si bien senti cette absurdité, que, dans le bill pour abolir les hostilités entre l'Angleterre & l'Ecosse, dans le tems où l'on arrangeait de faire juger dans les trois Comtés du nord, les félonies dont les Anglais se rendaient coupables en Ecosse ; elle insista sur une clause contre les efforts de la Chambre Haute & de la Couronne, contre la pratique des Cours d'Angleterre, & la Loi expresse d'Ecosse : cette clause était » que » dans les procès-criminels, pour plus sûre dé- » couverte de la vérité, & pour tranquilliser » les consciences des Jurés & des Juges, on » entendrait sous serment les témoins de l'ac- » cusé, puisqu'on ne les produisait que pour » le justifier, s'il était possible «. Enfin par les

---

(a) *Scintilla juris* pag. 352.

Statuts 7 de Guillaume III, ch. 3 & 2 d'Anne ch. 9, la même mesure de Justice fut établie par tout le Royaume. Ils ordonnent d'entendre, dans les cas de trahison & de félonie, les témoins du prisonnier, sous serment, ainsi qu'on entend ceux qui témoignent contre lui.

LORSQUE les deux Parties ont été légalement entendues, les Jurés ne peuvent s'acquitter de leur charge qu'en donnant leur Jugement, mais après le critère le plus exact, & qu'en le délivrant avec les formes usitées dans les causes civiles. La seule & notable différence, est qu'ils ne peuvent le délivrer privément, mais en face de la Cour & du public. Or ce Jugement dans cette forme publique peut être ou *général* exprimé par ces mots, *guilty or not guilty*, l'accusé est coupable, ou il n'est pas coupable; ou encore le Jugement peut être *spécial* en exposant toutes les circonstances du cas qui les embarasse, par exemple, dans un fait donné, y a t'il meurtre, ou simple homicide, ou enfin pur malheur sans crime? Le sujet de leur doute, de leur incertitude est un point de Loi; & ils choisissent, comme nous le supposons, de s'en rapporter à la décision de la Cour; quoiqu'ils ayent le droit incontestable de le décider eux-mêmes, & de trancher sur le tout, s'ils ne respectent pas la Religion de leur serment; mais si leur Jugement était notoirement injuste, ils seraient punis, & leur Jugement caffé à la pourfuite du Roi, & non à celle du prifonnier. Cependant l'ufage où l'on fut autrefois de punir les Jurés par l'amende, l'emprifonnement ou autres peines à la difcrétion de la Cour, pour avoir rendu un Jugement contraire au fentiment du Juge qui les dirige, était trop arbitraire, inconftitutionel & illégal. C'eft ainfi qu'en parlait, il y a deux fiécles, le Chevalier Thomas Smith en le traitant » de violent, de » tyrannique & contraire aux libertés & cou- » tumes du royaume d'Angleterre » (a); & comme le remarque fort bien Mathieu Hale, il ferait fort malheureux pour le Juge que le fort de l'accufé dépendît de fa direction : malheureux auffi l'accufé fi l'opinion du Juge réglait le Jugement des Jurés, qui deviendrait alors fort inutile. Mais voici ce qui s'eft pratiqué dans l'occafion (b), lorfque le Jugement des Jurés s'eft trouvé évidemment injufte contre le prifonnier, il a été mis de côté tout fimplement & fans rigueur, comme non avenu : & la Cour du Banc du Roi a ordonné d'autres Jurés pour un nouveau Jugement; car le premier, comme nous l'avons dit, ne peut être caffé en faifant le procès à ceux qui l'ont rendu. Mais lorfque le prifonnier a été déclaré innocent par un Jugement contre l'évidence, il n'y

---

(a) Smith's commonw. l. 3. ch 1.
(b) Lev. 9. T. fones 163, ft. trial X. 416.

I iv

a point d'exemple qu'on ait ordonné un nouveau Jugement; le prisonnier reste déchargé de l'accusation.

AINSI donc, dès que les Jurés ont jugé le prisonnier *non-coupable*, il est quitte & déchargé de l'accusation pour toujours (*a*). Mais si les Jurés l'ont déclaré *coupable* il est reconnu pour *convaincu* (*b*); & cette conviction prend un nouveau dégré de force, s'il confesse le délit.

LORSQUE le criminel est ainsi convaincu, suivent deux circonstances collatérales; 1. si c'est de félonie en général, le Statut 15 de Georges II, ch. 36 alloue au poursuivant, s'il y en a un outre la partie publique, les frais indispensables de la poursuite, à prendre sur les deniers publics du Comté où elle s'est faite. Et par un autre Statut du même régne 27, ch. 3, les gens mal-aisés qu'on assigne, pour

---

(*a*) Cette Loi de douceur suppose que le prisonnier, fût-il coupable, a expié son crime en quelque sorte par la terreur de la mort qu'il a dû avoir continuellement devant les yeux, pendant tout le tems de la procédure & par la prison.

(*b*) Dans la République Romaine, lorsque le prisonnier était convaincu d'un crime capital, le prononcé de son Jugement avait quelque chose d'assez singulier & délicat. Il portait que non-seulement le criminel était convaincu; mais encore qu'il n'avait pas été assez sur ses gardes, *parum cavisse videtur festus* 325, comme si les Juges eussent souhaité que le criminel eût imaginé quelque moyen de sauver sa vie.

venir témoigner, font en droit de fe faire payer les frais de leur vacation, quelque puiffe être le fort de l'accufé ; 2. fur la conviction en particulier de larcin, le Statut 21 de Henri VIII, ch. 11, ordonne au profit du pourfuivant, la reftitution de ce qui lui a été volé. Le droit coutumier n'ordonnait aucune reftitution, fi la pourfuite fe faifait au nom du Roi feul ; & par conféquent la Partie volée était obligée de former un *appel* du vol, pour recouvrer fes effets (*a*). Mais en confidérant que la Partie volée en ne venant qu'après le le Roi pour fe joindre à la pourfuite, méritait autant d'encouragement, que celui qui pourfuit par *appel*, on a fait le Statut qui ordonne généralement, au profit de la Partie volée, qui adminiftre les preuves du vol, l'entiere reftitution des effets volés, ou leur valeur à prendre fur les biens du voleur, s'il en a ; & pour cela on demande un ordre aux Juges qui ne le refufent pas. Et cet ordre de reftitution doit s'exécuter quand même les effets volés auraient été achetés de bonne foi, & felon leur valeur & quelque dur que cela paraiffe pour l'acheteur ; la Loi dit que » celui qui a été dépouillé doit, avant tout, être indemnifé « : fur tout s'il a ufé de toute la diligence dont il était capable pour convaincre le félon ; & puifque, dans ce cas, la dure né-

---

(*a*) 3. Inftit. 242.

céssité veut que l'un ou l'autre souffre, la Loi préfere le droit du propriétaire qui a fait une action méritoire en poursuivant le voleur, au droit de l'acheteur, qui n'a que le mérite négatif de n'être pas coupable d'un marché suspect. La personne volée peut aussi, sans cet ordre de restitution, reprendre son bien par tout où elle le trouve, si elle le peut sans trouble & sans violence ; enfin, si le voleur, après la conviction & le Jugement, reçoit son pardon, la Partie volée peut malgré cela le poursuivre pour le recouvrement de ses effets volés & de ses frais (*a*). Mais cette action n'a pas dû être intentée avant la poursuite du voleur ; car de cette façon le vol pourrait se pallier & rester impuni ; non le recouvrement des effets volés n'est point légal, si on y parvient avec l'intention de composer avec le voleur, & d'étouffer le vol. Ce serait le délit odieux dont nous avons fait mention dans le Chapitre X.

Si un accusé est convaincu d'une *inconduite* seulement qui affecte immédiatement & principalement un individu, comme batterie, emprisonnement, ou telle autre offense, la Cour lui permet assez souvent de s'aboucher avec l'offensé, avant que la Sentence soit prononcée, & si l'offensé déclare qu'il est satis-

---

(*a*) 1. Hal. p. c. 546.

fait de l'offenseur, la punition devient très-légère. On en agit ainsi pour rembourser le plaignant de ses frais, pour lui donner quelques dédommagemens, & lui épargner le trouble & la lenteur de l'action civile. Mais c'est une dangereuse pratique; & quoiqu'on puisse l'autoriser peut-être dans les Cours Souveraines, en se confiant à leur prudence, on ne doit jamais la permettre dans les Jurisdictions inférieures, telles que les *quatre Sessions* où les poursuites de ce genre se commencent trop fréquemment de cette façon bien plus pour le lucre privé, que pour la grande fin de la Justice publique. Sur-tout il ne faut pas souffrir cette pratique, lorsque le témoignage du poursuivant est nécessaire pour convaincre le délinquant : car par ce moyen les régles de l'évidence se trouvent entièrement boulversées, puisque le poursuivant devient tout à la fois la Partie plaignante, & témoin pour lui-même. Et certes le pardon volontaire de l'offense, par l'offensé, ne doit pas en bonne police empêcher la vindicte publique. » Pardonner une « offense, » dit un Ecrivain d'un grand mérite (*a*), qui plaide également pour la certitude & la douceur des peines, » pardonner est un acte d'un » bon naturel & d'humanité ; mais du côté de » la Justice il est contraire au bien public. Le » particulier qui pardonne, nôte pas la néces-

---

(*a*) Beccaria, ch. 46.

» sité de l'exemple public. Le droit de punir
» n'appartient à aucun individu, mais à toute
» la Société en général, ou au Souverain qui
» la représente. L'individu peut bien renoncer
» à la portion qu'il a dans ce droit, mais il ne
» peut pas disposer de celui des autres «.

CHAPITRE XXVIII.

Du privilége Clérical.

PASSONS au neuviéme acte de la procédure. Après le critère & la conviction par les Jurés, la Cour prononce le Jugement ; à moins qu'il ne soit suspendu ou arrêté par quelques circonstances survenantes dont la principale est le *privilége Clérical* : titre curieux & important. Nous rechercherons, 1. son origine, & ses variations, 2. à quelles personnes il a été accordé jusqu'à ce jour, 3. en quel cas, 4. ses conséquences.

1. LE privilége Clérical, ou selon le langage vulgaire, *le bénéfice du Clergé*, doit son origine aux pieux égards que les Princes Chrétiens avaient pour l'Eglise dans son enfance, & à l'abus que les Ecclésiastiques ont fait de cette religieuse condescendance. Les immunités que les Princes Chrétiens accordèrent à l'Eglise étaient principalement de deux sortes : 1. les immunités *locales*, c'est-à-dire, celles qui étaient attachées à certains lieux consacrés aux devoirs de religion ; ce furent des lieux privilégiés, des asyles, des places de sûreté pour les criminels ; 2. les immunités *personnelles* qui

affranchissaient tous les membres du Clergé de la Jurisdiction criminelle des Tribunaux séculiers, dans un petit nombre de cas désignés; voilà la vraie origine & l'esprit du privilége Clérical.

Mais le Clergé, par son accroissement en richesses, en pouvoir, en honneurs, en nombre, en intérêts, ne tarda pas à s'élever sur ses propres forces ; & ce qu'il avoit obtenu de la faveur du Gouvernement civil, il prétendit qu'il le tenait de son propre droit, d'un droit d'une nature supérieure & indestructible, *Jure divino*, de droit divin (*a*). C'est à ce but qu'ils dirigèrent leurs constitutions & leurs canons ; & lorsqu'ils trouvèrent sur leur chemin des Princes faciles, ils obtinrent une grande extension de ces immunités, tant par rapport aux délits dont la liste s'étendit à tous, que pour les personnes au nombre desquelles furent compris enfin, non-seulement tous les bas Officiers qui appartenaient à l'Eglise ou au Clergé, mais encore des sujets totalement laïques.

En Angleterre cependant, où les nombreuses usurpations du Pape pesèrent sur la

___

(*a*) Le fondement de cette prétention est ce texte de l'Ecriture » tu ne toucheras point à mon oint, & tu ne feras aucun mal à mes prophétes « Keilw. 181.

Nation, jufqu'à ce que Henri VIII abolit la fuprématie du Pape, le Clergé malgré tous fes efforts, n'avait pu venir à bout de s'exempter totalement de la Jurifdiction Laïque (*a*); & le privilége Clérical reconnu pour certains délits capitaux, ne l'était pas pour tous. C'était même l'ufage de l'Evêque ou de l'*Ordinaire* de demander aux Cours Royales de renvoyer fes Clercs à fon Tribunal. Les Cours pouvaient-elles refufer? C'eft un point qui eft refté long-tems incertain (*b*): jufqu'à ce qu'enfin, fous le régne de Henri VI, il fut ftatué que le prifonnier feroit amené à la Barre de la Cour; & que là il pourrait réclamer le privilége Clérical par la voie du plaidoyer déclinatoire, ou après le critère & la conviction par les Jurés, en mettant oppofition à la prononciation du Jugement. Cette dernière méthode eft plus d'ufage que l'autre, comme plus fatisfaifante pour la Cour, qui voit le crime avéré par la confeffion du coupable, ou par le critère des Jurés; elle eft auffi plus avantageufe pour le délinquant lui-même qui peut-être pourrait être abfous par les Jurés, fans avoir befoin du privilége Clérical, auquel il peut recourir, s'il ne l'eft pas.

Dans l'origine la Loi était que perfonne

_____

(*a*) Keilw. 180.
(*b*) 2. Hal. p. c. 377.

ne pourrait être admis au privilége Clérical sans porter l'habit Clérical, & sans être tonsuré ; mais la suite des tems amena un critère qui s'étendait à beaucoup plus de monde. Quiconque sçavait lire (car sçavoir lire était une marque d'un grand sçavoir dans ces tems d'ignorance & de superstition sœur de l'ignorance) quiconque sçavait lire était réputé *Clerc* & participait au privilége Clérical, quoique non initié dans les Ordres sacrés, pas même tonsuré. Mais lorsque la littérature par le moyen de l'imprimerie & d'autres causes concurrentes, commença à se répandre, & que sçavoir lire n'était plus une preuve compétente de cléricature, d'initiation dans les Ordres sacrés, il arriva que quantité de Laïques partageaient le privilége Clérical avec les Ecclésiastiques. C'est pourquoi le Statut 4 de Henri VII, ch. 13, établit une distinction entre les étudians Laïs & les Clercs qui étaient réellement dans les Ordres sacrés ; & quoiqu'on pensât qu'il était raisonnable d'adoucir la sévérité de la Loi pour les premiers, cependant ils n'étaient pas tout à fait sur le même pied que les Clercs ; on les soumettait à quelques dégrés de punition légere ; & on ne leur accordait pas de profiter plus d'une fois du privilége Clérical, à moins qu'ils ne produisissent des certificats d'ordination ; & afin de ne s'y pas tromper, tout Laïque qui avoit profité une fois du privilége Clérical, était brulé d'un fer chaud

dans

dans la partie charnue du pouce gauche. Cette diſtinction entre les Laïques & les Clercs dans les Ordres, fut abolie pour un temps par le Statut 28 de Henri VIII, ch. 3 ; mais on ſoutient (*a*) qu'elle fut rétablie virtuellement par le Statut 1 d'Edouard VI, ch. 12, qui déclare que le privilége des Pairs du Royaume, à raiſon de leur Pairie, eſt équivalent au privilége Clérical, pour le premier délit (quand même ils ne ſçauraient pas lire) ſans être brûlés à la main. Ce qui s'entendait de tous les délits ſuſceptibles du privilége Clérical dans la Bourgeoiſie ; comme d'effraction de maiſon, de vol, ſur le grand chemin, de larcin de chevaux, ou de vol d'Egliſe.

Après la brûlure au pouce, les Laïques, & les Clercs ſans brûlure étaient déchargés de la Sentence de la Loi dans les Cours Royales, & renvoyés à l'Ordinaire pour des pénitences conformes aux Canons de l'Egliſe. Là-deſſus l'Ordinaire non content des preuves produites dans les Cours profanes du ſiécle, faiſait tout de nouveau & canoniquement le procès du criminel, tout convaincu qu'il avait été par les Jurés, & quelquefois par ſa propre confeſſion. L'Evêque ou ſon Délégué employait, pour cela, douze Clercs Jurés, & le criminel lui-même ; & d'abord on faiſait prêter ſerment

---

(*a*) Hob. 294.

au criminel de son innocence, ensuite à douze compurgateurs qui juraient qu'ils étaient persuadés que le criminel disait vérité. Après cela on entendait les témoins sous serment ; mais seulement ceux du criminel, & enfin les Jurés donnaient leur Jugement qui absolvait ordinairement le prisonnier, & dans le cas où il aurait été trop absurde de le justifier, il était dégradé, si c'était un Clerc & mis en pénitence (*a*). Un Juge éclairé (*b*), au commencement du dernier siécle, remarque avec la plus grande indignation l'énorme complication de parjures, & de subornations, que cette forme de Jugement entraînait ; les témoins, les Compurgateurs, les Jurés y étant tous copartageans du délit. Le déliquant aussi, quoique convaincu par un premier Jugement de la façon la plus claire & par sa propre conscience, avait la permission & presque l'ordre de jurer qu'il était innocent ; & le bon Evêque lui-même, sous l'autorité duquel cette scene se jouait tous les jours, n'était pas exempt de reproches. Pour le criminel il était rétabli par cette purgation dans son crédit, dans sa liberté, dans ses biens, dans tous les droits de citoyen ; & il devenait un nouvel homme blanc comme neige.

(*a*) Hob. 289.
(*b*) Id. 291.

CETTE proftitution fcandaleufe de fermens, & ces formes de Juftice pour purger les Clercs de tant d'efpéces de délits, furent caufe que dans les plus graves & les plus notoires, les Cours Laïques ne voulurent plus en confier la punition aux Ordinaires; mais elles leur livrèrent le Clerc délinquant, procès fini, *abfque purgatione faciendâ*, excluant la purgation. Et dans cette pofition le Clerc était condamné à la prifon perpétuelle, déclaré incapable d'acquérir aucune propriété, & de recevoir les revenus de fes terres, à moins qu'il ne plût au Roi de lui faire grace. Mais ces deux méthodes de Juftice étaient plus ou moins répréhenfibles : la dernière était peut-être trop rigide, & la première était pleine d'iniquité & de parjures. Enfin, comme ces Jugemens illufoires étaient nés des principes de la Cour de Rome, principes qui tendaient à fouftraire une partie de la Nation à la Loi municipale, vint le tems mémorable de la réformation qui abolit ces vaines cérémonies.

A cette fin le Statut 18 d'Elifabeth, ch. 7, ordonne que pour éviter les parjures, après que le délinquant aura été admis au privilége Clérical, il ne fera point renvoyé à l'Ordinaire comme auparavant, mais que brûlé à la main il fera élargi, en laiffant pourtant à la difcrétion du Juge de prolonger fa prifon ; mais pas au-delà d'un an. Et la Loi fut en vigueur pendant plus d'un siécle, sans aucune altération, excepté celle-ci : le Statut 21 de Jacques I, ch. 6, qui regarde les femmes coupables de simple larcin au-dessous de dix shelings, leur accorde, non proprement le privilége Clérical, car on ne les admettait pas à *lire*, mais quelque chose qui y ressemble, c'est-à-dire, d'être brûlées à la main, d'être fouettées ou emprisonnées pour quelque tems au-dessous d'un an. Les Statuts 3 & 4, de Guillaume & Marie, ch. 9, usèrent d'une indulgence semblable envers les femmes; elles étaient autorisées à réclamer le bénéfice du Statut, comme les hommes le privilége Clérical, en demandant d'être déchargées de toute peine, après avoir été brûlées à la main, & une prison de quelques mois. Toute femme, tout Pair du Royaume, & tout Bourgeois qui sçavait lire, recevait donc le pardon des simples félonies désignées dans la Loi. Quant aux Criminels qui ne sçavaient pas lire, s'ils n'étaient pas Pairs, on les pendait.

On a fait réflexion ensuite que l'éducation & le sçavoir, loin de diminuer le crime, l'aggravaient ; & que si la peine de mort pour félonie était trop sévére pour des gens instruits, elle l'était trop, à plus forte raison, pour des ignorans ; & conséquemment le Statut 5 de la Reine Anne, ch. 6, accorde le privilége Clérical indifféremment à tous ceux qui sont dans le cas de le demander, sans y mettre la condition de sçavoir lire (*a*).

MAIS peu d'années après, l'expérience ayant montré que cette indulgence générale devenait un encouragement à commettre beaucoup de félonies des dégrés inférieurs, & qu'il y avait trop de distance entre la peine capitale, trop rigoureuse à la vérité pour de petites félonies, & nulle peine, ou du moins si légère qu'elle était presque nulle, telle que la brûlure au pouce gauche, ou le fouet; il a été déclaré par les Statuts 4 de Georges I, ch. 11, & 6, ch. 23, que les coupables de grand ou petit larcin, & susceptibles du privilége Clérical, en place de la brûlure ou du fouet, pourraient être transportés pour sept ans, à la discrétion de la Cour ; & que s'ils osaient revenir dans le Royaume avant le terme, ils seraient coupables de félonie, sans pouvoir réclamer le privilége Clérical.

C'EST dans cet état que le privilége Clérical, se maintient de nos jours, bien différent

---

(*a*) T. Il est bien étonnant que cette condition nécessaire pour avoir part au privilége Clérical, ait subsisté jusqu'au régne de la Reine Anne dans le siécle présent ; car certainement long-tems avant dans tout le dix-septiéme siécle, rien n'était plus commun en Angleterre que de sçavoir lire, pour ne rien dire de plus. Cela prouve que les Nations vont long-tems par routine, avant que d'aller par raison.

de son institution originelle : & c'est ainsi que la législation Anglaise, dans un cours long & laborieux d'alchymie judiciaire, a extrait d'une source de poisons des remédes salutaires, en convertissant, par des opérations graduelles, une immunité déraisonnable appropriée au Clergé seul, en une mitigation compâtissante & générale de la peine capitale.

De tout ce détail on doit conclure que dans les tems d'ignorance & de superstitions le privilége Clérical, ce monstre en vraie politique, a dû subsister tant qu'un corps d'hommes résidans dans le sein de l'Etat, était indépendant de ses Loix. Mais dès que la science & une religion raisonnable ont commencé à répandre la lumière, la Société n'a plus été d'humeur à souffrir une absurdité si grossière, & si capable d'en sapper les fondemens ; car par le contrat originel des Gouvernemens, la protection générale fondée sur la force générale qui résulte de la réunion des forces particulières, est le prix de l'obéissance à la volonté générale de toute la Communauté. Or cette volonté générale se manifeste par les Loix du pays ; & la force générale ne se soutient que par leur exécution universelle.

II. Sçachons maintenant à quelles personnes s'étend aujourd'hui le privilége Clérical, outre celles que nous avons désignées ci-dessus. On peut assurer en général, premièrement que tous les Ecclésiastiques dans les Ordres sont admis à ce privilége, sans brûlure à la main, sans transportation, & immédiatement élargis, ou tout au plus renfermés pour un an; & cela à chaque délit. Secondement tous les Lords du Parlement & les Pairs du Royaume par le Statut 1 d'Edouard VI, ch. 12, jouissent du privilége dans toute son extension comme les Ecclésiastiques: mais seulement pour le premier délit. Troisiémement tous les sujets au-dessous des Pairs du Royaume, hommes ou femmes, peuvent être déchargés de la peine ordinaire des félonies comprises dans le privilége Clérical, en souffrant la brûlure à la main, la prison de quelques mois; ou en cas de vol, la transportation pour sept ans, si la Cour la juge nécessaire. On a soutenu que les Juifs & autres infideles & hérétiques n'étaient pas susceptibles du privilége Clérical, jusqu'après le Statut 5 de la Reine Anne, ch. 6, attendu leur incapacité légale pour entrer dans les Ordres sacrés (a); mais malgré le respect qui est dû à ces autorités graves, nous demandons si cela a été réglé par la Loi, depuis la réintroduction des Juifs en Angleterre au tems d'Olivier Cromwell; car si cela était, les Juifs seraient encore dans la même position, ce qui est con-

---

(a) 2. Hal p. c. 373, 2 Hawk. p. c. 338, sost 106.

tredit par l'expérience journalière; le Statut de la Reine Anne n'ayant rien changé à cet égard, il a seulement dispensé de lire les délinquans qui sachant lire, étaient en droit de recourir au privilége Clérical, avant le Statut.

III. Un autre point à considérer, c'est de sçavoir pour quels délits la Loi accorde le privilége Clérical. Il faut d'abord observer que le droit coutumier ne l'accordait ni pour la haute trahison, ni pour le vol, ni même pour l'inconduite; & par conséquent nous pouvons donner pour régle qu'il n'avait lieu que pour la petite trahison, & les simples félonies, en vertu du Statut *de Clero*, 25 Edouard III, Stat. 3, ch. 4, qui déclare que les Clercs convaincus de trahison ou félonie qui ne touchent pas à la personne du Roi, jouiront du privilége de la Sainte Eglise. Mais cette indulgence ne regarde pas les félonies de toute espéce; car il en est qui en sont exceptées par le droit coutumier même, par exemple, *insidiatio viarum*, dresser des embuches sur le grand chemin; *depopulatio agrorum*, dévaster les campagnes; *combustio domorum*, mettre le feu aux maisons (a). De telles félonies sont, en quelque façon, des actes d'hostilité, & approchent de la trahison. Il en est encore plusieurs autres qui ont été exclues du privilége Clérical par des actes

---

(*a*) 1. Hal. p. c. 346.

particuliers du Parlement, & dont nous avons parlé en général sous les délits particuliers auxquels elles tiennent, & que nous ne répéterons pas ici. Nous observerons seulement que tous ces Statuts, pour restreindre le privilége Clérical, ne sont autre chose que le retour de la Loi à la rigueur de la peine pour la première offense, rigueur dont elle usait avant la naissance du privilége Clérical; & dont elle use encore aujourd'hui pour la seconde offense dans toute espéce de félonie, à moins que le délinquant ne soit dans les Ordres sacrés. Il faut encore observer que dans la Loi maritime le privilége Clérical n'a lieu dans aucun cas, comme l'a déclaré le Statut 28 de Henri VIII, ch. 15; c'est pourquoi les délits qui se commettent dans la Jurisdiction de l'Amirauté sont punis dans la rigueur, ou pardonnés.

Enfin voici des régles que l'on suit à l'égard du privilége Clérical. 1. Il a lieu dans toute félonie d'ancienne ou de nouvelle création, à moins qu'un acte du Parlement n'y ait expressément dérogé. 2. Lorsque le privilége est ôté au principal délinquant, il ne l'est pas pour cela, à l'accessoire, à moins que le Statut ne le déclare positivement. 3. Lorsque tel ou tel délit en est exclus comme le meurtre, la sodomie, le vol, le rapt & la burglarie, le coupable au second degré, c'est-à-dire, celui qui aide, qui encourage, est compris dans l'exclusion du privilége comme le principal délinquant. Mais lorsque la *seule* personne qui commet le crime en est exclue, comme dans le cas de meurtre, de vol domestique, les aides, les conseils, ne sont pas compris dans l'exclusion ; car la Loi qui penche toujours vers la douceur, autant qu'il est possible, a déterminé que les Statuts doivent se prendre à la *lettre*.

IV. DÉTAILLONS les conséquences du privilége Clérical pour celui qui en profite. Il ne s'agit pas ici de la brûlure à la main, de la prison, ou de la transportation qui sont plûtôt des conditions concomitantes, que des conséquences du pardon. Les conséquences dont nous parlons, affectent ses intérêts présens ou futurs : coupable de félonie il n'est pas purgé du délit, il n'est que pardonné.

CELA étant, il est certain, 1. que par la conviction du crime tous ses biens sont confisqués au Roi (*a*) ; 2. qu'après la conviction jusqu'au moment où il subit le Jugement de la Loi par la brûlure à la main, ou quelqu'autre peine, il reste félon à tous égards, & frappé de toutes les incapacités & infortunes qui suivent la félonie (*b*) ; 3. qu'après la brûlure à la

---

(*a*) 2. Hal. p. c. 388.
(*b*) 3. p. Wm. 487.

main ou le pardon, il eſt déchargé pour toujours, non-ſeulement de la félonie qui fait le ſujet de l'accuſation, mais encore de toute autre qu'il aurait commiſe auparavant, pourvu qu'elles ſoient ſuſceptibles du privilége Clérical; c'eſt ce que déclarent les Statuts 8 d'Elizabeth, ch. 4 & 18, ch. 7; 4. que le délinquant, par la brûlure à la main ou le pardon eſt réhabilité dans toutes ſes capacités & crédit, ainſi que dans la poſſeſſion de ſes biens, comme s'il n'avait jamais été convaincu (a); 5. obſervons que toutes ces indulgentes réhabilitations en faveur des Laïques au-deſſous des Pairs, après la brûlure à la main, ſont également applicables aux Pairs, & aux Eccléſiaſtiques, quoiqu'exemptés de la brûlure à la main; car ils ont les mêmes priviléges ſans brûlure, que les autres avec la brûlure (b).

(a) 2. Hal. p. c. 389.
(a) Ibid.

CHAPITRE XXIX.

De la Sentence & de ses suites.

NOUS arrivons au dixième acte de la procédure. Après le critère & la conviction du délinquant par les Jurés, si le délit n'est pas susceptible du privilége Clérical, vient la Sentence. Dès que les Jurés ont déclaré le prisonnier coupable, lui présent, la Cour lui demande s'il a encore quelque chose à dire, pour empêcher qu'on ne prononce la Sentence dont il est menacé. Si le délit est une simple inconduite (cas dont les Jurés peuvent juger, & jugent ordinairement en l'absence du délinquant, pourvu qu'il ait comparu une fois) on prononce sur le champ la prise de corps contre lui pour venir recevoir son Jugement; & s'il se cache on le met hors de la protection des Loix. Mais le délinquant qui comparaît en personne, dès qu'il est convaincu du délit, capital ou non, il peut encore à ce période de la procédure, ainsi qu'il l'a pu au moment qu'il a été amené à la Barre de la Cour, attaquer l'accusation par défaut de certitude sur la personne qui a commis le délit, sur le lieu, ou le tems, pour arrêter la Sentence; & si ses allégations se trouvaient valables, on pourrait

renouveller l'accusation dans une meilleure forme. Sur quoi il est bon de remarquer, 1. qu'aucun des Statuts pour corriger les erreurs, ne s'étend aux accusations dans le Criminel ; & que par conséquent une accusation défectueuse n'est pas secourue par la Loi, comme l'est un plaidoyer défectueux dans les causes civiles ; 2. qu'en faveur de la vie, on a eu de tout tems la plus grande attention, poussée, si l'on veut, jusqu'au scrupule, sur chaque point d'une accusation criminelle. Mathieu Hale se plaint de cette ponctualité minutieuse » qui est
» devenue, dit-il, une flétrissure & un grand
» inconvénient dans l'administration de la Jus-
» tice ; car, en prêtant une oreille trop facile
» aux légères inexactitudes que les criminels
» allèguent dans leur accusation, on en sauve
» plus par-là que par la preuve de leur inno-
» cence ; & il arrive souvent que des vols,
» des meurtres, & autres délits crians restent
» impunis par le moyen de ces défenses mi-
» nutieuses, au deshonneur de la Loi, à la
» honte du Gouvernement, à l'encouragement
» du crime, & à l'offense de Dieu » (a) ; on croirait que celui qui parle ainsi, était d'un caractère dur & austère ; aucun Juge n'était plus humain & compâtissant.

Nous avons dit que le délinquant pouvait

(a) 2. Hal. p. c. 193.

se défendre sur le pardon, pour arrêter la Sentence. Il le peut après le critère & la conviction par les Jurés, comme au moment qu'il a été amené à la Barre; & il a le même avantage, sçavoir d'éviter la flétrissure, & d'ordinaire la corruption du sang que le Parlement seul peut rétablir, lorsque le pardon n'est plaidé qu'après la Sentence. C'est pourquoi, quand un criminel a obtenu son pardon; il doit le signifier, le plutôt qu'il lui est possible.

On peut ranger aussi parmi les moyens d'arrêter la Sentence, la réclamation du privilége Clérical dont nous avons traité amplement dans le Chapitre précédent.

Si toutes ces ressources ne peuvent sauver le criminel, la Cour prononce la peine que la Loi a attaché à son crime, & que nous avons désignée en traitant de chaque délit. Ceux qui sont capitaux, sont punis par la corde, jusqu'à ce que mort s'ensuive : on y ajoute, quand ils sont atroces, des circonstances de terreur, de douleur, ou d'ignominie : par exemple, dans la simple trahison, le traître est condamné à être traîné à cru sur le pavé à la place de l'exécution. Mais dans la haute trahison qui attaque directement la personne du Roi, ou la forme du Gouvernement, la Sentence porte que le traître pendu par son cou, sera ouvert encore vivant, ses entrailles arrachées, sa tête

& ses membres coupés. Si une femme est convaincue de trahison, elle est condamnée au feu. Mais l'humanité de la nation Anglaise a autorisé par un consentement tacite, une mitigation de ces sortes de Jugemens qui ont un air de torture & de cruauté. On accorde ordinairement la *claye* au traître pour empêcher les douleurs affreuses que lui causerait le battement de sa tête & de tout son corps contre le pavé; & avant l'arrachement des entrailles, ou le feu, on ôte toute sensation au criminel par l'étranglement. Tout meurtrier, après la corde, est livré aux Chirurgiens pour être disséqué publiquement. Il y a d'autres peines proportionnées aux délits; l'exil; le bannissement hors du Royaume; la transportation dans les Colonies Américaines; la perte de la liberté par la prison perpétuelle, ou à temps; la confiscation des biens meubles ou immeubles, ou seulement des revenus pendant la vie; l'inhabilité à tout office, à tout emploi publics, à hériter, à être exécuteur testamentaire; & d'autres peines semblables. Il y en a aussi qui vont à la perte de quelque membre, d'une main ou des oreilles. D'autres impriment sur le corps du criminel un stigmate permanent du crime, en fendant les narines, ou par la flétrissure du fer chaud à une main ou au visage. Il y en a beaucoup qui sont purement pécuniaires, des amendes réglées par la Loi, ou à la discrétion des Tribunaux. Enfin on inflige des peines qui consistent principalement dans l'ignominie; quoique quelques-unes d'elles soient mêlées de quelque degré de souffrance corporelle, elles sont reservées aux délits qui naissent de l'indigence, ou qui enrichissent par des voies honteuses. Tels sont le fouet, le travail forcé dans la maison de correction, le pilori, des entraves aux pieds, & la cage à plonger.

Quelque dégoûtant que soit ce catalogue de supplices, il peut faire plaisir aux ames sensibles, & honneur à la législation Anglaise par la comparaison de son Code Criminel avec l'appareil révoltant de tortures, de tourmens atroces, de morts cruelles dont est composé le Code Criminel de toutes ou presque toutes les Nations de l'Europe. Une autre gloire de la législation Anglaise, c'est d'avoir gradué les peines ou peu s'en faut, sur toutes les espéces de délits, de les avoir fixées & déterminées, sans laisser aux Juges ni aux Jurés la liberté d'altérer en rien le Jugement que la Loi a prononcé d'avance, & indifféremment pour tous les citoyens, sans acception de personne ; car, si les Jugemens dépendaient de l'opinion des Juges, s'ils étaient arbitraires, les hommes ne feraient que des esclaves de leurs Magistrats ; & ils vivraient en société, sans en sçavoir exactement les conditions & les devoirs. Comme un bon Code Criminel prévient d'un côté l'oppression, il étouffe de

l'autre

l'autre les espérances de l'impunité dont un criminel pourrait se flatter, si son sort dépendait de l'humeur & de la volonté d'une Cour de Justice ; au lieu que par la précaution qu'on a eue d'attacher clairement telle peine à tel délit, le délinquant peut lire son sort dans la Loi qui est la régle invariable, & le Juge inflexible de ses actions.

Les amendes & l'emprisonnement qu'on a laissés à la discrétion de nos Cours de Justice en beaucoup de cas, semblent être une exception de la régle ; mais il faut observer que la nature générale de la peine est fixée & déterminée dans ces cas. La Loi dit aux Juges, vous punirez tel délit par l'amende, & tel autre par la prison : ce que je laisse à votre prudence ; c'est la quantité de l'amende, & la durée de la prison. La qualité de la peine n'est donc pas arbitraire ; mais seulement la quantité, & certes comment pourrait-on fixer la quantité pécuniaire dans les amendes ? la valeur des monnoies varie par tant de causes ; & à tout événement, une somme qui ruinerait un citoyen, ne serait rien pour un autre. La Loi des douze tables à Rome, condamnait toute personne qui frapperait un autre à une amende de vingt-cinq *deniers*. Cette amende, dans les tems opulens de l'Empire Romain, devint une peine si légère qu'au rapport d'Aulu-gelle » un certain Lucius Névatius se faisait un passe-temps de frapper qui il voulait, en lui payant fur le champ l'amende légale. C'eſt pourquoi nos actes du Parlement, non plus que le droit commun, n'ont pas déterminé la quantité des amendes: ils ont ſeulement preſcrit l'amende en général pour une telle offenſe, ſans ſpécifier la ſomme; ce qui ſuffit pour limiter, en quelque ſorte, le pouvoir que la Loi a laiſſé aux Cours. Et le bill des droits (*a*) a défendu poſitivement les amendes exceſſives, auſſi-bien que les ſuppli- ces cruels & inuſités : ce qui avait trait à des procédures ſans exemple dans la Cour du Banc du Roi, ſous le régne de Jacques II; & le même Statut déclare illégales & nulles toutes promeſſes, tous dons de confiſcation, avant la conviction du coupable. Le bill des droits n'a fait en cela que renouveller ce qui était ordonné par notre ancienne Loi conſtitu- tionelle ; parce qu'il s'était introduit dans les Jugemens des amendes & des confiſcations beaucoup plus fortes, que la Loi & l'ordre public ne le demandaient.

La Grande-Chartre avait donné une régle générale, pour renfermer les amendes pécu- niaires en matière criminelle, dans leur juſte proportion, la voici (*b*) : » que perſonne ne ſoit

---

(*a*) Stat. 1. W. & M. St. 2, ch. 2.
(*b*) Ch. 14.

» amendé au-delà de ses forces & des circons-
» tances où il se trouve : que l'amende n'em-
» pêche pas le Tenancier d'exploiter sa ferme,
» ni le Marchand de pousser son commerce;
» qu'on ne force pas l'homme des champs à
» vendre ses instrumens aratoires «. Pour assurer davantage la régle, la Grande-Chartre veut encore que l'amende imposée soit réduite à une juste mesure par les Jurés. Cette liquidation des amendes est observée dans la Cour foncière, & dans celle des Barons. C'était aussi l'ancien usage dans les Cours supérieures de s'informer par les Jurés de ce que le délinquant pouvait payer, sans préjudicier à sa subsistance, à celle de sa femme & de ses enfans (*a*) ; & depuis que cet usage d'information a cessé, on préfére de punir par corps, ou par une prison limitée, plutôt que par des amendes excessives qui en ôtant à une famille les moyens de subsister, équivaudraient à une prison perpétuelle. C'est la raison pour laquelle l'amende, dans la Cour du Banc du Roi, est fréquemment nommée rançon : la peine doit tomber sur la personne, si elle n'est pas rachetée par l'amende, conformément à l'ancienne maxime, *qui non habet in crumenâ luat in corpore.*

REVENONS à la Sentence de mort dont

(*a*) Gilb. exch. ch. 5.

la conséquence immédiate est la proscription & la flétrissure, ce que la Loi exprime par le mot *attainder*. Il est clair, à ce moment, que le criminel ne doit plus rester sur la terre, mais qu'il faut l'exterminer comme un monstre dans la Société, comme une peste publique : la Loi le couvre d'infamie, le met hors de sa protection, ne pense plus à lui que pour le voir exécuté. Il est *attaint*, c'est-à-dire, flétri & noirci ; il n'a plus ni considération, ni réputation, ni crédit, ni capacité quelconque ; il ne peut plus témoigner dans aucun Tribunal ; il est incapable de toute fonction de citoyen : en un mot il est déja, par anticipation, mort civilement (*a*). Ce terrible état du criminel n'arrive qu'après la Sentence ; car il y a une grande différence entre être *convaincu* & être *attaint*, quoique souvent bien des gens les confondent. L'accusé, après la conviction seulement, n'est point encore frappé des incapacités & de l'infamie dont nous venons de parler, il est encore sous la contemplation de la Loi qui examine, qui cherche s'il n'y aurait point quelque moyen pour le sauver : peut-être alléguera t'il quelque chose pour arrêter la Sentence : l'accusation peut avoir été inexacte dans quelque point qui rendrait le crime incertain, & la conviction caduque : il peut obtenir son

---

(*a*) 3. Instit. 213.

pardon du Roi, ou par le privilége Clérical, double indulgence qui fuppoferait encore en lui quelques étincelles de mérite, & qui plaiderait en atténuation de crime. Mais la Sentence une fois prononcée, la Loi & le fait confpirent à prouver complettement fon crime, & rien ne refte à dire en fa faveur. La profcription & la flétriffure ne commencent donc qu'à la Sentence de mort, ou à un Jugement équivalent qui mettrait un accufé de crime capital hors de la protection des Loix, pour avoir fui la Juftice, ce qui paffe pour une confeffion tacite du crime. Les deux criminels, celui qui eft jugé à mort, celui qui eft mis hors de la protection des Loix pour crime capital, font donc également *attaints*.

Les fuites funeftes de l'*attainder* font la forfaiture & la corruption du fang.

Il y a deux fortes de forfaiture, celle des biens immeubles & celle du mobilier. Parlons d'abord des immeubles : tous les immeubles du criminel *attaint* pour haute trahifon, toutes fes propriétés, fief abfolu ou fief poffédé à certaines conditions, avec tous les droits qu'il avait aux revenus, au tems de fon crime & depuis, font confifqués au profit de la Couronne. Cette confifcation remonte à l'époque de la trahifon, de façon à annuller toutes les ventes qui auraient pu fe faire defdits biens,

& les hypothéques sur iceux (a); mais non les ventes & hypothéques avant la trahison; & par conséquent ce qu'il avait donné à sa femme par contrat de mariage n'est pas confiscable, puisque la donation a précédé le crime. Les Statuts ont traité favorablement le mari d'une femme *attainte* pour haute trahison; il conserve les terres qu'elle possédait, s'il en a un enfant. Mais quoique la confiscation remonte à l'époque de la trahison, cependant elle n'a pas lieu, tant que la Sentence de proscription n'est pas prononcée. De-là si le traître meurt avant que d'être jugé, ou s'il est tué dans une rébellion ouverte, ou encore s'il est pendu par la Loi martiale, ses biens ne sont pas dans le cas de la confiscation ; parce qu'il n'a pas été *attaint* par le bill de proscription.

La forfaiture ou le droit de confiscation est fondé sur ce motif: que celui qui a violé les principes fondamentaux du Gouvernement, & sa portion du contrat originel entre le Roi & le peuple, a rompu tous ses liens avec la Société; il ne conserve plus aucun droit aux avantages dont il jouissait, comme membre de la grande communauté: il est donc dépouillé du droit de transmettre sa propriété à ses descendans ou à tout autre, droit qui est un des principaux avantages de la Société. Il

___

[a] 3. Instit. 211.

y a plus, la forfaiture qui tombe fur la poſté-
rité du traître comme fur lui peut retenir le
citoyen, non-ſeulement par le ſentiment de
ſon devoir & la crainte de la punition perſonnelle ; mais encore par l'amour de ſa famille :
ainſi penſait Cicéron (*a*), *nec vero me fugit
quam ſit acerbum, parentum ſcelera pœnis
lui : ſed hoc præclarè legibus comparatum eſt,
ut caritas liberorum amiciores parentes reipublicæ redderet.* Je n'ignore pas, dit-il, combien il eſt dur de faire porter aux enfans la
peine du crime de leur père ; mais c'eſt un trait
de ſageſſe dans la légiſlation, pour attacher
plus fortement les pères à la République. C'eſt
pour cela qu'Aulus Caſcelius, Juriſte Romain,
diſait tout haut, au tems du Triumvirat, qu'il
avait deux raiſons pour ſe moquer des Tyrans,
ſon grand âge & d'être ſans enfans : car les enfans ſont pour le Prince un gage de la fidélité
des pères (*b*). Cependant pluſieurs Nations ont
penſé que cette punition poſthume ſentait la
cruauté envers des innocens, ſurtout pour des
crimes qui n'attaquent pas directement les fondemens de la Société, comme la haute trahiſon. Ainſi, quoique les confiſcations étaient
très-fréquentes ſur la fin de l'Empire Romain,
les Empereurs Arcadius & Honorius jugèrent

[*a*] Ad Brutum epiſt. 12.

[*b*] Gravina 1 §. 68.

L iij

» qu'il était plus juste dans tout autre cas que
» la haute trahison, de laisser la peine où était
» le crime, d'en charger le coupable seul, &
» de ne pas l'étendre au de-là des bornes du
» délit (*a*) «. Justinien fit aussi une Loi pour
restreindre l'extension de la peine au plus proche parent du délinquant, excepté seulement dans le cas de lèze-Majesté. D'autre part les Loix Macédoniennes étendaient la peine de trahison, non-seulement aux enfans, mais encore à tous les parens du traître ; & comme il ne restait plus d'héritier tout était confisqué (*b*). Et en Allemagne si un père de famille conspire contre la vie d'un Electeur, la fameuse Bulle d'or (*c*) copiée mot à mot du Code Justinien (*d*) n'épargne la vie des enfans que par un trait particulier de bonté de la part de l'Empereur; mais elle les prive de tous les biens dont ils devaient hériter, les déclarant incapables de tout honneur civil ou ecclésiastique : il faut, dit cette Bulle, qui veut se donner un air de miséricorde ; il faut que toujours pauvres & nécessiteux, ils soient par tout accompagnés de l'infamie de leur père, & que la vie soit pour eux un supplice, & la mort une douceur.

[*a*] Cod. 9. 47. 22.
[*b*] Quint. Curt. Lib. 6.
[*c*] Cap. 24.
[*d*] L. 9. t. 8. L. 5.

EN Angleterre la forfaiture des biens pour trahison ne nous est pas venue du Gouvernement féodal, elle nous a été transmise par les Saxons nos ancêtres, avant l'introduction de ce système dans notre Isle (*a*); elle faisoit partie de l'ancienne constitution Scandinave (*b*). Mais pour simple trahison qui regarde la monnoie du Prince, qui est plutôt un crime de *faux* que de Lèze-Majesté, plusieurs Statuts modernes, ont déclaré qu'elle n'entraînait point la confiscation des biens; & pour abolir entièrement ces sortes de peines héréditaires attachées à la trahison, le Statut 7 de la Reine Anne, ch. 21, déclara qu'après la mort du Prétendant, le crime ne porterait plus sur les héritiers du traître, & que personne n'en souffrirait que le traître lui-même. Ce Statut mettait fin à la Loi de forfaiture, si un autre Statut n'était survenu pour en prolonger la durée. Ce point d'Histoire a quelque chose de singulier & de remarquable. A l'époque de l'union du Parlement d'Ecosse avec celui d'Angleterre, le crime de trahison en Ecosse, était par la Loi du pays différent à plusieurs égards, de la trahison en Angleterre, & en particulier par rapport aux confiscations des biens substitués, conséquences qui regardaient spécialement

---

[*a*] II. Alfr. ch. 4. Canut. ch. 54.
[*b*] Stiernh. Got. l. 2. ch. 6. & l. 3. ch. 3.

l'Angleterre. On jugea qu'il était nécessaire de mettre sur le même pied dans deux Royaumes qui s'unissaient, un crime qui intéressait tant le Gouvernement, & d'en fixer la nature & les suites. Dans les soins que l'on donnait à la construction de la nouvelle Loi, il y eut de grands débats de la part de la Nation Ecossaise & de la Chambre des Communes d'Angleterre, les uns pour maintenir, les autres pour acquérir l'immunité de la forfaiture & de la corruption du sang. La Chambre Haute opposa une forte résistance à ces deux demandes ; & enfin il y eut un compromis ratifié par la nouvelle Loi, sçavoir que les mêmes délits, à l'exclusion de tout autre, seraient qualifiés de trahison en Ecosse comme en Angleterre ; & que les forfaitures Anglaises, aussi-bien que la corruption du sang auraient lieu en Ecosse jusqu'à la mort du Prétendant actuel, pour cesser alors dans toute l'étendue de la Grande-Bretagne (a). Les Lords proposerent adroitement cette clause *à temps*, dans l'espérance, comme on l'a écrit (b), que la sagesse du nouveau Parlement la rendrait perpétuelle (c). Et c'est ce que fit en partie le Statut 17 de Georges II, ch. 39, dans l'année qui précéda la dernière rébellion;

---

[a] Hist. de Burnet an 1709.

[b] Considérations sur les Loix de la forfaiture 6.

[c] Fost. 250.

il déclara que les confiscations & la corruption du sang pour haute trahison, seraient maintenues jusqu'à l'extinction de toute la postérité du Prétendant (*a*).

LA petite trahison & la félonie entraînent la confiscation de tous les revenus du délinquant pendant sa vie & après sa mort, celle de toutes les terres qu'il possédait soit en fief absolu, soit comme franc Tenancier (mais non celle des fiefs mouvans) le tout au profit de la Couronne; mais seulement pour un temps bien court; car le Roi n'en peut jouir que l'espace d'un an & un jour. Autrefois le Roi avait seulement la liberté de dévaster à son gré les terres des Félons en rasant leurs maisons, en boulversant leurs jardins, en faisant passer la charrue sur leurs prairies, en abbatant leurs bois. Quelque chose de semblable avait lieu dans les pays Orientaux : c'est ce qui paraît dans les Edits de Nabuchodonozor & de Cyrus, rapportés par Daniel (*b*) & Esdras (*c*), lesquels Edits, outre la peine de mort prononcée contre les délinquans qui y sont spécifiés, ordonnent

___

(*a*) La justice & l'avantage de cette disposition furent soutenus dans le tems avec beaucoup d'érudition & une grande force de raisonnement dans les considérations sur les Loix de forfaiture publique.

(*b*) Ch. 3. v. 29.

(*c*) Ch. 6 v. 2.

encore la démolition de leurs maisons ; mais comme ces sortes de châtimens préjudiciaient au bien public, il fut statué sous le régne de Henri I, que le Roi aurait le revenu de la terre pour un an & un jour, en place du droit qu'il avait de la ravager (*a*) ; c'est ce que lui adjuge la Grand-Chartre (*b*), après quoi il doit rendre la terre au Seigneur du fief, sans faire aucune mention du droit de dévastation. Cependant le Statut 17 d'Edouard II, touchant la prérogative Royale, semble supposer que le Roi doit avoir son an & jour de dévastation. Mais Edouard Coke, & l'Auteur du Miroir pensent avec raison que ce point de l'ancienne prérogative Royale était une vraie usurpation (*c*). L'usage du tems présent est de composer avec le Roi pour l'an & jour de jouissance & pour le droit de dévastation, sans cela le Roi userait de sa prérogative. Mais à l'expiration de l'an & jour la terre doit passer à l'héritier. Ces confiscations pour félonie ne regardent que les biens des Félons *attaints* & *frappés de proscription* ; & par conséquent les biens d'un suicide ne sont point dans le cas, attendu qu'il ne fut jamais attaint (*d*). Ces

---

(*a*) Mirror, ch. 4 §. 16.

(*b*) 9. Henri III. ch. 22.

(*c*) 3 Inst. 55.

(*d*) Ibid. 218.

forfaitures remontent à l'époque de la félonie, comme les forfaitures pour trahison, de manière à annuller tout contrat, tout transport au sujet des terres confisquées. Cela est bien dur sans doute, pour celui qui a contracté imprudemment avec le délinquant ; mais ce reproche ne tombe pas sur la Loi, il tombe sur le coupable qui enveloppe sciemment & méchamment les autres dans la peine qu'il a méritée.

Voila toutes les forfaitures des biens fonds statuées par le droit Coutumier comme des suites du Jugement à mort, ou de la proscription prononcée contre celui que les Loix mettent hors de leur protection. Nous ne parlons pas ici des confiscations portées dans les Statuts de *præmunire*, & autres ; parce qu'elles sont plutôt parties du Jugement & de la peine, qu'elles n'en sont des suites, comme dans la trahison & la félonie. Mais dans cet article de forfaiture qui regarde les biens-fonds, nous pouvons ajouter la confiscation des revenus, pendant la vie du délinquant : elle a lieu contre ceux qui ne révélent pas la haute trahison (*a*), ceux encore qui tireraient l'épée, ou menaceraient de quelqu'autre arme dans la salle de Westminster, ou dans quelqu'autres Cours de Justice (*b*).

―――――――――――

(*a*) 3. Instit. 218.
(*b*) Instit. 141.

La fuite d'un accusé de crime capital entraîne aussi la confiscation de son mobilier, si les Jurés poursuivent cette fuite ; car elle est tout à la fois une forte présomption du crime, & une violation de la Loi qui veut soumission à la Justice : mais il est bien rare que les Jurés poursuivent la fuite, parce qu'ils regardent la confiscation du mobilier, depuis son prodigieux accroissement dans ces derniers temps, comme une trop grande peine pour un délit si naturel à l'homme, la fuite par amour de sa liberté.

Il y a quelques différences remarquables entre la confiscation des biens-fonds, & celle du mobilier ; 1. les terres ne se confisquent qu'après le bill de proscription & non avant : le mobilier est confiscable par la conviction même ; la proscription n'a lieu que lorsqu'il y a Jugement à mort, ou lorsque le coupable est mis hors de la protection des Loix ; 2. les terres de l'ex-loi pour trahison ou félonie, ne sont confiscables que par le Jugement ; mais son mobilier l'est, s'il ne comparaît pas à la cinquiéme sommation, cela s'appelle *fuite dans la Loi* (a) ; 3. la confiscation des terres remonte au temps du crime, de manière à en empêcher la vente, ou annuller de nouveaux hypothéques sur elles : mais la confiscation du mobilier n'a pas cet effet rétroactif,

---

(a) 3 Instit. 232.

elle ne porte que fur le mobilier qui exifte au temps de la conviction, c'eft pourquoi un traître ou un Félon peut légalement vendre fon mobilier pour fa fubfiftance & celle de fa famille, dans l'efpace de temps qui s'écoule entre le delit & la conviction (*a*), car le mobilier eft d'une nature fi flotante qu'il paffe par beaucoup de mains en peu de temps ; & aucun acheteur ne ferait en sûreté, s'il était obligé à rendre ce qu'il aurait acheté de bonne foi. Mais fi on découvrait que ce n'a été qu'une vente fimulée & collufoire, pour frauder la Couronne, alors la forfaiture revivrait.

II. UNE autre fuite immédiate de l'*attainder* ou profcription, c'eft la *corruption du fang*, tant en haut qu'en bas, fi bien que l'attaint ou le profcrit ne peut hériter de fes ayeux, ni retenir les héritages dont il eft en poffeffion, ni les tranfmettre à fes defcendans, ou tout autre ; mais ils font échus au Seigneur du fief, fans préjudice des droits du Roi. C'eft ainfi que le profcrit forme une obftruction à fa poftérité qui ne peut avoir de titre au patrimoine de fes ayeux que par lui.

CETTE corruption civile du fang eft une idée que nos Loix ont tirée des conftitutions féodales au temps de la conquête des Normans.

―――――――――

(*a*) 2. Hak. p. c. 454.

Elle était inconnue aux anciennes Loix Saxones qui prononçaient à la vérité, en cas de trahison, la confiscation de la terre au profit du Roi ; mais il ne s'enfuivait ni corruption du fang pour les defcendans du traître, ni empêchement à hériter ; & dans la fimple félonie nulle confifcation au profit du Seigneur. Comme nous avons heureufement effacé tout autre veftige du Gouvernement féodal dans ce Royaume, il eft bien à fouhaiter que la corruption du fang avec toutes fes fuites de confifcation & d'incapacité pour hériter dans les defcendans, s'aboliffe enfin par un acte du Parlement ; & déja la légiflation a marqué de temps à autre fon penchant à cette équitable réformation. Elle a ftatué que dans les trahifons en faveur de la fuprématie Papale (*a*), que dans le crime de fauffe monnoie (*b*) & plufieurs autres délits que les actes du Parlement ont déclarés félonieux, depuis le régne de Henri VIII, la corruption du fang n'aurait pas lieu. Mais comme d'autres actes, foit oubli ou négligence, n'ont pas ftatué de même fur d'autres félonies de nouvelle création, la raifon & la Juftice demandent une Loi générale qui aboliffe toute corruption du fang & fes fuites. Nous avons vu que le Statut 17 de Georges II, ch. 9,

---

(*a*) Stat. 5 Eliz. ch. 1.

(*b*) Stat. 5 Eliz. ch. 11 & 15, Georges II, ch. 28.

l'abolit

l'abolit en fait de trahison pour le temps où la race du Prétendant finira ; serait-il juste de continuer une constitution si dure pour des félonies au-dessous de la trahison ?

CHAPITRE XXX.

De la cassation du Jugement.

UN Jugement peut être cassé, premièrement s'il porte sur des faits qui ne se trouvent pas dans l'accusation légale & enregistrée.

SECONDEMENT si les Juges n'étaient pas suffisamment autorisés à juger; par exemple, si le nombre des Jurés n'était pas complet, ou s'il y avait quelqu'intrus parmi eux.

TROISIÉMEMENT si le Jugement est erroné, par exemple, si quelqu'un coupable de parjure est condamné comme Félon; des erreurs même moins palpables, pourraient faire casser le Jugement; quelqu'irrégularité, quelqu'omission, un manque de forme dans la procédure qui se fait contre un coupable pour le mettre hors de la protection des Loix, une seule proclamation manquée, suffiraient. Mais un point important à observer, c'est qu'il faut un ordre par écrit d'une Cour Souveraine, communiqué au Procureur - Général. Ces sortes d'ordres s'intitulent requêtes pour *erreur*; & ils sont, dit le droit Coutumier, *ex debito justitiæ*. Néanmoins les Cours Souveraines ne peuvent les donner que pour les délits d'*in-conduite* ; car dans les crimes capitaux pour lesquels un criminel a été jugé à mort, & *attaint*, l'ordre pour erreur est de pure grace *ex gratiâ*, & il doit être signé de la main du Roi, ou du moins consenti par le Procureur-Général. Il est bien rare que le criminel puisse en profiter, sur-tout s'il a été jugé & attaint pour un crime contre l'État. Mais son héritier ou son exécuteur testamentaire en peuvent faire usage, après sa mort, en saisissant un tems favorable ; & c'est une sorte de consolation pour sa famille.

MAIS le moyen le plus sûr & le plus facile, pour empêcher les suites funestes du bill de proscription qui a frappé le criminel, c'est un acte du Parlement en abolition. Le Parlement l'a accordé assez fréquemment par des motifs de compassion, ou peut-être par un zèle des conjonctures, après une soudaine révolution dans le Gouvernement, sans trop examiner la vérité ou la validité des erreurs alléguées ; & même quelquefois la notoriété publique du crime, & l'aveu du criminel. Mais enfin, puisqu'il a payé par sa mort, sa famille innocente peut mériter par ses vertus, ses talens, ses services, le rétablissement de son sang, de ses honneurs & de sa fortune en tout, ou en partie, par un acte du Parlement qui en a le droit incontestable, sans faire aucune réflexion sur l'équité de la Sentence.

QUAND un accusé mis hors de la protection des Loix, pour n'avoir pas comparu, est venu à bout de faire casser le Jugement, il se retrouve au même état que s'il avait comparu. Il peut plaider contre l'accusation, employer tous les moyens de défense que la Loi permet ; & si le nouveau Jugement lui est favorable, il est, comme si jamais il n'eût été accusé, rétabli dans la pureté du sang, dans tous les droits de citoyen, dans ses honneurs, son crédit & ses biens ; & il faut remarquer, par rapport aux biens, que quand même la Couronne en aurait disposé en faveur d'un autre, le vrai propriétaire y rentrerait sans de grandes formalités, comme on rentre dans une terre usurpée.

CHAPITRE XXXI.

Du surfis & du pardon.

LES deux moyens qui nous restent à traiter pour empêcher l'exécution du Jugement, sont le surfis & le pardon. Le surfis n'est qu'à tems, le pardon est permanent.

I. LE surfis est laissé à la prudence des Juges, *ex arbitrio Judicis*, soit avant, soit après le Jugement, par exemple, lorsque la Cour n'est pas satisfaite du Jugement des Jurés ; lorsqu'il y a quelques nuages sur la preuve du délit ; lorsque l'accusation n'est pas dans la rigueur des régles ; lorsqu'il est douteux si le délinquant est susceptible du privilége Clérical, ou non ; & quelquefois si le délit n'est que dans l'espéce de la petite félonie ; ou enfin si le caractère du criminel se manifestant par quelques circonstances, qui parlent en sa faveur, semble demander qu'on s'adresse au Roi pour un pardon absolu, ou du moins pour une diminution de peine. Les Juges pour l'évacuation des prisons peuvent accorder ou refuser ces surfis arbitraires, quoique leur session & leur commission ne soient que transitoires ;

mais cela plutôt par l'usage que par un droit strict.

Il y a des sursis, *ex necessitate legis*, par la nécessité de la Loi ; par exemple, une femme convaincue d'un crime capital, allégue qu'elle est grosse ; quoique ce ne soit pas une raison pour retarder le Jugement, c'en est une pour retarder l'exécution, jusqu'à ce qu'elle soit délivrée. C'est un devoir rigoureux d'humanité, dicté par la Loi de nature, *in favorem prolis* ; c'est pourquoi de toutes les procédures sanguinaires, la plus exécrable fut celle que l'on vit sous le régne de Marie dans l'Isle de Guernsey : on y brûla une femme grosse pour hérésie ; comme on mettait le feu au bûcher, les douleurs la firent accoucher ; les spectateurs s'empressèrent à sauver l'enfant ; les Prêtres assistans le rejettèrent dans les flammes comme un petit hérétique, pour y être brûlé avec sa mere (*a*) : barbarie qui n'aurait jamais dû deshonorer l'Angleterre. Sur l'allégation de grossesse, le Juge commet douze Matrones ou Sages-femmes Jurées, pour vérifier le fait ; & si leur rapport le constate, l'exécution se renvoie d'une session à l'autre, jusqu'à l'accouchement, ou à la preuve, par le cours de la nature, qu'il n'y a point eu de

---

(*a*) Fox, acts. and. mon.

grossesse. Mais si, après le sursis & la délivrance, la délinquante redevient grosse, il n'y a plus de répit, on l'exécute avant que l'embryon ait vie (*a*); car son incontinence ne doit pas lui servir à éluder sa Sentence.

UNE autre cause légitime de sursis, c'est la démence où tombe le criminel dans l'intervalle du Jugement à l'exécution (*b*); car, selon les régles, comme nous l'avons observé en son lieu, si un homme qui jouissait de sa raison à l'époque de son crime, la perd avant l'accusation, on ne peut plus l'accuser; si c'est après l'accusation, on ne peut plus le convaincre; si c'est après la conviction, on ne peut pas le juger; & enfin si c'est après le Jugement, on ne peut pas l'exécuter, car un fou est puni par sa folie même, *furiosus solo furore punitur*, & la Loi ne sçait pas si, dans son bon sens, il n'aurait pas allégué quelque bonne raison pour échapper au supplice : aussi est-ce une régle invariable de demander au prisonnier dans le tems qui s'écoule entre la Sentence & l'exécution, s'il n'a rien à alléguer pour empêcher l'exécution : & s'il paraît être en démence, le Juge doit surseoir selon sa prudence; & s'il répond qu'il a des moyens,

---

(*a*) 1. Hal. p. c. 369.
(*b*) Id. 370.

par exemple, la non identité de la personne, c'eſt-à-dire, qu'il n'eſt pas l'individu qu'on a jugé, la groſſeſſe ſi c'eſt une femme; ou ce qui eſt commun aux deux ſexes le pardon du Roi, ou la grace accordée par le Parlement, il peut plaider tous ces moyens ou ſemblables pour empêcher l'exécution. S'il ſe défend ſur la non-identité on enregiſtre de nouveaux Jurés, non plus pour juger s'il eſt coupable ou innocent, car c'eſt choſe décidée; mais s'il eſt véritablement, ou s'il n'eſt pas l'accuſé qu'on a jugé : & les Jurés doivent trancher ſur le champ; on n'accorde point de tems au priſonnier pour préparer ſa défenſe, ni pour faire entendre ſes témoins, puiſqu'il a eu tout le tems convenable avant la Sentence; à moins qu'il ne veuille prêter ſerment qu'il n'eſt pas l'accuſé qu'on a jugé (a). On ne lui permet plus de récuſation de Jurés (b); quoiqu'autrefois on avoit cette indulgence (c).

II. Sɪ aucun de ces moyens ne peut avoir lieu, la dernière & la plus ſûre reſſource eſt le pardon Royal. Ce pouvoir de pardonner eſt la plus douce prérogative de la Couronne. Les Loix, dit un Ecrivain diſtingué, ne ſçauraient

---

(a) Foſt 42.

(b) Ibid.

(c) Staundof p. c. 163.

être conſtruites ſur des principes de tolérance pour le crime; mais la Juſtice, par la conſtitution Angloiſe, doit faire aſſeoir la compaſſion à côté d'elle : c'eſt un ſerment que le Roi fait à ſon Couronnement; & de tous les actes de ſon Gouvernement, pardonner eſt celui qui lui eſt le plus perſonnel, & entièrement à lui (*a*). Le Roi ne condamne perſonne par lui-même, il laiſſe cette rude tâche à ſes Cours de Juſtice: l'œuvre la plus agréable de la Royauté c'eſt la miſéricorde. Les Saxons nos ancêtres (*b*) diſaient que le pouvoir de pardonner dérivait de la dignité Royale. Et le Statut 27 de Henri VIII, ch. 24, a déclaré en Parlement que, perſonne autre » que le Roi n'avait le » pouvoir de pardonner la trahiſon ou la fé- » lonie de toute eſpéce, pouvoir attaché & » uni à la Couronne Impériale de ce Royaume. «

ET à parler en général, c'eſt un des avantages de la Monarchie ſur les autres formes de gouvernement, de pouvoir étendre la miſéricorde, lorſqu'il reſte quelque mérite pour la réclamer, & d'établir une Cour d'équité dans le cœur du Souverain pour mitiger la rigueur de la Loi, dans des cas qui ſemblent demander l'exemption de la peine. Le pardon, ſelon

---

(*a*) Law of forfeit 99.
(*b*) II. Edow. conf. ch. 18.

quelques théoristes, doit être exclus d'une parfaite législation où les peines seraient douces, mais certaines, car la clémence du Prince qui pardonne est une improbation tacite de la Loi. Cependant ôtez au Souverain le privilége de faire grace, vous donnez au Juge, ou aux Jurés le pouvoir dangereux de prendre l'esprit de la Loi, au lieu de la lettre. Autrement il faudroit soutenir, ce que personne n'avancera sérieusement, que la situation & les circonstances où se trouve le criminel, quoique la nature du crime se trouve la même, ne doivent rien changer à la punition. Le pouvoir de pardonner ne peut pas se combiner avec la démocratie ; car elle ne reconnaît rien au-dessus du Magistrat qui est le Ministre des Loix : & ce serait une mauvaise politique de placer dans la même personne le pouvoir de condamner & celui de pardonner. Cette erreur politique, dit le Président de Montesquieu (a), obligerait souvent le Magistrat, à se contredire lui-même, à faire & défaire ce qu'il aurait décidé ; elle amenerait aussi la masse du peuple à confondre les idées du juste & de l'injuste ; parce qu'on ne saurait pas nettement si le prisonnier a été déchargé de l'accusation par la preuve de son innocence, ou si on lui a pardonné son crime. S'il n'y avait point de Stathouder en Hollande, il n'y aurait point de pouvoir de pardonner

---

(a) Esp. des Loix l. 6, ch. 5.

dans aucun membre de l'Etat. Mais dans les Monarchies le Roi agit dans une sphère supérieure ; & quoiqu'il régle tout le Gouvernement, comme premier moteur, cependant il ne doit pas se faire voir dans les affaires de rigueur. Par-tout où la nation le voit représenter de sa personne, ce ne doit être que dans des œuvres de législation, de magnificence & de compassion. Le peuple ne doit voir en lui que bonté & grace : les actes réitérés de bonté qui sortent de son cœur toujours ouvert, lui attachent les sujets, & contribuent plus que toute autre chose à enraciner dans leurs ames l'affection filiale & la loyauté qui font la sûreté du Thrône.

CONSIDÉRONS maintenant, 1. l'objet du pardon : 2. la manière de pardonner : 3. la méthode qu'on suit en accordant le pardon : 4. l'effet du pardon.

1. Le Roi peut pardonner en général tous les délits qui sont purement contre la Couronne, ou contre le public. Il y a seulement quelques exceptions. Premièrement, pour conserver la liberté des sujets il est défendu d'emprisonner qui que ce soit, hors du Royaume ; l'acte *habeas corpus* sous Charles II, ch. 2, en a fait un crime de *præmunire*, impardonnable par le Roi même. Secondement le Roi ne peut pardonner l'offenseur au détriment de

l'offensé ; c'est pourquoi dans les appels de toute sorte où la poursuite se fait, non au nom du Roi, mais de la Partie injuriée, il est obligé de laisser aller le cours de la Justice. Troisièmement, il ne peut pardonner une nuisance publique, tant qu'elle n'est pas réparée, quoiqu'après il puisse remettre l'amende ; car en tel cas, quoique ce soit lui qui poursuit, pour éviter la multiplicité des procès, néanmoins ce délit tient plus de la nature d'une injure privée faite à chaque particulier qui en souffre, que d'une offense publique (a).

UNE autre restriction à la prérogative Royale, c'est une accusation devant le Parlement. Un homme y est accusé de quelque grand crime, le fait est notoire, il allègue le pardon que le Roi lui a accordé : vaine défense, on n'y a aucun égard. C'est pourquoi, lorsque le Comte de Danby, sous Charles II, dénoncé par la Chambre des Communes pour haute trahison, & autres délits très-graves, se défendit sur le pardon du Roi, afin d'empêcher les poursuites, la Chambre répondit (b) » qu'il n'y avait point d'exemple de pardon, » pour crime de haute trahison, ou autre grand » délit, pendant que le procès était pendant

---

(a) 3. Instit. 236.
(b) Com. Journ. 28 Avril 1679.

» à la Chambre des Communes « qui décida « » que le pardon allégué était illégal & nul «. Et voici la raison qu'elle en donna à la Chambre des Pairs (a); » qu'un pardon dans ces » circonstances détruirait toute la force des » accusations & des poursuites dans la Cham- » bre des Communes ; & que si une fois ce » point était admis, ou seulement mis en » question, il découragerait la Chambre pour » toute poursuite en ce genre, en anéantis- » sant une institution capitale, pour la conser- » vation du Gouvernement «. D'abord après la révolution la Chambre renouvella cette même réclamation, & vota pour la confirmer (b). Et enfin l'acte de l'établissement 12 & 13 de Guillaume III, ch. 2, » déclara » qu'aucun pardon sous le grand sceau d'An- » gleterre, ne pourrait empêcher les pour- » suites de la Chambre des Communes en Par- » lement «. Cependant, après le procès fait & fini solemnellement, la Chambre n'entend pas borner la bonté miséricordieuse du Roi : en effet en 1715, des six Lords rebelles, jugés & *attaints*, trois reçurent leur grace de la main du Roi (c).

2. QUANT à la manière de pardonner,

***

(a) Com. Journ. 1679, 5 Mai.
(b) *Ibid.* 26 Mai 1679.
(c) *Ibid.* 6 Juin 1689.

régle générale, toutes les fois qu'on peut raisonnablement présumer, que le Roi a été trompé, le pardon est caduc (*a*). Ainsi toute suppression de vérité, toute fausse allégation dans les lettres de pardon, les rendent nulles, attendu que le Roi a été mal informé (*b*). Des termes généraux dans les lettres jettent une grande incertitude sur la validité du pardon : un pardon de toute félonie, en général, ne servirait de rien à un délinquant convaincu & attaint de telle ou telle félonie : il faut qu'elle soit particulièrement spécifiée (*c*) ; un pardon général pourrait encore moins s'étendre à la *piraterie* qui n'est pas du ressort des Tribunaux ordinaires, mais de l'Amirauté. Et d'ailleurs il a été déclaré par le Statut 13 de Richard II, ch. 1, qu'aucun pardon pour trahison, meurtre ou rapt ne serait alloué, à moins que le délit n'y fût spécifié expressément ; & qu'en particulier, dans le *meurtre*, les lettres de grace doivent faire mention de sa nature, s'il a été commis de guet-à-pens, en assaillant & de dessein prémédité. Sur quoi Edouard Coke observe (*d*) que ce n'était pas l'intention du Parlement d'étendre la prérogative Royale jus-

_____

(*a*) Hawk. p. c. 383.

(*b*) 3. Instit. 238.

(*c*) 1. Hawk. p. c. 99.

(*d*) 3. Inst. 236.

qu'à pardonner le meurtre de cette nature aggravante ; & il a laissé le pardon sous ces restrictions, parce qu'il n'a pu imaginer que le Roi voulût jamais absoudre d'un crime aussi grave. Et il est bon de remarquer qu'il n'y a dans le registre aucun exemple de pardon, en fait d'homicide, que pour celui qui arrive dans le cas d'une juste défense, ou par malheur : c'est à ces deux espéces que les Statuts 2 d'Edouard III, ch. 2 & 14, ch. 15, limitent la prérogative Royale. L'un & l'autre déclarent que le Roi ne peut pardonner l'homicide que conformément au serment de son Couronnement, qui ne regarde que le cas d'une juste défense, ou le pur malheur. Mais le Statut de Richard II, cité plus haut, donne plus d'étendue au pouvoir du Roi pour pardonner ; la condition qu'il y met, c'est que le Roi n'ait pas été deçu dans la qualité de l'homicide ; & en conséquence les pardons pour meurtre ont toujours été accordés avec ces mots, *nonobstant le Statut du Roi Richard*, jusqu'au tems de la révolution ; car on a douté depuis si le meurtre en général, était susceptible de pardon. Mais la Cour du banc du Roi a décidé que le Roi pouvait retirer sa poursuite, comme le sujet peut retirer la sienne. Sous ces restrictions & un très-petit nombre d'autres, la régle générale est que le pardon accordé par le Roi, doit être reçu avec facilité & reconnaissance par les Cours de Justice en faveur des sujets; mais que le Roi ne doit l'accorder qu'avec une grande discrétion, & difficilement.

LE pardon peut être aussi conditionnel; c'est-à-dire, que le Roi peut attacher à cet acte de clémence telle condition qu'il lui plaît d'où dépend la validité du pardon, selon le droit coutumier (*a*). Cette régle s'observe journellement dans le pardon du vol & autres félonies ; c'est à condition de la transportation du délinquant dans les Colonies pour la vie ou à temps. Cette transportation a été confirmée & garantie par la Loi *habeas corpus* 31, Charles II, ch. 2, §. 14 ; & rendue plus aisée par le Statut 8 de Georges III, ch. 15 (*b*).

3. A l'égard de la main qui pardonne il faut observer que le pardon par les lettres du Roi, n'est pas si avantageux au criminel, que le pardon par un acte du Parlement dont le délinquant n'est point tenu à plaider la valeur (*c*); car la Cour de Justice en prend connaissance d'office & cela suffit ; & il n'est point exposé à en perdre le fruit par sa négligence, comme

---

(*a*) Hawk p. c. 394.

(*b*) On assure que la transportation a commencé à être mise au rang des peines, sous le régne d'Elizabeth.

(*c*) Post. 43.

cela

cela arrive pour le pardon accordé par le Roi (a); il faut en faire usage & l'exposer à la contestation dans un tems fixé; car, si un délinquant est accusé juridiquement, ayant sa grace dans sa poche, & que, sans en faire usage, il veuille courir le risque du Jugement par les Jurés, en soutenant qu'il n'est pas coupable, s'il vient à être convaincu, il perd le bénéfice du pardon (b). Mais, s'il prend le parti de s'aider du pardon, sans perdre le temps prescrit par la Loi, il le peut, soit au moment qu'il est amené à la Barre de la Cour, soit pour empêcher le Jugement, soit dans d'autres actes de la procédure, pour arrêter l'exécution. Anciennement par le Statut 10 d'Edouard III, ch. 2, point de pardon, à moins que le délinquant ne produisît des cautions d'une meilleure conduite par devant le Shériff & les Coroners du Comté (c). Mais ce Statut a été révoqué par le 5ᵉ & le 6ᵉ de Guillaume & Marie, ch. 13, qui laissent à la discrétion des Juges de demander deux cautions; mais non au-delà de sept ans.

4. L'effet du pardon Royal est de faire du criminel un homme tout nouveau, de l'absoudre de toute peine & forfaiture attachées à son

---

(a) 2. Hawk. p. c. 397.
(b) Ibid.
(c) Salk 499.

crime. Ce n'eſt pas tant pour lui rendre ſes capacités antérieures que pour lui en donner de nouvelles. Mais rien ne peut guérir la corruption du ſang, que le pouvoir éminent & tranſcendant du Parlement, lorſqu'il pardonne après le foudre de proſcription lancé. Néanmoins ſi un criminel *attaint* reçoit le pardon du Roi; & qu'enſuite il ait un enfant, cet enfant peut hériter de lui; parce que le père étant devenu un homme nouveau peut tranſmettre un ſang purifié. Mais ſi l'enfant était né, avant le pardon accordé au père, il ne pourrait hériter en aucune façon (*a*).

(*a*) 2. Hawk p. c. 409.

CHAPITRE XXXII.

De l'exécution.

NOUS arrivons enfin au dernier acte de la procédure criminelle, qui est la punition du coupable. L'exécution dans les peines capitales ou autres, en est commise au Shériff ou à son Député. Anciennement il recevait sa commission de la main & du sceau du Juge, comme cela est encore pratiqué dans la Cour du Grand-Maître d'Angleterre, pour l'exécution d'un Pair (*a*); & si le Pair a été jugé par la Cour des Pairs en Parlement, c'est le Roi qui donne commission. L'usage d'à-présent pour les autres criminels, est que le Juge signe la liste de tous les prisonniers, avec leur Jugement, séparés à la marge ; & on la livre au Shériff : par exemple, s'agit-il d'une félonie capitale ? le Juge écrit vis-à-vis du nom du prisonnier » qu'il soit pendu par le cou : « anciennement on se servait de cette abbréviation latine *sus per coll. suspendatur per collum* ; & voilà la seule autorisation qu'on donne au Shériff, pour une œuvre aussi importante que celle d'ôter la vie à un homme : matière à une spéculation

_____

(*a*) 2. Hawk p. c. 409.

assez surprenante. Dans le civil il y a une grande variété d'ordres d'exécution pour recouvrer une dette, souvent d'une petite conséquence, poursuivre au nom du Roi & sous le sceau de la Cour, sans quoi le Shériff ne sçaurait faire un pas en avant légalement; tandis que l'œuvre la plus importante & la plus redoutable, d'ôter la vie à un homme, ne dépend que d'une note marginale.

Le Shériff, après avoir reçu l'ordre, doit prendre un temps convenable pour l'exécution. On ne le gêne pas là-dessus en province; mais à Londres on use de l'exactitude la plus solemnelle & la plus convenable, tant pour l'ordre que pour le jour de l'exécution. Le Greffier en chef, après avoir fait au Roi en personne son rapport de toutes les Sentences des prisonniers, si la réponse du Roi est qu'il faut suivre le cours de la Justice, donne ordre aux Shériffs pour le lieu & le jour de l'exécution. Et dans la Cour du banc du Roi, si le prisonnier a été jugé à la Barre, on y détermine le tems & le lieu de l'exécution; & pour tout le Royaume le Statut 25 de Georges II, ch. 37, a ordonné au Juge de fixer dans la Sentence, l'exécution au lendemain. C'est une observation judicieuse (*a*) qu'il est d'une grande conséquence que la punition suive le crime

---

(*a*) 3. Instit. 52.

d'aussi près qu'il est possible, afin que le méchant voie le châtiment aussi-tôt que le fruit qu'il prétend retirer du crime. Le délai de l'exécution ne sert qu'à séparer ces deux idées. Par un long délai, l'idée du crime s'affaiblit ; & l'exécution ne paraissant plus aussi liée avec le crime, devient plus terrible qu'exemplaire.

Il n'est pas au pouvoir du Shériff de faire aucun changement aux termes de la Sentence, en substituant un genre de mort à celui qui est prononcé, il se rendrait coupable de félonie. Et sur ce point Edouard Coke & Matthieu Hale soutiennent que le Roi lui-même n'a pas le droit de changer la peine de la Loi, celle de la potence, par exemple, ou celle du feu, en décapitation ; cependant si la décapitation fait partie de la Sentence il peut faire grace du reste ; & Coke répond à plusieurs exemples contraires, qu'il faut juger par les Loix & non par les exemples. Mais d'autres Jurisconsultes ont pensé avec plus de raison que la prérogative Royale étant fondée sur la pitié & la clémence, & exercée depuis un tems immémorial, fait partie du droit commun ; car jusqu'à présent ces commutations de peine ont toujours eu pour objet de substituer une mort douce à une mort rigoureuse, pourvu que le criminel y consente ; & on demande à ce sujet si cette indulgence conditionnelle de la part du Roi, peut s'étendre à tous les cas. Lorsque le Lord Stafford fut exécuté pour une conjuration tramée par les Papistes, sous le régne de Charles II, les Shériffs de Londres ayant reçu l'ordre du Roi, pour lui faire trancher la tête, ils demandèrent à la Chambre des Pairs un nouvel ordre pour exécuter celui du Roi; la raison qu'ils en donnèrent, était que le coupable ayant été accusé & poursuivi au Parlement, ils ne croyaient pas que le Roi pût remettre une partie de la Sentence (*a*); & il faut remarquer que le Lord Russel était de cet avis. Les Pairs traitèrent la demande de scrupule frivole, & déclarèrent qu'il fallait obéir à l'ordre du Roi (*b*). Les Shériffs ne pouvant allumer le feu de la dissension dans cette Chambre, s'adressèrent à la Chambre des Communes, qui après deux jours de débats, fit la même déclaration que la Chambre des Pairs (*c*). Mais, quelque temps après, le Lord Russel fut jugé & condamné pour haute trahison; le Roi, en lui remettant ce qu'il y avait de plus ignominieux dans l'exécution, dit » que peut-être » il ne voudrait pas profiter de cette grace, » puisque dans l'affaire du Lord Stafford il

―――――――――――

[*a*] Hume Hist. of. great Britain 352.

[*b*] Lords journ. 21 Décembre 1680.

[*c*] Commun. journ. 21 Décembre 1680.

» avait contefté ce pouvoir à la prérogative
» Royale (*a*) «. Dans cette altercation il eft
difficile de décider ce qui eft le plus blâmable,
ou le zèle indécent & fanguinaire des fujets,
ou le froid & cruel farcafme du Souverain.

POUR ne rien laiffer à dire, il eft clair
que, fi un criminel condamné à être pendu
jufqu'à ce que mort s'enfuive, échappe à la
mort, par la maladreffe de l'exécuteur, ou
quelqu'autre hazard, le Shériff eft tenu de renouveller l'exécution (*b*), parce que la Sentence n'a pas été entièrement exécutée, & que
fi on fe laiffait aller à cette fauffe compaffion,
on ouvrirait la porte à une infinité de collu-
fions; & même lorfque les abjurations étaient
en vigueur, un criminel qui fe fauvait ainfi
n'était point reçu à profiter des lieux d'afyle;
& fa fuite dans ces lieux privilégiés, était
regardée comme un délit grave à la charge
du Shériff.

L'EXÉCUTION étant le dernier acte & le
complement de la procédure criminelle, il ferait temps de terminer ces commentaires qui,
peut-être, font déja trop longs. Nous ne pouvons
cependant congédier ceux qui ont envie de
s'inftruire, fans rappeller à leur mémoire les

[*a*] 2. Hume 360.
[*b*] 2. Hal. p. c. 360.

points principaux de la constitution légale de leur patrie par une courte revue historique des révolutions les plus considérables arrivées dans les Loix Anglaises, depuis les premiers temps jusqu'à ce jour. Ce sera le dernier Chapitre de l'ouvrage.

CHAPITRE XXXIII.

De la naissance, des progrès & des améliorations graduelles des Loix Anglaises.

LES différens périodes de notre législation sont au nombre de six : 1. depuis sa naissance jusqu'à la conquête des Normans : 2. depuis la conquête Normande, jusqu'au régne d'Edouard I : 3. depuis cette époque jusqu'à la réformation : 4. depuis la réformation jusqu'à la restauration de Charles II : 5. depuis la restauration jusqu'à la révolution en 1688 : 6. depuis ce temps jusqu'à nos jours.

I. CE que nous avons appris des anciens Bretons aborigènes de notre Isle, est si peu certain, que nos recherches sur leurs Loix, feraient sans fruit & défectueuses. Cependant de ce que César nous apprend des dogmes & de la discipline des anciens Druides dans qui se concentrait tout le sçavoir des pays occidentaux, & qu'on envoyait en Bretagne, c'est-à-dire, à l'Isle de Mona ou d'Anglesey, pour s'instruire, nous pouvons recueillir certains points qui ont une grande affinité avec nos Loix modernes ; & en particulier la notion même d'une Loi *orale* non écrite, parvenue jusqu'à nous d'âge en âge, par la coutume & la tradition seulement, semble être dérivée de la pratique des Druïdes qui ne confiaient point leurs instructions à l'écriture, par ignorance peut-être de l'art d'écrire; car c'est une chose remarquable que dans les antiquités Bretonnes découvertes par l'industrie des modernes, il n'y a pas la moindre trace d'aucun caractère alphabétique. La division des terres par la Coutume de Gavelkind qui a encore lieu dans plusieurs contrées de l'Angleterre, & qu'on a suivie dans tout le pays de Galles jusqu'au régne de Henri VIII, est indubitablement d'origine Bretonne; tel est encore l'ancien partage des biens d'un chef de famille qui meurt *ab intestat*, entre sa veuve, ses enfans & le plus proche parent, & que le Statut des distributions a fait revivre; nous avons d'ailleurs cité un exemple qui prouve clairement que nous avons retenu plusieurs Loix de notre constitution primitive: celle qui condamne au feu une femme qui a tué son mari, était déja en usage du temps de Céfar.

Les différentes nations qui ont envahi successivement la Grande-Bretagne ont détruit ses habitans & sa constitution. Les Romains, les Pictes, & après eux les Saxons, les Danois ont nécessairement apporté une grande confusion dans les Loix & les antiquités du Royaume: toutes ces nations incorporées & mêlées ensemble se sont communiqué mutuellement leurs usages (*a*), pour les droits de propriété, & le Code criminel. Ainsi il est moralement impossible de tracer avec exactitude tous les changemens qui se sont faits dans le droit commun ; & de ramener nos coutumes présentes à leurs originaux respectifs par une espéce de décomposition chymique. Nous pouvons rarement prononcer qu'une telle coutume nous vient des anciens Bretons ; une telle autre des Romains ; celle-ci des Pictes ; celle-là des Saxons discontinuée par les Danois, ressuscitée par les Normans.

Si cela se pouvait, ce serait un objet piquant de curiosité & de quelqu'usage : mais la chose n'est pas possible, non-seulement à cause des raisons que nous venons de déduire, mais pour d'autres encore, d'abord par la nature des Loix traditionnelles qui ayant été ajustées à l'exigence des temps, ont souffert par dégrés beaucoup de variations dans la pratique. Ainsi, quoique nous appercevions clairement que la Loi n'est plus ce qu'elle était il y a cinq cens ans, il n'est pas plus possible d'assigner le période précis où l'altération s'est faite, que de discerner les changemens insensibles qui se font dans le lit des fleuves par des allusions successives. Secondement cela devient

_____

[*a*] Hal. hist. c. 1, 62.

impraticable par l'ancienneté du Royaume & de son Gouvernement, qui formerait un obstacle insurmontable. Troisiémement l'incertitude de l'origine de nos coutumes vient aussi en partie de la propagation du Christianisme parmi les Saxons nos ancêtres. Vinrent dans notre Isle des Missionnaires de Rome & d'ailleurs, qui sans doute y apportèrent nombre de leurs coutumes nationales, & probablement eurent assez de crédit pour abolir des usages contraires à la Religion qu'ils apportaient ; & voilà comme non-seulement des Loix Hébraïques, mais encore des Loix Pontificales & Impériales se sont amalgamées avec les nôtres.

Ajoutons à toutes ces raisons la subdivision du Royaume en sept Royaumes indépendans. Cette heptarchie devait nécessairement produire, une grande diversité de Loix ; & si avant l'heptarchie la diversité était déja grande, qu'a t'il dû arriver, lorsque sept Etats séparés, peuplés de diverses Colonies sorties du Nord, ont voulu élever l'édifice de leur législation, chacun selon les idées & les usages de leur patrie ?

Mais, lorsque les Saxons eurent englouti & fait disparaître les autres nations qui avaient partagé notre Isle avec eux, & que le Roi Alfred eut réuni sur sa tête toute la Monarchie Anglaise dont son ayeul Egbert était le fondateur, son puissant génie lui fit entreprendre l'ouvrage le plus grand & le plus nécessaire qu'il exécuta de la plus grande manière : ce n'était rien moins que de renverser le vieux édifice de législation, tout composé de matériaux incohérens, & de rebâtir sur un nouveau plan qui liât toutes les parties, qui en fît un tout uniforme, & en promît la stabilité pour les siécles. Il subordonna tout le Royaume à un Gouvernement graduel dans lequel chaque sujet était responsable de sa propre conduite & de celle de ses voisins à un Supérieur immédiat ; car c'est à lui à qui nous devons ce chef-d'œuvre de la politique judiciaire, la subdivision de l'Angleterre en dizaines & en centaines de chefs de familles, si nous ne lui devons pas même la distribution en Comtés, le tout sous l'influence & l'administration d'un suprême Magistrat, le Roi. Il plaça dans la Couronne, comme dans un grand bassin tout le pouvoir exécutif des Loix ; & de cette source coula, par des canaux de communication, toute la Justice du Royaume. Cette sage institution subsiste, depuis près de mille ans, jusqu'à nos jours. Alfred, comme un autre Théodose, ramassa toutes les différentes coutumes qu'il trouva dispersées dans le Royaume, les remania, leur donna une nouvelle forme, & en fit un systême uniforme de Loix dans son *Dom-Beck*, livre judiciaire : compilation qui fut faite à l'usage des Cours

Foncieres, Civiles & Criminelles, des Cantons, des Comtés, & de la tournée des Shériffs; Tribunaux qu'il établit pour juger les caufes civiles & criminelles, dans tous les diftricts où il y avait quelques plaintes, mais fujets à être infpectés, redreffés & retenus dans les bornes du droit commun par les Cours Souveraines qui étaient alors ambulantes; car, quoiqu'elles fe tinffent dans le Palais du Roi, elles le fuivaient avec toute fa Maifon dans fes courfes judiciaires d'un bout du Royaume à l'autre.

L'INVASION des Danois, en introduifant des coutumes étrangères, porta un coup bien rude à ce bel édifice. Mais un plan fi bien concerté ne pouvait pas être abandonné pour long-temps. Ainfi, après l'expulfion de ces barbares, les Anglais retournèrent à l'ancienne légiflation, en retenant cependant quelques-unes des coutumes Danoifes qui faifaient une difcordance dans l'Etat.

MAIS le Roi Edgar, le fondateur de la navigation Anglaife, auffi propre au Gouvernement qu'à la guerre, projetta & commença ce que fon petit-fils Edouard le Confeffeur acheva; fçavoir de n'avoir abfolument qu'un corps de Loix pour toute l'étendue du Royaume; c'était probablement l'entier rétabliffement du Code d'Alfred, avec quelques nouvelles dispositions dictées par la nécessité & l'expérience. Voilà ce qu'on peut dire de plus probable ; car il faut renoncer à la certitude sur l'original de l'admirable système de maximes & de coutumes non écrites que nous connaissons aujourd'hui sous le nom de droit coutumier, ou commun ; qui s'étend sur tout le Royaume, & qui est certainement d'origine Saxone.

Nous mettons au rang de Loix Saxones les plus remarquables : 1. la constitution du Parlement, cette assemblée générale des hommes les plus distingués & les plus sages de la Nation : c'était le *Wittena-Gemote* ou le *Commune Consilium* des anciens Germains, qui n'avait pas encore toute la forme & la perfection de notre Parlement actuel, sans le concours duquel on ne peut ni faire une nouvelle Loi, ni déroger à une ancienne : 2. l'élection des Magistrats par les suffrages du peuple, & même originairement, de leurs Rois, jusqu'à ce qu'une fâcheuse expérience démontrât l'avantage & la nécessité d'une succession héréditaire à la Couronne. Mais l'élection des autres Magistrats, de leurs Shériffs, de leurs Juges de Paix, de leurs Coroners, changés depuis en Maires & en Baillifs, & même de leurs Dizainiers continua jusqu'à la conquête Normande : 3. la descendance de la Couronne, lorsqu'une fois elle fut établie, dans une même famille sur les mêmes principes qui ont subsisté depuis ; si ce n'est peut-être que dans le cas de minorité, c'était le plus proche parent en maturité d'âge qui montait sur le Thrône : mais, après sa mort, la Couronne retournait à l'héritier naturel : 4. le nombre extrêmement petit des peines capitales pour le premier délit ; les crimes les plus notoires se rachetant par des amendes, & au défaut de payement, par la servitude perpétuelle, institution à laquelle a succédé en partie notre privilége Clérical : 5. l'observation de certaines coutumes telles que les *Hériots* (a) & les services militaires, en proportion des terres qu'on possédait, coutumes qui approchaient assez de la constitution féodale, sans en avoir cependant toute la dureté ; & même on peut supposer qu'apportées du continent par les premiers Saxons qui envahirent notre Isle, elles étaient alors dans la modération & simplicité primitive de la Loi féodale, avant que cette Loi tombât entre les mains des Juristes Normans qui en tirèrent des principes d'esclavage & des conséquences oppressives : 6. leurs biens étaient confiscables pour trahison, mais la doctrine des échutes au profit du Seigneur & de la corruption du sang pour félonie ou autre délit, leur était totale-

---

(a) C'était un droit Seigneurial, de prendre à la mort de son vassal, la pièce de son mobilier qui était le plus à son gré, son meilleur cheval, son meilleur beuf, &c.

ment

ment inconnue : 7. le partage égal de leurs terres entre tous les enfans mâles, sans droit de primogéniture, coutume déja établie chez les Anglais, conforme aux Loix Romaines, & continuée par les Saxons jusqu'à la conquête Normande. Il faut avouer qu'elle a ses inconvéniens, parce qu'elle tend à éteindre les anciennes familles qu'il est nécessaire de conserver dans les Monarchies, afin de perpétuer & soutenir avec dignité un corps de noblesse, entre le Souverain & le commun peuple : 8. les Comtés avaient leurs Cours de Justice, & dans les cas importans ou délicats, les Cours du Roi, tenues en sa présence au tems de l'assemblée du Parlement décidaient. Cette institution fut adoptée par Alfonse VII Roi de Castille. Or ces anciennes Cours des Comtés différaient des modernes, en ce que la Jurisdiction Ecclésiastique & civile étaient mêlées & confondues l'une avec l'autre, le Shériff siégeant avec l'Évêque dans le même Tribunal; & par conséquent les procédures & les décisions y étaient plus simples & moins embarassées : avantages que les Loix saisissent toujours dans leur enfance ; mais elles le perdent par dégrés à mesure qu'elles vieillissent. 9. Il est vrai que parmi un peuple qui avait une forte teinture de superstition, les Jugemens par l'eau, le feu, les combats à outrance trouvèrent place ; mais très-souvent aussi on décidait par les Jurés ; car, soit que leurs Jurés fussent au nombre de douze ou non, soit qu'ils fussent obligés à la rigoureuse unanimité ou non, toujours est-il que nous devons aux Saxons nos ancêtres cet admirable critère de vérité, excellent gardien de la vérité publique & privée. Telle était notre constitution en général au temps de l'invasion Normande où commence le second période de notre Histoire légale.

II. CET événement remarquable causa un aussi grand bouleversement dans nos Loix que dans l'ancienne race de nos Rois ; & quoique le changement des Loix parut se faire plutôt par le consentement de la Nation que par le droit de conquête, néanmoins ce consentement fut extorqué par la crainte, & sans en prévoir les conséquences.

1. PARMI ces altérations dans nos Loix, il faut citer la séparation des Cours Ecclésiastiques & civiles ; le Conquérant politique, pour se concilier le Clergé qui depuis quelque temps, faisait tous ses efforts pour se soustraire à la puissance Séculière, crut devoir lui accorder sa demande. Il voyait que la réputation de Sainteté dont jouissait le Clergé avait un grand ascendant sur l'esprit des peuples ; d'autant plus que le peu de sçavoir qu'il y avait alors, étant concentré dans les Ecclésiastiques, on les regardait comme des per-

fonnages de la plus haute importance qu'il fallait gagner par leurs intérêts perfonnels. Le Conquérant avait encore une autre facilité pour y réuffir : c'eft que difpofant de tous les Siéges Épifcopaux, il avait grand foin d'y placer les Normans & les Italiens.

2. UNE autre violente altération dans la conftitution Anglaife, fut la dépopulation des campagnes pour les plaifirs du Roi. Il les foumit avec toutes leurs forêts à la dure & in-injufte *Loi Foreftière* apportée du Continent, où l'occifion d'une bête vague était prefque auffi punie que le meurtre d'un homme. Au temps des Saxons, quoique perfonne n'avait droit de chaffer fur la propriété du Roi, on le pouvait fur la fienne propre ; mais la nouvelle conftitution donnait la propriété univerfelle de tout le gibier au Roi feul : plus de titres pour attaquer les habitans de l'Air ou les Quadrupédes Sauvages. Tout étoit refervé pour l'amufement Royal ; & les permiffions que le Roi donnait rarement, étaient plus pour conferver le gibier, que pour obliger le fujet. De cette racine impure, malgré la mitigation, & même la défuétude de la Loi Foreftière, arrivée de nos jours, eft forti un rejetton bâtard qui étend fes branches de jour en jour. On le nomme *droit de chaffe* : il eft fondé fur les mêmes notions que la Loi Foreftière, idées abfurdes d'une propriété permanente fur des

animaux errans & fauvages, fource de tyrannie pour les peuples; avec cette différence pourtant que la Loi Foreftière établiffait un feul grand chaffeur par tout le Royaume, au lieu que le droit de chaffe établit un petit Nimrod (*a*) fur chaque portion de terre; & fous ce rapport la Loi ancienne était peut-être moins déraifonnable que la moderne; car ceux que le Roi gratifiait d'une permiffion de chaffe, pouvaient tuer du gibier fur le terrain qui leur était affigné: au lieu qu'à préfent un franc-tenancier qui n'a pas cent livres fterling de revenu, ne peut pas tuer une perdrix fur fon propre terrain; & s'il le fait, c'eft une tranfgreffion qui donne action contre lui.

3. UNE autre altération des Loix Anglaifes, fut de rétrecir la Jurifdiction des Cours de Juftice dans les Comtés, & d'étendre celle de la Cour Royale à toutes les caufes qui fe préfentaient dans tout le Royaume. Cette première Cour armée d'une autorité fans bornes, tyrannifa le peuple, & fe rendit formidable à la Couronne même. La conftitution de cette Cour était venue du Duché de Normandie avec les Juges; & par une fuite naturelle la lan-

---

(*a*) Nimrod ou Nembrod, petit-fils de *Cham*, fameux chaffeur & premier ufurpateur de la puiffance Souveraine. Ce n'eft pas le paifible agriculteur qui pouffa le premier cri de guerre, ce fut le chaffeur accoutumé au fang.

gue Normande prit la place dans les procédures, de la langue nationale. On ne pouvait imprimer un caractère plus marqué d'esclavage sur un peuple conquis. Cette subversion dura jusqu'au temps où Edouard III, remporta une double victoire sur la France, l'une sur ses armées chez elle, l'autre sur sa langue chez nous. Mais il y avait un mal qui avait jetté de si profondes racines qu'Edouard, avec toute sa vigueur, vint trop tard pour les arracher. Les Cours Royales où se portaient toutes les causes de quelqu'importance, laissant la procédure simple & unie des Cours Provinciales, s'étaient infectées de la chicane Normande. Cet âge & ceux qui suivirent de près, étaient vraiement le temps du rafinement & des subtilités. Il y a un ressort puissant dans l'esprit humain qui le pousse à se développer à l'excès sur toutes sortes de sujets, selon les conjonctures des temps, des lieux, de l'éducation publique, des mœurs & des manières. Les Conquérans de l'Europe, enfans du Nord, étaient sortis du sein de la plus profonde ignorance en fait de littérature; & ceux qui avaient le loisir de cultiver les lettres, étaient renfermés dans des Monastères, tout le reste étant soldat ou cultivateur. Malheureusement le premier rudiment de la science, fut la philosophie d'Aristote, commentée par les Arabes, & apportée de l'Orient par les Sarrazins dans la Palestine & l'Espagne, traduite enfin dans un latin barbare : c'est avec cet instrument que les esprits travaillèrent sur des matières de la plus haute importance, la Religion & la politique ; l'ouvrage répondit à l'instrument : la divinité & la législation passaient par les filières des distinctions logicales, & des subtilités métaphisiques, avec une adresse prodigieuse ; mais qui ne servait qu'à montrer la sagacité de l'esprit humain, lors même qu'il abuse de ses forces. C'est ainsi que la législation en particulier qui devait être la régle simple & unie de la société, devint une science extrèmement compliquée & obscure, sur-tout lorsqu'elle se trouva mêlée & gréfée sur les rafinemens de la propriété féodale, que les praticiens Normans avoient introduits, pour faire oublier les maximes les plus simples. Et, à dire vrai, la subtile dialectique que ces réformateurs ont transmise à la postérité, s'est tellement entortillée aux corps de nos Loix, qu'il est difficile de l'en séparer, sans blesser le corps. Dans ces derniers temps on a fait Statuts sur Statuts pour couper ces excrescences nuisibles, & pour rendre le droit commun à sa simplicité & à sa vigueur primitive : mais les cicatrices en sont encore profondes & visibles ; & nos Tribunaux sont souvent obligés à tourmenter leur imagination, à prendre des circuits, pour retrouver la justice substantielle qui a été si long-temps enfevelie fous l'amas des petites règles de la Jurifprudence métaphyfique & Normande.

4. UNE autre innovation fut la décifion des procès par le combat judiciaire, tant au civil qu'au criminel. C'était l'ufage immémorial de toutes les nations du Nord; les Bourguignons lui donnèrent une forme régulière à la fin du cinquiéme fiécle; & d'eux il paffa à d'autres peuples, particulièrement aux Francs & aux Normands qui eurent la gloire de l'établir chez nous, tout oppofé qu'il était au Chriftianifme & à la raifon. Mais Guillaume le Conquérant l'ayant trouvé établi dans fon Duché de Normandie, s'en faifoit une raifon fuffifante pour nous y foumettre.

5. LA dernière & la plus grande altération dans nos Loix civiles & militaires, ce fut la fiction de la mouvance féodale dont prefque toutes nos terres furent grevées, invention qui traîna à fa fuite une foule de fervitudes ruineufes, aydes, reliefs, prifes de poffeffion, tutelles, mariages, échutes, droits de lots & ventes : conféquences naturelles des maximes adoptées alors, que tous les biens en Angleterre dérivaient, ou étaient tenus immédiatement de la Couronne.

TOUTE la Nation, à cette époque, gémissait sous un esclavage aussi absolu que le pouvoir d'un Prince guerrier, ambitieux, & d'une politique consommée (*a*). Les consciences étaient enchaînées par des Prêtres d'humeur aigre & sombre, tout dévoués à un pouvoir étranger & divisés de l'Etat même où ils vivaient. Après avoir apporté de Rome tout le cahos des nouveautés superstitieuses filles de l'ignorance & de la corruption du temps qui s'écoula entre la première mission du Moine Augustin, & la conquête Normande (*b*), les Loix aussi-bien que les prières furent écrites dans une langue étrangère. L'ancien Jugement par les Jurés, fit place au combat judiciaire. La Loi forestière tarit une des principales sources des plaisirs de la campagne & des mâles délassemens, tandis qu'on était également molesté à la Ville. Toute compagnie était obligée de se quitter à huit heures du soir, d'éteindre feu & lumière au son mélancolique du *couvre-feu*. Le Roi avait en dernière main la propriété de tous les biens, & une grande part aux fruits annuels ; ou il la cédait à ses favoris Normans, qui, par une progression graduelle de servitude, rendaient aux Communes la tyrannie qu'ils souffraient de la Couronne.

―――――――――

(*a*) Guillaume le Conquérant.

(*b*) Il faut nécessairement pardonner ces injures à un ennemi de la vraie Religion.

Les forfaitures inouies, jusqu'alors, les tailles, les aydes, les amendes accablaient les possesseurs des terres dans ce nouveau syftême de féodalité. Et pour couronner le tout, comme les fiefs étaient chargés du service militaire, le Roi avait toujours une armée de soixante mille Chevaliers ou soldats à ses ordres. Ils étaient obligés, sous peine de forfaiture de leurs fiefs, de le secourir en cas d'invasion, ou d'insurrection. Le commerce étranger, tel qu'il pouvait être alors, se faisait par les Juifs ou les Lombards ; & la marine Anglaise que dans la suite le Roi Edgar rendit si respectable, n'avait pas encore de nom. Toute la Nation était concentrée dans les gens d'Eglise qui étaient, en même temps, gens de Loi ; dans les Barons ou les grands Seigneurs de terres; dans les Chevaliers ou soldats qui tenaient de petits fiefs subordonnés aux grands ; & dans les bourgeois, ou petits marchands qui, à raison de leur néant, avaient heureusement retenu dans leur manière d'être, quelques points de l'ancienne liberté. Tout le reste était *villain* & *serf*.

Dans un syftême si complet & si bien combiné de servitude; se redimer & recouvrer la liberté dont nous jouissons aujourd'hui, ç'a été l'ouvrage de plusieurs générations pour nos ancêtres. Des ames basses, dans le dernier siécle, des Ecrivains nés pour l'esclavage ont regardé ce grand œuvre, comme une ufurpation fur la Couronne, fur la prérogative Royale; tandis que ce n'a été en général que le rétabliffement graduel de l'ancienne conftitution dont les Saxons nos ancêtres avaient été injuftement dépouillés par l'affreufe & violente irruption des Normans. C'eft une curiofité utile de fuivre la marche de cette reftauration pendant une longue fuite d'années.

Guillaume le Roux fuivit le plan de fon père en plufieurs points : La Loi foreftière en fut un. Mais fon frère & fon fucceffeur Henri I, parvenant à la Couronne, voulut fe concilier le peuple, en rétabliffant les Loix d'Edouard le Confeffeur. Il renonça par une chartre aux droits qui grévaient les mariages, à la garde noble des mineurs qui ne pouvaient fe marier fans fon confentement, aux reliefs, & à la portion des fruits qu'il tirait des fiefs, qu'on lui payait en argent, mais avec la referve de la propriété foncière, pour les mêmes fins militaires qui l'avaient fait introduire à fon père. Il abolit auffi la Loi odieufe du *couvre-feu*; car, quoiqu'on en faffe encore mention dans nos Loix, un fiécle après, on en parle plutôt pour défigner la nuit, que pour exprimer la continuation de la Loi. Il y a un Code de Loix fous fon nom, qui renouvelle en partie celles d'Edouard le Confeffeur, mais avec des additions & des altérations. Il eſt principalement dirigé à régler les Cours de Juſtice dans les Comtés. Il renferme des Ordonnances ſur les délits & les peines ; celle du vol devint capitale ſous ſon régne. Il préſente auſſi des Réglemens ſur les ſucceſſions, & en particulier relativement aux terres qui ſe partageaient également, par la Loi Saxone entre tous les enfans, mais que la féodalité Normande donnait toutes à l'aîné. Henri modéra la Loi en ordonnant que le principal fief paſſerait à l'aîné, & que le reſte des biens ſerait diviſé également entre les autres enfans. D'autre part il accorda au Clergé la libre élection des Evêques & des Abbés mitrés, ſe reſervant néanmoins les honneurs du patronage, ſçavoir l'approbation de l'élection, la garde des revenus dans la vacance des bénéfices, & la preſtation de foi & hommage, au moment qu'il les rendait. Enfin il réunit les Cours Civiles & Eccléſiaſtiques, union qui fut bientôt rompue par le Clergé Norman ; & il paraît qu'à cette diſſolution toutes les cauſes teſtamentaires furent dévolues aux Tribunaux Eccléſiaſtiques. Le reſte de la légiſlation fut, comme il était, du vivant de ſon père : d'où nous pouvons voir combien on était encore éloigné de la reſtauration plénière des Loix d'Edouard le Confeſſeur, & de celles des Saxons.

L'USURPATEUR Etienne, ſelon la coutume des usurpateurs, promit tout pour monter sur le Thrône, & spécialement de retrancher les griefs qu'on reprochait à la Loi forestière : mais il fit très-peu de choses soit sur ce point, soit sur d'autres. C'est néanmoins de son régne que nous datons l'introduction de la Loi civile & canonique en Angleterre, aussi-bien que des appels à la Cour de Rome, comme branche du droit Canon.

Vers le temps du Roi Henri II, si ce n'est encore plutôt, la chartre de Henri I sembla avoir été oubliée ; car nous trouvons que les droits sur les mariages, la garde noble, & les reliefs étaient alors en pleine vigueur. Le droit de primogéniture vint à revivre aussi, comme plus convenable au bien public que la subdivision des biens, & cependant on s'appliqua beaucoup, sous ce régne, à méthodiser les Loix, & à les assujettir à un ordre régulier ; c'est ce qu'on voit dans l'excellent Traité de Glanville qui, tout veilli & altéré qu'il est, montre pourtant une grande supériorité sur le Code de Henri I : durant tout le régne de Henri II, il y eut un combat continuel entre les Loix du Pays, & celles de Rome : les premières étaient appuyées par la Noblesse, les autres par le Clergé. Cette grande contestation dura jusqu'au régne d'Edouard I, Prince habile, qui, au moyen d'une nouvelle discipline, donna la supériorité aux Loix Anglaises. Sous le régne de Henri II, il y eut quatre établissemens qui méritent l'attention des antiquaires publicistes : 1. les constitutions du Parlement à Clarendon, l'an 1164, qui mirent un frein au pouvoir du Pape & du Clergé, & restraignirent en grande partie l'exemption totale qu'ils demandaient de la Jurisdiction Laïque ; car le succès complet dans cette matière, fut malheureusement arrêté par le fatal événement des disputes qui survinrent entre le Roi & l'Archevêque de Cantorbery Thomas Becket. 2. L'institution des Juges Ambulans : le Roi avait divisé le Royaume en six districts, division un peu différente de celle d'aujourd'hui. Ces nouveaux Juges allaient administrer la Justice au temps de assises. C'était un remède à deux inconvéniens : avant cela les procès se terminaient dans les Cours des Comtés, conformément à la Coutume Saxone, ou par les Juges Royaux dans la Cour même du Roi, selon la coutume Normande. Ce dernier Tribunal, en parcourant le Royaume avec le Roi en personne, occasionnait d'énormes dépenses, & de longs délais préjudiciables aux Parties. Le premier était fort propre à terminer les petites affaires, dans lesquelles une prompte injustice est préférable à une lente justice. Mais les Juges étaient tombés dans une trop grande ignorance de la Loi, & dans une partialité trop outrée, pour décider sur des causes d'une grande importance. 3. L'introduction de la grande Assise ou du Jugement par les Jurés, au choix du demandeur ou du défendeur, en place du combat judiciaire, barbarie Normande. 4. L'introduction de l'*écuage*, c'est-à-dire, la commutation du service militaire personnel, en service pécuniaire. De-là sont venus avec le temps les subsides accordés à la Couronne par le Parlement & la taxe des terres.

RICHARD I. Prince brave & magnanime, aimait la chasse autant que la guerre; il arma la Loi Forestière d'une nouvelle vigueur, ce qui causa beaucoup de mécontentement dans la Nation : quoique Matthieu Paris prétende qu'il ôta les peines de castration, de perte d'un œil, d'un pied ou d'une main, peines qu'on infligeait, avant lui, aux délinquans en fait de chasse ; parce que probablement il trouvait que cette sévérité empêchait les dénonciations & les poursuites. Dans un de ses voyages à l'Isle d'Oléron, il composa un Code Maritime, encore existant & d'une grand autorité : car c'est seulement à cette époque que nous commençons à découvrir qu'étant insulaires nous devions être une puissance maritime. Mais pour le Code Civil nous ne trouvons rien de remarquable sous ce régne, sauf quelques Réglemens qui regardent les Juifs & les Juges ambulans. Les pensées du Roi se tournaient toutes vers la Chevalerie errante des croisades contre les Sarrazins dans la Terre Sainte.

Sous le régne de Jean, & celui de son fils Henri III, les rigueurs de la féodalité & de la Loi Forestière s'échauffèrent à un point qu'elles occasionnèrent beaucoup d'insurrections des Barons & des principaux Feudataires, qui eurent enfin ce bon effet : le Roi Jean & son fils après lui, consentirent aux deux fameux titres des libertés Anglaises : *la Grande Chartre* & la *Chartre Forestière*. Celle-ci fut bien calculée pour redresser beaucoup de griefs & d'usurpations de la part de la Couronne, en matière de chasse & de forêts. L'autre, la Grande Chartre confirma les libertés de l'Eglise, & supprima bien des abus oppressifs qui regardaient les possesseurs de fiefs ; ces deux objets n'étaient pas d'une petite importance pour le temps ; quoiqu'à présent, à les approfondir, ils ne paraissent guères mériter d'attention. Mais voici ce qu'on ne peut trop priser : la Grande Chartre s'étendait à tout ce qu'il y a de plus intéressant pour une Nation, à la protéger contre les oppressions qui renaissaient sans cesse des amendes arbitraires, des poursuites illégales pour dettes envers le Roi ou pour des services qu'on ne lui devait pas ; à protéger aussi les sujets contre l'abus tyrannique de la prérogative qui regardait les provisions de la Maison Royale. Elle fixait la forfaiture des terres pour félonie, dans les limites où elle est restée. Elle défendait pour l'avenir les priviléges exclusifs pour des pêcheries, & la construction de nouveaux ponts à la charge du canton. Quant aux droits du particulier, elle lui accordait la libre disposition testamentaire d'une partie de ses biens, le reste à partager entre sa femme & ses enfans. Elle fit la Loi du douaire telle qu'on l'observe aujourd'hui. Elle défendit les appels des femmes, à moins que ce ne fût en poursuite du meurtre de leurs maris. En matière de police publique elle enjoignit l'uniformité des poids & des mesures. Elle donna un nouvel encouragement au commerce, en protégeant les Négocians étrangers. Elle défendit aussi l'aliénation des terres aux Gens de main-morte. A l'égard de l'administration de la Justice, elle fixa la Cour des communs plaidoyers à Westminster, pour empêcher les Parties de se morfondre & ruiner à suivre la personne du Roi, dans sa Cour de Justice ambulante; & en même temps elle établit des Tribunaux aux portes même des Francs-Tenanciers, en dirigeant la tenue des assises dans chaque Comté par tournées annuelles. Elle corrigea la procédure criminelle; elle défendit aux Ministres inférieurs de la Justice, de se charger des plaidoyers pour la Couronne, & de juger les accusations criminelles en matière fiscale; ce qui livrait à l'Echiquier tant

de

de forfaitures injustes. Elle régla le temps & le lieu pour la tenue des Tribunaux inférieurs, la Cour du Comte, la tournée du Shériff & la Cour foncière. Elle confirma & établit solidement les libertés de la Cité de Londres, aussibien que celles de toutes les Cités, Villes, Bourgs & Ports du Royaume. Enfin (ce qui seul mériterait le nom de Grande-Chartre qu'elle porte) elle assura à chaque individu la jouissance paisible de sa vie, de sa liberté & de sa propriété; à moins qu'il n'encourût la forfaiture par le Jugement de ses Pairs, selon la Loi du Pays.

Mais au milieu des grands débats entre la Nation & le Roi Jean, le Pape prit un ascendant qu'il n'avoit pas encore eu, & qui continua pendant le long régne de Henri III. Ce fut au commencement de ce régne que l'ancien Jugement Saxon par l'ordéal fut aboli; & dès-lors il est aisé de remarquer dans le Traité de Bracton, des progrès de perfection dans le droit commun; & il ne faut pas oublier que les premiers vestiges de la séparation des Grands Barons d'avec les Petits, dans la constitution du Parlement, se trouvent dans la Grande-Chartre du Roi Jean, quoiqu'ils ne se trouvent pas dans celle de Henri III; & que vers la fin de ces deux régnes nous trouvons le premier registre où sont écrits les ordres pour assembler les Chevaliers, les Citoyens &

la Bourgeoisie en Parlement. C'est ici où nous terminons le second période de l'Histoire légale de la Grande Bretagne.

III. LE troisiéme période commence au régne d'Edouard Ier, qu'on peut nommer à bon titre, le Justinien Anglais ; car sous son régne, la législation a reçu une perfection si rapide, qu'au Jugement de Matthieu Hale, elle a fait plus de chemin en trente ans de régne, pour répandre la Justice distributive dans tout le Royaume, qu'elle n'en a fait dans tous les siécles suivans.

ON ne finirait pas si on voulait faire l'énumération de tous les Réglemens qu'il a faits. Voici les principaux : 1. il confirma de la manière la plus authentique & la plus inaltérable, la Grande-Chartre, & la Chartre Forestière : 2. il porta un coup mortel aux usurpations de Rome & du Clergé, en fixant les limites de la Jurisdiction Ecclésiastique, & en obligeant l'Ordinaire à qui les biens des morts *intestat*, étaient dévolus dans ces tems d'ignorance, d'acquitter les dettes des morts : 3. il posa les bornes de certaines Cours de Haute Jurisdiction Laïque, celle du Banc du Roi, des plaidoyers communs & de l'Echiquier, de manière qu'elles ne pouvaient plus empiéter l'une sur l'autre : 4. il borna aussi les Cours inférieures dans les Comtés, les cantons & les terres Seigneuriales, aux procès d'une petite conséquence, conformément à leur institution primitive : 5. il assura la propriété des sujets, en abolissant toute taxe arbitraire, les tailles, les levées quelconques sans le consentement du Conseil National : 6. Il guérit la Justice des plaies que lui faisait la prérogative Royale qui en empêchait le cours par les ordres particuliers ; il sacrifia ce point de la prérogative à l'intérêt général : 7. il prescrivit les formes, les solemnités, & les effets des amendes auxquelles on était condamné par la Cour des plaidoyers communs ; il n'avait trouvé que le fond de la chose dans l'original Saxon : 8. il établit un dépôt pour les registres publics du Royaume, dont quelques-uns seulement remontent au-delà du régne de son père (a) : 9. il enchérit sur les institutions d'Alfred par le grand ordre d'un Guet toujours surveillant, pour conserver la tranquillité publique, & empêcher le vol : 10. il affranchit les fiefs de

---

(a) T. Le premier Parlement de France, en a de plus anciens ; quel dommage si un incendie venait à consumer un dépôt si précieux ! on vient d'en courir le risque, & on le court tous les jours par l'association, dirons-nous, indécente, du Palais Marchand au Palais de la Justice. Mais pour ne parler que de la sûreté contre le feu, on connaît, parmi plusieurs autres, une ville, (c'est Florence) où deux dépôts isolés & fortement construits sont consacrés aux actes qui intéressent la constitution Nationale, & à ceux qui assurent la fortune & l'état des citoyens. Les Notaires sont tenus de verser dans ces dépôts une expédition de tous leurs actes. C'est ainsi que souvent de petits Etats font la leçon aux grands.

beaucoup d'abus, & il ôta des entraves à la vente des propriétés foncières, par le Statut *quia emptores*: 11. il ouvrit un chemin plus court pour le recouvrement des dettes, en accordant la faisie, non-feulement du mobilier, mais encore des immeubles, par l'Ordonnance *elegit*; conceffion d'une grande importance, pour un peuple commerçant; & fur les mêmes idées de commerce, il permit, par le Statut Marchand, de charger les terres des dettes contractées par le commerce, ce qui était contraire aux principes féodaux : 12. Il pourvut au recouvrement des droits de patronage que des Loix défectueuses n'avaient pas affez protégé : 13. il ferma le gouffre où toutes les propriétés du Royaume allaient s'engloutir, par des Statuts réitérés fur les aliénations aux Gens de main-morte ; ces Statuts prévenaient admirablement toutes les fraudes qu'on avait imaginées pour éluder la Loi : 14. pour conferver les terres dans les familles, il créa les fubftitutions; était-ce un bien? Les temps modernes en ont douté : 15. il foumit tout le pays de Galles, non-feulement à la Couronne, mais encore aux Loix d'Angleterre, du moins en grande partie, Henri VIII acheva; & il paraît qu'Edouard avait conçu le deffein d'en agir de même avec l'Ecoffe, pour ne faire qu'un feul Empire de toute la Grande Bretagne.

Nous pourrions pousser ce catalogue beaucoup plus loin ; … mais il prouve en général, que le vrai plan d'administration de la Justice fut perfectionné & achevé par ce Prince, & qu'il a été suivi d'âge en âge, jusqu'à nos jours, sauf un petit nombre d'altérations que l'humeur ou la nécessité des temps postérieurs ont occasionnées. Les formes judiciaires pour intenter une action, furent données sous son régne, comme des modèles pour la postérité. Les plaidoyers alors étaient courts, nerveux, clairs, nullement entortillés, point verbeux ni guindés. Les Traités de Jurisprudence, comme le *Briton*, le *Fleta*, le *Hengham*, & d'autres sont encore Loi aujourd'hui à beaucoup d'égards ; ou du moins cela était ainsi jusqu'aux changemens qui se sont faits dans les tenures ; & pour conclure, c'est sous ce régne, c'est par l'exacte observation, bien plus que par la confection de la *Grande-Chartre*, que la liberté Anglaise commença à lever la tête, malgré le poids des fiefs militaires, qui s'est fait encore sentir long-temps après.

Nous ne pouvons donner une meilleure preuve de l'excellence des constitutions d'Edouard, que leur permanence depuis son siécle jusqu'à Henri VIII, & les changemens qu'on y a fait depuis sont en fort petit nombre. Les plus considérables sont ceux-ci : l'ancien usage gothique d'élire les principaux Magistrats subalternes, les Shériffs & les Conservateurs de la Paix, fut ôté au peuple sous les régnes d'Edouard II, & d'Edouard III ; & les Juges de Paix furent établis en place des Conservateurs. Il est très-probable aussi que le Parlément, sous Edouard III, prit la forme qu'il a maintenant, par la séparation des Communes & des Lords. Le Statut pour définir & caractériser nettement la trahison, fut une des premières productions de cette grande assemblée Nationale ; & la traduction en latin, des Loix qui nous étaient venues des Français, en fut une autre. On fit plus, sous les auspices de ce Prince magnanime : dans la vue d'établir solidement nos manufactures, on défendit l'exportation des laines du Pays & l'importation des fabriques étrangères. On attira les ouvriers du dehors par des gratifications. La législation porta l'attention la plus soutenue sur les autres branches du commerce, & même sur tout le commerce en général ; car, pour citer quelques points particuliers, le crédit des commerçans s'accrut considérablement par le Statut qui leur permit d'assurer leurs dettes mercantiles sur leurs terres ; & comme la propriété personnelle ou le mobilier grossissaient par l'extension du commerce, la Loi nomma des Administrateurs, en cas de mort *intestat*, pour distribuer le mobilier aux créanciers, & aux parens du mort, au lieu qu'auparavant il allait aux Officiers de l'Ordinaire, pour être employé, difait-on, à des œuvres pies. Les Statuts de *præmunire*, pour diminuer le pouvoir temporel du Pape, furent auſſi l'ouvrage de ce régne & du ſuivant. Il ne faut pas oublier l'établiſſement d'un Clergé laborieux dans les paroiſſes, des Vicaires perpétuels qu'on dotait aux dépens des trop riches Monaſtères. Ce fut un accroiſſement de luſtre pour la fin du quatorziéme ſiécle, quoique les ſémences de la réforme générale jettées dans le Royaume, fuſſent preſque étouffées par l'eſprit de perſécution que les Moines avaient introduit dans les Loix du Pays.

Depuis ce temps juſqu'au régne de Henri VII, les guerres civiles & les conteſtations ſur les titres à la Couronne, ne donnèrent pas le loiſir de faire de nouveaux progrès dans la Juriſprudence; car les Loix ſe taiſent au bruit des armes... Cependant c'eſt à ces dangereuſes querelles & à ces guerres que nous devons l'heureuſe perte de nos poſſeſſions dans le continent de la France, perte qui tourna entièrement l'activité des Rois qui ſuivirent du côté de nos intérêts domeſtiques.

Sous le régne de Henri VII, ſes Miniſtres, pour ne pas dire lui-même, s'appliquaient plus à faire revivre d'anciennes Loix pénales oubliées depuis long-temps, pour extorquer de l'argent, qu'à perfectionner la légiſlation

P iv

le caractère distinctif de son administration, c'était d'amasser des trésors par toutes sortes de moyens ; c'est pour cette fin que la Chambre Etoilée fut armée de nouveaux pouvoirs tout à fait inconstitutionels, & très dangereux pour la propriété & la personne. Les informations arbitraires prirent la place des accusations strictement régulières aux Assises & aux Sessions de Paix, pour multiplier les peines pécuniaires. Le Statut sur les propriétés foncières fut insidieusement inventé pour détruire les substitutions & ouvrir une large porte aux forfaitures, aussi-bien qu'aux aliénations. Le privilége Clérical qui venait assez souvent arrêter l'effet de la proscription, ne s'accordait qu'une fois aux criminels laïques qui avaient des héritages à perdre. On lâchait fort légèrement des decrets de prise de corps ; & l'accusé qui fuyait, courait risque d'être mis hors de la protection des Loix, ce qui rendait ses biens confiscables au profit de la Couronne. Bref, à peine trouve-t-on sous ce régne un Statut qui ne tendît directement ou indirectement à enrichir le fisc.

IV. Le régne de Henri VII, nous conduit naturellement au quatriéme période de notre Histoire légale, mêlée nécessairement à la réformation de la religion sous Henri VIII & ses enfans : ce qui ouvre une scène toute nouvelle aux matières Ecclésiastiques. Le pouvoir du Pape fut ruiné & détruit pour toujours. Tous ses liens avec notre Isle furent rompus. La Couronne établie dans sa suprématie sur les gens d'Eglise & leurs causes, eut à sa disposition tous les Evêchés & les Abbayes. Si à cette époque les Cours Ecclésiastiques eussent été réunies aux Cours civiles, on aurait vu renaître l'ancienne constitution Saxone par rapport aux Gens d'Eglise.

A l'égard de l'ordre civil, Henri VIII ferma les bréches que son père avait faites à la législation, rémédia aux oppressions qui s'en étaient suivies, par un grand nombre de Statuts pleins de sagesse & de bienfaisance ; ce qui fera toujours de son administration une époque distinguée dans nos Annales.

CEPENDANT il faut observer que dans les dernières années de son régne, il poussa la prérogative Royale jusqu'à la tyrannie ; & ce qu'il y eut de plus funeste, c'est que ses usurpations oppressives reçurent la sanction des lâches Parlemens qui s'assemblaient alors ; l'un desquels (soit dit à sa honte éternelle) déclara que les proclamations Royales auraient force de Loi, comme les actes du Parlement. D'autres Statuts encore créèrent une foule de nouveaux crimes de trahison au gré du maître. Heureusement pour la nation ce régne fut suivi de la minorité d'un Prince qui promettait beaucoup par la douceur de son naturel (*a*). On profita de la courte durée de ce soleil levant, pour abolir les Loix extravagantes sur la prérogative Royale; & pour rendre justice aussi au régne assez court de Marie qui lui succéda, on fit beaucoup de Loix bienfaisantes & populaires sous son administration: peut-être les provoquait-elles pour réconcilier le peuple avec les moyens sanguinaires qu'elle employait pour ramener l'ancienne religion. Son plan était bien conçu, mais il fut anéanti par l'avénement fortuné de la Princesse Elizabeth au Thrône.

Les libertés religieuses de la Nation s'établirent sur une base que nous regardons comme éternelle. Mais comme elles étaient encore dans leur enfance, on fut obligé de les garder contre les Papistes, & autres non conformistes, par des Loix trop sanguinaires peut-être. Tout allait en se perfectionnant. Les Loix Forestières tombèrent en désuétude. Le droit civil prit une forme régulière dans les Cours de Justice, conformément aux sages institutions d'Edouard Ier, sans aucun changement important. Tous les principaux abus amenés par

___

(*a*) T. Edouard VI fils & successeur de Henri VIII, il ne vécut que seize ans. Il pleura en signant une Sentence qui condamnait au feu deux pauvres femmes Anabaptistes, tandis que l'Archevêque *Cranmer* en poursuivait l'exécution. Le Prélat fut brûlé à son tour, sous le régne de Marie, & sa mort ne fut pleurée de personne.

la conquête Normande furent supprimés ; & notre ancienne constitution Saxone reparut avec de nouveaux avantages, excepté pourtant la continuation des services militaires attachés aux fiefs, & quelques autres points qui armaient encore la Couronne d'une dangereuse prérogative. Il faut remarquer aussi que la manie d'enrichir le Clergé, & les maisons Religieuses aux temps des abus, se jetta dans l'autre extrêmité. Les Princes de la maison de Tudor, & leurs favoris tombèrent si rudement sur les gens d'Eglise, que la plupart des Evêques & leurs subalternes manquèrent de l'honnête subsistance. Ce désordre occasionna des Statuts, pour prévenir l'aliénation des terres & des dixmes appartenantes à l'Eglise & aux Universités. Le nombre des indigens s'étant accru par le retranchement des aumônes des Monastères, on traça un plan sous le régne d'Elizabeth, plus humain & plus avantageux que si on avait nourri & vêtu par des aumônes des millions de pauvres : ce fut de leur fournir les moyens de se vêtir & nourrir eux-mêmes par le travail & l'industrie. Et plus les plans visionnaires qu'on a imaginés depuis, se sont écartés de ce bon original, plus on les a trouvés impraticables, & même nuisibles.

EN considérant le régne d'Elizabeth, dans toute l'étendue de la politique, on serait presque tenté de lui pardonner plusieurs altérations dans notre conſtitution. C'était une ſage & excellente Reine, elle aimait ſon peuple, le commerce floriſſait, les richeſſes publiques s'augmentaient, la Juſtice était bien adminiſtrée. La Nation était reſpectée au-dehors, & le peuple heureux au dedans ; mais l'accroiſſement du pouvoir de la Chambre Etoilée ; mais l'érection d'une haute commiſſion dans les affaires eccléſiaſtiques, furent deux ouvrages à lui reprocher. Elle tint auſſi ſes Parlemens à une diſtance trop impoſante : & dans pluſieurs conjonctures elle pouſſa la prérogative Royale auſſi loin que ſes prédéceſſeurs les plus arbitraires. Il faut avouer pourtant qu'elle n'en fit jamais uſage contre les particuliers. Mais enfin elle le pouvait à ſon gré : & par conſéquent la félicité de ſon régne, dépendit plus de ſa bonté naturelle, que du manque de pouvoir pour tyranniſer. C'eſt le plus grand éloge qu'on puiſſe faire de ſa haute vertu : mais en même temps c'eſt une preuve que ce n'était pas là le ſiécle d'or, ce ſiécle de vraie liberté dont les anciens nous ont laiſſé l'idée ; car certainement la vraie liberté des ſujets ne conſiſte pas tant dans la bonté du Souverain, que dans la juſte limitation de ſon pouvoir.

LES grands changemens qui s'étaient faits dans les mœurs & la propriété, avaient frayé le chemin à une révolution auſſi grande dans le Gouvernement ; & lorſqu'elle fut arrivée, le pouvoir Royal devint plus arbitraire que jamais par le progrès des mêmes moyens qui l'ont borné enſuite. Il n'eſt point d'obſervateur qui ne ſe ſoit apperçu, en liſant l'Hiſtoire, que juſqu'à la fin des guerres civiles de la maiſon de Lancaſtre, le pouvoir & la propriété de la Nation étaient principalement partagés entre le Roi, la Nobleſſe & le Clergé ; les Communes étaient généralement dans la nuit de l'ignorance. Leurs fortunes, avant l'extenſion du commerce, étaient bien au-deſſous de la médiocrité ; leurs propriétés en terres les tenaient dans une dépendance ſervile & continuelle de leurs Seigneurs féodaux qui étaient ordinairement des Barons puiſſans, de riches Abbés, ou le Roi lui-même. Dès-lors, malgré l'idée de liberté générale qui avait fortement pénétré & animé toute la maſſe de la conſtitution, on ne penſait preſque pas à la liberté particulière des individus, à leur égalité naturelle & à leur indépendance perſonnelle ; bien plus toute propoſition à ce ſujet, était traitée de ſédition & de révolte. Nos ancêtres rejettèrent même avec horreur & déteſtation, ces ſentimens de liberté qui furent d'abord jettés dans le monde avec rudeſſe & pouſſés à des extrêmités abſurdes par la violence d'un *Cade* & d'un *Tyler* (*a*) ; mais adoucis, éclaircis &

(*a*) T. Perſonnages tout propres, comme il en eſt tant ; à

prouvés par la raison, la modération, & l'éloquence des Sidney, des Locke, des Milton; la postérité les a adorés.

Pour remonter à la source, lorsque les lumières commencèrent à se répandre par l'invention de l'imprimerie, & par les progrès de la réforme ; lorsque la boussole & la découverte des Indes donnèrent au commerce & à la navigation une étendue surprenante, l'esprit humain éclairé du flambeau de la science, & élargissant sa sphère d'activité par les voyages & les observations, conçut des idées plus justes de la dignité & des droits de l'homme. Une source abondante de richesses coula pour le tiers état, par les canaux du commerce, tandis que les deux premiers ordres du Royaume qui avaient balancé jusqu'alors la prérogative Royale, la Noblesse & le Clergé s'appauvrissaient & s'affaiblissaient. Le Clergé Romain exposé désormais aux ressentimens impétueux du commun peuple, dépouillé de ses biens, tremblait sur son existence. La Noblesse énervée par les raffinemens du luxe que les sciences, les voyages & les arts traînaient à leur suite, & irritée de trouver des rivaux en magnificence dans de simples citoyens, se livra, pour les effacer à des dépenses excés-

---

dégoûter des meilleures choses, en les présentant mal, & en les gâtant par une bile noire.

fives. Elle diffipa de grandes fortunes. Elle aliéna l'ancien patrimoine de fes pères : par fes profufions ruineufes, fon pouvoir & fon influence dans les affaires publiques, diminuèrent confidérablement ; tandis que le Roi, avec les dépouilles des Monaftères, & l'accroiffement exorbitant des douanes groffiffait fon thréfor, fe rendait plus indépendant & plus impérieux. Cependant les Communes ne fentirent pas d'abord leurs nouvelles forces ; & ne fe prefsèrent point d'en effayer l'étendue contre les fardeaux exceffifs, & les taxes oppreffives dont on les chargeait : uniquement occupées d'entaffer richeffes fur richeffes, & fe regardant comme heureufes de s'être affranchies de l'infolence & de la tyrannie des deux ordres qui pefaient immédiatement fur elles, dans cet étourdiffement elles ne pensèrent pas à s'oppofer aux ufurpations de la prérogative Royale ; & beaucoup moins à fe choifir un chef pour former un parti d'oppofition à quoi elles avaient double titre, leur poids, & leurs riches propriétés. Les deux dernières années de Henri VIII, furent donc confacrées au plus fier defpotifme qu'on eût connu dans cette Ifle, depuis la mort de Guillaume le Conquérant : la prérogative Royale dans l'état où elle fe trouvait alors, avait beaucoup trop d'étendue pour un pays de liberté.

La Reine Elizabeth auffi-bien qu'Edouard VI

& Marie, qui avaient régné, entre Henri VIII, & elle, avaient le même pouvoir, & l'employaient quelquefois aussi absolument que leur père. Mais la situation critique de cette Princesse par rapport à sa légitimité, sa religion, son inimitié avec l'Espagne, & sa jalousie de la Reine d'Ecosse, jettèrent dans sa conduite beaucoup de circonspection. Vraisemblablement ou elle ou ses conseils, avaient assez de pénétration pour discerner par quels dégrès le pouvoir de la Nation avait passé tout entier du côté de la Couronne, & assez de sagesse pour ne pas provoquer les Communes à découvrir & sentir leurs forces. Elle jetta donc un voile sur le côté odieux de la prérogative dont elle ne se servait pas légèrement, & qu'elle n'employait que dans de grandes occasions, & quoique le Thrésor Royal ne grossissait plus des richesses du Clergé, déja épuisées, & qui avaient même contribué à enrichir le peuple, elle demanda des subsides avec tant de modération, elle en fit usage avec tant d'économie & d'utilité, que les Communes se félicitaient de l'obliger. En un mot dans les conjonctures où elle se trouva, dans les besoins qui la pressèrent, elle montra tant de sagesse & de bonté que jamais peut-être aucun Prince ne régna aussi pleinement, & aussi long-temps, c'est-à-dire, pendant un demi-siécle sur les cœurs de ses sujets.

A

A l'avénement de Jacques Ier au Thrône, le pouvoir Royal restait tel qu'il était. Mais ce Sceptre était trop pesant pour sa main. Un emploi déraisonnable & imprudent de son pouvoir dans des choses qui ne le méritaient pas ; une prétention à un pouvoir plus absolu encore qu'il regardait pourtant comme inhérent à la Couronne, éveilla subitement le Lion endormi. Le peuple Anglais entendit avec étonnement & frémissement une doctrine qu'il regardait comme subsersive de la liberté, de la propriété & des droits du genre humain, qui se préchait sur le Thrône & dans la Chaire évangélique. Il chercha cette prétention dans les principes théologiques, il ne crut pas l'y trouver. Il conclut donc, que si elle était d'origine humaine, aucune législation n'avait pu l'établir, sans laisser le pouvoir de la révoquer, & que ni le temps passé, ni le temps à venir, ne pouvaient lui donner de la consistance. Les conducteurs du peuple lui tatèrent le poulx, ils le trouvèrent disposé à ramener le pouvoir Royal aux bornes qu'il jugeait naturelles : il opposa donc la plus ferme résistance, toutes les fois que ce Prince pusillanime osait le mettre à l'épreuve. On gagna donc d'abord quelques petites victoires sur les *ordres particuliers* dont le Roi faisait usage ; sur les monopoles, sur les dispenses de la Loi. Cependant on fit peu de progrès dans l'amélioration de la Justice, excepté l'abolition des lieux privilégiés qui favorisaient le crime, l'extension de la Loi contre les banqueroutiers, la limitation des procès, & quelques réglemens d'informations en matière criminelle. Car, on ne peut pas mettre au rang des améliorations les Loix qui furent faites contre la forcellerie, & les conjurations, ni la dispute entre le Lord Ellesmere & le Chevalier Edouard Coke au sujet de la Cour de Chancellerie.

Charles Ier en succédant à la Couronne, voulut remettre en activité des attentats de la prérogative, qui avaient sommeillé sous Jacques Ier son père; des extorsions d'argent en prêt & en dons gratuits, des emprisonnemens arbitraires en cas de refus, l'exécution de la Loi martiale en temps de paix, & d'autres vapeurs tyranniques pareilles, couvrirent de nuages la matinée de son régne: à midi elles étincelèrent en éclairs: le soir elles fondirent en sang, & laissèrent le Royaume dans les ténébres. Nous convenons pourtant que par la pétition du droit & les Statuts qui suivirent pour le redressement des griefs, la constitution avait fait quelques pas vers le bien; mais il avait fait revivre fort à contre-temps la Loi Forestière; mais l'autorité usurpée de la Chambre Etoilée & des hautes commissions judiciaires, devenait toujours plus grande; mais les sessions des Parlemens devenaient rares &

tombaient presqu'en désuétude. Ajoutons à tous ces griefs le zèle déplacé & despotique des Chefs de l'Eglise en matière purement indifférente, les impôts arbitraires de tonnage & poundage (*a*), celui qu'on levait aussi sur la construction des vaisseaux, & tant d'autres abus ; on voit que la Nation était suffisamment fondée à demander le redressement de tant de griefs par une voie légale & constitutionnelle. Il fut accordé ; toutes les oppressions furent abolies par le Roi en Parlement, avant l'éruption de la rébellion. Il y eut des Statuts pour les Parlemens triennaux, pour l'extinction de la Chambre étoilée ; & des commissions judiciaires, pour limiter l'étendue des forêts & la Loi forestière, pour supprimer l'impôt sur la construction des vaisseaux & autres exactions. Charles renonça aussi à l'usage où il était de créer Chevaliers ceux qui tenaient des fiefs de lui. Mais malheureusement il avait perdu, soit par sa faute, soit par l'artifice de ses ennemis, toute réputation de sincérité, perte la plus grande que puisse faire un Roi. Chose singulière, après avoir monté sa prérogative, non-seulement au-delà de ce que

---

(*a*) *Tonnage* la charge d'un vaisseau est un certain nombre de tonneaux, chaque tonneau devait tant au Roi.

Poundaga vient de *pound* qui signifie *livre* numérair. La livre sterling valant 24 de nos livres & taxée par le R.i au sol pour livre, lui rendait 24 s.

Q ij

pouvaient supporter les difpofitions du temps, mais plus haut que tous les exemples des temps précédens, il confentit à la faire defcendre au-deffous des droits de la Royauté. Cette conduite fi oppofée à fon caractère & à fes principes, jointe à quelques actions d'emportement & à des paroles imprudentes, fit aifément foupçonner que tant de condefcendance ne tendait qu'à gagner du temps. Le peuple enflé de fes fuccès, mais enflammé de reffentiment pour les oppreffions paffées, & craignant l'avenir, fi le Roi venait à regagner le pouvoir exorbitant qu'il avait perdu, monta avec fes conducteurs, qui dans tous les temps fe nomment eux-mêmes le peuple, au dégré d'infolence qui n'a plus de frein : de l'infolence il paffa au défefpoir ; & fe joignant à une armée d'hypocrites & d'enthoufiaftes, il renverfa l'Autel & le Thrône. C'eft à ce moment qu'on vit un Roi condamné à mort avec les formes folemnelles de la Juftice.

Nous paffons fous filence les projets mal dirigés & avortés pour la réformation des Loix dans les temps de confufion qui fuivirent. Nous en exceptons cependant le perfectionnement de la procédure criminelle, l'abolition des mouvances féodales, l'acte de navigation : ces Loix excellentes & quelques autres furent ratifiées & adoptées dans le période qui fuit.

V. CE cinquiéme période commence à la restauration du Roi Charles II. On ne perdit point de temps pour abolir une grande oppression qui restait encore : c'était la forfaiture des fiefs militaires pour des causes trop légères & trop multipliées. On ne laissa que le cas de la corruption du sang par l'*attainder* ou bill de proscription. Et quoique ce Prince pour qui on rétablissait la Royauté, & avec elle notre ancienne constitution, n'ait pas mérité la reconnaissance de la postérité ; néanmoins sous son régne, tout corrompu, sanguinaire & turbulent qu'il était, il y eut un concours de conjonctures si heureuses, que nous pouvons dater de-là, non-seulement le rétablissement de la Religion & de la Monarchie Anglicanes ; mais encore l'entière restitution de la liberté dont la Nation avait joui, jusqu'à la conquête Normande : toute mouvance, toute servitude féodale avec leurs suites oppressives, restes impurs & flétrissans d'un joug étranger, ne péserent plus sur la propriété foncière. C'était déja beaucoup, il y eut plus : la personne fut mise en sûreté derrière le grand Boulevart de notre constitution, le fameux acte *habeas corpus*. Ces deux Statuts qui assurent la propriété & la personne de chaque individu, forment une seconde *Grande-Chartre* aussi précieuse, aussi féconde en bons effets que la première. L'ancienne n'avait fait qu'élaguer les branches trop multipliées du fyftême féodal ; la nouvelle a déraciné l'arbre : l'ancienne s'était contentée de défendre en général, d'emprifonner un fujet contre la volonté de la Loi ; l'acte *habeas corpus* lui fournit les moyens prompts & efficaces de recouvrer fa liberté, eut-il été arrêté par un ordre du Roi dans fon Confeil privé, & de faire punir l'Officier qui l'aurait exécuté.

AJOUTONS à ces grands avantages la fuppreffion du privilége qu'avait la Maifon du Roi de s'approvifionner avant le public, dans les marchés ; ajoutons l'acte du *teft* & de la *corporation* qui contribuent encore beaucoup à affurer nos libertés civiles & religieufes ; l'abolition du Statut qui faifait brûler les hérétiques ; l'acte qui ftatue fur la fraude & le parjure pour protéger la propriété ; celui qui régle la difpofition des biens laiffés *ab inteftat*; celui qui régle les amendemens des erreurs qui fe gliffent dans les plaidoyers, & qui bannit ces minuties fuperflues qui ont fi long-temps embaraffé nos Cours de Juftice : beaucoup d'autres Statuts encore de ce régne pour l'avancement de la navigation & du commerce. Et le tout enfemble démontre fuffifamment cette vérité » que la conftitution Anglaife » arriva, fous Charles II, à fon plus haut dé- » gré de force, & à la vrai balance entre la » liberté du peuple & la prérogative Royale «.

Nous sommes bien éloignés de vouloir pallier ou justifier des injustices contraires à toutes les Loix, qui arrivèrent sous ce régne, par les artifices de certains politiques corrompus. Ce qui paraît incontestable, c'est que la législation (*a*), telle qu'elle fut alors, après avoir retranché de la prérogative Royale les branches nuisibles, & avoir nétoyé les autres, pour s'en aider avec le plus grand avantage, donna au peuple toute la portion de liberté qui convient à l'état social, & lui mit dans les mains une force suffisante pour assurer cette liberté, & la préserver de toutes les invasions que la prérogative Royale pourrait encore tenter. Pour le prouver nous citons seulement la mémorable catastrophe du régne suivant. Le frère de Charles mal conseillé fit des efforts pour enchaîner la Nation, il trouva que l'entreprise était au-dessus de ses forces. La Nation lui résista : cette résistance le réduisit à abandonner son projet avec le Thrône ; événement qui nous mene au dernier période de notre Histoire légale.

Depuis cette révolution en 1688, jusqu'à nos jours, on a fait beaucoup de Loix ; comme

---

(*a*) L'époque où nous plaçons, théoriquement parlant, la perfection de nos Loix publiques, est l'année 1679; quoique les années qui suivirent furent oppressives dans la pratique.

le bill des droits ; l'acte de tolérance ; l'acte de l'établissement de la succession à la Couronne, avec ses conditions ; l'acte de l'union de l'Ecosse à l'Angleterre & plusieurs autres qui ont confirmé nos libertés dans des termes encore plus clairs & plus emphatiques ; qui ont réglé la succession à la Couronne par le vœu du Parlement représentatif de la Nation, selon que la liberté civile & religieuse pourraient l'exiger ; qui ont confirmé & prouvé par des exemples la doctrine de résistance, lorsque le premier Magistrat revêtu du pouvoir exécutif attente à la constitution ; qui ont maintenu la supériorité de la Loi sur le Roi, en prononçant que le pouvoir de dispenser de la Loi est illégal ; qui ont accordé aux consciences timorées toute la liberté religieuse qui peut se concilier avec la sûreté de l'Etat ; qui ont établi l'élection triennale des membres du Parlement, devenue depuis septennale ; qui ont exclu certains membres de la Chambre des Communes ; qui ont ôté au Roi le pouvoir de pardonner, lorsque le criminel est dénoncé & poursuivi en Parlement ; qui ont départi à tous les Lords également le droit de juger leurs Pairs ; qui ont fixé des régles certaines pour les accusations de haute trahison ; qui font espérer à notre postérité que la corruption du sang sera un jour abolie & oubliée ; qui ont, conformément au desir du Roi régnant lui-même, fixé des bornes à la liste civile (*a*), & placé l'administration des revenus Royaux dans des mains comptables au Parlement; enfin qui ont rendu les Juges sur leurs Tribunaux entièrement indépendans du Roi, de ses Ministres & de ses successeurs. Cependant quoique ces Loix aient fait descendre le pouvoir Royal beaucoup plus bas qu'il n'était dans le période précédent; si d'autre part nous jettons les yeux sur la force qu'il a regagné par l'acte des attroupemens, par l'entretenement d'une armée toujours sur pied, par l'attachement nécessaire à son administration à l'occasion de l'immense dette Nationale, & de la façon de percevoir les millions annuels destinés à en payer les intérêts, nous trouverons que la Couronne a presqu'autant gagné en influence, qu'elle a perdu en prérogative.

POUR parler de matières moins importantes, les principaux changemens qui se font faits dans l'administration de la Justice durant ce dernier période, sont la reconnaissance solemnelle de la Loi des Nations par rapport aux droits des Ambassadeurs : l'extirpation

---

(*a*) Somme que le Parlement alloue au Roi, pour l'entretien de sa Maison & de la représentation Royale. Elle monte ordinairement à vingt-quatre millions monnoie de France. Si le Roi excéde cette mesure, c'est son affaire, & non pas celle de la Nation.

d'une multitude d'excrescences nuisibles que la pratique du barreau avait fait naître sur le corps de la Loi : la protection des droits des communautés : les régles des Jugemens par les Jurés, avec l'audition des témoins de l'accusé, sous serment : des restrictions plus serrées sur l'aliénation des biens aux Gens de main-morte : l'extension du privilége Clérical à ceux même qui ne sçavent pas lire, critère pédantesque aboli : le contrepoids à cette indulgence par l'augmentation des peines capitales : les moyens nouveaux & efficaces pour le prompt recouvrement des rentes : des lumières nouvelles pour la vérification des titres : l'établissement du papier de crédit ; ce qui a démontré la possibilité dont on avait douté si long-temps, de donner une valeur réelle & stable, à une monnoie fictive : l'usage de la langue Anglaise dans toutes les procédures : l'érection des Tribunaux de conscience pour recouvrer des petites dettes ; & ce qui est encore meilleur, la réformation des Cours Provinciales. Ajoutons le grand système de Jurisprudence Maritime qui dévéloppe clairement les principes des polices d'assurance, principes aisément applicables à tous les cas particuliers : & enfin l'honnête & judicieuse façon de penser qui a pris possession, quoique tard, de nos Cours de droit coutumier, qui ont adopté, pour suppléer aux manques de formalités, les mêmes principes qu'on suit dans nos Cours d'équité, à dater de la présidence du Lord Nottingam.

Tel est sommairement l'histoire de nos Loix & de nos libertés, depuis leur naissance sous nos ancêtres les Bretons & les Saxons, jusqu'à leur mort sous la conquête Normande; & ensuite depuis leur résurrection graduelle jusqu'à la pleine vigueur où elles sont aujourd'hui. Nous avons vu dans le cours de nos recherches (*a*) que nos maximes fondamentales, nos régles, nos Loix sur les droits personnels & réels, sur les violations des uns & des autres, & sur les délits qui blessent la sûreté publique se sont perfectionnées, avec le temps & la sagesse de plusieurs siécles. Nous avons vu que l'administration de la Justice arriva presqu'à sa perfection sous Edouard Ier; que nos libertés religieuses sortirent de la réformation en fort peu de temps aussi entières qu'elles le sont aujourd'hui; mais que le recouvrement de nos libertés civiles & politiques a été l'ouvrage de plusieurs siécles; ce n'est qu'après la restauration de Charles II, qu'elles ont repris toute leur force; & encore n'ont-elles été bien reconnues & clairement définies qu'à la révolution qui a préci-

---

(*a*) L'Auteur entend non-seulement le Code Criminel que nous traduisons; mais encore le Code Civil qui fait une grande partie de ses Commentaires.

pité du Thrône Jacques II son frère. Il est difficile de louer assez un plan de constitution si sagement imaginé, si courageusement exécuté & fini avec tant de grandeur : le plus bel éloge qu'on en puisse faire, c'est de le méditer.

Nous avons montré les fondemens de ce grand édifice politique, l'usage & la distribution de ses parties, les proportions & l'harmonie du tout. Nous y avons admiré tour à tour les monumens de l'ancienne simplicité, & l'art plus sçavant, plus rafiné des modernes. Nous n'en avons pas caché les défauts, car il y en a, de peur qu'on ne le prenne pour un ouvrage plus qu'humain : on doit les imputer à la vétusté qui ronge tout, & à la rage mal-adroite des améliorations dans certains siécles postérieurs. C'est aux Pairs, c'est aux représentans de la Nation à l'embellir encore. La liberté du peuple Anglais est un dépôt confié à leurs soins, dont ils se doivent compte à eux-mêmes, puisqu'ils en jouissent, à nos ancêtres qui nous l'ont transmis, & à la postérité qui le réclamera, comme le meilleur de tous les droits de nature, & le plus bel héritage du genre humain.

F I N.

APPROBATION.

J'AI lu par ordre de Monseigneur le Garde des Sceaux, un Manuscrit intitulé *Commentaire sur le Code Criminel d'Angleterre, traduit de l'Anglais de Blackstone*, par M. l'Abbé *Coyer*, & je n'y ai rien trouvé qui m'ait paru devoir en empêcher l'impression : à Paris ce 26 Février 1776.

signé OSMONT.

PRIVILÉGE DU ROI.

LOUIS, PAR LA GRACE DE DIEU, ROI DE FRANCE ET DE NAVARRE : à nos amés & féaux Conseillers les Gens tenans nos Cours de Parlement, Maîtres des Requêtes ordinaires de notre Hôtel, Grand Conseil, Prévôt de Paris, Baillifs, Sénéchaux, leurs Lieutenans Civils, & autres nos Justiciers qu'il appartiendra ; SALUT. Notre amé le Sieur COYER, Nous a fait exposer qu'il desireroit faire imprimer & donner au Public : *le Commentaire sur le Code Criminel d'Angleterre, traduit de l'Anglais de Blackstone*, s'il Nous plaisoit lui accorder nos Lettres de Privilége pour ce nécessaires. A CES CAUSES, voulant favorablement traiter l'Exposant, Nous lui avons permis & permettons par ces Présentes de faire imprimer ledit Ouvrage autant de fois que bon lui semblera, & de le faire vendre & débiter par tout notre Royaume pendant le temps de *six* années consécutives, à compter du jour de la date des Présentes. Faisons défenses à tous Imprimeurs, Libraires, & autres Personnes de quelque qualité & condition qu'elles soient, d'en introduire d'impression étrangere dans aucun lieu de notre obéissance : comme aussi d'imprimer ou faire imprimer, vendre, faire vendre, débiter, ni contrefaire ledit ouvrage, ni d'en faire aucuns extraits sous quelque prétexte que ce puisse être, sans la permission expresse & par écrit dudit Exposant, ou de ceux qui auront droit de lui, à peine de confiscation des Exemplaires contrefaits, de trois mille livres d'amende, contre chacun des contrevenans, dont un tiers à nous, un tiers à l'Hôtel-Dieu de Paris, & l'autre tiers audit Exposant, ou à celui qui aura droit de lui, & de tous dépens, dommages & intérêts; A la charge que ces Présentes seront enregiftrées tout au long fur le Regiftre de la Communauté des Imprimeurs & Libraires de Paris, dans trois mois de la date d'icelles; que l'impreffion dudit Ouvrage fera faite dans notre Royaume, & non ailleurs, en bon papier & beaux caracteres, conformément aux Réglemens de la Librairie, & notamment à celui du 10 Avril 1725, à peine de déchéance du préfent Privilége; qu'avant de l'expofer en vente, le Manufcrit qui aura fervi de copie à l'impreffion dudit Ouvrage, fera remis dans le même etat où l'Approbation y aura été donnée, ès mains de notre très-cher & féal Chevalier, Garde des Sceaux de France, le Sieur HUE DE MIROMENIL; qu'il en fera enfuite remis deux Exemplaires dans notre Bibliothéque publique, un dans celle de notre Château du Louvre, un dans celle de notre trèscher & féal Chevalier, Chancelier de France, le Sieur DE MAUPEOU, & un dans celle dudit Sieur HUE DE MIROMENIL; le tout à peine de nullité des Préfentes. Du contenu defquelles vous mandons & enjoignons de faire jouir ledit Expofant & fes ayans caufe, pleinement & paifiblement, fans fouffrir qu'il leur foit fait aucun trouble ou empêchement. Voulons que la copie des Préfentes, qui fera imprimée tout au long au commencement ou à la fin dudit Ouvrage, foit tenue pour duement fignifiée, & qu'aux copies collationnées par l'un de nos amés & féaux Confeillers-Secrétaires, foi foit ajoutée comme à l'original. Commandons au premier notre Huiffier ou Sergent, fur ce requis, de faire pour l'exécution d'icelles tous actes requis & néceffaires, fans demander autre permiffion, & nonobftant clameur de haro, charte Normande & Lettres à ce contraires: CAR tel eft notre plaifir. DONNÉ à Paris le vingt-feptiéme jour du mois de Mars l'an de grace mil fept cent foixantefeize, & de notre Régne le deuxiéme. Par le Roi en fon Confeil.

Signé LE BEGUE, *avec paraphe.*

Regiftré fur le Regiftre XX de la Chambre Royale & Syndicale des Libraires & Imprimeurs de Paris, n°. 612. folio 130, conformément au Réglement de 1723, qui fait défenfes, article IV, à toutes perfonnes, de quelque qualité & condition qu'elles foient, autres que les Libraires & Imprimeurs, de vendre, débiter, faire afficher aucuns livres pour les vendre en leurs noms, foit qu'ils s'en difent les Auteurs, ou autrement ; & à la charge de fournir à la susdite Chambre huit exemplaires prescrits par l'article CVIII du même Réglement. A Paris ce 17 avril 1776.

Signé LAMBERT, *Adjoint.*

www.ingramcontent.com/pod-product-compliance
Lightning Source LLC
Chambersburg PA
CBHW071406230426
43669CB00010B/1462